Kohlhammer

Ulrich Becker
Friedrich Johannsen
Harry Noormann

Neutestamentliches Arbeitsbuch für Religionspädagogen

Dritte, überarbeitete und erweiterte Auflage

Verlag W. Kohlhammer

Dritte, überarbeitete und erweiterte Auflage 2005

Alle Rechte vorbehalten
© 1993 W. Kohlhammer GmbH Stuttgart
Umschlag: Data Images GmbH
Gesamtherstellung:
W. Kohlhammer Druckerei GmbH + Co. KG Stuttgart
Printed in Germany

ISBN 3-17-018333-8

Inhalt

Vorwort 11

1   Vom Wort zur Schrift
Über die Entstehung der neutestamentlichen
Schriften und des Kanons (*Becker*)... 13

1.1   Anfänge der urchristlichen Literatur: Die Briefe....................... 13
1.2   Die Evangelien 15
1.3   Erste Sammlungen.. 17
1.4   Der Kanon... 19
1.5   Handschriftliche Überlieferung 21

2   Der Sabbat ist um des Menschen willen da
Jesus, die Tora und das zeitgenössische
Judentum (*Johannsen*) 23

2.1   Antijudaistische Tendenzen im NT 23
2.2   Kritische Sichtung der Ursprungstradition 25
2.3   Auslegungsbeispiele zu Mk 2,23ff. 28
2.4   Durch Einsicht in die Ursprungsgeschichte des Christentums
zu einem neuen christlich-jüdischen Verhältnis........................ 32

3   Selig sind die Friedensstifter
Der Streit um die Bergpredigt (*Johannsen*) 37

3.1   Historisch-kritische Annäherungen 38
3.1.1   Zur Auslegungsgeschichte.. 38
3.1.2   Zur Ursprungsgeschichte der Bergpredigt 40
3.1.3   Bergpredigt und Feldrede 41
3.1.3.1 Zur Überlieferungsgeschichte der Bergpredigt....................... 41
3.1.3.2 Aufbau der Bergpredigt 41
3.2   Aspekte zur Auslegung 43
3.2.1   Die Seligpreisungen... 43
3.2.2   Salz der Erde – Licht der Welt (zu Mt 5,13-16) 47
3.2.3   Zum Verständnis der Antithesen 48
3.2.4   Die Wirkung der Rede (zu Mt 7,28f) 50
3.3   Die Bergpredigt als Einladung zum gleichnishaften Handeln... 51

4	Und er redete zu ihnen vieles in Gleichnissen (Mt 13,3) Die Gegenwart des Reiches Gottes in den Gleichnissen Jesu (*Johannsen*)	55
4.1	Zur Auslegungsgeschichte	55
4.2	Gleichnisse als Form metaphorischer Rede	60
4.3	Beispiel: Mk 4,26–29	64
4.4	Konsequenzen aus Gleichnistheorien für die Praxis	67
5	Wir haben heute unglaubliche Dinge gesehen Wundertaten und Wundererzählungen (*Becker*)	71
5.1	Die Überlieferung der Wunder in den Evangelien – ein erster Überblick	71
5.2	Hat Jesus Wunder getan?	74
5.3	Das Wunder in der Verkündigung Jesu	77
5.4	Die Geschichte von der wunderbaren Speisung (Mk 6,30–44 parr.)	79
5.4.1	In der synoptischen Überlieferung	79
5.4.2	In der Interpretation des Markus	80
6	Den Kindern gehört die Herrschaft Gottes! Zur Bedeutung der Kinder in der Verkündigung Jesu (*Becker*)	85
6.1	Kind und Glaube	85
6.2	Die Geschichte hinter dem Kinder–Evangelium	86
6.3	Kindheit und Kinder zur Zeit Jesu	89
6.4	Jesu Aufforderung, Kinder aufzunehmen	92
6.5	»Wenn ihr nicht werdet wie die Kinder«	93
7	Wenn ihr betet Das Vaterunser (*Becker*)	97
7.1	Zwei Fassungen des Vaterunsers	97
7.2	Eine Blütenlese aus dem Gebetbuch der Synagoge?	100
7.3	Zur Auslegung der einzelnen Bitten des Vaterunsers	103
7.3.1	Anrede	103
7.3.2	Die Du-Bitten	104
7.3.3	Die Wir-Bitten	105
7.3.4	Die Schlussbitte	107

8		»Es geht leichter ein Kamel durch ein Nadelöhr ...« Armut und Reichtum im Neuen Testament (*Noormann*).... 109
	8.1	Arme und Reiche in Neuen Testament – »Wer sich zu sehr bemüht, hinter die Dinge zu sehen, sieht die Dinge zuletzt selbst nicht mehr« (Augustin) 109
	8.2	Arme und Reiche in den synoptischen Evangelien 111
	8.3	Die Jesusbewegung – eine messianische Armenbewegung in Erwartung einer Revolution der Zustände 116
	8.4	Armut und Jesusnachfolge in christlichen Gemeinden außerhalb Palästinas 119
	8.5	Armut und Jesusnachfolge im Matthäus- und Lukasevangelium....... 122
9		»Bist du der, der da kommen soll, oder müssen wir auf einen anderen warten?« (Lk 7,20) Deutungen der Person Jesu – Grundzüge der Christologie (*Noormann*) 129
	9.1	Methodische Vorbemerkungen 129
	9.2	Jesus, die Jesusbewegung und die Wanderpropheten der Logienquelle 130
	9.3	Deutung der Person Jesu im palästinischen Urchristentum: Gottesknecht, Messias und Menschensohn 136
	9.4	Der Durchbruch zur universalen Heilsbedeutung der Person Jesu Christi in der antiochenischen Gemeinde und bei Paulus 140
	9.5	Der christologische Prozess schreitet voran: Der Gottessohn Christus und der »Armeleutegeruch« in der Lebenswelt des Menschen Jesus 148
	9.6	Christologische Deutungstypen im Neuen Testament...................... 154
10		Das Wort vom Kreuz ist eine Torheit Die Passion Jesu (*Johannsen*) 157
	10.1	Annäherung an das urchristliche Verständnis 158
	10.1.1	»Für uns gestorben nach der Schrift«....................................... 159
	10.1.2	Der leidende Gottesknecht (Jes 52,13–53,12) 160
	10.1.3	Das missverstandene Sühneopfer 161
	10.1.4	Annäherung an die Sühneopfertradition 162
	10.1.5	Vom Sühneopfer zum Versöhnungsgeschehen 163
	10.2	Die Passion Jesu in den Evangelien 165
	10.2.1	Synoptischer Vergleich 165
	10.2.2	Zur Bedeutung des Passionsthemas in den einzelnen Evangelien 168

11	Nun aber ist Christus auferstanden Das neutestamentliche Osterzeugnis (*Becker/Johannsen*)	173
11.1	Die Totenauferstehung in der Jesusüberlieferung und im Umfeld des Neuen Testaments	173
11.2	Die urchristliche Osterbotschaft	174
11.3	Zur Auslegung von 1Kor 15,1–11 – die Bekenntnisformeln von der Erscheinung	176
11.4	Das vielstimmige Osterzeugnis der Evangelien	177
11.5	»Tod, wo ist dein Sieg? Tod, wo ist dein Stachel?« (1Kor 15,55) – Die Bedeutung der Osterbotschaft	181
12	»Und abwechselnd von Haus zu Haus brachen sie das Brot« (Apg 2,46) Die urchristliche Mahlfeier (*Johannsen*)	185
12.1	Kritik der Praxis in Korinth	185
12.2	Synoptischer Vergleich der Abendmahlstexte	186
12.3	Abendmahl und Passahfeier	187
12.4	Zum Zusammenhang und zur Entwicklungsgeschichte der Texte	187
12.5	Zur Historizität des letzten Mahls Jesu	188
13	Wo der Geist des Herrn ist, da ist Freiheit Einige Grundgedanken paulinischer Theologie (*Becker*)	191
13.1	Der umstrittene Paulus	191
13.2	Der Botschafter der Freiheit – die Rechtfertigungs- lehre im Leben des Apostel	194
13.3	Die Bewährung der Freiheit	197
14	… da ist nicht Mann und Frau Zum Verhältnis der Geschlechter und der Rolle der Frau im Neuen Testament (*Johannsen*)	201
14.1	Frauen um Jesus – Frauen in der Jesusbewegung	202
14.2	»Eins in Christus« – Das Kriterium von Gal 3,28	204
14.3	Die verdrängte Frau	207
14.4	Die Urschuld der Frau	209

15	»So gebt dem Kaiser, was dem Kaiser zusteht, und Gott, was Gott zusteht!« Ethische Maßstäbe im Neuen Testament (*Noormann*) 213
15.1	Fragestellung und methodische Vorbemerkungen 214
15.2	Ethik im paulinisch-hellenistischen Christentum 222
15.3	Ethische Orientierungen im nachpaulinischen und nicht paulinischen Christentum 228
15.4	Ausblick auf das johanneische Schrifttum 232

16	Von Jesus zur Kirche Zur Geschichte des Urchristentums (*Noormann*) 235
16.1	Wann eigentlich beginnt die Geschichte des Christentums? 235
16.2	Forschungsgeschichtlicher Exkurs: Die Spannung zwischen der Mehrdeutigkeit historischer Quellen und dem dogmatischen Blickwinkel 237
16.3	Die Anfänge der Kirche im Licht historisch-kritischer Forschung 241
16.3.1	Was glaubten die ersten Christen? 241
16.3.2	Sozialgeschichtliche Rückfragen und Zwischenrufe 243
16.4	Die »Christianoi« von Antiochia und der Apostelkonvent in Jerusalem .. 245

Anhang

Politisch-religiöse Strömungen und Parteien im Judentum (1. Jahrhundert n. Chr.) 256
Zeittafel zum Neuen Testament 258
Leitfaden zur Auslegung neutestamentlicher Texte 260
Der hermeneutische Zirkel 264
Register 265
Karte: Palästina zur Zeit Jesu 267

Vorwort

Das Arbeitsbuch bietet neben einer Einführung in die Entstehung des Neuen Testaments vierzehn relativ geschlossene, auch unabhängig voneinander lesbare, thematische Darstellungen. Es ist in erster Linie für Studierende der Theologie und Religionspädagogik, Referendar/innen und Lehrer/innen geschrieben, die sich wichtige Themen und Problembereiche der neutestamentlichen Schriften, ihrer Theologie und ihrer Wirkungsgeschichte erarbeiten möchten.

Damit ist bereits gesagt: Wie schon das »Alttestamentliche Arbeitsbuch für Religionspädagogen« ist auch dieser Band nicht auf eine möglichst erschöpfende Präsentation der wissenschaftlichen Fragestellungen und der Auslegungsmethoden angelegt. Es wurde vielmehr ein Auswahl von Themen getroffen, die für die religionspädagogische Arbeit eine elementare und exemplarische Bedeutung besitzen und Grundlagen schaffen für problemorientierte Zugänge in der Praxis.

Auf Einführungen in die neutestamentlichen Schriften (Einleitungsfragen) sowie auf bibelkundliche Informationen ist bewusst verzichtet worden. Stellvertretend sei verwiesen auf PETER WICK, Bibelkunde des Neuen Testaments, Stuttgart 2004, sowie auf die knappste Form einer Einführung bei GERD THEIßEN, Das Neue Testament, München ²2004.

Neben einer allgemeinen, grundlegenden Orientierung über die historisch-kritischen Befunde zu den ausgewählten Problemstellungen werden neue, auch umstrittene Zugangsweisen und Problemsichten dargestellt, die in der gegenwärtigen Auseinandersetzung eine besondere Rolle spielen. Sie sollen den Leser/innen Hilfestellung zu sachkundiger Urteilsfindung geben. Konstitutiv einbezogen sind dabei Aspekte der Wirkungsgeschichte und aktuelle Kontroversen darüber, um das Anliegen des Buches zu unterstreichen, die Gegenwartsrelevanz biblischer Impulse für in Kirche und Gesellschaft strittige Fragen herauszuarbeiten.

Das spezifische Interesse der Autoren wird in den einzelnen Kapiteln deutlich. Ein besonderer Akzent liegt in der kritischen Aufarbeitung antijudaistischer Tendenzen im NT, die aus den Spannungen zwischen den sich noch bildenden christlichen Gemeinden und ihrer jüdischen Umgebung erwachsen sind. Das Arbeitsbuch möchte anleiten, den Geist des Evangeliums als eine Quelle befreiender Umkehr und Erneuerung wahrzunehmen. Die dritte Auflage wurde durch neuere Literatur ergänzt, die den aktuellen Diskussionsstand in der neutestamentlichen Forschung wiedergibt. In einigen Kapiteln führt das zu inhaltlichen Ergänzungen und Korrekturen.

Hannover, den 1. Advent 2004

Ulrich Becker   *Friedrich Johannsen*   *Harry Noormann*

1 Vom Wort zur Schrift
Über die Entstehung der neutestamentlichen Schriften und des Kanons

(Ulrich Becker)

Die Frage nach der Entstehung der neutestamentlichen Schriften und des neutestamentlichen Kanons ist gelegentlich Gegenstand polemischer Auseinandersetzungen. Einige berufen sich dabei auf 2Tim 3,16, wo es heißt: »... jede Schriftstelle, von Gott eingegeben (die lateinische Übersetzung liest: omnes scriptura divinitus inspirata = inspiriert), ist nütze zur Lehre, zur Aufdeckung der Schuld, zur Erziehung in der Gerechtigkeit...«

Sie schließen daraus: Das Neue Testament sei vom ersten bis zum letzten Buchstaben vom Geist Gottes diktiert. Eine historische Fragestellung sei deshalb ausgeschlossen. Andere behaupten demgegenüber, dass sich seine Entstehung historisch erklären ließe. Der neutestamentliche Kanon ist »ein Produkt irdisch-menschlicher Geschichte und nicht vom Himmel gefallene Offenbarung«[1]

> Aufgabe:
> - Wie verstehen Sie die o.g. Textstelle? Wenn der Kanon ein Produkt irdisch-menschlicher Geschichte ist, mit welchem Recht lässt sich das Neue Testament als eine abgeschlossene Einheit ansehen? Wieso werden seine Schriften Wort Gottes genannt?

1.1 Anfänge der urchristlichen Literatur: Die Briefe

»Im Anfang war das Wort.« (Joh 1,1). Das gilt auch für Jesus von Nazareth. Er hat nichts Schriftliches hinterlassen: Er hat geredet und geheilt. Er hat eine Schar von Frauen und Männern um sich gesammelt und er hat »Zöllner und Sünder« an seinen Tisch geladen. Nichts von alledem hat er selbst aufgeschrieben. Diejenigen, die ihn nach seinem Tode als den Auferstandenen verkündigten, hatten nichts als Erinnerungen an Worte, Reden, Taten, Ereignisse, die angesichts des Auferstehungszeugnisses neu lebendig wurden. Diese ersten Zeugen waren Juden, und ihre Bibel war die Jüdische Bibel, die wir oft Altes Testament nennen. Dort, vor allem bei den Propheten und in den Psalmen, fanden sie die Jesus-Geschichte wieder. Dort fanden sie bestätigt, dass er der Christus (= der Gesalbte, der Messias) ist. Diese Jüdische Bibel wurde für sie zum Buch der Weissagung, deren Erfüllung sie jetzt erkannten. »Dies geschah, auf dass erfüllet würde...« Gleichzeitig interpretierten diese ersten jüdischen Zeugen mit diesem Ersten Testament das Christusgeschehen. An ihrer Bibel machten sie deutlich, dass Jesu Leiden und Sterben nicht seine Niederlage ist, sondern die von Gott vorherbestimmte und gewollte Heilstat (vgl. die Gestaltung der Passionsgeschichte, S. 153).

---

[1] BORNKAMM, GÜNTHER: Das Neue Testament. Eine Einführung in seine Schriften, Stuttgart-Berlin 1980, 282.

> **Exkurs: Bezeichnungen für das Alte Testament**
> Die Bezeichnung dieser Bibel als Altes Testament ist in den letzten Jahren auf dem Hintergrund des jüdisch-christlichen Gesprächs immer wieder in Frage gestellt worden. »Von den vorgeschlagenen und diskutierten Alternativbezeichnungen hat allerdings bisher keine breite Akzeptanz gefunden.
> - Die Alternative 'Erstes Testament' versucht den Zusammenhang der beiden Teile der Bibel deutlich zu machen, dabei aber die mit Bezeichnung 'Altes' verbundenen negativen Assoziationen zu vermeiden.
> - Die Bezeichnung 'Jüdische Bibel' (Tanach) macht bewusst, dass es sich beim sogenannten 'Alten Testament' um die heilige Schrift des Judentums handelt, die eine doppelter Fortsetzung im Talmud und im Neuen Testament gefunden hat.
> - Die Bezeichnung 'Hebräische Bibel' erinnert daran, dass es sich um eine religionsgeschichtliche Urkunde handelt, die im Gegensatz zu den in Griechisch abgefassten Schriften des Neuen Testaments ein Werk jüdischer Tradition ist, das die Christen als Ganzes für ihre Heilige Schrift übernommen haben.«[2]
>
> In diesem Arbeitsbuch werden alle diese Bezeichnungen gebraucht.

Die ersten uns bekannten neutestamentlichen Schriften stammen nicht von den Jerusalemer Zeugen, sondern von Paulus. Er schreibt oder diktiert während seiner sechs- bis siebenjährigen missionarischen Wirksamkeit in Kleinasien und Griechenland Briefe an von ihm gegründete Gemeinden (an die Thessalonicher im Jahre 50, an die Korinther in den Jahren 54/55, an die Galater im Jahre 54, an die Philipper 54/55), an einen Mitarbeiter und seine Hausgemeinde (an Philemon im Jahre 54) und an eine Gemeinde, die er zu besuchen beabsichtigte (an die Römer im Jahre 56). Über diese zeitliche Reihenfolge der sog. echten paulinischen Briefe besteht in der Forschung weithin Einigkeit; im Blick auf die Datierung gibt es kleinere Unterschiede.

Am Anfang der Geschichte der urchristlichen Literatur stehen diese Briefe, die, aus besonderem Anlass geschrieben und an konkrete Adressaten gerichtet, weder als Privat- oder Gelegenheitsbriefe, noch als »Episteln«, d.h. als Kunstbriefe, richtig eingeordnet werden können. In ihrer für Paulus so charakteristischen Form, in der persönliche Mitteilungen, lehrhafte Passagen und seelsorgerliche Ermahnungen miteinander verbunden sind, haben sie Schule gemacht. Von den 27 Schriften des Neuen Testaments sind 21 Briefe bzw. haben die Form von Briefen. 13 von ihnen laufen unter dem Namen des Paulus. In der neueren Forschung ist die paulinische Abfassung des 2. Thessalonicher-, Kolosser- und Epheserbriefes allerdings sehr umstritten. Möglicherweise gehen sie auf Paulus-Schüler zurück. Das gilt mit noch größerer Wahrscheinlichkeit für die sog. Pastoralbriefe, den 1. und 2. Timotheus- und den Titusbrief, die vermutlich erst gegen Ende des 1. Jahrhunderts geschrieben worden sind. Alle diese in ihrer ursprünglichen Verfasserschaft umstrittenen Briefe werden oft auch unechte Paulusbriefe oder Deuteropaulinen genannt.

In diese späte Zeit gehören auch die übrigen Briefe des Neuen Testaments: der Hebräerbrief, die sog. Katholischen Briefe (sog., weil sie sich an die ganze = katholische Kirche richten), nämlich der Jakobusbrief, der 1. und 2. Petrusbrief, die drei Johannesbriefe und der Judasbrief, wobei die drei Johannesbriefe, der Judasbrief und der von ihm abhängige 2. Petrusbrief mit großer Wahrscheinlichkeit erst in der ersten Hälfte des 2. Jahrhunderts geschrieben worden sind. Dass sie die Autorität eines

---

[2] JOHANNSEN, F.: Alttestamentliches Arbeitsbuch für Religionspädagogen, Stuttgart ³2005, Kap.1.

Apostels bzw. des Herrenbruders Jesu als Verfasser beanspruchen, sollte nicht irritieren. So werden nach damaligem Verständnis Tradition und Autorität garantiert.

Das gilt auch für die Offenbarung (Apokalypse), deren Verfasser sich in 1,1 und 1,4 Johannes nennt und in dem die alte kirchliche Überlieferung den Jünger Jesu und den Verfasser des Johannes-Evangeliums und der Briefe gesehen hat. Aber weder der Verfasser des 4. Evangeliums noch der der Apokalypse kennen den historischen Jesus – und untereinander sind sie in Sprache und theologischen Gedanken verschieden. Der Seher Johannes in der Apokalypse tröstet und ermahnt offensichtlich kleinasiatische Gemeinden, die zur Zeit des Domitian (81–96) unter organisierten Verfolgungen zu leiden haben.

Wir kehren noch einmal zu den paulinischen Briefen zurück. Auch der Jude Paulus lebt und argumentiert nach seiner Bekehrung mit der Jüdischen Bibel. Darüber hinaus benutzt er offensichtlich kurze, einprägsame Formeln, in denen der neue Glaube zusammengefasst ist und die er als vorgeformte Bekenntnisformeln übernimmt und interpretiert: vgl. z.B. 1Kor 15,3ff: »Denn ich habe euch in erster Linie überliefert, was auch ich empfangen habe...«; ferner Röm 10,9; 1,3f, Phil 2,6–11. Möglicherweise hat Paulus die Botschaft von dem Christus in dieser Form kennen gelernt. Die Geschichte(n) Jesu spielen bei ihm mit Ausnahme des Kreuzestodes keine Rolle. Hier und da zitiert er Worte Jesu, so z.B. die Abendmahlsworte in 1Kor 11,23ff oder Jesu Verbot der Ehescheidung in 1Kor 7,10 oder Jesu Ausspruch, dass ein Arbeiter seines Lohnes wert ist (1Kor 9,14).

Solche Herren-Worte haben für ihn unbedingte Autorität. Aber es gibt keine Anhaltspunkte dafür, dass sie ihm in schriftlicher Form, etwa als eine Sammlung von Worten Jesu, vorgelegen hätten.

Aufgabe:
- Tragen Sie die bisher erarbeiteten Daten in den Zeitraster ein, so dass Sie einen ersten chronologischen Überblick über die Entstehung der neutestamentlichen Briefliteratur erhalten.

```
30    40    50    60    70    80    90    100   110
|     |     |     |     |     |     |     |     |
|     |     |     |     |     |     |     |     |
|     |     |     |     |     |     |     |     |
|     |     |     |     |     |     |     |     |
|     |     |     |     |     |     |     |     |
|     |     |     |     |     |     |     |     |
|     |     |     |     |     |     |     |     |
```

1.2 Die Evangelien

Dass es eine solche Sammlung von Jesusworten in schriftlicher Form gegeben hat, wird aus dem Überlieferungsmaterial geschlossen, das Matthäus und Lukas über Markus hinaus gemeinsam haben. Es handelt sich dabei um die Spruch- oder Logienquelle Q, die – so postuliert die Forschung mit großer Einmütigkeit im Rahmen der von

H. J. HOLTZMANN 1863 entwickelten sog. Zweiquellentheorie – neben Markus den beiden Großevangelien Matthäus und Lukas unabhängig voneinander in griechischer Sprache als Quelle vorgelegen hat. Sie enthielt vorwiegend Logien, häufig in Redeform, auch Gleichnisse, an Erzählstoff nur die Versuchungsgeschichte (Mt 4 und Lk 4) und die Erzählung vom Hauptmann zu Kapernaum (Mt 8 und Lk 7).

Diese uns nicht mehr erhaltene vermutlich schriftliche Spruchquelle liegt um ca. 50 im palästinischen Raum vor und ist aus erkennbar kleineren Sammlungen heraus entstanden. Manche Logien gehen sicher auf aramäische Vorlagen und damit auf die Anfänge der Überlieferung von Jesus zurück. Geringere Abweichungen in der Benutzung der Quelle bei Mt und Lk führten zu der Annahme, dass sie in verschiedenen Fassungen kursierte oder von den Evangelisten jeweils eigenständig redigiert worden ist. Ursprüngliche Tradenten dieser Logien sind nach GERD THEIßEN Anhänger Jesu gewesen, die als besitzlose Wandercharismatiker den Lebensstil und die Predigt Jesu fortführten.[3]

Im Einzelnen zeigt das folgende Schema, wie das »synoptische Problem« (= die literarische Abhängigkeit der drei ersten Evangelien) mit Hilfe der Zwei-Quellen-Theorie gelöst wird:

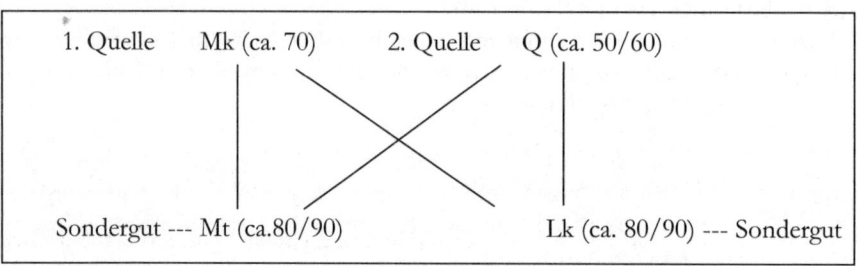

Im Blick auf die zeitliche Ansetzung lässt sich mit einiger Sicherheit sagen, dass Q vor und Mk um 70 n. Chr. entstanden sind. Ob die in Mk 13,2 angesprochene Tempelzerstörung schon geschehen ist oder noch erwartet wird, ist umstritten; Dagegen setzen Matthäus (Mt 22,7) und Lukas (Lk 21,20–24) sie voraus. Die Apg, die zum lukanischen Doppelwerk gehört, kann nicht lange nach Lukas entstanden sein.

Das 4. Evangelium lässt sich, was seine Entstehungsgeschichte angeht, dem o.g. Schema nicht zuordnen. Ja, wir können nicht einmal nachweisen, dass Johannes die Synoptiker überhaupt gekannt hat, auch wenn das eine oder andere gemeinsame Überlieferungsgut (Tempelreinigung 2,13–16; Hauptmann von Kapernaum 4,46–54; Speisung der Fünftausend und Seewandel 6,1ff; Salbung in Bethanien 12,1–8; Einzug in Jerusalem 12,12–19; Passionserzählung 18,1ff) dafür zu sprechen scheint. Er schöpfte aus anderen, vorgeformten Sammlungen, als er sein Evangelium gegen 95 n. Chr. schrieb. Dazu zählen eine von den Synoptikern unabhängige Passions- und Osterüberlieferung, ferner die sog. Semeia-Quelle, auf die die sieben in Joh überlieferten Wundererzählungen zurückgeführt werden können, vielleicht auch die großen Redekompositionen.

---

[3] Vgl. dazu THEIßEN, G./MERZ, A.: Der historische Jesus, Göttingen ²1997, 44f.

> Aufgabe:
> • Tragen Sie zur Vervollständigung Ihrer Übersicht die möglichen Daten für die zeitliche Ansetzung von Q, den vier Evangelien und der Apostelgeschichte in den Zeitraster ein.

Dieser Einblick in die Werkstatt der Evangelisten macht deutlich: Die Evangelisten sind Sammler unterschiedlich geprägter schriftlicher und wohl auch mündlicher Traditionsstoffe, die sie unter übergreifenden christologischen Leitgedanken zusammenfügen. Mit G. BORNKAMM lässt sich resümieren: »Sie alle tragen die Merkmale der älteren mündlichen Tradition noch unverkennbar an sich. Matthäus hat sein Evangelium ... für eine in vieler Hinsicht anders strukturierte Gemeinde geschrieben als Markus vor ihm, und Lukas noch einmal von beiden unterschieden, vom Johannesevangelium ganz zu schweigen. Ein Vergleich zeigt, dass die drei Synoptiker nicht nur verschiedenes Traditionsgut verarbeitet, sondern auch selbständig wieder- und weitergegeben haben. Das ist umso bemerkenswerter, als die beiden Verfasser der Großevangelien, wie wir sahen, das Markusevangelium und eine andere schon mehr oder weniger fixierte Quelle vor sich hatten und sich an ihre Hauptquelle mit einiger Sorgfalt, obschon mit gebotener Freiheit, anschlossen. Man ersieht daraus, dass die Abfassung der Evangelien eher den Anfang eines Regulierungsprozesses bedeutet. Die Mannigfaltigkeit der Tradition steht nicht am Ende, sondern am Anfang. Lukas hat das in seiner Weise im Prolog zu seinem Evangelium unmissverständlich ausgesprochen (Luk 1,1–4).«[4]

Die Evangelisten stehen am Anfang eines Regulierungsprozesses: Das schließt ein, dass die mündliche Überlieferung von Worten Jesu bis weit in das 2. Jahrhundert hinein weiter geht. So erklärt es sich, dass z.B. der Bischof Papias von Hierapolis in Kleinasien (um 135 n. Chr.) sagen kann, er schätze die mündliche Überlieferung von Jesus höher ein als das ihm bekannte Markus- und Matthäusevangelium. Lukas und Johannes sind ihm offensichtlich nicht bekannt.

1.3 Erste Sammlungen

Wir haben festgestellt: Die »heilige« Schrift des Urchristentums ist die Jüdische Bibel, unser Altes Testament. (Ihr Umfang wird von den jüdischen Autoritäten bei der Synode von Jamnia am Ende des 1. Jahrhunderts zwar erst endgültig festgelegt, entspricht aber zur Zeit Jesu und der Urgemeinde weithin dem uns bekannten. Auf sie – und nur auf sie – bezieht sich das in 2Tim 3,16 Gesagte; s.o. S. 13). Ein neues Testament ist zunächst nicht im Blick. Erst allmählich wird die ursprünglich mündliche Jesus-Überlieferung an unterschiedlichen Orten aufgeschrieben und gesammelt. Diese Sammlungen, zu denen u.a. Q und die Evangelien gehören, bestehen nebeneinander und haben in den christlichen Gemeinden des ausgehenden 1. Jahrhunderts bis weit in das 2. Jahrhundert hinein unterschiedliche Autorität: Die Verfasser des Matthäus und Lukas schreiben ihr Evangelium, obwohl sie Markus kennen. Papias von Hierapolis schätzt gar die mündliche Überlieferung höher als die ihm bekannten Markus und Matthäus (s.o.). Dass es dann doch allmählich zur Zusammenstellung der vier »kanonischen« Evangelien kam, hängt damit zusammen, dass diese immer stärker An-

---

[4] BORNKAMM, a.a.O., 222.

sehen genossen und sich auf diese Weise durchsetzten . Das geschah vor allem auch gegenüber den zahlreichen außerkanonischen («apokryphen«) Evangelien (wie etwa dem Thomas-Evangelium, den judenchristlichen Evangelien: Hebräer-, Ebionäer- und Nazaräer-Evangelium oder den Kindheitsevangelien wie dem Protevangelium des Jakobus) – Schriften, die sich in Form und Anspruch als apostolisch geben, die aber schließlich nicht in das Neue Testament aufgenommen wurden. Die neuere neutestamentliche Forschung spricht zunehmend von einer prinzipiellen Gleichwertigkeit kanonischer und außerkanonischer Quellen für die Jesusforschung.[5]

Einigermaßen sicher wissen wir auch, dass es schon bald nach 100 n. Chr. erste Sammlungen von Paulusbriefen gab (vgl. 2Petr 3,15f). MARCION (um 140) hat eine solche Sammlung von Briefen – nämlich die 10 Briefe des Paulus, die in unserem Neuen Testament stehen (ohne die Pastoralbriefe) – in seinen Kanon aufgenommen.

> *»Die einzelnen Etappen des Weges von der ursprünglichen freien Form der Autorität des Herrn bis zur Kanonisierung der Bücher, die sein Werk überliefern, können nicht nachgezeichnet werden. Das liegt einmal an den Quellen. Es gibt über diesen Prozess bis in die Mitte des 2. Jahrhunderts keine Dokumente. Das ist nun kein Zufall, sondern entspricht der Sachlage. Es gibt bis dahin eben noch gar nicht den Gedanken an einen Kanon von christlichen Schriften. Man kann lediglich aus einzelnen Andeutungen erheben, wie sich – immer unter der Voraussetzung der absoluten Stellung des Herrn – christliche Autoritäten bilden. Aber dies bedeutet noch nicht die Autorität eines Buches als solches.«*[6]

Die Sammlung der Paulusbriefe und der vier Evangelien werden allmählich zu solchen Autoritäten. Beschleunigt wird dieser Prozess im 2. Jahrhundert durch zweierlei. Einmal durch die Notwendigkeit, wegen des immer größeren zeitlichen Abstands zu der Jesus-Geschichte apostolische Autoritäten als Garanten der Überlieferung ins Spiel zu bringen. Paulus ist ein solcher Garant, und auch hinter den Evangelien werden sie entdeckt: Markus wird zum Begleiter des Petrus, den er auf dessen Missionsreise interpretiert (so schon PAPIAS ca. 135 n. Chr., zitiert in der Kirchengeschichte des Eusebius III, 39,15). Matthäus wird als Jünger des Zwölferkreises identifiziert. Er habe, so PAPIAS, Worte Jesu in hebräischer Sprache zusammengestellt, die jeder, so gut er konnte, übersetzte (s.o.). Von Lukas sagt IRENÄUS (ca. 175), er sei der Begleiter des Paulus gewesen und habe dessen Verkündigung in seinem Evangelium festgehalten. Und derselbe IRENÄUS sieht in dem Verfasser des 4. Evangeliums den Zebedaiden, den Jünger Jesu, am Werk. So erhalten die vier Evangelien nachträglich ihre »apostolische« Autorität. Für den Prozess der Kanonsbildung noch bedeutsamer ist allerdings der kleinasiatische Schiffseigner MARCION (ca. 140) geworden. Wir wissen von ihm, dass er versuchte, die römische Gemeinde für sein gnostisch beeinflusstes Verständnis des christlichen Glaubens zu gewinnen. Als er sich damit nicht durchsetzen konnte, gründete er in Kleinasien eigene Gemeinden, für die ein rigoroser Antijudaismus und die radikale Verwerfung des Alten Testament bestimmend waren: Dem bösen, ungerechten Schöpfergott stellt er den Gott der Liebe gegenüber, der erst in Jesus Christus erschienen ist. Aber dieser Jesus Christus hat nichts mit dieser bösen Welt gemein, kann deshalb auch nicht als Mensch geboren worden sein, sondern er erschien im 15. Jahre des Kaisers Tiberius (Lk 3,1) in einem Scheinleib vom Himmel. Um diese doketische Lehre zu begründen, schuf MARCION

---

[5] Vgl. dazu THEIßEN, G./MERZ, A.: a.a.O. S. 40f. Bei HENNECKE, E./SCHNEEMELCHER, W.: Neustamentliche Apokryphen, 2 Bde., Tübingen ⁴1968 bzw. ⁴1971, finden sich wichtige neutestamentliche Apokryphen (Evangelien, Apokalypsen usw.) in deutscher Übersetzung gesammelt.

[6] CONZELMANN, HANS: Geschichte des Urchristentums, Göttingen 1983, 123.

einen Kanon, der das Alte Testament natürlich nicht enthielt; und von den uns bekannten neutestamentlichen Schriften blieb nur eine Auswahl: das Lukasevangelium (ohne die Kap. 1 und 2) und 10 Paulusbriefe (ohne die Pastoralbriefe und Hebr). Alle anderen neutestamentlichen Schriften wurden als im jüdischen Sinne verfälscht abgetan.

Mit dieser Lehre und mit der im Zuge dieser Lehre gegründeten Gegenkirche, die sich über Jahrhunderte hin hielt, galt es, sich auseinanderzusetzen. »Der Kampf ging jetzt um die Substanz des Glaubens: den Gottesgedanken, nämlich das Verhältnis von Gott und Welt, Schöpfung und Erlösung, Gott und Christus; das Wesen Christi; die Geltung der Tradition, die der Kirche die Wahrheit verbürgt. Man kann es absehen, dass dem Kanon MARCIONs bald der 'orthodoxe' gegenüberstehen wird.«[7]

1.4 Der Kanon

Eines der ältesten Kanonverzeichnisse, der sog. »Kanon Muratori« (genannt nach L.A. MURATORI, der dieses Verzeichnis 1740 herausgab), ist um ca. 200 in Rom maßgebend und enthält ein zweiteiliges Neues Testament mit den vier Evangelisten, Apg, 13 Paulusbriefen, 1 und 2Joh, Jud und Apk; dazu kommen Weisheit Salomonis und eine Apk Petri. Der 1 und 2Petr, Hebr, Jak und 3Joh fehlen. Auch die drei wichtigsten Theologen am Ausgang des 2. Jahrhunderts bestätigen mit leichten Modifizierungen diesen Tatbestand: IRENÄUS (gestorben nach 190 in Lyon), TERTULLIAN (ca. 160–220 in Carthago) und CLEMENS ALEXANDRINUS (gestorben vor 215 in Alexandria).

Offensichtlich ist zu dieser Zeit die Fixierung des Apostelteils noch nicht endgültig abgeschlossen. Die Diskussion wird darüber in den folgenden Jahrhunderten in der lateinischen, griechischen und syrischen Kirche fortgeführt. Offen bleibt lange Zeit die kanonische Geltung einzelner katholischer Briefe, Hebr und Apk. Aber auch über die kanonische Geltung einzelner Schriften der apostolischen Zeit (z.B. Barnabasbrief, Hirte des Hermas) und über die Ausgrenzung einzelner apokrypher Schriften wird gestritten. Der alexandrinische Bischof ATHANASIUS (295–373) schließlich legt in seinem 39. Osterfestbrief (367) den neutestamentlichen Kanon mit 27 Büchern in folgender Reihenfolge fest: 4 Evangelien, Apg, 7 katholische Briefe, 14 Paulusbriefe, Apk. Ihm folgt die lateinische Kirche auf verschiedenen Synoden am Ende des 4. und zu Beginn des 5. Jahrhunderts, und auch die syrische Kirche ist um diese Zeit um eine Angleichung an den Kanon der griechischen Kirche bemüht. Aufs ganze gilt: Zu Beginn des 5. Jahrhunderts ist die Kanonsbildung der alten Kirche abgeschlossen.

So lässt sich zusammenfassend mit G. BORNKAMM festhalten: »Die Bildung des neutestamentlichen Kanons mit seinen sehr verschiedenen 27 Schriften hat sich erst stufenweise zwischen dem ausgehenden 2. und dem 4. Jahrhundert vollzogen. Nicht unwichtig ist, dass dieser 'Kanon' (griechisches Wort für Maßstab, Richtschnur) nicht eigentlich das Resultat einer Sammlung war, sondern einer Auswahl der für maßgeblich gehaltenen Schriften aus einer Flut anderer kirchlicher und häretischer Literatur, die wir teilweise ganz, teilweise in Fragmenten noch besitzen; vieles davon ist freilich untergegangen. Soweit wir uns aus dem Vorhandenen ein Urteil bilden können, haben sich bestimmte Prinzipien, nach denen diese Auswahl getroffen wurde (Abfassung der

---

[7] CONZELMANN, a.a.O., 126.

Schriften durch Apostel oder deren Schüler), zwar als irrig erwiesen, im Endergebnis jedoch ist die Auswahl als glücklich zu bezeichnen. Kaum für eine einzige außerkanonische Schrift wäre ihre Aufnahme in den Kanon wünschenswert, höchstens kann man bezweifeln, ob alle neutestamentlichen Schriften gleichermaßen ihre Aufnahme verdient hätten. In jedem Fall ist der Kanon ein Produkt irdischmenschlicher Geschichte und nicht vom Himmel gefallene Offenbarung.«[8] Jeder Versuch, von diesen neutestamentlichen Schriften zu sagen, dass sie von Gott »inspiriert« seien – wie das in 2Tim 3,16 vom Alten Testament getan wird – wird diese Geschichte der neutestamentlichen Schriften und der Kanonsbildung berücksichtigen müssen. Wie lässt sich dann aber die Arbeit mit dem Neuen Testament als einer geschlossenen Einheit rechtfertigen?

Aufgabe:
• Versuchen Sie selbst eine Antwort auf diese Fragen mit Hilfe der folgenden Textauszüge zu finden.

1. »Die Autorität des neutestamentlichen Kanons darf nicht als eine formale verstanden werden: Der 2. Petrusbrief und ebenso auch der Römerbrief haben a priori keine größere formale Autorität als andere theologische Zeugnisse der Kirchengeschichte auch. Ihre besondere Bedeutung ergibt sich allein von ihrem Thema her, der Offenbarung Gottes in Christus, und von der Art, wie sie dieses Thema bearbeiten. Das Kriterium für die Beurteilung biblischer Aussagen ist die Frage, ob die Bedeutung der Offenbarung für den Menschen und für die Welt sichtbar gemacht ist oder nicht. Es gibt also im 'äußeren' Kanon noch einmal einen 'inneren' Kanon. Luther lehrte, als dieser 'Kanon im Kanon' sei die Rechtfertigungslehre anzusehen – zwar nicht unbedingt in ihren formalen Kategorien, aber jedenfalls in ihrer theologischen Struktur. Das ist der Sinn seiner bekannten Formel, wirklich kanonisch sei das, 'was Christum treibet' (aus der Vorrede zu Jak). Das Problem, vor dem man bei der Arbeit am Neuen Testament steht, ist, ob dieser Kanon, diese Richtschnur, theologisch sachgemäss ist oder nicht. Eine harmonisierende Systematisierung der neutestamentlichen Aussage wäre jedenfalls nicht sachgemäss.«[9]

2. »Die Frage nach dem Kanon im Kanon bleibt gestellt. Die Abgrenzung des neutestamentlichen Kanons ist in der alten Kirche erst in einem langen Prozess gewonnen und durch Entscheid des Bischofsamtes zum Abschluss gebracht worden. Dabei hat die alte Kirche in der Ausscheidung des apokryphen Schrifttums ein durchaus gutes Urteil bewiesen. Bei der Festlegung des Kanons hatte man die ältesten Schriften, die man auf Apostel meinte zurückführen zu können, zusammengestellt und darauf geachtet, ob ihr Inhalt als Zeugnis des Evangeliums gelten kann. Damit war das entscheidende Kriterium zur Abgrenzung des neutestamentlichen Kanons gewonnen. Denn das Neue Testament bezeugt die kirchengründende Predigt der ersten Chris-

---

[8] BORNKAMM, a.a.O., 222. Zur Entstehung des Kanons vgl. auch B. METZGER: Der Kanon des Neuen Testaments. Entstehung, Entwicklung, Bedeutung. Düsseldorf 1993. Zu dem Gesichtspunkt, dass die Kanonsbildung ein Bekenntnis der frühen Kirche zur Pluralität ist, s. G. THEIßEN.: Die Religion der ersten Christen. Eine Theorie des Urchristentums. Gütersloh 2000, S. 356ff.

[9] CONZELMANN, HANS/LINDEMANN, ANDREAS: Arbeitsbuch zum Neuen Testament, Tübingen [6]1982, 9.

tenheit. Deren Gültigkeit hängt freilich nicht davon ab, ob die einzelnen Schriften einen Apostel zum Verfasser haben oder nicht. Sondern die 27 Schriften des Neuen Testamentes sind kritisch daraufhin zu befragen, wie in ihnen das Kerygma bezeugt und entfaltet wird. Luthers Hinweis auf 'das, was Christum treibet' behält daher als Frage nach dem Kanon im Kanon sein volles Recht.«[10]

1.5 Handschriftliche Überlieferung

Wie alle antiken Schriften so ist uns auch das Neue Testament handschriftlich überliefert. Seine Sprache ist zunächst das Koine-Griechisch, die Umgangssprache der damaligen Zeit. Aber schon im 2. Jahrhundert entstanden lateinische, syrische und koptische Übersetzungen. Als Schreibmaterial diente den Schreibern der Handschriften zunächst der aus dem Mark der Papyrusstaude gewonnene Papyrus, später dann das aus Tierhaut gewonnene Pergament. Zwei Buchformen waren üblich: die (ältere) Rolle, bei der die einzelnen Blätter aneinandergeklebt waren und mit Hilfe von Stäben auf- bzw. zugerollt werden konnten, und der Codex, bei dem die einzelnen Blätter gefalzt, in Lagen aufeinander gelegt und geheftet wurden.[11] Es ist Aufgabe der neutestamentlichen Textkritik aus den Tausenden von uns überkommenen Handschriften, der Papyri und Pergamentkodices, den möglichst ursprünglichen Text der einzelnen Schriften zu rekonstruieren. Dabei spielen natürlich auch die frühen Übersetzungen ins Lateinische, Syrische und Koptische usw. eine Rolle.

Die ältesten uns bisher bekannt gewordenen neutestamentlichen Handschriften sind zwei Papyri: Das im ägyptischen Wüstensand gefundene und 1935 veröffentlichte Papyrusfragment p^{52} (= Papyrus-Handschrift Nr. 52), das die Verse Joh 18,31–33 und 37–38 enthält und dessen Entstehung auf die Zeit um 130 n. Chr. anzusetzen ist. Seine Entdeckung erzwang damals eine Korrektur der bis dahin gängigen Hypothese einer Entstehung des 4. Evangeliums im 2. Jahrhundert. Eine ähnliche Korrektur ist vielleicht durch einen anderen Papyrusfund nötig geworden. 1972 wurde ein in den Höhlen von Qumran gefundener Papyrusfetzen mit den Versen Mk 6,52 und 53 in Zusammenhang gebracht (seine Bezeichnung 7Q5, entsprechend der Ziffern der Qumranfunde: 7. Höhle, Text Nr. 5). Da diese Qumranhöhlen im Jahre 68 n. Chr. vor den heranrückenden römischen Truppen versiegelt wurden, muss das Markus-Evangelium (oder eine Vorform) um diese Zeit schon in der Bibliothek von Qumran vorhanden gewesen sein – vorausgesetzt, dass es sich bei diesem Fund wirklich um Verse aus dem 2. Evangelium handelt.[12]

Papyri mit größeren Textpartien besitzen wir aus dem 3. Jahrhundert – z.B. p^{45} Evangelientext, p^{46} Paulusbriefe, p^{66} Johannesevangelium (um 200 geschrieben). Gesamthandschriften des Neuen Testaments kennen wir vom 4. Jahrhundert an. Sie werden durch lateinische bzw. griechische Großbuchstaben gekennzeichnet (z.B. B = Codex Vaticanus, älteste Pergamenthandschrift aus dem 4. Jahrhundert).[13]

---

[10] LOHSE, EDUARD: Entstehung des Neuen Testaments, Stuttgart 1991, 1.

[11] Weitere Einzelheiten dazu finden sich bei PARET, O.: Die Bibel. Ihre Überlieferung in Druck und Schrift, ^{2}1950, 34f. vgl. auch CONZELMANN/LINDEMANN, a.a.O., 21ff.

[12] Vgl. dazu THIEDE, CARSTEN PETER: Die älteste Evangelienhandschrift? – Das Markus-Fragment von Qumran und die Anfänge der schriftlichen Überlieferung des Neuen Testaments, Wuppertal 1986.

[13] Vgl. zu weiteren Einzelheiten ALAND, K. und B.: Der Text des neuen Testaments. Einführung in die Wissenschaftlichen Ausgaben und in Theorie wie Praxis der modernen Textkritik, 1982; CONZELMANN/LINDEMANN, a.a.O., 21ff.

Literatur

BORNKAMM, GÜNTHER: Das Neue Testament. Eine Einführung in seine Schriften, Stuttgart-Berlin 1980 CAMPENHAUSEN, HANS VON: Die Entstehung der christlichen Bibel, 1968 CONZELMANN, HANS: Geschichte des Urchristentums, Göttingen 1983 CONZELMANN, HANS/ LINDEMANN, ANDREAS: Arbeitsbuch zum Neuen Testament, Tübingen ^{6}1982 KÄSEMANN, ERNST (Hg.): Das Neue Testament als Kanon, 1970 KÜMMEL, WERNER GEORG: Einleitung in das Neue Testament, ^{16}1969 MARXSEN, WILLI: Einleitung in das Neue Testament, Gütersloh ^{3}1969 THEIßEN; GERD: Die Religion der ersten Christen. Eine Theorie des Urchristentums. Gütersloh 2000.

2 Der Sabbat ist um des Menschen willen da
Jesus, die Tora und das zeitgenössische Judentum

(Friedrich Johannsen)

> Fragestellungen:
> - Welche Bedeutung hat das Judesein Jesu für den christlichen Glauben?
> - Jesus und das Gesetz – Gesetz und Evangelium
> - Wie ist heute mit den antijudaistischen Texten des NT und ihrer Wirkungsgeschichte umzugehen?

Jesus war Jude. Diese historische Selbstverständlichkeit ist im Laufe der Christentumsgeschichte in Vergessenheit geraten. Dafür wurden seine innerjüdischen Kontrahenten zu *den* Repräsentanten *des* Judentums. Der Streit um den Sabbat ist ein Beispiel dafür, wie aus einer innerjüdischen Kontroverse eine Grundsatzfrage zwischen Juden und Christen wurde.

> »Einmal wanderte er am Sabbat durch Kornfelder, und seine Jünger begannen, während sie des Weges zogen, Ähren abzureißen. 24 Da sagten die Pharisäer zu ihm: 'Sieh, was sie da am Sabbat Unerlaubtes tun!' 25 Er sagte zu ihnen 'Habt ihr nie gelesen, was David getan hat, als er Entbehrungen und Hunger litt zusammen mit seinen Gefährten? 26 Er ging in das Haus Gottes zur Zeit des Hohenpriesters Abiathar und aß die Weihbrote, die keiner essen darf außer den Priestern, und gab auch seinen Gefährten davon!' 27 Und er sagte zu ihnen: 'Der Sabbat ist um des Menschen willen da, nicht der Mensch um des Sabbat willen. 28 Also ist der Menschensohn Herr auch über den Sabbat!"« Mk 2,23–28 (Übers. nach WILCKENS)

Nach der Darstellung der synoptischen Evangelien waren »die Pharisäer« die Gegner Jesu. Wesentlicher Streitpunkt ist ihr Vorwurf, Jesus und seine Anhänger verletzen die für Israel so zentrale Heiligkeit des Sabbats, nach Ex 31,14–17 ein todeswürdiges Verbrechen.

> »Wer (...) den Sabbat verletzt, stellt sich außerhalb der Gemeinde Israels und bricht den Gottesbund – nicht mehr und nicht weniger. Es gibt kein biblisches Grundgebot, das von allen Israeliten ernster genommen wurde, über das Heiden mehr gespottet haben, und das seit vielen Jahrhunderten von allen Völkern so universal akzeptiert worden ist.«[1]

2.1 Antijudaistische Tendenzen im NT

Aus Mk 2,23–28 und anderen Texten entstand in der christlichen Tradition das Bild des Pharisäers als eines religiösen Rigoristen und heuchlerischen Vertreters einer formalen Werkgerechtigkeit. Das Bild vom Pharisäer als dem Jesusfeind wurde schließlich auf das ganze rabbinische Judentum übertragen. Und weil die Pharisäer mit ihrem Fanatismus Jesus zu Tode brachten, galt das Stigma des Christusmörders allen, die sich im christlichen Abendland weiterhin zum Judentum bekannten. Nicht nur naive Bibelleser fanden das Geschick des jüdischen Volkes im NT vorgezeichnet und ge-

---

[1] LAPIDE, PINCHAS: Er predigte in ihren Synagogen, Gütersloh 1980.

rechtfertigt. Grundlage dafür boten eine Reihe markanter antijudaistischer Formulierungen:

> »Jesus den Nazoräer... habt ihr durch die Hand der Gesetzlosen annageln und töten lassen.« (aus Apg 2,22f: Pfingstpredigt des Petrus)

> »Welchen Propheten haben eure Väter nicht verfolgt? Und sie haben die getötet, welche von dem Kommen des Gerechten vorher verkündigten, dessen Verräter und Mörder ihr jetzt geworden seid« (Apg 7,52: Verteidigungsrede des Stephanus)

> »... die Gott missfallen und allen Menschen feindlich sind« (1Thess 2,15b)

> »Ihr (Juden) stammt vom Teufel als eurem Vater und wollt die Gelüste eures Vaters tun.« (Joh 8,44)

> »Pilatus sagte zu ihnen: Was soll ich denn mit Jesus tun, den man den Christus nennt? Sie sagten alle: Gekreuzigt soll er werden! Er aber sagte: Was hat er denn Böses getan? Da schrieen sie überlaut: Gekreuzigt soll er werden! Als aber Pilatus das sah, dass es nichts nützte, sondern dass vielmehr ein heftiger Tumult entstand, nahm er Wasser, wusch sich vor dem Volk die Hände und sagte: Ich bin unschuldig am Blute dieses Gerechten; sehet ihr zu! Und alles Volk sprach: Sein Blut komme über uns und unsere Kinder!« (Mt 27,22–25)

Bis heute findet die Verfolgungsgeschichte der Juden bei etlichen Christen in diesem Fluchwort ihre offen ausgesprochene oder heimlich gedachte Begründung.

Es sollte zu denken geben, dass gerade auch jüdische Interpreten des Neuen Testaments wichtige Hinweise geben, wie nach der verhängnisvollen Wirkungsgeschichte diese Überlieferungen aus der christlichen Ursprungsgeschichte auf dem Hintergrund der (jüdischen) Ursprungstradition kritisch verstanden und interpretiert werden können. Zwei Denkrichtungen werden dazu angeboten, die helfen können, das Verhältnis von Christen und Juden nach der von Christen nicht nur ideologisch mitverursachten Tragödie des jüdischen Volkes neu zu bestimmen:
1. Die Erinnerung daran, dass Versöhnung im Zentrum der neutestamentlichen Botschaft steht und von daher Überlieferungen mit anderem Tenor von dieser zentralen »Sache« her zu kritisieren sind. Wenn das Blut Jesu der Welt und der Menschheit Versöhnung stiftet, kann dieses Blut nicht zugleich Grundlage eines Vergeltungsgeschehens sein. So weist SCHALOM BEN-CHORIN die Christen auf ihr eigenes Selbstverständnis hin, wenn er mit Blick auf Mt 27 ausführt, dass diese Selbstverfluchung, wenn sie überhaupt Anhalt an einem realen Geschehen[2] hat, durch das Jesuswort am Kreuz: Vater vergib ihnen, denn sie wissen nicht was sie tun (Lk 23,34), aufgehoben sei.[3] In der christlichen Tradition wurde jedoch nicht dieses Jesuswort, sondern die Bekehrungsbereitschaft der Juden zum Maßstab für die Entkräftigung des Fluchwortes. Als paradigmatisch kann dafür LUTHERs Einstellung gelten, der zur Verfolgung aufrief, als seine Hoffnung enttäuscht wurde, die Juden würden sich nach der Neuentdeckung des Evangeliums bekehren lassen.[4]

---

[2] Selbst wenn diese nur bei Mt bezeugte Szene als historisch verstanden wird, konnte es sich schon aus räumlichen Gründen nur um eine kleine Anzahl fanatisierter Menschen gehandelt haben. (Vgl. BEN-CHORIN: Antijüdische Elemente im Neuen Testament, in: EvTh 3/80, 208).

[3] Vgl. BEN-CHORIN, SCHALOM: Bruder Jesus, München 1977, 170.

[4] Vgl. Von den Juden und ihren Lügen (1543). WA 15, 523ff; Lit.: BIENERT, WALTER: Martin Luther und die Juden, Frankfurt/M 1982.

2. Die kritische Erinnerung der vielfach verdrängten Verwurzelung des frühen Christentums im Judentum und genaue Analyse des historischen Ortes von Texten und ihrer Geschichte.

»*Das Neue Testament kann weder verstanden noch ausgelegt werden, wenn man seinen jüdischen Mutterboden verdrängt.*«[5]

Diese Feststellung wird keineswegs von allen christlichen Auslegern geteilt. Dabei spielt die Prämisse eine zentrale Rolle, dass der Christusglaube etwas so Neues darstelle, dass er mit den »alten« Kategorien des Judentums allenfalls im Sinne einer Negativfolie zu erfassen sei. Beispiele für diese These sind die Ende des 20. Jahrhunderts erschienenen Bücher von HANNA WOLFF[6] und FRANZ ALT[7]. Zu den nicht reflektierten Schattenseiten dieser engagierten Schriften gehören die Stabilisierung von klassischen Stereotypen über das Judentum als Inbegriff einer patriarchalisch-gesetzlichen und lebensfeindlichen Religion. Es fällt auf, dass gerade solche Veröffentlichungen Jahrhunderte lang geprägte Vorurteile reproduzieren, denen es darum geht, aus dem NT unmittelbar gegenwartsbezogene Erneuerungsimpulse abzuleiten. Auch wenn die historisch-kritische Erarbeitung der Überlieferung keineswegs vor der Reproduktion von Vorurteilen schützt, liegt in der methodisch-distanzierten Analyse der Texte gewissermaßen die Bedingung der Möglichkeit zu neuer Wahrnehmung und einer kritischen Aufarbeitung der Wirkungsgeschichte.

2.2 Kritische Sichtung der Ursprungstradition

Exkurs: Exegetische Verfahren am Beispiel Mk 2,23–28 parr.[8]

Ein wesentlicher Anspruch bei der wissenschaftlichen Textauslegung liegt darin, dass für andere nachvollziehbar ist, wie bestimmte Annahmen und Erkenntnisse zustande kommen und so eine diskursive Auseinandersetzung ermöglicht. Kritische Auslegung wird praktiziert, indem man verschiedene Fragestellungen und die im Laufe der Forschungsgeschichte entwickelten Hypothesen versuchsweise an einen Text heranträgt. Dabei wird zunächst im Interesse einer erweiterten und kritischen Wahrnehmung eine Distanz aufgebaut, die vordergründig der Überzeugung entgegensteht, dass die biblische Botschaft auch den Menschen der Gegenwart unmittelbar betrifft. In den Beiträgen dieses Bandes findet sich eine Fülle von Hinweisen darauf, dass bereits innerhalb der neutestamentlichen Traditionsgeschichte und dann in der Wirkungsgeschichte unreflektierte Auslegung den befreienden Aspekt des Evangeliums verdunkelt hat. Die Einübung kritischer Distanz ist daher um der sachgemäßen Nähe willen geboten. Auch die Vielfalt von Zugängen zu biblischen Texten, die gegenwärtig in Theorie und Praxis auf positive Resonanz stoßen, müssen sich um der Sache willen der methodischen Reflexion öffnen.

---

[5] PETUCHOWSKI, JAKOB J./THOMA, CLEMENS: Lexikon der jüdisch- christlichen Begegnung, Freiburg u.a. 1989, 258.
[6] WOLFF, HANNA: Neuer Wein – Alte Schläuche, Stuttgart 1981 u.a.
[7] ALT, FRANZ: Frieden ist möglich. Die Politik der Bergpredigt, München 1983.
[8] Vgl. den Leitfaden zur Textauslegung im Anhang S. 262

Textkritik

In der wissenschaftlichen Textauslegung steht an erster Stelle die Frage nach der ältesten erreichbaren Textgestalt. Da von keiner biblischen Schrift Urschriften vorliegen (S. 21f), wird durch Vergleich und Bewertung verschiedener früher Abschriften und Zitationen die hypothetisch älteste Textgestalt rekonstruiert. Da für die Textkritik sowohl Sprachkenntnisse als auch differenzierte Beurteilungskriterien erforderlich sind, bleiben Religionspädagogen hier auf die Vorarbeit von Fachleuten angewiesen. Die Kommentarliteratur kann dabei Einsichten in die strittigen Fragen geben.

Bei der Arbeit mit Übersetzungen ist zu bedenken, dass sowohl textkritische Vorentscheidungen als auch unterschiedliche Übersetzungsmöglichkeiten aus dem neutestamentlichen Griechisch zu Abweichungen führen können. Ein Vergleich verschiedener Übersetzungen kann auf Problempunkte aufmerksam machen.

> Aufgabe:
> - Vergleichen Sie die Abweichungen in den Übersetzungen von V.23. Bedenken Sie, wie unterschiedlich hier die Ausgangssituation des Konflikts geschildert wird:

LUTHERbibel (rev. Fassung 1984):

> »Und es begab sich, dass er am Sabbat durch ein Kornfeld ging, und seine Jünger fingen an, während sie gingen, Ähren auszuraufen.«

Zürcher Bibel (1942):

> »Und es begab sich, dass er am Sabbat durch die Saaten dahinwanderte; und seine Jünger fingen an, auf dem Wege Aehren abzureissen.«

Das Neue Testament, übersetzt von ULRICH WILCKENS (1970; [6]1980):

> »Einmal wanderte er am Sabbat durch Kornfelder, und seine Jünger begannen, während sie des Weges zogen, Ähren abzureißen.«

Die gute Nachricht (1982):

> »An einem Sabbat ging Jesus durch die Felder. Seine Jünger rissen unterwegs Ähren ab und aßen die Körner.«

Abgrenzung der Texteinheit

Im nächsten Schritt ist die Abgrenzung des Textes zum Kontext zu klären.

> Aufgabe:
> - Entscheiden Sie, ob dieser Text vorn und hinten so abgegrenzt ist, dass eine isolierte Betrachtung dieses Abschnittes vertretbar ist. (Beachten Sie, dass für die synoptischen Evangelien kennzeichnend ist, dass sie Einzeltexte relativ locker aneinander reihen).

Gliederung des Textes

Die versuchsweise Gliederung ist ein erster Schritt, sich der Struktur eines Textes zu nähern. Sie kann die inhaltlichen Aspekte und den Aufbau erfassen helfen, zur Formbestimmung anleiten und Beobachtungen für die mögliche Entstehungsgeschichte eines Textes liefern.

> Aufgabe:
> - Versuchen Sie, Mk 2, 23–28 zu gliedern.

Die Frage nach der Entstehungsgeschichte eines Textes
Dabei wird nach der schriftlichen Entstehungsgeschichte (Quellenfrage/Literarkritik) und nach einer eventuell vorangehenden mündlichen Gestalt gefragt (Überlieferungsgeschichte). Wie für die synoptischen Evangelien die Quellenfrage zu beantworten ist, vgl. S. 15f.

> Aufgabe:
> - In der exegetischen Literatur findet sich vielfach die Behauptung, Mk 2,23–27 sei keine ursprüngliche Einheit, vielmehr sei Vers 28 später angefügt worden. Begründung dafür ist die These, dass »Menschensohn/Sohn des Menschen« ein Hoheitstitel ist, den erst die urchristliche Gemeinde Jesus beigelegt hat.

Bedenken Sie, was für und gegen diese These spricht und welche Konsequenzen das für die Interpretation des Textes hat.

Formgeschichtliche Bestimmung
Die Form- bzw. Gattungsgeschichte fragt nach geprägten sprachlichen Formen, ihrem »Sitz im Leben«[9], sowie Veränderungen und Übertragungen in neue Situationen. Mk 2,23ff wird gemeinhin als »Streitgespräch« bestimmt. Charakteristische Elemente sind:

1. Das strittige Verhalten (Jesus oder seine Jünger zeigen ein Verhalten, das zum Streit Anlass gibt)
2. Die Position der Gegner (als Frage oder Vorwurf)
3. Ein Jesuswort zur Klärung des Streitpunktes

> Aufgabe:
> - Prüfen sie die These, der Text sei ein Streitgespräch.
> - Stellen Sie Hypothesen auf über den »Sitz im Leben« dieser Textgattung.

---

[9] Grundlage für die Analyse des »Sitzes im Leben« ist der Zusammenhang von Sprachform und Verwendungssituation. So lässt sich die Sprache eines Gerichtsurteils (Sitz im Leben: Gerichtsverhandlung) durch Formbeobachtung unschwer von der Sprache einer Sportreportage unter scheiden. Im Blick auf biblische Texte ist zu berücksichtigen, dass in der Antike der Formzwang – also eine dem Anlass entsprechende Form zu verwenden, größer war als heute.

Klärung des historischen Ortes

Lässt sich der Text (bzw. Vorformen des Textes) einer bestimmten beschreibbaren Situation zuordnen? Bei unserem Beispiel ist zu klären, ob der Text eine Auseinandersetzung zur Jesuszeit oder z.Zt. der Urgemeinde widerspiegelt. Geht es um innere Auseinandersetzung von Jesusanhängern oder um Auseinandersetzung mit äußeren Gegnern?

Aufgabe:
- Überlegen Sie, ob und wie sich die Aussage verändert, wenn der eine oder andere Fall angenommen wird.

Traditionskritische Fragestellung

Auf welche Traditionen, Motive, Symbole, Bilder, Themen greift der Text zurück? Wichtige Hilfsmittel sind die Konkordanz und zeitgenössische außerbiblische Quellen.

Aufgabe:
- Klären Sie mit Hilfe der Konkordanz die Bedeutung des Sabbat und entsprechender Vorschriften in AT und NT.

Redaktionsgeschichtliche Frage

Lässt sich eine Entwicklungsgeschichte schriftlich geformter bzw. vorgeformter Texte erkennen? Beim konkreten Beispiel kann dazu insbesondere der synoptische Vergleich herangezogen werden.

Aufgabe:
- Stellen sie fest, wie Mt und Lk die Mk-Vorlage bearbeitet haben, halten Sie die Unterschiede fest und suchen Sie Begründungen dafür.
- Zu Mt 12,1–8: Viele Neutestamentler behaupten, Mt habe sein Evangelium für Christen geschrieben, die aus dem Judentum stammen. Lassen sich dafür aus diesem Text Hinweise ableiten?
- Zu Lk 6,1–5: Das Lukasevangelium zeichnet sich durch eine historisierende Darstellung aus. Das gilt sowohl für die Gesamtdarstellung als auch für die Bearbeitung von Einzeltexten. Lassen sich im Vergleich mit der Mk-Fassung Belege dafür finden, dass Lk »Brüche« beseitigt?

2.3 Auslegungsbeispiele zu Mk 2,23ff

Anhand ausgewählter Beispiele zur Auslegung von Mk 2,23ff sollen im folgenden Möglichkeiten, Grenzen und Probleme verschiedener Auslegungsverfahren ausgelotet werden.

Mk 2,23ff gehört zu den neutestamentlichen Texten, an dem ein breiter Strom christlicher Auslegung die These festmacht, dass Jesus zur Tora eine Haltung eingenommen hat, die einen völligen Bruch mit dem Judentum seiner Zeit darstellt. Seine Heilungen am Sabbat, die in der Tischgemeinschaft mit Zöllnern und Sündern dokumentierten Missachtungen der Reinheitsvorschriften, seine Haltung zu Ehescheidung und Eid u.a. belegen eine Praxis, die im Kontext des Judentums nicht mehr zu erklären sei. So schreibt DREWERMANN im Kommentar zu unserem Text:

> *»Etwas so Neues bricht sich hier Bahn, dass wir bis zum heutigen Tage fähig sind, mit geradezu lächerlichen Begriffen nur nachzustottern, was hier eigentlich geschieht.«*[10]

Ein Teil der neutestamentlichen Exegeten machte Jesu Differenz zum Judentum zur Voraussetzung ihres methodischen Prinzips, dass nur das als echtes Jesusgut anzusehen sei, was sich weder aus dem Judentum noch aus dem Urchristentum erklären lasse. Im Blick auf diese Position ist nun auffällig, dass jüdische Interpreten wie BUBER, KLAUSNER, FLUSSER, BEN-CHORIN und LAPIDE Jesus fast »vollkommen und ausnahmslos«[11] durch das Judentum seiner Zeit zu erklären vermögen. Für sie gehört Jesus in den Kontext bestimmter pharisäischer Richtungen, die dem Liebesgebot eine herausragende Stellung einräumten. Im Kontext des christlich-jüdischen Gespräches spielt die Frage denn auch eine große Rolle, ob die Praxis Jesu eine gemeinsame Basis der Verständigung sein kann. Hat Jesus selbst schon den Bruch mit dem Judentum vollzogen, oder hat die Urgemeinde die späteren Auseinandersetzungen zwischen Juden und Christen auf Jesus zurückprojiziert?

GERD THEIßEN stellt fest, dass das oben genannte Echtheitskriterium, wonach das als echtes Jesusgut zu gelten habe, was weder aus dem Urchristentum noch aus dem Judentum ableitbar sei, verkappte Dogmatik sei. Er schlägt daher eine andere Fassung des sog. Echtheitskriteriums vor:

> *»Anspruch auf Echtheit haben Jesustraditionen, wenn sie im Rahmen des damaligen Judentums historisch möglich sind, aber zugleich einen besonderen Akzent haben, der verständlich macht, dass sich später das Urchristentum aus dem Judentum heraus entwickelt hat. Nicht nur Jesus, das ganze Urchristentum ist aus dem Judentum 'ableitbar'.«*[12]

Für ULRICH LUZ sind die überlieferten massiven Auseinandersetzungen zwischen Juden- und Heidenchristen mit ihrer unterschiedlichen Haltung zur Tora nicht denkbar, »wenn bereits Jesus dieses Problem grundsätzlich und eindeutig gelöst hätte.«[13]

Bei unterschiedlicher Beurteilung der Entwicklungsgeschichte des Textes wurde für die christliche Auslegung ein Verständnis von Vers 28 her maßgebend. Die Pointe der Erzählung sei die grundsätzliche Freiheit des Menschen vom Gesetz, die ihren Ursprung, aber auch ihren Maßstab in Christus hat. »In der Orientierung an ihm gewinnt die Freiheit Gestalt.«[14]

---

[10] DREWERMANN, EUGEN: Das Markusevangelium, 1. Teil, Olten 1987, 268.

[11] KLAUSNER, JOSEPH K.: Jesus von Nazareth, seine Zeit, sein Leben und seine Lehre, Jerusalem ³1952, 505.

[12] THEIßEN, GERD: Der Schatten des Galiläers. – Historische Jesusforschung in erzählender Form, München 1987, 199.

[13] SMEND, RUDOLF/LUZ, ULRICH: Gesetz, Stuttgart u.a. 1981, 61.

[14] GRUNDMANN, WALTER: Das Evangelium nach Markus, Berlin ⁸1980, 93.

LUISE SCHOTTROFF und WOLFGANG STEGEMANN versuchen, in ihrer Auslegung zu Mk 2,23ff[15], diesen in der christlichen Tradition vorherrschen Trend zu durchbrechen, der zugleich – beabsichtigt oder nicht – eine von Anfang an deutliche Trennung vom Judentum impliziert. SCHOTTROFF und STEGEMANN gehen so vor, dass sie von der Frage ausgehen, wie Mt die Markusüberlieferung aufgenommen und verstanden hat. Mt lässt die Jünger nicht nur Ähren ausraufen, sondern fügt ausdrücklich hinzu, dass sie die Körner auch essen. [Wäre der Vorgang nicht am Sabbat geschehen, läge ein Fall vor, den die deuteronomistische Reformgesetzgebung Besitzlosen und Hungernden ausdrücklich zugesteht: »Wenn du durch das Kornfeld deines Nächsten gehst, so darfst du mit der Hand Ähren abrupfen, aber mit der Sichel sollst du nicht dreinfahren.« (Dtn 23,26)[16]] Mt hält den Pharisäern seiner Zeit eine falsche Gesetzesauslegung vor, indem er den Text um ein Zitat aus Hos 6,6 erweitert: »Barmherzigkeit will ich und nicht Opfer«. Nicht die Gültigkeit der Tora steht für Mt zur Disposition, es geht vielmehr um eine Konfliktregel für den Fall, dass verschiedene Gebote gegeneinander stehen: In diesem Fall hat das Liebesgebot den Vorrang. Indem Jesus die Hungrigen am Sabbat essen lässt, praktiziert er Barmherzigkeit und Nächstenliebe im Sinne der Tora. Folgerichtig lässt Mt den V.27 (Mk) weg, weil er in Verbindung mit Mk 2,28 nur als grundsätzliche Distanzierung vom Sabbat verstanden werden kann. Die Pharisäer kommen nach Mt zu einer falschen Beurteilung des Sachverhaltes, weil sie nicht erkennen, dass es sich um eine von der Tora *erlaubte* Sabbatentweihung handelt.

> *»Das Ziel der Geschichte bei Matthäus ist es, die Bedeutung der Barmherzigkeit als Gebot der Tora klar zu machen…«[17]*

Als »Sitz im Leben« ist bei Mt die Auseinandersetzung (nach 70 n. Chr.) zwischen Pharisäern in der Diaspora und jüdischen Jesusanhängern anzunehmen. Im Zusammenhang des Mk-Evangeliums ist der Konflikt Jesu mit den Pharisäern über die Sabbatentweihung Anlass dafür, dass die Pharisäer den Tod Jesu beschließen (Mk 3,6): Weil Jesus den Menschen und seine Not in die Mitte stellt und die Pharisäer – wie Mk sie sich vorstellt – den Sabbat über den Menschen, wird deren Unbarmherzigkeit deutlich. Während Mk 2,23–27 wie die Mt-Fassung als eine Auseinandersetzung um das richtige Toraverständnis (Sabbat als heilsame Gabe Gottes) zu verstehen sind, gibt Mk 2,28 auch dem V.27 einen anderen Sinn: Der »Menschensohn« als neue heilsame Gabe Gottes überbietet die Tora. Demzufolge haben die Christen auch keinen Anlass mehr, sich an die Tora zu halten. Da dieses Verständnis der übrigen Konzeption des Markus entspricht, kann angenommen werden, dass Markus eine vorgeformte Überlieferung um diesen Vers erweitert und damit ganz neu interpretiert hat.

Da die vormarkinische Fassung die Möglichkeit offen lässt, dass sich die Kontrahenten überzeugen lassen, wird ihr »Sitz im Leben« im Kontext der palästinischen Jesusbewegung (vor 70 n. Chr.) vermutet, als sich die Fronten noch nicht so verhärtet hatten, wie z.Zt. des Mt. In diesem Stadium spiegelt sie eine innerjüdische Auseinandersetzung um die Praxis der Jesusbewegung wider. Indem SCHOTTROFF und STEGEMANN den sozialgeschichtlichen Hintergrund dieser Bewegung ausleuchten, wird eine Differenz zur Argumentation bei Mt deutlich. In diesem frühen Stadium

---

[15] SCHOTTROFF LUISE/STEGEMANN, WOLFGANG: Der Sabbat ist um des Menschen willen da, in: SCHOTTROFF, WILLY/STEGEMANN, WOLFGANG: Der Gott der kleinen Leute. Sozialgeschichtliche Bibelauslegungen, Bd. 2, Neues Testament, München u.a. 1979, 58–70.
[16] Der Bezug zu dieser Stelle wird in der referierten Auslegung anders beurteilt. (vgl. 61f)
[17] Ebd., 61.

geht es nicht um Barmherzigkeit oder den Konflikt innerhalb der Tora, zwischen dem Gebot der Nächstenliebe und dem Sabbatgebot, sondern um eine gezielte Hinwendung zur Situation der Armut, zur Situation des großen Teils der Landbevölkerung am Rande des Existenzminimums. Weil Hunger nach V.24f die Durchbrechung göttlicher Gesetze legitimiert, geht die Stillung des Hungers auch dem Sabbatgebot vor. Dass die Körner auch gegessen werden, muss auf dem Hintergrund von Lebensbedingungen am Rande des Existenzminimums nicht besonders betont werden. In Analogie zur rabbinischen Argumentation, dass Lebensgefahr den Sabbat verdrängt, wird zum Ausdruck gebracht, dass »Hunger den Sabbat verdrängt.«[18]

Die Darstellung lässt sich somit als symbolische Handlung verstehen, bei der es weder um Kritik an den Sabbatgesetzen noch um ein Abwägen zwischen konkurrierenden Torageboten geht, sondern um die Demonstration, dass das Hungerproblem eine noch größere religiöse Aufgabe darstellt, als die in der jüdischen Tradition so zentrale Sabbatheiligung. Wie auch die Heilungen Jesu am Sabbat, bei denen es durchweg um langjährige und nicht um akute Krankheitsfälle geht, als Symbolhandlungen zu verstehen sind, in denen Hilfe für Arme und Kranke die Nähe der Gottesherrschaft sinnhaft erfahrbar macht. Die Institution des Sabbats steht bei diesem Verständnis nicht nur nicht zur Debatte, sondern ihre Gewichtigkeit ist geradezu Voraussetzung für die Botschaft, dass das Hungerproblem von religiöser Bedeutung ist.

Die Auslegung sei ein Beispiel dafür, wie die sozialgeschichtliche Fragestellung durch Erhellung der konkreten sozialen Situation die Geschichte Jesu in ihrer Bedeutung für die Lebensbedingungen erkennen lässt.

> Aufgabe:
> - Nach der skizzierten Auslegung hat der Text in urchristlicher Zeit eine Geschichte durchgemacht. Zeigen Sie die Stationen dieser Geschichte auf und notieren Sie die jeweiligen Veränderungen der Aussage.

Aus jüdischer Sicht deutet PINCHAS LAPIDE[19], ohne den synoptischen Unterschieden Gewicht beizumessen, die Erzählung im Sinne eines rabbinischen Lehrgespräches zur Klärung eines strittigen Falles der Toraauslegung. Die bruchlose Einordnung in die jüdische Tradition setzt allerdings voraus, dass ursprünglich nicht vom Ausreißen der Ähren die Rede war. Mit diesem Bild kommt am Sabbat unerlaubtes Ernten ins Spiel. Da aber nach belegter liberaler rabbinischer Meinung zur Zeit Jesu das Zerreiben und Essen von Ähren zur Hungerstillung erlaubt war, dürfte es sich ursprünglich um das Zerreiben reifer Ähren am Halm gehandelt haben. Und: »Menschensohn« wird von Lapide nicht als Hoheitstitel zur besonderen Kennzeichnung Jesu, sondern im Sinne von »jeder Mensch« verstanden.

Von seinem tiefenpsychologischen Ansatz her versteht EUGEN DREWERMANN, wie bereits oben angedeutet, den Text als beispiellose Dokumentation des Freiheitsverständnisses Jesu, mit dem er seine Zeit herausgefordert hat. Bereits die urchristliche Tradition hat dies nicht mehr ausgehalten. Anstelle des ursprünglichen Sinnes, dass jeder (des Menschen Sohn) aufgefordert wird, »souverän und selbständig das für

---

[18] Ebd., 66

[19] LAPIDE PINCHAS: Er predigte in ihren Synagogen. Jüdische Evangelienauslegung, Gütersloh 1980, 56ff.

ihn und vor Gott Richtige zu entscheiden und zu tun«[20], wurde »der Menschensohn« auf Christus eingeengt. Damit wurde seine Intention, dass sich jeder gegenüber allen Gesetzen als Herr fühlen solle, rückgängig gemacht durch ein neues Herrschaftsmodell. Im Rahmen der historisch-kritischen Auslegung ist die für das Verständnis entscheidende Frage gar nicht möglich: »was eigentlich in der Haltung Jesu sich ausspricht, wenn er den Menschen in solcher Weise gegenüber dem Gesetz freispricht.«[21]

Die Auslegungsbeispiele zeigen, dass der eigene Auslegungsort, Voreinstellungen und Fragestellungen jeweils entscheidend das Verständnis eines Textes prägen. Auslegung hat immer hypothetischen Charakter. Die Beachtung der Lebenssituation und der damit zusammenhängenden Konfliktkonstellation kann sowohl auf historischer Ebene als auch auf der Ebene des Auslegers Texte neu zur Sprache bringen.

Entscheidend dabei ist, sich selbst Rechenschaft über diesen Standort und die damit verbundenen Interessen zu geben. Nur dann besteht die Chance einer bewussten neuen Wahrnehmung und die Möglichkeit eines produktiven Streites.

2.4 Durch Einsicht in die Ursprungsgeschichte des Christentums zu einem neuen christlich-jüdischen Verhältnis

Jesus und seine ersten Anhänger sind im Judentum ihrer Zeit verwurzelt, das durch sehr verschiedene Strömungen und interne Auseinandersetzungen gekennzeichnet war. Das werdende Christentum hat sich in Abgrenzung zum Judentum entwickelt und sah im Anschluss an das Johannesevangelium die Weiterexistenz des Judentums in der Blindheit gegenüber der Wahrheit begründet. Diese Ursprungsgeschichte des Christentums macht jeden Versuch einer historischen Rekonstruktion schwierig, weil die Erinnerungen an Jesus von den Auseinandersetzungen der Urgemeinde mit dem Judentum überlagert sind und so ursprünglich innerjüdische Auseinandersetzungen einen grundsätzlichen Charakter bekamen. Mit einiger Wahrscheinlichkeit lässt sich sagen, dass Jesus und die frühe Jesusbewegung von der spezifischen Form des Judentums der galiläischen Landbevölkerung geprägt waren, die bestimmte Toravorschriften, wie Zehntenabgabe, an Jerusalem gebundene Kultgesetze, Reinheitsgesetze, aufgrund ihrer Lebenssituation nur begrenzt erfüllen konnten. Ohne die Gerechtigkeit der »Gerechten« grundsätzlich in Frage zu stellen, eröffnet Jesu Lehre von der radikalen Liebe Gottes ihnen eine Chance. («Ich bin nicht gekommen Gerechte zu berufen, sondern Sünder.« Mt 9,13)

Die Verankerung Jesu und der frühen Jesusbewegung in der armen Landbevölkerung Galiläas kann ihr spezifisches Verhältnis zum Gesetz verständlich machen. Wichtiger aber ist wohl, dass er und seine Anhänger von der Grunderfahrung ausgingen, dass die Herrschaft Gottes sich jetzt in einer neuen Praxis der Liebe verwirklicht. Auf der Ebene der ältesten Gestalt der Überlieferung vom »Ährenausraufen am Sabbat« konkretisiert sich diese Liebe in einer von den Jesusanhängern praktizierten symbolischen Gesetzesverletzung, »in der den Armen endlich das zuteil wird, was ihnen vorenthalten wird.«[22]

---

[20] DREWERMANN, a.a.O., 271.
[21] Ebd., Anm. 5.
[22] SCHOTTROFF/STEGEMANN, a.a.O., 68.

Im Kontext des *Markusevangeliums* dient die Überlieferung zur Begründung einer vom jüdischen Gesetz unabhängigen Lebenspraxis der frühen heidenchristlichen Gemeinde. Lukas verbindet beide Aspekte. Für ihn ist die Erfahrung einer scharfen Ablehnung der christlichen Botschaft durch die Synagoge konstitutiv. Für *Matthäus* – vermutlich Lehrer einer Gemeinde in Syrien, die sich aus Christen jüdischer Herkunft zusammensetzte – haben die Christen das wahre Erbe Israels angetreten. In vielen Zitaten aus der hebräischen Bibel bemüht er sich zu belegen, dass sich in Christus die Verheißung erfüllt hat und Jesu Verkündigung die Tora in ihrer Mitte und Tiefe aufnimmt.[23] Darum geht es ihm nicht um die Abschaffung des Gesetzes, sondern um die treue Verwaltung des übernommenen Erbes. So trägt er in die Überlieferung vom Ährenausraufen am Sabbat den Gedanken ein, dass Barmherzigkeit (Nächstenliebe) als höherwertiges Gebot das Sabbatgebot im konkreten Fall relativiert, aber nicht außer Kraft setzt.[24]

Der Heidenchrist Markus und der Judenchrist Matthäus haben unterschiedliche Konsequenzen daraus gezogen, dass die Jesusbewegung im Judentum verankert ist, aber aufgrund scharfer Spannungen die christlichen Gemeinden nun einen eigenen Weg neben der Synagoge beschreiten. Die eigenen traumatischen Erfahrungen des Bruchs mit der Synagoge spielen wohl auch beim Verfasser des *Johannesevangeliums* eine große Rolle. In seinen Streitgesprächen versuchen die Juden, Jesus mit dem Gesetz in der Hand zu richten und tun damit ihre Blindheit gegenüber dem Sachverhalt kund, dass die Schrift für ihn zeugt. Während vermeintlich die Pharisäer ihn richten, werden in Wahrheit sie von ihm gerichtet. Nach dem Johannesevangelium hat die alttestamentliche Überlieferung für die christliche Gemeinde nur den einen Sinn, dass sie auf Christus hinweist. Das Gesetz hat keine Gültigkeit mehr. Anders als bei Matthäus ist für ihn das Liebesgebot nicht das höchste Gebot der Tora, sondern ein neues Gebot Christi (Joh 13,34).

Für die Wirkungsgeschichte war besonders das von *Paulus* entwickelte Gesetzesverständnis entscheidend.[25] Sein Damaskuserlebnis stellt sich biographisch als Übergang von einem radikalen Toraverfechter zur Ablehnung der Tora als Weg zu Gott. Hintergrund ist die eigene Erfahrung, dass ihn die Orientierung an der Tora daran hinderte, Christus als eigentliches Heilsgeschenk Gottes zu erkennen. Gesetz hat von daher bei Paulus vor allem die Funktion zur Erkenntnis der Sünde, die durch Christus überwunden ist. Das Gesetzesverständnis von Paulus lässt sich nur von der radikalisierten Auffassung verstehen, die im Kontext des Judentums nur bei Gruppen wie den Essenern beobachtet werden kann. Wenn er mit Blick auf die Schrift (das AT) zwischen *Gesetz* als aufgehobenen Heilsweg und auf Christus hinweisende *Verheißung* trennt, trägt er eine Unterscheidung ein, die vom üblichen jüdischen Verständnis nicht gedeckt ist. Dieses spezifisch christliche Verständnis ist vom jüdischen Selbstverständnis zu unterscheiden. Die jüdische Treue zur Tora (Gesetz) hat nicht zum Ziel, dadurch das Heil zu verdienen, sondern der besonderen Sendung Israels in der Welt zu entsprechen.[26] Durch die abstrakte Gegenüberstellung von Gesetz und

---

[23] Vgl. LUZ, a.a.O., 81.

[24] Vgl. Mt 5, 17–20.

[25] Zum paulinischen Verständnis von »Gesetz« vgl. Kap. 13. Hier geht es darum, darauf aufmerksam zu machen, dass das von Paulus her in der christlichen Tradition entwickelte Verständnis von Gesetz nicht dem jüdischen Verständnis entspricht.

[26] Vgl. GOLLWITZER, HELMUT: Kirche und Judentum. Alt-Bestimmung gegen Neu-Bestimmung, in: epd- Dokumentation 42/80, 53.

Evangelium wurde in der Christentumsgeschichte der Weg des Gesetzes ein Weg des Scheiterns. Inzwischen haben auch christliche Interpreten der hebräischen Bibel weitgehend erkannt, dass dieses dogmatische Verständnis von Gesetz dem Charakter der Tora nicht gerecht wird. Da, wo ihr lebensfördernder Aspekt neu entdeckt wird, entbindet sie heilsame Impulse für die Frage, was dem Leben wirklich dienlich ist. Ein Beispiel dafür liefert u.a. die Entfaltung des Sabbatgedanken im Blick auf die ökologische Krise.

Obwohl Paulus aufgrund seiner spezifischen biographischen Erfahrung in der christlichen Tradition ein Verständnis der Tora mitprägte, das ihrem eigentlichen Charakter als lebensfördernde Weisung nicht gerecht wird, fällt seine Verhältnisbestimmung zum Judentum anders aus als bei Matthäus und dem Verfasser des Johannesevangeliums. Paulus erinnert die heidenchristliche Gemeinde in Röm 11 an ihre Verwurzelung im Judentum und bringt die Überzeugung zum Ausdruck, dass Gott sein Volk nicht verworfen hat. Seine Verheißung sei unkündbar und werde am Ende der Zeit zur Rettung ganz Israels führen, ein Ereignis, das für Paulus in unmittelbarer Nähe lag. Bei der Auslegung dieser Stelle ist zu bedenken, dass sie kritisch an die christliche Gemeinde gerichtet ist, und nicht gegen Israel.[27] Mit einem alttestamentlichen Bild erinnert Paulus an die Verwurzelung der Christen im Judentum und die bleibende Erwählung Israels, die jeden Hochmut verbietet.

In der Geschichte des jüdisch-christlichen Verhältnisses hat diese Mahnung des Paulus bekanntlich wenig Wirkung gezeigt. Mit ein Grund dafür mag darin liegen, dass sie im Ganzen des NT singulär ist. Insgesamt hat die Ablösung des Urchristentums vom Judentum im NT Spuren hinterlassen, die die verhängnisvolle Stigmatisierung von Juden und die bekannte Zuschreibung der Sündenbockrolle in späteren Epochen stützen konnte.

Angesichts der Schreckensgeschichte des christlich-jüdischen Verhältnisses stellt sich die dringende Aufgabe eines kritischen Umgangs mit diesen Überlieferungen. Eine Auseinandersetzung mit solchen Texten verweist zum einen auf die Bedeutung genauer historisch-kritischer Analyse gegen eine unreflektierte Übertragung in die Gegenwart, zum anderen auf die Notwendigkeit einer fundierten Sachkritik. Die Einordnung in ihren konkreten Sitz im Leben, 1. in die innerjüdischen Auseinandersetzungen und 2. die von der Synagoge vollzogene Trennung ist ein erster, wesentlicher Schritt. Dem muss jedoch die Frage folgen, ob die von den Verfassern jeweils gewählte Darstellung und das abgefasste Urteil vom Zentrum der neutestamentlichen Botschaft – der Versöhnung Gottes mit der Welt – bestehen kann. Die judenfeindlichen Äußerungen des NT sind ein prägnantes Beispiel dafür, wie durch ein naives Bibelverständnis aus dem »Wort Gottes« ein tödliches ideologisches Kampfmittel wurde. Die Erfahrungen der Geschichte legen nahe, nicht nur die Ursprungstradition des Christentums, sondern auch das gegenwärtige Verhältnis zum Judentum neu zu klären.

Im Anschluss an MARTIN BUBERs Äußerung: »Wir Juden kennen Jesus von innen her, auf eine Weise, [...] die den ihm untergebenen Völkern unzugänglich bleibt«[28], kann ein Dialog mit jüdischen Interpreten des NT den Zugang zur Ursprungstradition des christlichen Glaubens neu erschließen und gleichzeitig das Judentum neu zu sehen lehren.

---

[27] Vgl. EICHHOLZ, GEORG: Die Theologie des Paulus im Umriß, Neukirchen 1972, 124.
[28] BUBER, MARTIN: Dialogisches Leben, Zürich 1947, 138 (zitiert nach LAPIDE: Er predigte, 7).

Neben der Aufarbeitung der Vergangenheit ist angesichts der gefährdeten Zukunft der Welt im Gespräch zwischen Juden und Christen nach der jeweils spezifischen Hoffnung zu fragen und nach der Möglichkeit einer von ihr geleiteten gemeinsamen Praxis der Hoffnung.

> »Die Spannung zum Judentum war eine historische Notwendigkeit, damit das Christentum zu einer Weltreligion für ehemalige Heiden werden konnte. Diese Notwendigkeit besteht nun nicht mehr. Das Christentum kann sich aus dem Judentum und mit Hilfe des Judentums erneuern. Dann wird es eine humane Religion werden.«[29]

Literatur

BEN-CHORIN, SCHALOM: Bruder Jesus, München 1967 (TB ab 1977) DIETRICH, WALTER/GEORGE, MARTIN/LUZ, ULRICH (Hg.): Antijudaismus – christliche Erblast, Stuttgart u.a. 1999 GOLLWITZER, HELMUT: Befreiung zur Solidarität. Einführung in die Evangelische Theologie, Kaiser-Verlag, München 1978 GOLLWITZER, HELMUT/STERLING, ELEONORE (Hg.): Das gespaltene Gottesvolk. Im Auftrag der Arbeitsgemeinschaft Juden und Christen beim Deutschen Evangelischen Kirchentag, Stuttgart 1966 LAPIDE, PINCHAS: Er predigte in ihren Synagogen. Jüdische Evangelienauslegung, Gütersloh 1980 OSTEN-SACKEN, PETER VON DER: Grundzüge einer Theologie im christlich-jüdischen Gespräch, München 1982 PETUCHOWSKI, JAKOB J./THOMA, CLEMENS: Lexikon der jüdisch-christlichen Begegnung, Freiburg 1989 RUETHER, ROSEMARY: Nächstenliebe und Brudermord. Die theologischen Wurzeln des Antisemitismus, München 1978 SCHOTTROFF, LUISE/STEGEMANN, WOLFGANG: Der Sabbat ist um des Menschen willen da, in: SCHOTTROFF, WILLY/STEGEMANN, WOLFGANG: Der Gott der kleinen Leute. Sozialgeschichtliche Bibelauslegungen, Bd. 2, Neues Testament, München 1979 SMEND, RUDOLF/LUZ, ULRICH: Gesetz, Stuttgart 1981 THEIßEN, GERD: Der Schatten des Galiläers. Historische Jesusforschung in erzählender Form, München 1987 THEIßEN, GERD/MERZ, ANNETTE: Der historische Jesus. Ein Lehrbuch, Göttingen 2001 WEINRICH, MICHAEL: Uns selbst oder selbst uns. Systematisch-theologische Überlegungen zu den tiefenpsychologischen Befreiungsvorschlägen von Hanna Wolff, in: LICHARZ, WERNER (Hg.): Nicht Du trägst die Wurzel, die Wurzel trägt Dich, Frankfurt/Main 1985.

---

[29] FLUSSER, DAVID: Das Schisma zwischen Judentum und Christentum, in EvTh 40 (1980), 239.

3 Selig sind die Friedensstifter
Die Bergpredigt: Erinnerung an eine zukunftsträchtige Alternative

(Friedrich Johannsen)

> Fragestellungen:
> - Christentumsgeschichte – Verrat an der Bergpredigt?
> - Taugt die Bergpredigt als Impuls für politisches Handeln?
> - Für wen gelten die Weisungen der Bergpredigt?

Die Faszination der Bergpredigt reicht über den christlichen Kulturraum hinaus und provoziert in und nach 2000 Jahren Christentumsgeschichte (mit Kreuzzügen, Inquisition, Hexenverbrennungen, Segnung von Waffen, Arierparagraph ...) die Frage nach der Entsprechung von den Erscheinungsformen des Christentums und seiner Ursprungstradition.

Paradigmatisch hat dieses Problem MAHATMA GANDHI angesprochen:
»Die Botschaft Jesu ist in der Bergpredigt enthalten, ganz und unverfälscht... Wenn nur die Bergpredigt und meine eigene Auslegung davon vor mir läge, würde ich nicht zögern zu sagen: >Ja ich bin ein Christ<. Aber ich weiß, dass ich mich in dem Augenblick, in dem ich so etwas sage, den gröbsten Missverständnissen aussetzen werde. Negativ kann ich euch sagen, dass meiner Meinung nach vieles, was als Christentum gilt, eine Verleugnung der Bergpredigt ist. Bitte, achtet sorgfältig auf meine Worte. Ich spreche in diesem Augenblick nicht von christlichem Verhalten im einzelnen, ich spreche vom christlichen Glauben, vom Christentum, wie es im Westen verstanden wird. Ich bin mir schmerzlich der Tatsache bewusst, dass das Verhalten überall weit hinter dem Glauben zurückbleibt. Ich kritisiere darum nicht. Ich weiß aus eigener Erfahrung, dass mein Verhalten hinter meinen Prinzipien zurückbleibt, obwohl ich mich jeden Augenblick bemühe, nach meinen Grundsätzen zu leben. Aber ich lege euch meine grundlegenden Probleme vor in Bezug auf die Erscheinung des Christentums in der Welt und die Formulierung des christlichen Glaubens. Ein Text hat mich immer wieder ergriffen, schon vor meinen ersten Zeiten her, als ich die Bibel las: >Suchet zuerst das Reich Gottes und seine Gerechtigkeit, und alles andere wird *euch* dazugegeben werden [Mt 6,33].< Ich sage euch, wenn ihr diesen Absatz versteht, bewahrt und in seinem Geiste handelt, dann braucht ihr nicht einmal zu wissen, welchen Platz Jesus oder irgendein anderer Lehrer in eurem oder meinem Herzen einnimmt.«
Im 20. Jahrhundert ist sind die Impulse der Bergpredigt in unterschiedlichen politischen Kontexten neu entdeckt worden.

Sie bewegte DIETRICH BONHOEFFER in den dreißiger Jahren zu seiner radikalen christlichen Friedensethik, sie spielte eine entscheidende Rolle in MARTIN LUTHER KINGs gewaltlosem Kampf um die Bürgerrechte für farbige US-Amerikaner, sie war zentraler Maßstab der gewaltlosen Revolution in der DDR 1989.[1] Im Rahmen der Friedensdiskussion im Kontext der so genannten Nachrüstungsdebatte (1983) wurde

---

[1] Vgl. FÜHRER, CHRISTIAN: »Keine Gewalt«, in: Publik-Forum Dossier, April 2004, IX.

sie von einer breiten Öffentlichkeit diskutiert. Eine von vielen Stimmen, die in diesem Zusammenhang für eine Orientierung des politischen Handelns an der Bergpredigt eintraten war der Journalist FRANZ ALT:

> »Frieden ist möglich«, so lautet die zentrale These seines Bestsellers, wenn endlich die Bergpredigt als realistischer Anstoß für das politische Handeln entdeckt und praktiziert wird. »Die Bergpredigt ist die geistige Energiereserve für die Menschheit. Sie wartet auf ihre Entdeckung. Das kann aber nur von jedem einzelnen selbst geleistet werden. Und zu diesen einzelnen, welche die Bergpredigt zu entdecken haben, gehören auch die Politiker. Mit der Bergpredigt kann man nicht regieren? Man kann heute nur noch mit der Bergpredigt regieren. Wer sich auf die Bergpredigt einlässt, beginnt zu ahnen, dass hier das Ende der Angst und der Anfang der Freiheit auf ihn warten.«[2]

Gegen die Überzeugung von einer politischen Bedeutung der Bergpredigt steht der bis heute in verschiedenen Variationen nachgesprochene Satz OTTO VON BISMARCKs: »Mit der Bergpredigt kann man keine Politik machen.«

MAX WEBER hat diese These in seinem Werk: »Politik als Beruf« ideologisch untermauert. Das politische Handeln sei dadurch gekennzeichnet, dass es für andere Verantwortung übernimmt. Gewaltverzicht vertrage sich aber nicht mit der Verantwortung für andere. So bleibt für die Entfaltung der Bergpredigt nur der private Raum.

Als eine vom NT her gebotene dritte Möglichkeit zwischen privatistischer und politischer Position interpretiert der katholische Neutestamentler GERHARD LOHFINK die Bergpredigt als Herausforderung für die Kirche: Sie sei »der einzige Ort, wo die Bergpredigt ganzheitlich, und das heißt neben anderem auch gesellschaftlich, gelebt werden kann.«[3] Als Begründung dient ihm die Ursprungssituation: Dort gilt die Bergpredigt den Nachfolgern Jesu, die sich als Volk Gottes verstehen und in Gestalt einer Kontrastgesellschaft die Regeln des Gottesreiches schon real leben. Gewisse Entsprechungen findet dieser Ansatz in der Nachfolgeethik BONHOEFFERs und im Bereich reformierter Tradition. Die Christengemeinde hat die Funktion, als »Salz der Erde« und »Licht der Welt« durch ihre (alternative) Praxis auf die politische Gemeinde auszustrahlen und einzuwirken.

3.1 Historisch-kritische Annäherungen

3.1.1 Zur Auslegungsgeschichte

Der Streit um die Bedeutung der Bergpredigt für die Lebenspraxis durchzieht die Geschichte des Christentums:

Für die frühe Christenheit stellte sich die Frage nach der Bedeutung der Bergpredigt für das politische Handeln nicht, weil sie von den politischen Handlungsmöglichkeiten ausgeschlossen war. Maßgebend für ihr Verständnis war das Bild von der engen und weiten Pforte und vom breiten Weg des Todes und dem schmalen Weg des Lebens (Mt 7,13f). Auf diesem Hintergrund wurde die Bergpredigt verstanden als Wegweisung für alle, die sich zu Christus bekennen und aus der Gnade leben. Auch die Frage nach der Erfüllbarkeit stellte sich (noch) nicht. Wie der Kommentar zum Matthäus-Evangelium von JOHANNES CHRYSOSTOMOS (354–407) deutlich macht,

---

[2] ALT, FRANZ: Frieden ist möglich. Die Politik der Bergpredigt, München 1983, 103.
[3] LOHFINK, GERHARD: Wem gilt die Bergpredigt? Freiburg 1988, 13.

gibt die Kraft Gottes und nicht das eigene Vermögen die Möglichkeit einer (stufenweisen) Annäherung an die Feindesliebe.

Im Mittelalter setzte sich dann der Gedanke einer Stufen- oder Gruppenethik durch, die nach Graden der Vollkommenheit differenzierte. Für den »Normalchristen« galten die Zehn Gebote, die Haustafeln der paulinischen Briefe und entsprechende Kirchengesetze (*praeceta*). Die Höchstforderungen der Bergpredigt als »evangelische Ratschläge (*consilia*)« setzen eine besondere Lebensform voraus, die nur der Ordensstand ermöglicht. Die Erfahrung, dass die Orientierung an der Bergpredigt besondere Lebensformen fordert, wurde auch für viele mittelalterliche Bewegungen konstitutiv, die für die Kirche als Häretiker galten. Diese Linie setzt sich mit gewissen Unterschieden fort in täuferischen Gruppen der Reformationszeit und aus ihnen hervorgegangenen Gemeinschaften (z.B. Mennoniten, Quäker, Hutterer), die jeweils auf eigene Art den Weisungen der Bergpredigt folgten und Konzessionen ablehnten.

LUTHER wandte sich grundsätzlich gegen die Tradition der Zweistufenethik, die für ihn von Verdienstdenken und Werkgerechtigkeit geprägt war. Im Rahmen seiner Zwei-Reiche-Lehre entwickelte er gegenüber den Herausforderungen der Bergpredigt die Vorstellung, dass der Christ gleichsam Bürger zweier Welten ist, die Gott auf unterschiedliche Weise regiert: In der Gemeinschaft Christi mit dem »Gesetz« der Liebe und in der Welt durch die mit Schwertgewalt ausgestattete Obrigkeit, die das Böse im Zaum halten soll. Der Christ als erlöste Christperson der Bergpredigt verpflichtet, soweit die Konsequenzen dieser Orientierung nur ihn selbst betreffen. Als Weltperson, besonders wenn er als Amtsträger für andere handelt, ist er primär der Begrenzung des Bösen und den Gesetzen irdischer Gerechtigkeit verpflichtet. LUTHER hat beide Bereiche jedoch nicht prinzipiell getrennt, wie das spätere Luthertum, sondern in der Praxis von Fall zu Fall die Chance einer an der Bergpredigt orientierten Handlungsweise auch im öffentlichen Bereich gesehen. Seine Zuordnung der beiden Regimenter ist gegenüber der statischen Verhältnisbestimmung der lutherischen Orthodoxie dynamischer. Vor allem die Abgrenzungen zum Täufertum hatten zur Folge, dass in der protestantischen Tradition eine statische Ordnungsethik die Herausforderungen, die die Bergpredigt an die Nachfolge Jesu stellen, verdrängte.

Im Anschluss an MAX WEBERs Unterscheidung von Gesinnungs- und Verantwortungsethik setzte sich zu Beginn unseres Jahrhunderts eine Auslegung der Bergpredigt als Grundlage einer Gesinnungsethik durch, bei der das konkrete Handeln sekundär wird.[4]

Der kurze Einblick in die Auslegungsgeschichte zeigt ein vielfältiges Spektrum an Versuchen, die Spannung zwischen den Welterfahrungen und der Bergpredigt auf die eine oder andere Weise auszugleichen. Doch nur wenn diese Spannung ausgehalten wird, kann die Bergpredigt als Ermutigung und Anregung verstanden werden, mit oder gegen die übliche Welterfahrung neue Möglichkeiten des Lebens zu entdecken und zu erproben. Ein grundsätzliches Problem der christlichen (besonders der protestantischen) Auslegungsgeschichte ist dadurch bedingt, dass das paulinische Gesetzesverständnis die Bergpredigt überschattete. Aber der jüdische Jesusanhänger Matthäus hat wohl auch aufgrund biographischer Erfahrung ein positiveres Verhältnis zur Toratradition als Paulus und hat es entsprechend in die christliche Gemeinde eingebracht. Nicht das Ende des Gesetzes (der Tora), sondern die Erfüllung im

---

[4] Diese Position lässt sich in der Ethik WILHELM HERRMANNS festmachen. HERRMANN, WILHELM: Ethik, Tübingen ^{1}1901-^{6}1926.

ursprünglichen Geist der Liebe ist sein Thema. Tora, wie sie Jesus im eigentlich immer schon gemeinten Sinne zur Sprache bringt, ist Wegweisung für das, was das Leben schützt und in seiner Fülle zur Entfaltung bringen kann. Ein Verständnis von der Bergpredigt als Forderung trifft die Grundintention letztlich ebenso wenig wie die Frage nach der Erfüllbarkeit. Jesus hat sie gelebt und damit seinen Nachfolgern den Weg einer Gerechtigkeit gezeigt, die der Zukunft Gottes entspricht.

Ein Einblick in die Ursprungsgeschichte der Bergpredigt lässt erkennen, dass die Worte und Taten Jesu von Anfang an Anstöße zu unterschiedlichen Rezeptionen und Fortschreibungen gaben.

3.1.2 Zur Ursprungsgeschichte der Bergpredigt

Die Bergpredigt wird in der vorliegenden Form überwiegend als eine Komposition des Mt gesehen, der Überlieferungen gesammelt, bearbeitet und ausgelegt hat. Sie hat Anhalt an der Predigt Jesu, darf aber nicht mit dieser identifiziert werden. Den größeren Teil des Materials hat Mt aus der sog. Spruch- bzw. Logienquelle geschöpft [Vgl. Kapitel 1].
Wieweit sie bereits in der Logienquelle vorgeformt war, wird unterschiedlich beurteilt.

Sie können sich ein eigenes Urteil bilden, indem Sie die Ähnlichkeiten zwischen den Überlieferungen von Mt und Lk beobachten und bedenken, ob erkennbare Übereinstimmungen und Unterschiede eher für oder gegen eine bereits als Rede konzipierte Grundform sprechen.

Aufgabe:
- Vergleichen Sie mit Hilfe einer Synopse die Ähnlichkeiten im Aufriss von:

Mt 5,1–12	—	Lk 6,12.17–23	(Situationsangabe-Makarismen)
Mt 5,39b–48	—	Lk 6,27–36	(Feindesliebe)
Mt 7,1–5	—	Lk 6,37–42	(Vom Richten)
Mt 7,12	—	Lk 6,31	(Goldene Regel)
Mt 7,16–21	—	Lk 6,43–46	(Vom Fruchtbringen)
Mt 7,24–27	—	Lk 6,47.49	(Gleichnis vom Hausbau)
Mt 7,28	—	Lk 7,1a	(Schlusswort)

Wegen der deutlichen Ähnlichkeiten im Aufriss und Wortlaut lässt sich vermuten, dass ein Grundbestand der Bergpredigt in der Logienquelle vorgelegen hat. Mt hat weitere Redestücke aus der Logienquelle eingearbeitet, die Lk an anderen Stellen seines Evangeliums aufnimmt.[5]

Z.B.: Salzspruch   Mt 5,13   – Lk 14,34f
       Lichtspruch Mt 5,15   – Lk 11,33
       Vom Sorgen   Mt 6,25–34 – Lk 12,22–31

---

[5] Es findet sich auch die Vermutung, dass die Bergpredigt bereits vor Mt als durchgeformte Zusammenstellung der Lehre Jesu vorlag und von Mt fast wörtlich übernommen wurde. (Vgl. BETZ, HANS DIETER: Studien zur Bergpredigt, Tübingen 1985).

> Aufgabe:
> - Stellen Sie mit Hilfe der Synopse weitere Redestücke zusammen, die Lk außerhalb der Predigt einordnet, und arbeiten Sie die Unterschiede heraus.

Beim synoptischen Vergleich fällt auf, dass Mt neben den vermutlich aus der Logienquelle übernommenen Teilen auf weitere Überlieferungen zurückgreift. Im Hinblick auf diese eigenen Überlieferungsstücke und Gestaltungen spricht man vom Sondergut des Mt. Schon der synoptische Vergleich zeigt, dass Mt die Überlieferungen nicht nur wiedergibt, sondern z.T. erheblich bearbeitet und in einen konzeptionellen Gesamtzusammenhang bringt.

3.1.3 Bergpredigt und Feldrede

Mt inszeniert die Bergpredigt als zusammenhängende Lehrrede, die Jesus auf einem Berg hält. Da Jesus bei Lk vom Berg in die Ebene hinabsteigt bevor er redet, wird seine Fassung als Feldrede bezeichnet. Als Hörer der Bergpredigt und der Feldrede werden die Jünger Jesus und die Volksmenge genannt. In der Feldrede werden die Jünger direkt angesprochen. Diese zweifache Zuhörerschaft hat den Anstoß zu der oben genannten mittelalterlichen Auslegung gegeben, dass beide Gruppen in unterschiedlicher Weise gemeint seien. Die große Zuhörerschaft deutet jedoch eher daraufhin, dass die Lehre Jesu nicht nur einen engeren Kreis betrifft, sondern alle: Jesusanhänger und die, die für seine Sache gewonnen werden sollen. Der Berg ist der typische Ort der Offenbarung. Erst die spätere christliche Tradition hat einen Berg am See Genezareth lokalisiert. Da es bei Mt inhaltlich nicht um ein neues Gesetz geht, sondern um Erfüllung der Tora im ursprünglichen Geist der Liebe, verbietet sich der typologische Vergleich in dem Sinne, dass Jesus Mose ablöst und der Berg der Seligpreisungen den Horeb/Sinai ersetzt.

3.1.3.1 Zur Überlieferungsgeschichte der Bergpredigt
Die Bergpredigt ist eine Zusammenstellung, Bearbeitung und Interpretation von Überlieferungen durch den Evangelisten Matthäus. Ihr nicht eindeutig zu rekonstruierender Kernbestand geht auf Jesus zurück. Vermutlich sind die meisten Teile der Feldrede des Lukas auf Jesus zurückzuführen. Die nächste Überlieferungsstufe dürfte im Kontext der Jesusbewegung zu suchen sein, die in ihrer Lebensform als Wandercharismatiker die Weisungen Jesu lebte und tradierte. Eine weitere Zuwachsstufe und Ausdifferenzierung liegt auf der Ebene der ersten sesshaften Gemeinden und deren Auseinandersetzungen mit jüdischen Torainterpreten. Aus dieser Grundlage schöpft Matthäus und inszeniert die Bergpredigt als Vermächtnis Jesu, des von Gott bevollmächtigten Auslegers und Erfüllers der Tora. Die Bergpredigt wie ihre Vorformen haben einen konkreten Situationsbezug (Sitz im Leben), der bei der Auslegung bedacht sein will und eine schlichte Übertragung in andere Verhältnisse problematisch macht.

3.1.3.2 Aufbau der Bergpredigt
Situationsbeschreibung (5,1–2)
Die Seligpreisungen (5,3–12)
Bildworte – Salz und Licht (5,13–16)
Gültigkeit der Tora (5,17–20)
Die Antithesen (5,21–48)

(Vom Töten, Ehebrechen, Scheidung, Schwören, Vergeltung, Feindesliebe)
Almosen (6,1–4)
Vom Beten (6,5–8)
Das Vaterunser (6,9–15)
Vom Fasten (6,16–18)
Vom Reichtum und Sorgen (6,19–34)
Vom Richten (7,1–5)
Vom Heilighalten (7,6)
Von der Gebetserhörung (7,7–11)
Die goldene Regel (7,12)
Die enge Pforte und der schmale Weg (7,13–14)
Erkennen an den Früchten (7,15–20)
Es zählt die Tat (7,21–23)
Haus auf dem Felsen (7,24–27)
Die Wirkung der Predigt (7,28–29)

> Aufgabe:
> - Vergleichen Sie die Anfänge von Bergpredigt und Feldrede und stellen Sie Unterschiede und Gemeinsamkeiten heraus.

Lk 6,17–26
17 Dann stieg er mit ihnen hinab und machte auf einem Felde halt. Um ihn versammelte sich eine große Schar seiner Jünger und eine riesige Volksmenge aus ganz Judäa und Jerusalem und aus dem Küstengebiet von Tyrus und Sidon. **18** Die waren gekommen, um ihn zu hören und von ihren Krankheiten geheilt zu werden. Auch die von unreinen Geistern Geplagten wurden geheilt. **19** Und die Leute suchten ihn alle zu berühren, weil eine Kraft von ihm ausging, durch die er alle heilte.

20 Und er schaute auf zu seinen Jüngern und sagte:

»Selig ihr Armen – denn euch gehört das Reich Gottes

21 Selig, die ihr jetzt hungert – denn ihr werdet satt werden! Selig, die ihr jetzt weint – denn ihr werdet lachen!

Mt 4,23–5,12
23 Und er zog in ganz Galiläa umher, lehrte in ihren Synagogen und verkündigte die Heilsbotschaft vom Reich und heilte jederlei Krankheit und jegliches Gebrechen im Volke. **24** Und die Kunde von ihm drang hinaus nach ganz Syrien, und man brachte alle Leidenden zu ihm, die von den verschiedensten Krankheiten und Qualen befallen waren, Besessene, Mondsüchtige und Gelähmte; und er heilte sie. **25** Und eine große Volksmenge folgte ihm nach von Galiläa und den Zehn Städten, von Jerusalem, Judäa und Transjordanien.
1 Und als er die Menge sah, stieg er auf den Berg; und als er sich setzte, traten seine Jünger zu ihm.
2 Da tat er seinen Mund auf und lehrte sie:
3 »Selig, die arm sind im Geist, ihnen gehört das Himmelreich.
4 Selig die Trauernden; sie werden getröstet werden.
5 Selig die Gewaltlosen; sie werden das Land erben.
6 Selig, die hungern und dürsten nach der Gerechtigkeit; sie werden satt werden.
7 Selig, die Erbarmen üben; sie werden Erbarmen erfahren.
8 Selig, die reinen Herzens sind; sie werden Gott schauen.
9 Selig, die Frieden schaffen; sie werden Gottes Söhne heißen.

22 Selig seid ihr, wenn euch die Menschen hassen, wenn sie euch ausschließen, euch schmähen und euren Namen wegen des Menschensohnes öffentlich in Verruf bringen:
23 freut euch an jenem Tage und tanzt, denn siehe, euer Lohn ist groß im Himmel; das Gleiche nämlich haben auch ihre Väter den Propheten angetan.
24 Doch wehe euch Reichen – denn ihr habt euren Trost damit schon empfangen.
25 Wehe euch, die ihr jetzt satt seid – denn ihr werdet hungern. Wehe euch, die ihr jetzt lacht – denn ihr werdet traurig sein und wehklagen.
26 Wehe euch, wenn alle Menschen Gutes über euch reden – denn das gleiche haben auch ihre Väter mit den falschen Propheten getan.«

10 Selig, die um der Gerechtigkeit willen verfolgt werden; ihnen gehört das Himmelreich.
11 Selig seid ihr, wenn sie euch um meinetwillen schmähen und verfolgen und mit erlogenen Aussagen allerlei Übles gegen euch vorbringen;
12 freut euch und jubelt, denn großer Lohn wartet im Himmel auf euch. Ebenso haben sie ja die Propheten vor euch verfolgt.«

Gemeinsamkeiten:
– Menschenscharen
– Hinweis auf Heilungen,
– Seligpreisungen
– z.T. Übereinstimmungen (Mt 5,11–Lk 6,22)

Unterschiede:

Anrede in 3. Person (Mt)	– direkte Anrede (Lk) (außer V.11)
neun Seligpreisungen (Mt)	– vier Seligpreisungen (Lk)
Seligpreisung der geistlich Armen (Mt)	– der Armen (Lk)
Seligpreisung der nach Gerechtigkeit Hungernden (Mt)	– der jetzt Hungernden (Lk)
Weherufe über die Reichen u.a. (nur bei Lk)	

3.2 Aspekte zur Auslegung

3.2.1 Die Seligpreisungen

Wie die Gabe der Tora am Sinai/Horeb die Rettungstat Gottes (Befreiung aus Ägypten) voraussetzt und die Gebote den Befreiten zur Bewahrung der geschenkten Freiheit[6] verhelfen sollen, beginnt auch die Bergpredigt nicht mit Forderungen, sondern in den Seligpreisungen mit Feststellungen von gewährtem Heil. Der synoptische Vergleich zeigt, dass bei Lk die Armen, Weinenden und Hungernden direkt (in der 2. Per-

---

[6] Vgl. CRÜSEMANN, FRANK: Bewahrung der Freiheit. Das Thema des Dekalogs in sozialgeschichtlicher Perspektive, Gütersloh 1993 (1983).

son) angesprochen werden, während sich bei Mt eine lehrhafte Form in der dritten Person findet. Es ist anzunehmen, dass die lukanische Fassung der Ursprungssituation eher entspricht und Jesus die Armen, Hungernden und Weinenden direkt angesprochen und ihnen Heil im Sinne einer Sprachhandlung zugesprochen hat: Wie bei anderen Symbolhandlungen (Heilungen, Speisungen) setzte er damit durch seinen befreienden Zuspruch eine neue Realität inmitten der anderen Wirklichkeitserfahrung. Diese Unmittelbarkeit der Reich-Gottes-Erfahrung wurde dann in der frühen Überlieferung in futurische Form gesetzt. Damit ändert sich tendenziell der Charakter der Preisungen. Aus Worten, die eine neue Erfahrung stiften, werden (mahnende) Hinweise auf die Bedingungen neuer Erfahrungen.

Die Form der Seligpreisung hat in der (weisheitlichen) jüdischen und der griechischen Tradition Vorprägungen im Sinne von gelingendem Leben, zu dem aufgrund bestimmter Tatbestände gratuliert werden kann. So ist vermutlich eine Wortfeldumschreibung angezeigt, die zwischen glücklich mit sich, mit dem Mitmenschen und Gott eins sein, heilsein und selig liegt und alle Aspekte umfasst. Ein Blick in diese Zusammenhänge lässt erkennen, dass man dem historischen Verständnis nicht gerecht wird, wenn man nur die in der Christentumsgeschichte gewachsenen Vorstellungen von Seligkeit oder Heil hier einliest. So spricht Jesus Sirach (25,7–9 bzw. 11–12 in der LUTHERbibel) vom Wohlergehen in Verbindung mit einer verständigen Frau, einem treuen Freund und der Fähigkeit zu kluger Rede. »Wohl dem Manne, der nicht dem Rat der Frevler folgt... sondern Lust an Gottes Weisung hat«, heißt es in dem weisheitlich geprägten Psalm 1. Wenn man davon ausgeht, dass Jesus seine Worte auf einem Hintergrund spricht, wo Gesetzestreue als Grundlage für das Wohlergehen gilt, liegt in seinem Zuspruch an die, die aufgrund ihrer materiellen Situation gar nicht in der Lage sind, formal gesetzestreu zu leben, eine befreiende Irritation der praktizierten Gesetzesfrömmigkeit. Bei Lk ist die (vermutlich) ursprüngliche Überlieferung um 6,22f erweitert, was auf dem Hintergrund der Ausgrenzung der Anhänger Christi durch die Synagoge zu verstehen ist.[7]

(1) Selig ihr Armen – denn euch gehört das Reich Gottes
Mt hat die Seligpreisung der Armen durch den Zusatz »im Geist« und die der Hungernden durch den Zusatz »und Dürstenden nach Gerechtigkeit« in signifikanter Weise verändert. Ursache für die oft als Spiritualisierung bezeichneten Veränderungen dürfte bei Mt die andere soziale Situation der Gemeinde sein, die die unmittelbare materielle Notlage durch entsprechende Verteilung der Güter gelindert hat. Möglicherweise hat Mt die große Bevölkerungsgruppe im Auge gehabt, die die Weisheit der Tora nicht studieren konnte und daher in geistlichen Angelegenheiten als arm galt, weil sie den religiösen Anforderungen nicht genügte bzw. genügen konnte.[8]

Die veränderte Situation öffnete den Blick dafür, dass auch geistliche Armut heilungsbedürftig sei. Bei der häufig zu findenden Folgerung, dass es auf das Bewusstsein ankomme, vor Gott mit leeren Händen dazustehen, darf nicht übersehen werden, dass die ursprüngliche Rede Jesu den materiell Armen galt.

Vielleicht kann die Spannung zwischen der Mt- und der Lk-Fassung angesichts des Armutsproblems großer Teile der Welt helfen, dafür die Augen zu öffnen, dass

---

[7] Zum Problem: Kap. 4.
[8] Vgl. WEDER, HANS: Die Rede der Reden, Zürich 1985, 5.

die geistliche Armut der nördlichen Erdhälfte und materielle Armut der südlichen Erdhälfte zusammenhängen. Wenn wir materiell Reichen die Seligpreisung des Mt als uns gewährte Chance wahrnehmen können, erschließt sich vielleicht die Erkenntnis, dass wahrer Reichtum nicht im Besitz, sondern im Empfangen und Teilen liegt [Dazu: Kap. 8,5 S. 120ff].

(2) Selig die Trauernden; sie werden getröstet werden.
Es gehört heute zur psychologischen Allgemeinbildung, dass Trauern, bzw. bei einer Verlusterfahrung trauern zu können, heilsam sein kann. Die Situation eines Trauernden ist gekennzeichnet durch Irritation des Selbst- und Weltverständnisses, die durch den Tod eines geliebten Menschen, aber auch durch Trennung von geliebten Menschen oder Dingen ausgelöst wird. In der Trauer artikuliert sich die Leidenschaft für das Leben in seiner Fülle. Unfähigkeit zu trauern ist Unfähigkeit, den Verlust an Lebensfülle und Lebendigkeit zu bemerken und zu durchleiden. Damit werden gleichzeitig die Möglichkeiten verspielt, die Chancen neuen Lebens wahrzunehmen, die sich im Trauerprozess erschließen. Trauer äußert sich in Klage über den Verlust und Anklage gegen das, was ihn verursacht, sei es eigene Verfehlung oder Widerfahrnis. Die Seligpreisung gibt der Klage Raum und verbietet, Trost als billige Vertröstung zu verstehen. Dem Menschen, der die Erfahrung des beschädigten Lebens in seiner Tiefe erlebt, wird die Trauer selbst als Beginn des Trostes zugesprochen.

(3) Selig die Gewaltlosen; sie werden das Land erben
Die Seligpreisung der Gewaltlosen (Sanftmütigen) gehört zum matthäischen Sondergut. Ihre Grundlage ist vermutlich die heilsame Erfahrung derer, die die politische Ohnmacht aushalten, ohne dabei untätig zu sein. Auf dem Hintergrund der Abgrenzung gegenüber den Zeloten kann diese Ergänzung auch als Hinweis interpretiert werden, in Entsprechung zu Jesus den Versuchungen der Macht zu widerstehen, die darin liegt, den Problemen von oben herab oder mit Gewalt beggenen zu wollen. Es handelt sich nicht um eine Aufforderung zur Passivität sondern um die Anregung zu einem Verhalten, das auf die Chance eines sanften Heilungsprozesses setzt und sich von Liebe und vorbehaltloser Zuwendung leiten lässt. Gegen die übliche Welterfahrung wird diesem Handeln Zukunft verheißen.

Das Motiv der Landverheißung aus der jüdischen Tradition ist in Analogie zu Psalm 37,11 und spätjüdischen Vorstellungen nicht mehr auf ein konkretes Land (Israel) bezogen, sondern meint »Land« im Sinne von Welt als umfassende Lebensgrundlage. Die Ohnmacht verwandelt sich nicht in Macht, sondern ist selbst die Möglichkeit, diese Lebensgrundlage zu »erhalten«.

(4) Selig, die hungern und dürsten nach Gerechtigkeit; sie werden satt werden.
Die Seligpreisung der Hungernden meint ursprünglich die Sättigung der unmittelbar vom Hungertod Bedrohten. Die Mahlgemeinschaft Jesu und der Jesusbewegung hat durch ihre Praxis des Teilens und der Gemeinsamkeit mit Ausgeschlossenen Zeichen gesetzt, wie sich die Bedrohung durch den Hunger wandelt. Mt hat mit der Veränderung in Hunger nach *Gerechtigkeit* hier sein 'Hauptwort' eingefügt. Gerechtigkeit ist bei ihm auf den zwischenmenschlichen Bereich bezogen und nicht auf das Gottesverhältnis. Die von Mt ursprünglich gemeinte Bedeutung wird daher verfehlt, wenn hier 'Gerechtigkeit, die vor Gott gilt' eingelesen wird oder eine nur passive Erwartung von

Gerechtigkeit. Hunger und Durst sind hier Ausdruck einer aktiven Haltung.[9] Es geht um das Leiden am Unrecht und die Leidenschaft einer besseren Gerechtigkeit aus dem Geist der Liebe, die in einer paradoxen Spannung zu den Welterfahrungen steht.

(5) Selig, die Erbarmen üben; sie werden Erbarmen erfahren.
Der Übergang zur 5. Seligpreisung wird oft als Schnittstelle zu einer 2. Viererreihe gesehen, die mehr ethischen Charakter hat und deren Ursprung in einer Lebensordnung frühchristlicher Gemeinden liegt. Eine prinzipielle Unterscheidung ist m.E. jedoch nicht angebracht.

Die Preisung des Erbarmens bzw. der Barmherzigkeit oder auch des Mitleids steht in einem deutlich erkennbaren Zusammenhang zur jüdischen Tradition. Mt nimmt in seinem Evangelium diesen Bezug an mehreren Stellen auf. Mit Rückgriff auf den prophetischen Satz: Mitleid will ich und nicht Opfer (Mt 9,13; 12,7; vgl. Hosea 6,6) wird eine religiöse Praxis kritisiert, in der sich die Gottesverehrung gegen den bedürftigen und leidenden Menschen kehrt. Erbarmen ist die Grundzuwendung Gottes (Ps 103,13), und der Gerechte ist derjenige, der sich davon anstiften lässt. Er ist barmherzig gegenüber dem Mitmenschen (Ps 37,21) und auch gegenüber der nichtmenschlichen Kreatur (Spr 12,10). Auf diesem Hintergrund liegt im Einüben von Empathie gegenüber der Kreatur eine Entsprechung zum Handeln Gottes. Die Preisung ist eine Einladung, die Möglichkeit der Empathie als verheißungsvolle Möglichkeit aufzugreifen. Leidenschaftliche Zuwendung kann weder als Forderung noch als Pflichtübung verstanden werden. Daher scheitert auch jede Interpretation, die das »denn sie werden« im Sinne einer berechnenden Erwartung versteht, an der Sache selbst.

(6) Selig, die reinen Herzens sind; sie werden Gott schauen.
Reinheit ist nach traditioneller Vorstellung Bedingung dafür, das Gegenüber Gottes auszuhalten. In kultischen Reinheitsgesetzen wurden die Bedingungen für die äußere Reinheit festgelegt. Eine schwerwiegende Folgewirkung der Gesetze liegt darin, dass sie Distanz zu andern schaffen, die als unrein gelten. Angst vor schlechtem Einfluss führt zur Abgrenzung. Die gewünschte Nähe Gottes wird mit Abstand zum Mitmenschen und zur Mitkreatur bezahlt. Der Vorgang wiederholt sich in säkularer Form in der Abgrenzung vom Fremden und allem, was die eigene labile Identität bedroht. Wenn Jesus und die Jesusbewegung auf Konfliktkurs mit den Reinheitsvorschriften gingen, liegt wohl die Erfahrung zugrunde, dass die Praxis der Ausgrenzung dem Willen Gottes zuwiderläuft. Zugleich wurde aber der Sinn der Reinheitstradition neu entdeckt, wie sie etwa in Ps 51,12 zum Ausdruck kommt: »Schaffe in mir ein reines Herz«. Im hebräischen Denken ist das Herz Sitz und Zentrum des Denkens, Wollens und Fühlens. Ganzheitliche Reinheit aber ist nur als Folge eines schöpferischen Aktes Gottes denkbar. Gott von Angesicht zu Angesicht zu schauen, ein Hoffnungsbild ungetrübter Gottesnähe, kann nur Gott selbst in einem schöpferischen Akt ermöglichen. Hierbei ist an den Menschen zu denken, der keine Maskierung mehr braucht.

Wenn in dem von Mt (15,11) überlieferten Jesuswort davon die Rede ist, dass nicht das, was der Mensch von außen zu sich nimmt, ihn unrein macht, sondern was von ihm ausgeht, ist damit die entscheidende Denkrichtung angegeben: Die eigene Zerrissenheit und Zwiespältigkeit wahrzunehmen, den Balken im eigenen Auge, der den Splitter bei anderen wahrnehmen lässt und hindert, sich ihm zu öffnen.

---

[9] Vgl. STRECKER, GEORG: Die Bergpredigt, Göttingen 1984, 3.

(7) Selig, die Frieden schaffen; sie werden Gottes Söhne heißen.
Dass die 7. Preisung den aktiven Friedensstifter meint und nicht eine friedliche Gesinnung, muss heute kaum noch betont werden. Vielleicht aber wohl, dass Friede (Schalom) in hebräischer Tradition kein Ruhezustand ist, sondern ein umfassendes Wohlergehen, bei dem sich die Dynamik von Liebe und Gerechtigkeit entfalten kann. Schalom ist weit mehr als die Abwesenheit von Krieg, und Friedenstiften ist nicht zu verwechseln mit friedlichem Verhalten oder Friedensappellen. Es ist das Praktizieren von Frieden, das gleichzeitig von Barmherzigkeit, Gerechtigkeit und Reinheit des Herzens mitbestimmt ist. Auch bei dieser Preisung sollte die Frage nach der Erfolgsaussicht u.a. nicht die Chancen verbauen, die der Satz erschließt: Wer sich mit sich selbst versöhnen lässt, braucht sich nicht in äußeren Feinden zu bekämpfen, sich nicht über Besitz zu definieren und eifersüchtig darüber zu wachen. Er kann Empathie entwickeln. Friedenstiften heißt nicht, Bedingungen für den Frieden zu bestimmen, sondern auf die Möglichkeiten von unerwarteter Gewaltfreiheit, Vergeltungsverzicht und Entgegenkommen zu setzen, die durch Irritation der gewohnten Reaktionsmuster aufbrechen. Aufgaben für Friedensstifter warten in jedem Lebensbereich einschließlich der Ebene der großen Politik.

(8) Selig, die um der Gerechtigkeit willen verfolgt werden...
Die abschließende Seligpreisung der Verfolgten hat ihren Sitz im Leben in der Auseinandersetzung zwischen Synagoge und den wegen ihrer Jesusnachfolge Ausgeschlossenen und Bekämpften (s. Kap. 2, 23ff). Ihr Schicksal wird mit dem der alttestamentlichen Propheten in Beziehung gesetzt und ihre von Ohnmacht gekennzeichnete Situation gegen die Erfahrung als verheißungsvoll und Grund zum Jubeln proklamiert. Hierin liegt deutlich eine Ermutigung, der erkannten Wahrheit zu entsprechen, auch wenn nicht nur die Zustimmung ausbleibt, sondern negative Konsequenzen drohen. Problematisch wäre aber die umgekehrte Schlussfolgerung, dass Verfolgung selbst bereits die Verfolgten ins Recht setzt.[10] Kritisch ist ferner zu bedenken, dass hier der Lohngedanke ein Gewicht erhält, der der Gesamtintention des NT entgegenläuft.

3.2.2 Salz der Erde – Licht der Welt (zu Mt 5,13–16)
In den Bildworten von Salz und Licht wird das Sendungsverständnis und die Beziehung der Nachfolger Jesu zur Welt anschaulich.

Aufgabe:
- Vergleichen Sie die Mt–Fassung mit Lk 14,34–35 und Mk 9,49f und arbeiten Sie die Unterschiede heraus.

Die beiden Bildworte gehen vermutlich auf die Logienquelle zurück. Sie sind bei Mt als direkte Anrede an die Nachfolger Jesu verfasst und durch die Anwendung in V.16 von Mt in den Kontext redaktionell eingebunden. Hier wird die Funktion der Jünger in der Welt beschrieben: Ohne Salz ist die Speise nicht genießbar. »Kann man auch essen, was ungesalzen ist (Hiob 6,6a)?« Vielleicht liegt eine Anspielung an jüdische Überlieferungen vor, die die Tora mit dem Salz vergleichen und den Knecht Gottes

---
[10] Vgl. WEDER a.a.O., 8.

(Jes 42,6), mit dem sich Israel identifiziert, als Licht der Völker versteht. Der Kontrast ist unverkennbar. Der kleinen Schar der Nachfolger Jesu wird nun diese Rolle zugeschrieben. Ihr seid es!

Vermutlich kann der in der Sozialpsychologie verwendete Begriff der Zuschreibung dem Verständnis dienlich sein. Es wird ein Bild auf eine Gruppe projiziert, das prägend wirkt. Die hier gemeinte Gruppe ist identisch mit den Seliggepriesenen. Entgegen der Wirklichkeitserfahrung wird die Fähigkeit behauptet, die Welt genießbar zu machen und, wie die Öllampe die palästinische »Einraumwohnung« erhellte, die Dunkelheit der Welt auszuleuchten. Aber Salz und Licht müssen funktionsgerecht eingesetzt werden. Für sich genommen hat Salz ebenso wenig einen Wert wie ein Licht, dessen Leuchtkraft unterdrückt wird. Salzen und Erleuchten geschieht für Mt durch die guten Werke: Frieden stiften, Hungernde speisen, den Armen ihren gerechten Anteil geben, Nächstenliebe bis zur radikalsten Gestalt der Feindesliebe ausdehnen. Die folgenden Antithesen zeigen, wie Würze und Licht sich dadurch entfalten können, dass die gewohnten Verhaltensmuster überschritten werden.

3.2.3 Zum Verständnis der Antithesen

Die Grundsatzerklärung in Mt 5,17–20
Eine Schlüsselstellung für das Verständnis der Antithesen nimmt bei Mt die Grundsatzerklärung in Mt 5,17–20 ein. Es ist von der gut begründeten Annahme auszugehen, dass für Jesus und die frühe Jesusbewegung als innerjüdische Bewegung die Treue zur Tora kein Thema war. Da somit die Frage nach der weiterbestehenden Gültigkeit der Tora erst auf dem Hintergrund der Abgrenzung zwischen Juden und jüdischen Christen als Problem der christlichen Gemeinden aufkam, folgt daraus, dass allenfalls einzelne Elemente dieses Textes auf Jesus selbst zurückgehen können.
Nach G. EICHHOLZ nimmt Mt in V.18–19 eine, die fortdauernde Gültigkeit der Tora betonende Tradition judenchristlicher Prägung auf und interpretiert diese in seinem Sinne, indem er die Verse 17 und 20 redaktionell gestaltet.

Gegenüber verschiedenen anderen Einschätzungen ist für die Position des Matthäus-Evangeliums festzuhalten:
– Jesus verkündet keine neue Tora,
– nicht das Ende ihrer Gültigkeit
– und auch keine Verschärfung.

Jesus bringt (nach Mt) vielmehr gegenüber falschen Konzessionen die ursprüngliche, vom Gebot der Liebe geleitete Intention zur Geltung, die auch hinter jedem Einzelgebot steckt. In seiner vom Liebesgebot geprägten Einheit von Reden und Handeln erfüllt Jesus den der Tora als ganzer innewohnenden Sinn[11], dem gefährdeten Leben Freiräume zu eröffnen und die Möglichkeit der Zukunft zu erhalten. Dies ist die Basis für die gegenüber den Pharisäern bessere Gerechtigkeit der Gemeinde (Mt 5,20). Die Konsequenzen werden dann in den folgenden Antithesen ausgeführt.

Die Antithesen
Die antithetische Redeweise wird in der christlichen Auslegung gern als unvergleichliche Besonderheit der Rede Jesu herausgestellt, deren Inhalt mit der Tradition der Toradiskussion nicht zu vergleichen sei.

---

[11] Vgl. EICHHOLZ, GEORG: Auslegung der Bergpredigt, Neukirchen ⁵1982, 1–6.

Inzwischen wurde nachgewiesen, dass die antithetische Redeweise doch im Judentum der Zeit Jesu anzutreffen ist und ihren Sitz im Leben in einer rabbinischen Lehrdiskussion hat. Mit ihr wird einer herrschenden Lehrmeinung widersprochen.[12] Die 3., 4. und 6. Antithese finden sich – in nicht antithetischer Gestalt – auch bei Lukas und dürften demnach aus der Logienquelle stammen. Die 1., 2. und 5. Antithese gehören zum Sondergut des Mt. Es ist umstritten, ob die antithetische Form in der Logienquelle enthalten war und ihren Ursprung in der Verkündigung Jesu hat. Die Vermutungen hierzu gehen weit auseinander. Dass die Thesen *inhaltlich* an der ursprünglichen Rede Jesu Anhalt haben, ist wenig zweifelhaft. Wenn verschiedene Ausleger hier die im Kontext des Judentums unvergleichliche Einzigartigkeit betonen, darf nicht übersehen werden, dass diese Feststellungen dem Wunsch entgegenkommen, die Ursprünge des christlichen Selbstverständnisses schon beim historischen Jesus festzumachen. Von jüdischer Seite wird jedenfalls der Hypothese widersprochen, dass Jesu Lehre nicht aus dieser Tradition allein erklärt werden könne.[13] Auf der Ebene des Mt-Evangeliums ist dann allerdings die Lehre Jesu in Abgrenzung zum zeitgenössischen Judentum entfaltet. Die Einzelgebote der Tora werden überboten und auf ihren Urgrund bezogen. Der Tun-Ergehen-Zusammenhang, der die Gestalt der älteren Dekalogüberlieferung prägt (z.B. Elterngebot), wird radikal gesteigert und kommt eben dadurch als Bedingung für die Neuerfahrung der Wirklichkeit zur Sprache. Kein Hinweis auf andere Autoritäten sichert die Argumentation ab, sie gewinnt ihre Evidenz durch den Sprecher und ihren Inhalt.

Der Mechanismus vom Tun-Ergehen-Zusammenhang wird radikal zu Ende gedacht: Das Leben des anderen wird bereits durch aggressive Sprache bedroht. Entsprechend beginnt das Schuldigwerden und die Bedrohung durch die Schuldfolgen schon hier: bereits wer seinem Bruder zürnt, verfällt der Strafe, die für das Töten vorgesehen ist: der Todesstrafe. Bereits im begehrlichen Blick auf eine andere Frau ist der Ehebruch angelegt. Die Einsicht in diese Zusammenhänge legt eine andere Denkweise nahe. Radikales Zuendedenken fördert eine Neuorientierung. Leben ist nicht erst gefährdet, wenn die biologische Existenz bedroht ist. Jede Behinderung seiner Entfaltung tötet ein Stück Lebendigkeit. Diese Sicht provoziert ein Umdenken von der Frage nach dem Verbotenen zum Gebotenen, das das Leben in seiner Fülle zur Entfaltung kommen lässt. Die Partnerschaft der Geschlechter ist durch Rechtsnormen kaum zu schützen. Die Ablehnung jeder Scheidungspraxis zielt nicht auf eine neue rechtliche Norm, sondern auf ein Grundverständnis menschlicher Partnerschaft, in der Liebe Gestalt gewinnen kann. Weil die Liebe unbegrenzt ist, bedarf sie des unbegrenzten Raumes. Die Wahrhaftigkeit der Rede ist tangiert, wenn es der besonderen Bekräftigung bedarf. Wahrheit wird damit zum Grenzfall.[14] Wenn die Mt-Fassung sagt: Eure Rede sei Ja Ja oder Nein Nein, nimmt sie die verbreitete Halbherzigkeit aufs Korn, mit dem Ja ein Nein oder umgekehrt mitzudenken und damit die menschlichen Beziehungen unwahrhaftig zu machen. Unwahrheit vor Gericht bedroht das physische Leben des Angeklagten – jede Unwahrhaftigkeit bedroht ein Stück Lebendigkeit. Was bedeutet es, wenn dem als Rechtsnorm durchaus positiven Vergeltungsprinzip (Auge um Auge),

---

[12] Vgl. STRECKER a.a.O., 6.

[13] Auch der Neutestamentler G. THEIßEN vertritt die These, dass das Urchristentum ganz aus dem Judentum abgeleitet werden kann (vgl. G. THEIßEN: Im Schatten des Galiläers, München 1986, 20; 70 u.ö.).

[14] Vgl. WEDER a.a.O., 12.

das auf Wiedergutmachung ausgerichtet ist und vor maßloser Vergeltung schützt, ein völlig anderes Reaktionsprinzip entgegen gehalten wird?

Dem Aggressor auch die andere Backe hinhalten, auch den Mantel geben, wenn das Untergewand gefordert ist, zwei Meilen Gepäck tragen, wenn ein Besatzungssoldat eine fordert, dem Bittenden geben und sich dem, der borgen will, nicht verschließen? Gemeint ist jedenfalls kein passives Verhalten, sondern eine aktive Reaktion, die das Böse gleichsam austoben und sich totlaufen lässt und damit den Kreislauf des Bösen und der Vergeltung durchbricht. Höhepunkt und Abschluss finden die Antithesen im Durchbruch von der Nächstenliebe zur Feindesliebe (Mt 5,43–48), die der Liebe erst ihre wahre Gestalt gibt, aber zugleich die Welterfahrungen von Tat und Vergeltung in höchstem Maße hinter sich lässt. Die hilfreiche Orientierung bietende Aufteilung der Welt in Gute und Böse wird außer Kraft gesetzt und durchbrochen. Wer richtet (Mt 7,1ff), unterliegt dem Kreislauf des Richtens. Wo nicht mehr eingeordnet, schematisiert, geurteilt oder verurteilt wird, öffnet sich der Zirkel der Stigmatisierungen und Festlegungen zu der Möglichkeit, Kinder Gottes zu sein.

Die Antithesen wie die ganze Bergpredigt öffnen ein Fenster für die Möglichkeiten des Lebens aus der Perspektive Gottes und laden ein, es in kreativer Weise damit zu versuchen.

3.2.4 Die Wirkung der Rede (zu Mt 7,28f)

Die Wirkung der Rede auf die Volksmenge ist Erschrecken. Die von der Zürcher Bibel gewählte Übersetzung (erstaunen) ist wohl zu schwach: Gemeint ist eine tiefe Betroffenheit, ein außer sich geraten, das nach Mt seinen Ursprung in der Vollmacht Jesu hat (7,28f).[15] Ähnlich wie bei Heilungserfahrungen oder Dämonenaustreibungen wird durch die Rede die gängige Einstellung zur Wirklichkeit, zu Gott und den Mitmenschen in höchstem Maße irritiert. Gewohnte Denk- und Handlungsmuster werden zerbrochen und damit das sicherheitgebende Verständnis der Wirklichkeit. Es ist eine heilsame Irritation, weil sie die Bedingung dafür ist, die Welt neu aus der Perspektive des Bergpredigers wahrzunehmen und entsprechend neue Erfahrungen mit bisher unentdeckten Möglichkeiten zu machen. Diese Sicht entspricht der Wahrnehmung der Welt als Schöpfung Gottes, deren gute Chancen in der Irritation des Gewohnten sichtbar werden. Die Formulierung: »er redete wie einer, der Vollmacht hatte«, führte in der Auslegungsgeschichte bis heute zu dem verhängnisvollen Schluss, dass es die Autorität Jesu ist, die der Rede erst ihr Gewicht gibt und dass so an die Stelle alter Autoritäten hier eine neue rückt. Dagegen ist WEDER Recht zu geben, wenn er darauf hinweist, dass das »ich aber sage euch« ein Abschied von jedem Autoritätsmodell bedeutet.[16] Nicht auf der Besonderheit des Sprechers, sondern auf der Überzeugungskraft der Rede selbst liegt der Akzent. Diese Erkenntnis ist auch für die religionspädagogische Praxis von höchster Bedeutung. Die Worte der Bergpredigt sind nicht deshalb wahr, weil Jesus sie spricht, sondern weil die Wahrheit der Worte bei den Zuhörern evident wird. Daher ist das Kommunikationsgeschehen selbst von höchster Relevanz. In der Vermittlung sind die Worte der Bergpredigt für unsere Zeit so zu entfalten, dass sie die gewohnte Sicht irritieren, zu neuer Wahrnehmung heraus-

---

[15] Mt projiziert die Distanz zu jüdischen Gelehrten seiner Zeit in die Zeit Jesu zurück (vgl. Strecker a.a.O., 180).

[16] Vgl. WEDER a.a.O., 250.

fordern und dazu anstiften, sich und andere als Teil der guten Schöpfung Gottes wahrzunehmen und entsprechendes Handeln zu erproben.

3.3 Die Bergpredigt als Einladung zum gleichnishaften Handeln

Wenn in der christlichen Tradition die Bergpredigt (besonders die Antithesen) vor allem unter dem Gesichtspunkt der Erfüllbarkeit betrachtet wurde, liegt darin gegenüber der Ursprungstradition eine problematische Verkürzung bzw. Verzerrung. Sicher hat die Frage der sog. Parusieverzögerung (die erwartete Ankunft Christi als Richter und Weltherrscher) die Urgemeinde mehr und mehr beschäftigt. Die Bergpredigt lässt aber nicht erkennen, dass hier außergewöhnliche Ansprüche für eine kurze Zeit des Durchhaltens formuliert sind, wie z.B. A. Schweitzer annahm. Wenn überhaupt von Ethik gesprochen werden kann, geht es nicht – oder wenigstens nicht zentral – um eine Interimsethik, Gesinnungsethik oder in Endzeitstimmung gründende eschatologische Ethik (Strecker), sondern schlicht um eine Ethik der Nachfolge Jesu. Dazu soll in Entsprechung zum Missionsauftrag (Mt 28) die ganze Welt eingeladen (aber nicht gezwungen) werden. Sie ist davon bestimmt, dass im Anschluss an das Wirken Jesu die Wirklichkeit der Welt vom erwarteten Anbruch des Gottesreiches (Mt: Reich der Himmel) her gesehen und dieser Erwartung schon jetzt im Handeln entsprochen wird. Damit hat sich gegenüber dem Auftreten Jesu und der frühen Jesusbewegung ein Wandel vollzogen: Dort hat das Bewusstsein von der hereinbrechenden Gottesherrschaft die ganze Existenz bestimmt. Die Welt wurde unter dem Blickwinkel ihrer Möglichkeiten gesehen, die sich gleichnishaft als Wirklichkeit des Reiches Gottes erschließen. Die Lebenseinstellung und das (symbolische) Handeln entsprachen diesem gleichnishaften Entwurf der Welt so, dass Erinnerung an Jesus und Entwurf einer heilsamen Lebenspraxis eine Einheit bildeten.

Mit zunehmender Etablierung christlicher (Haus-)Gemeinden rückt in der Folgezeit die Frage in den Mittelpunkt, wann die im Auftreten Jesu zeichenhaft sichtbar gewordene Gottesherrschaft in umfassender Gestalt in Erscheinung tritt, wer an ihr teilhat und wer nicht. Die Theologie unterscheidet den unterschiedlichen Wirklichkeitsbezug des Reiches Gottes mit den Begriffen präsentische und futurische Eschatologie. Die Konzeption der Bergpredigt des Mt verbindet beide Pole. (Selig sind – sie werden). Sobald die Lebensgestaltung nicht mehr (selbstverständlicher) Ausdruck einer in der konkreten Wirklichkeit erscheinenden neuen Möglichkeit ist, sondern eine Zweckbestimmung erhält, kommt das Gesetz im Sinne einer Fremdbestimmung ins Spiel – als unerbittliche Forderung oder Einlassbedingung für das Reich Gottes. Dann stellt sich die Frage des Verdienstes, der Werkgerechtigkeit und der Erfüllbarkeit.

Tora als von der Liebe geprägte Lebenschance, nicht als Forderung, sondern heilsame Möglichkeit, bei der der Weg das Ziel ist, gerät dann aus dem Blick. Bei diesem veränderten Verständnis von Tora als Forderung kommt zwangsläufig die Frage nach der Erfüllbarkeit auf. Dem ursprünglichen Charakter der Bergpredigt wird diese Frage ebenso wenig gerecht wie die Trennung zwischen privater und öffentlicher Gültigkeit, der Reduktion auf Gesinnung, die Konzeption einer Interimsethik, oder die Gegenüberstellung von Werkgerechtigkeit und Glaubensgerechtigkeit.

Aus der Einsicht, dass bereits im NT die Überlieferungen im Blick auf neue Situationen umgestaltet und uminterpretiert wurden, ist zu folgern, dass die eigene Auslegung weder allein durch Rückbezug auf das damalige Verständnis gewonnen werden kann, noch durch Berufung auf die Autorität Jesu oder der Urgemeinde. Es ist vielmehr in kritischer Auseinandersetzung mit dem Verständnis in den Ursprungstraditionen und der Wirkungsgeschichte im Blick auf die Gegenwart eigenständig zu begründen, wie und woraufhin die Überlieferung heute anspricht und in Anspruch genommen werden soll. Besonders die lutherische Tradition hat ein weltbezogenes Verständnis der Bergpredigt erschwert. In m.E. tieferem Verständnis der Wahrheitsmomente dieser Tradition ist die Bergpredigt als Gestalt des befreienden Evangeliums (neu) zu erschließen.[17] Grundlegend ist, dass das Handeln nicht dazu dient, sich gegenüber Gott in ein (besseres) Verhältnis zu setzen, sondern aus dem von Gott gesetzten Verhältnis – befreit vom Rechtfertigungs- und Selbstverwirklichungszwang – das Lebensdienliche zu suchen und zu tun. So verstanden, kann die Bergpredigt Impulse zu kreativem Denken und symbolischen Handeln geben, alltagsweltliche Erfahrungen und Zwänge zu überschreiten und im Lichte des Reich-Gottes-Gedankens neue Möglichkeiten des Lebens und des Zusammenlebens experimentierend zu entdecken helfen. Die Weisungen der Bergpredigt überbieten ein von der Logik der *Entsprechung* («Wie du mir, so ich dir») *bestimmtes Handeln*, durch eine *Unterbrechung* gewohnter Reaktionsmuster, die Raum für neue Möglichkeiten schafft. Für die Arbeit mit der Bergpredigt in religionspädagogischen Zusammenhängen stellt sich damit die Aufgabe, das Verständnis als Forderung ebenso zu überwinden wie die Frage der Erfüllbarkeit. Der Gehalt der Bergpredigt ist als Denkanstoß für neue Möglichkeiten des Lebens ins Spiel zu bringen, im Rückgriff auf den »Bergprediger Jesus«, der die Bedingungen dieser Möglichkeiten freigelegt hat.

Literatur

ALT, FRANZ: Frieden ist möglich. Die Politik der Bergpredigt, München 1983 BERNER, URSULA: Die Bergpredigt. Rezeption und Auslegung im 20. Jahrhundert, Göttingen ³1985 BETZ, HANS DIETER: Studien zur Bergpredigt, Tübingen 1985 BORNE, GERHARD: Bergpredigt und Frieden, (Vorwort: SÖLLE), Freiburg i. Brsg. 1982 DIETRICH, WOLFGANG: Vom Mut, sanft zu sein. Variationen zur 3. Seligpreisung, Eschbach 1983 DITTMANN/GOLLWITZER/MARQUARDT/SCHULZE/COEDEL VON: Utopien in der Bibel, 1982 DREWERMANN, EUGEN: Das Matthäus-Evangelium. 1. Teil: Mt 1, 1–7,29, Olten 1992 EICHER, PETER (Hg.): Das Evangelium des Frieden, München 1982, GEORG: Auslegung der Bergpredigt (1965), Neukirchen-Vluyn ⁵1982 FELDMEIER; REINHARD (Hg): Salz der Erde. Zugänge zur Bergpredigt, Göttingen 1998 GINZEL, GÜNTHER BERND (Hg.): Die Bergpredigt: jüdisches und christliches Glaubensdokument. Eine Synopse der Texte, Heidelberg 1985 DE GRAAF, JOHANNES: Mit der Bergpredigt leben, Gütersloh 1982 HOCHGREBE, VOLKER (Hg.): Provokation Bergpredigt, Stuttgart 1982 HUBER, WOLFGANG/REUTER, HANS-RICHARD: Friedensethik, Stuttgart 1990 KANTZENBACH, FRIEDRICH WILHELM: Die Bergpredigt. Annäherung, Wirkungsgeschichte, Stuttgart 1982 Katholisches Bibelwerk e.V. (Hg): Die Bergpredigt entdecken, Stuttgart 2000 KÜNG, HANS: Wegzeichen in die Zukunft, Reinbek 1980 LAPIDE, PINCHAS: Die Bergpredigt. Utopie oder Programm? Mainz ²1990 LAPIDE, PINCHAS/ WEIZSÄCKER, CARL FRIEDRICH V.: Die Seligpreisungen. Ein Glaubensgespräch, Stuttgart und München ²1980 LEICHT, ROBERT: Ihr seid das Salz der Erde. 2000 Jahre Christen im Widerspruch, Gütersloh 1999 LOHFINK, GERHARD: Wem gilt die

---

[17]BALDERMANN, INGO: Der Gott des Friedens und die Götter der Macht, Neukirchen 1983.

Bergpredigt? Beiträge zu einer christlichen Ethik, Freiburg i. Brsg. 1988 LOHSE, EDUARD: Die Ethik der Bergpredigt und was sie uns heute zu sagen hat, Hannover 1984 LUZ, ULRICH: Das Evangelium nach Matthäus. 1. Teilband (Mt 1–7), Zürich u.a. ²1989 METZ, JOHANN BAPTIST: Jenseits bürgerlicher Theologie, München 1980 MOKROSCH, REINHOLD: Die Bergpredigt im Alltag. Anregungen und Materialien für die Sekundarstufe I/II, Gütersloh 1991 MOLTMANN, JÜRGEN (Hg.): Nachfolge und Bergpredigt, (Kaisertraktate 65), München ²1982 RAGAZ, LEONHARD: Die Bergpredigt Jesu, (1945), Gütersloh ²1979 SCHNACKENBURG, RUDOLF (Hg.): Die Bergpredigt. Utopische Vision oder Handlungsanweisung? Düsseldorf ²1984 SCHWARZ, HANS: Christ sein ist möglich. Was die Bergpredigt uns heute wirklich zu sagen hat, Freiburg i. Brsg. 1987 SCHWEIZER, EDUARD: Die Bergpredigt, Göttingen 1982 (VR 1481) STIEWE, MARTIN/VOUGA; FRANÇOIS: Die Bergpredigt und ihre Rezeption als kurze Darstellung des Christentums, Tübingen/Basel 2002 STRECKER, GEORG: Die Bergpredigt. Ein exegetischer Kommentar, Göttingen 1984 THEIßEN, GERD/MERZ, ANNETTE: Der historische Jesus. Ein Lehrbuch (§ 12: Jesus als Lehrer: Die Ethik Jesu), Göttingen 2001 WEDER, HANS: Die Rede der Reden. Eine Auslegung der Bergpredigt heute, Zürich 1985 WREGE, HANS TH.: Die Überlieferungsgeschichte der Bergpredigt, Tübingen 1968 ZINK, JÖRG: Wie übt man Frieden? über den Umgang mit dem Bösen und die Liebe zum Feind, Stuttgart 1982 ZIRKER, LEO: Die Bergpredigt. Das Wort Gottes neu hören, München 1983.

4 Und er redete zu ihnen vieles in Gleichnissen (Mt 13,3)
Die Gegenwart des Reiches Gottes in den Gleichnissen Jesu

(Friedrich Johannsen)

Im 20. Jahrhundert wurden in dem Bemühen um ein sachgerechtes Verständnis der Gleichnisse Jesu unterschiedliche Akzente gesetzt und entsprechend divergierende Auslegungsgrundsätze entworfen, die in einer gewissen Spannung zueinander stehen. Die folgenden Zitate können dazu einen ersten Eindruck vermitteln:

> »Jesus sprach zu Menschen aus Fleisch und Blut, aus der Stunde für die Stunde. Jedes seiner Gleichnisse hat einen bestimmten Ort in seinem Leben. Den Versuch zu machen, ihn zurück zu gewinnen – das ist die Aufgabe.«[1]
> »Die Gleichnisse Jesu haben ein unerschöpfliches Sinnpotential, sofern sie nicht – auf dem Wege der historischen Fixierung – zu Fossilien verkümmern. Dieses Sinnpotential offen zu halten, erscheint mir als vornehmste Aufgabe der Exegese.«[2]
> »Die Gleichnisrede Jesu ist eine zusammenhängende Verkündigung des Reiches Gottes, neben der Bergpredigt die wichtigste und eigentliche.«[3]
> »Die Gleichnisse setzen keine allgemeinen Wahrheiten über Gott in die Welt, sie machen vielmehr die Nähe Gottes zur Welt zum Ereignis.«[4]

Im NT sind ca. 38 Gleichnisse überliefert, die fast ausschließlich in den synoptischen Evangelien zu finden sind. Die meisten werden eingeleitet mit der Formel: »Mit der Gottesherrschaft/dem Reich Gottes , (gr.: basileía) verhält es sich wie... Mt verwendet den Begriff »Reich der Himmel« und vermeidet damit in Anlehnung an die jüdische Tradition eine direkte Nennung Gottes. Die Gleichnisse Jesu gehören zweifellos zu den biblischen Überlieferungen, die sich in der religionspädagogischen Praxis einer herausragenden Beliebtheit erfreuen. Als Grund dieser Beliebtheit wird gern ihre Anschaulichkeit genannt, die die Gleichniserzählungen zu einem besonders geeigneten Medium für die Sache des Evangeliums zu machen scheinen. Bereits ein oberflächlicher Blick in verschiedene Auslegungen und Arbeitsanregungen lässt eine breite Spanne von verschiedenen Interpretationen und Intentionen selbst bei scheinbar sehr einfachen Texten erkennen. Es mag auf den ersten Blick verblüffen, aber es ist so: Diese Erzählstoffe bereiten der Auslegung größere Probleme als etwa die Paulusbriefe. Bereits innerhalb des NT wird die Frage gestellt, warum Jesus in Gleichnissen gesprochen hat und wie sie zu verstehen sind.

4.1 Zur Auslegungsgeschichte

Aufgabe:
- Betrachten Sie unter diesem Aspekt Mk 4,10–12 und Mt 13,10–15, und vergleichen Sie die Argumentation.

---

[1] JEREMIAS, JOACHIM: Gleichnisse Jesu, Göttingen ⁶1962, 18.
[2] Weder, Hans: Die Gleichnisse Jesu als Metaphern, Göttingen ³1984, 8.
[3] RAGAZ, LEONHARD: Die Gleichnisse Jesu. Seine soziale Botschaft, Gütersloh ²1979, 14.
[4] WEDER, a.a.O., 275.

Das Gleichnis vom Sämann (Mk 4,1–20 parr.) und seine Auslegung spiegelt ein Stück der Auseinandersetzung innerhalb der Urgemeinde um die Frage nach dem Sinn der Gleichnisrede überhaupt und ihrer Auslegung. Das hier entwickelte Verständnis, das sich auch in Joh 16,25 findet, lautet: Bei der Rede in Gleichnissen (parabolé) oder Bildern (paroimía) handelt es sich um verhüllte Belehrung, die von Verständigen entschlüsselt werden muss. D.h., es bedarf bestimmter einschlägiger Erfahrungen und eines spezifischen Vorwissens, um das mit der Gleichnisrede Gemeinte zu verstehen. Das wohl bedeutendste Ergebnis wissenschaftlicher Gleichnisforschung liegt in der Erkenntnis, dass diese Gleichnistheorie erst in der Urgemeinde entwickelt wurde und auf die ursprünglichen Gleichnisreden Jesu nicht angewendet werden darf. Das aus der spezifischen Erfahrungssituation der Urgemeinde entwickelte Verständnis, in der Gleichnisrede eine verschlüsselte Lehre zu sehen, hat die kirchliche Gleichnisauslegung bis in unser Jahrhundert hinein maßgebend bestimmt. Gängige Auslegungsmethode war die Allegorese.[5] Der Text wird durch In-Beziehung-Setzen zu grundlegenden Aspekten christlicher Lehre für die Gegenwart gedeutet. Bei der Allegorese wird der Gleichnistext als eine Kette von Bildern bzw. Metaphern gesehen, die auf der Grundlage von einschlägigem religiösen Vorwissen dechiffriert werden und dadurch eine belehrende Funktion bekommen. Ein Beispiel unter vielen bietet LUTHERs Auslegung des Gleichnisses vom barmherzigen Samaritaner, als ein Gemälde der Heilsgeschichte:

> *Der Mann vertritt Adam bzw. die ganze Menschheit, die sich vom Ort oder Stand der Gnade (Jerusalem) entfernt und den Räubern (den teuflischen Mächten der Sünde) in die Hände fällt. Priester und Levit als Repräsentanten verschiedener Stufen der alttestamentlichen Heilsgeschichte sehen seinen Zustand, aber helfen ihm nicht. Jesus Christus als Samariter nimmt sich seiner an und behandelt ihn mit seiner Gnade (Öl) und seinem Kreuz und Leiden (Wein). Er trägt ihn (als Lasttier/Opfertier) und bringt ihn in die Herberge (Kirche), wo er der Betreuung durch den Wirt (die Prediger) überlassen wird. Vor seinem Weggang (Himmelfahrt) hinterlässt er noch zwei Geldstücke (AT und NT) und die Verheißung seiner Wiederkehr. In katholischen Auslegungen finden sich verschiedene, den Differenzen in der Lehre entsprechende Varianten. So wird zusätzlich auf die sakramentale Bedeutung von Öl und Wein hingewiesen, der Wirt wird als Petrus gedeutet u.a.[6]*

Da die in den Kontext der Evangelien eingebundenen Gleichnisüberlieferungen im Laufe der Tradierung einen Allegorisierungsprozesses durchlaufen haben, in dem sie aufgrund von Erfahrungen um zusätzliche Verweisaspekte angereichert worden sind, legte sich die Allegorese als Form der Textdeutung nahe. Einen ersten Anstoß zur Problematisierung dieses Jahrhunderte lang geübten Interpretationsansatzes gab die Erkenntnis, dass die in den Evangelien eingebundenen Gleichnisfassungen und Situationsbeschreibungen literarisch gestaltet sind und von hierher nicht unkritisch auf die Ursprungssituation geschlossen werden darf. Im Blick auf die Gleichnisforschung kommt vor allem ADOLF JÜLICHER (1857–1938)[7] das Verdienst zu, die in den Evangelien entworfenen Gleichnistheorien hinterfragt und die Frage nach der Traditionsgeschichte der Gleichnisse eröffnet zu haben. Die die Gleichnisauslegung bisher bestimmende Auslegung von Mk 4 erkennt er mit Hilfe kritischer Textanalyse als ein Produkt der Urgemeinde und der markinischen Redaktion. U.a. die Auseinandersetzung mit Widersprüchen wie etwa zwischen Mk 4,12 (Verstockungstheorie) und 4,33

---

[5] Es wird hier die von H.-J. KLAUCK entwickelte Differenzierung zwischen Allegorese, Allegorisierung und Allegorie aufgenommen.
[6] Vgl. HARNISCH, WOLFGANG: Die Gleichniserzählungen Jesu, Göttingen 1985, 61 und SORGER, KARLHEINZ: Gleichnisse im Unterricht, Düsseldorf 1980, 64f.
[7] JÜLICHER, ADOLF: Die Gleichnisreden Jesu, 2 Bde, Tübingen 1910.

(... er redete zu ihnen, wie sie es verstehen konnten), führte zu der Vermutung, dass die letztgenannte Aussage der ursprünglichen Gleichnisrede Jesu zuzuordnen ist. Der Streit um die Auslegung wurde allerdings erst jetzt eröffnet.

Festzuhalten bleibt zunächst, dass für die Gleichnisse ähnliches gilt wie für andere NT-Texte: Sie sind Produkt eines Überlieferungsprozesses, der nur hypothetisch rekonstruiert werden kann. Hinter der Fassung, die sie durch die Evangelisten bekommen haben, ist mit mehreren Vorstufen zu rechnen, an deren Anfang (in der Regel) das von Jesus in einer bestimmten Situation erzählte (ursprüngliche) Gleichnis steht, das nicht verhüllen, sondern als Form eigentlicher Rede einen Sachverhalt erschließen wollte. Der Urgemeinde dienten die Überlieferungen in ihren Auseinandersetzungen zur Klärung des Glaubens an Jesus als den Christus. Dabei wurde auf die Autorität des Gleichniserzählers Jesus zurückgegriffen. Die Intention der Gleichnisrede hat sich im Laufe dieser neuen Anwendungen durch Allegorisierung dahingehend verändert, dass nach JÜLICHERs Meinung anstelle der Illustration einer Wahrheit die verschlüsselte Illustration einer Kette einzelner Wahrheitsaspekte trat, die nur von Kennern zu entschlüsseln war. Es war vor allem das Wechselverhältnis von Form und Intention, die die von JÜLICHER begründete neue Gleichnisforschung bestimmt hat. JÜLICHER unterschied neben der erst von der Urgemeinde entwickelten Form der *Allegorie* mit Hilfe von Kategorien der griechischen Rhetorik drei Formen der *ursprünglichen* Gleichnisrede Jesu:

Das Gleichnis im engeren Sinn:
Darin wird ein allseits bekannter, regelhafter Vorgang aus dem Bereich der Naturerfahrung oder des Zusammenlebens aufgenommen und zugunsten eines Neuen ins Spiel gebracht (z.B. Mk 4,3–8: Der vertraute Vorgang von Saat und Ernte – mit der Erfahrung reicher Frucht trotz einiger Verluste – wird zugunsten des Selbstverständnisses der Anhänger Jesu in Szene gesetzt).

Die Parabel:
Sie bringt einen interessanten, fiktiven Einzelfall zur Sprache, der sich an die Erfahrung der Alltagswelt anlehnt, dann aber eine besondere, nicht erwartete Wendung nimmt (z.B. Mt 20,1–16: Die nicht zu erwartende Großzügigkeit des Weinbergbesitzers gegenüber den zuletzt angeworbenen Arbeitern).

Die Beispielerzählung:
Nur bei Lk finden sich einige der Parabel verwandte Erzählungen: vom barmherzigen Samaritaner (Lk 10,30ff); vom reichen Kornbauern (12,16ff); vom reichen Mann und armen Lazarus (16,19ff) und vom Pharisäer und Zöllner (18,10ff). Hier wird das Gemeinte nicht indirekt, sondern als direktes, zur Identifikation geeignetes Beispiel zur Sprache gebracht.

Die Formanalyse hat nach JÜLICHER unmittelbare Konsequenzen für die Auslegung. In Entsprechung zur Tradition der hebräischen Bildworte (maschal) sind Gleichnisse als erweiterte Vergleiche zu verstehen, die nicht kunstvoll verhüllen, sondern einen Gedanken verdeutlichen wollen. Aufgabe der Auslegung ist es, zwischen (erzählter) Bildhälfte und (veranschaulichter) Sache den einen gemeinten Vergleichspunkt (tertium comparationis) zu finden. Die Redeform des Gleichnisses wird um ihrer Anschaulichkeit (also im didaktischen Interesse) gewählt, nicht, weil der gemeinte Sachverhalt (Reich Gottes) nicht auch anders als im Gleichnis Ausdruck finden könnte. Die Redeabsicht leuchtete dem damaligen Zuhörer unmittelbar ein, muss heute jedoch wegen des historischen und kulturellen Abstandes zur damaligen Erfahrungswelt rekonstruiert werden. Der Sinn der Rede lässt sich (sogar deutlicher) in einem allgemeinen Satz ausdrücken. So hat auch die von JÜLICHER her beeinflusste religionspädagogische Gleichnisauslegung bei der Erschließung von Gleichnissen ihren Schwerpunkt darauf gelegt, nach Sach- und Bildhälfte zu differenzieren und den eigentlichen Vergleichpunkt sowie die darin enthaltene allgemeine theologische Wahrheit herauszuarbeiten.

JÜLICHERs Neuorientierung ist nach zwei Richtungen hin weiter entfaltet und modifiziert worden:

Neben einer weiteren Ausrichtung an der formgeschichtlichen Fragestellung rückte die Frage nach der Rekonstruktion der ursprünglichen Erzählung Jesu mit ihrem konkreten situativen Bezug und der entsprechenden Absicht in den Mittelpunkt des Interesses. Hier ist vor allem JOACHIM JEREMIAS[8] zu nennen, dem es darauf ankam, hinter die durch die Evangelien überlieferten Gleichnisse zurückzufragen nach der ursprünglichen Rede Jesu. Es geht ihm darum, den genauen historischen Ort im Leben Jesu zurückzugewinnen, um auf diesem Hintergrund von der erhaltenen Bildhälfte her die gemeinte Sachhälfte zu erschließen. JÜLICHERs Unterscheidung zwischen Gleichnis und Allegorie bleibt auch für JEREMIAS grundlegend, die übrige Formdifferenzierung beurteilt er im Blick auf die Tradition des jüdischen Maschal (= bildliche Rede verschiedenster Art) als sachfremd. Als verhängnisvollen Fehler JÜLICHERs sieht er dessen Grundsatz, den Gleichnissen einen möglichst allgemein gefassten Gedanken zu entnehmen. Er beschränkt die Aussage auf ihre Bedeutung in der konkreten Situation, in der Jesus das Gleichnis spricht:

»JÜLICHER bleibt auf halbem Wege stehen. Er befreit die Gleichnisse von der dichten Schicht Staubes, den die allegorische Auslegung auf sie gelegt hatte, aber er kommt über diese Vorarbeit letztlich doch nicht hinaus. Die Hauptarbeit bleibt: Es muss versucht werden, den ursprünglichen Sinn der Gleichnisse wiederzugewinnen.«[9]

Auch wenn die These fragwürdig ist, dass nur das ursprüngliche Jesusgleichnis der kirchlichen Verkündigung ihre Autorität geben könne, ist es das besondere Verdienst JEREMIAS, durch eine Fülle von Vergleichsmaterial aus der jüdischen Umwelt den nichtallegorischen Charakter der ursprünglichen Gleichnisrede und die aus der jüdischen Lebenswelt stammenden Besonderheiten als notwendige Verständnisgrundlagen aufzuklären. Umstritten ist die von JEREMIAS aufgestellte These zur Charakterisierung und Absicht der Gleichnisrede Jesu:

»Jesu Gleichnisse sind nicht – jedenfalls nicht primär – Kunstwerke, sie wollen nicht allgemeine Grundsätze einprägen (...), sondern jedes von ihnen ist in einer konkreten Situation des Lebens Jesu gesprochen, in einer einmaligen, oft unvorhergesehenen Lage. Weithin, ja überwiegend, handelt es sich um Kampfsituationen, um Rechtfertigung, Verteidigung, Angriff, ja Herausforderung. Die Gleichnisse sind nicht ausschließlich, aber zum großen Teil Streitwaffe.«[10]

---

[8] JEREMIAS schließt sich eng an den von CHARLES HEROLD DODD (The Parables of the Kingdom, London 1935) entwickelten Grundsatz einer streng historischen Auslegung der Gleichnisse Jesu an. Während bei DODD Jesus durch die Gleichnisse die in seiner Person realisierte Gegenwart des Reiches Gottes auslegt, zeigt Jesus für JEREMIAS in jeweils ganz konkreten biographischen Situationen die anbrechende Gottesherrschaft.

[9] Vgl. JEREMIAS, JOACHIM: Gleichnisse Jesu, Göttingen ^{6}1962, 15f.

[10] Ebd., 17f.

Diese Feststellung impliziert, dass Gleichnisse nicht selbst Ausdruck des Evangeliums sind, sondern eine Funktion zu dessen Verteidigung haben. Ist für JÜLICHER Jesus der Lehrer, der seine Hörer im Gleichnis aus ihrer Alltagserfahrung abholt und mit der Wahrheit des Reiches Gottes bekannt macht, so dient für JEREMIAS die Gleichnisrede vor allem der Verteidigung seiner Botschaft vom Reich Gottes und dem diesem entsprechenden Verhalten. Im Blick auf den Hörer verschiebt sich der Akzent bei JEREMIAS von der Belehrung über die Gottesherrschaft bei JÜLICHER zur Aufforderung zur Entscheidung für oder gegen sie. Beide trennen scharf zwischen der ursprünglichen Gleichnisrede des historischen Jesus und der Allegorisierung dieser Überlieferung durch die Urgemeinde.

Der mit den Namen RUDOLF BULTMANN und MARTIN DIBELIUS u.a. verbundenen *formgeschichtlichen Schule* geht es um die Identifizierung, Beschreibung und Unterscheidung von Textformen und ihrer Entwicklung. Dabei wird die Einsicht methodisch vertieft, dass eigentliche Gleichnisse (ausführlich gestaltete Bildworte und Vergleiche) und Parabeln, die von Jesus erzählt wurden, durch Anwendung auf neue Situationen von der Urgemeinde durch allegorische Züge erweitert wurden. Aus der Einsicht in den Überlieferungsprozess wurden Kriterien für die sog. Echtheitsfrage als Frage nach dem ursprünglichen Jesusgleichnis entwickeln. *Echtheit* wird allerdings, anders als bei JÜLICHER, nicht mit Wahrheit identifiziert und diente nicht der Autorisierung der Verkündigung wie bei JEREMIAS. Da in allen Gleichnissen Jesu das Urteil des Hörers herausgefordert wird, haben die Gleichnisse für BULTMANN argumentativen Charakter.[11] Im Blick auf die Formbestimmung der Gleichnisse wurde von HARNISCH die Beispielgeschichte als eigene Form in Frage gestellt. Für ihn lassen sich neben den nicht unter die eigentlichen Gleichnisse verrechenbaren Bildworten[12] nur die dramatischen Gleichniserzählungen (Parabeln) und eine weniger klarprofilierte Gruppe epischer Miniaturstücke (Gleichnisse) unterscheiden.[13] BAUDLER lässt die üblichen Differenzierungen ganz hinter sich, wenn er eine Aufteilung nach aus der Natur oder alltäglichen Vorgängen stammenden Vorgangsgleichnissen und stärker inszenierten Handlungsgleichnissen vorschlägt. Im Blick auf die Religionspädagogik hinterließen besonders die Arbeiten von ETA LINNEMANN und KARLHEINZ SORGER wichtige Spuren. Beide knüpfen sowohl an die Erkenntnisse der formgeschichtlichen Fragestellung wie an die Bemühungen um die situative Rekonstruktion des ursprünglichen Jesusgleichnisses an. Besondere Aufmerksamkeit wird der Argumentationsstruktur der ursprünglichen Gleichnisse gewidmet, die nach LINNEMANN dadurch gekennzeichnet ist, dass sie gegnerischen Positionen entgegenkommt und so ihr Einverständnis zu gewinnen sucht (Phänomen der Verschränkung). Auch SORGER hebt die dialogische, um den Hörer werbende Struktur der Gleichnisrede hervor, die weniger auf Belehrung als auf Bekehrung, auf ein Gewinnen des Zuhörers für die Position des Erzählers zielt. Diese Beobachtung hat in didaktischen Zusammenhängen zur Konsequenz, dass die Erzählungen in die Erfahrungswelt heutiger Schüler hineingeholt werden müssen, wenn sie ihre ursprüngliche Leistungskraft wiedergewinnen sollen.

INGO BALDERMANN hat in seiner Biblischen Didaktik herausgearbeitet, dass die Gleichnisform einen ganz eigenen didaktisch-argumentativen Zweck impliziert. Dieser Zweck kann auf die Kurzformel gebracht werden, dass das Ziel der Gleichnisrede

---

[11] Vgl. WEDER, Die Gleichnisse, 21.
[12] Z.B.: Das Licht nicht unter den Scheffel stellen.
[13] Vgl. HARNISCH, a.a.O., 108.

Jesu nicht »Belehrung«, sondern »Bekehrung« des Hörers ist. Diese Intention muss auch die Gleichnisauslegung bestimmen.

Exkurs: Gleichnisauslegung in Anlehnung an rabbinische Tradition

Im Gegensatz zu der von JÜLICHER geforderten scharfen Abgrenzung zwischen Gleichnis und Allegorie zeigte PAUL FIEBIG bereits 1904 auf, dass die Gleichnisse Jesu in der Tradition der Vielfalt jüdischer Bildworttradition (Maschal) stehen, die in der Regel als Mischformen auftreten.

Entsprechend kritisieren auch D. FLUSSER u. a. vom jüdischen Hintergrund her die prinzipiell allegoriekritische Tradition der Gleichnisauslegung in den Spuren JÜLICHERs.

Auch die ebenfalls auf JÜLICHER zurückgehende These von der grundlegenden Veränderungen, die die ursprünglichen Gleichnisse Jesu durch Urgemeinde und durch die Evangelisten erfahren haben, wird in dieser Position stark relativiert.

4.2 Gleichnisse als Form metaphorischer Rede

Die Gemeinsamkeit der Auslegungsbemühungen im Anschluss an JÜLICHER liegt darin, die *rhetorische* Qualität der Gleichnisrede, ihrer Argumentationsstruktur und Mitteln der Überzeugung herauszuarbeiten. Wird Gleichnisrede jedoch von der metaphorischer Sprache her interpretiert, geht es nicht um Argumentation und Rhetorik, sondern um *poetische Qualität*, die auf die Einbildungskraft des Hörers zielt. Als Paradigma religiöser Sprache schlechthin will so verstandene Gleichnisrede nicht vergleichen, sondern Unvergleichliches zur Sprache bringen.

Im Anschluss an ERNST FUCHS hat EBERHARD JÜNGEL bereits 1961 die Differenzierung von Form und Inhalt, von Bildhälfte und Sachhälfte als Grundlage der Gleichnisauslegung kritisiert und herausgearbeitet, dass die Gleichnisrede nicht vom Modell der Veranschaulichung her verstanden werden darf. Diese Kritik hat ihren Grund in der »Sache«, um die es in der Gleichnisrede geht: der Gottesherrschaft. Was Gottesherrschaft bedeutet, kann nur als Gleichnis zur Sprache kommen. Da keine andere Sprachform die Nähe Gottes zum Ausdruck bringen kann, ist die Gleichnisrede nicht übersetzbar in eigentliche Rede; sie ist die der Sache entsprechende eigentliche Rede.

> »Die Basileia (Gottesherrschaft d.V.) kommt im Gleichnis als Gleichnis zur Sprache. Die Gleichnisse Jesu bringen die Gottesherrschaft als Gleichnis zur Sprache.«[14]

Die Form der Gleichnisrede hat ihren Grund nicht in dem Ziel, einem Adressaten etwas verständlich zu machen, sondern in der »Sache« (Gott bzw. die Herrschaft Gottes), die zur Sprache kommt. Gleichnisrede wahrt den grundsätzlichen Abstand zwischen Gott und Welt und erweist sich als sachgemäße Rede von Gott. Gott und Gottesherrschaft sind nicht definierbar, sondern nur über Entsprechungen erfahrbar. Diese Erfahrung gründet in der konkreten Wirklichkeitserfahrung, die jedoch zugleich durch ihre Neubeschreibung überboten wird, indem die Welt zunächst so beschrieben wird, wie sie ist und dann in ein neues Licht rückt. Dabei geht es nicht um Belehrung über das Gottesreich, sondern darum, dem Hörer ein Verhältnis dazu zu ermöglichen. Dies geschieht dadurch, dass das Gleichnis den Hörer in die Geschichte hineinzieht

---

[14] JÜNGEL, EBERHARD: Paulus und Jesus, Tübingen [6]1986, 135.

und ihm auf dem Hintergrund der Wirklichkeitserfahrung die neue Möglichkeit Gottes zuspielt. Aufgabe der Auslegung ist es, die analogische Kraft der Aussagen auf die den Hörer in seinem Selbstverständnis wandelnde Kraft hin zu erschließen. Dazu ist die Ausrichtung der Erzählzüge zu beachten. Nicht der rational zu formulierende Vergleichspunkt ist zu erheben; sondern es ist durch Neubeschreibung die Einbildungskraft in der von der Erzählung vorgezeigten Ausrichtung anzusprechen. Von grundlegender Bedeutung ist dabei die Rückbindung an den Gleichniserzähler Jesus. Indem sich Jesus in einzigartiger Weise in seiner ganzen Existenz von der Nähe der Gottesherrschaft bestimmen ließ, ist er selbst Gleichnis Gottes. »Nähe der Gottesherrschaft« ist nicht zeitlich zu verstehen, sondern so, dass die Zukünftigkeit der Gottesherrschaft im Verhalten und in der Verkündigung Jesu ganz präsent ist, und sich das Verhältnis der Menschen zur Zukunft Gottes an dem Verhältnis zu Jesus jetzt entscheidet.[15] Die Gleichnisrede ist eine Sprachform, die das Reich Gottes einkehren lässt in die Welterfahrung und das Evangelium in die Sprache des Alltags.[16]

Andere Akzente und weitere Aspekte zum Verständnis der Gleichnisrede liefern *Einsichten der Literaturwissenschaften*: Ein Kennzeichen von literaturwissenschaftlich inspirierter Gleichnisauslegung ist, dass sie von der engen Rückbindung an den Gleichniserzähler Jesus abrückt und Gleichnisrede als sprachliches Kunstwerk sieht, das wie jedes andere Kunstwerk über die Entstehungssituation und die Absicht des Künstlers hinausweist. Wenn z.B. D. O. VIA und andere amerikanische Gleichnisforscher (den größten Teil der) Gleichnisse als genuine Kunstwerke und ästhetische Objekte klassifizieren, schließt das für sie ein, dass der Bezugsrahmen der Interpretation nicht in einer Situation außerhalb der Erzählung, sondern in ihr selbst zu finden ist. Als ästhetische Objekte sind die Gleichnisse gewissermaßen autonom. Die Spannung liegt in der Erzählung selbst; und indem sich der Betrachter in sie hineinziehen lässt, entfaltet sie ihre metaphorische Kraft, die auf ein neues Existenzverständnis des Betrachters zielt. Für VIA thematisieren alle Gleichnisse den Gewinn oder Verlust des Daseins als die beiden Grundmöglichkeiten des Lebens. Nach VIA[17] sind Gleichnisse sprachliche Kunstwerke, die wie jedes andere Kunstwerk einen Bedeutungsüberschuss haben. Das schließt ein, dass sie auch unabhängig von ihrem Urheber und der Ursprungssituation zu verstehen sind. Von dieser These her ist es möglich, Gleichnisse kreativ zu erschließen und ihre Sinn erschließenden Möglichkeiten nicht nur im Kontext der Verkündigung Jesu oder der Evangelien zu suchen. Auf dem Hintergrund der These von der relativen Autonomie der Gleichnisse als sprachliche Kunstwerke wird besonders in religionspädagogischen Zusammenhängen zu bedenken sein, ob die Glaubens- und Welterfahrung der Jesuszeit immer den notwendigen Verständniskontext darstellt.[18]

Ein Verständnis der Gleichnisrede als kontextunabhängiges Kunstwerk zielt eine ganzheitliche Erschließung durch den Rezipienten, die z.B. auch bei tiefenpsychologischer Betrachtung, oder im Bibliodrama Anwendung findet. Ein Problem diese Ansatzes liegt darin, dass die für die neutestamentliche Überlieferung konstitutive

---

[15] Vgl. JÜNGEL a.a.O., 173.

[16] Vgl. WEDER, HANS: Zugang zu den Gleichnissen Jesu. Zur Theorie der Gleichnisauslegung seit JÜLICHER, in: EvErz 41 (1989), 391.

[17] Zur Kritik an Via vgl. u.a. WEDER a.a.O., 396.

[18] Vgl. HALBFAS, Hubertus: Religionsunterricht in der Grundschule, Lehrerhandbuch 3, Düsseldorf 1985, 546.

Rückbindung der Gleichnisrede an die Person Jesus als Gleichnis Gottes verloren geht.

Für die Erschließung der Gleichnisse Jesu und die Arbeit mit ihnen in didaktischen Zusammenhängen hat sich ihr *Verständnis vom Wesen der metaphorischen Rede* her als besonders fruchtbar erwiesen.[19] Hierbei werden literaturwissenschaftliche Erkenntnisse aufgenommen und zugleich die Rückbindung an den Gleichniserzähler, Jesus, gewahrt. Das neuere Verständnis der Gleichnisrede Jesu als metaphorische Rede vertieft über sprachanalytische Beobachtungen die von JÜNGEL u.a. vorgezeigte Linie, Gleichnisrede als von der Sache geforderte eigentliche Rede zu verstehen. Diese Rede will nicht etwas veranschaulichen und ist nicht ohne entscheidenden Substanzverlust in andere Sprachformen übersetzbar. Als schöpferische Sprache entfaltet sie schöpferische Kraft. Wegweisend für dieses Verständnis sind dabei u.a. RICOEURs Überlegungen zum Wesen der metaphorischen Sprache.[20] Während die bisherigen Gleichnistheorien davon ausgingen, dass die Besonderheit der Gleichnisrede in der für den Zuhörer verblüffenden Inbeziehungsetzung von zwei bekannten Größen liegt, siedelt ein Verständnis als Metapher diese zwischen Bekanntem und Unbekanntem an. Dabei ist die Metapher jedoch nicht ein Wortphänomen in der Weise, dass mit einem Wort etwas anderes gemeint ist als sein ursprünglicher Sinn: Sie ist vielmehr als Satz- bzw. Textphänomen zu verstehen, das dadurch charakterisiert ist, dass eigentlich semantisch Unvereinbares in eine spannungsvolle Beziehung gesetzt wird. Ihr Reiz liegt nicht darin, dass sie unmittelbar eindeutig verstanden werden kann, sondern einen Denkanstoß gibt, der formal sinnlosen Rede Sinn abzugewinnen. D.h. metaphorische Rede zielt auf die »Mitarbeit« des Hörers, sie evoziert Sinn. Ihre besondere Wirkung erreicht die Gleichnisrede durch ihre fiktionalen Elemente (RICOEUR nennt es Extravaganz), die in die Alltagswelt eingebunden werden und diese in unerwarteter Weise überbieten. Durch Irritation des Gewohnten gibt sie Ungewohntes zu verstehen.[21] Die Sprache der Gleichniserzählung ist Sprache der Imagination, die die Einbildungskraft des Hörers anspricht, Wahrheit (des Gottesreiches) als Möglichkeit zu entdecken.[22] Die Wirkung der metaphorischen Rede geschieht dadurch, dass sie zunächst – als autonomes Gebilde – alle Aufmerksamkeit auf sich zieht und dann erst öffnet »in die unendliche Weite sowohl des Lebens als auch der Interpretation«.[23]

Für HARNISCH besteht eine entscheidende Differenz zwischen dem Sprachcharakter der ursprünglichen Gleichnisrede Jesu und ihrer Rezeption durch die Urgemeinde, wie sie sich in den Evangelien widerspiegelt. Bei der Betrachtung der neutestamentlichen Gleichnisse ist zu beachten, dass diese im Laufe der frühchristlichen Traditionsgeschichte einem Transformationsprozess unterlagen, der ihre ursprüngliche Sprachkraft vermindert. Dieser ist zuallererst dadurch begründet, dass aus dem Gleichnisverkündiger Jesus der verkündigte Christus wurde. Der Gleichniserzähler

---

[19] WEDER und HARNISCH auf der Basis der Arbeiten von FUCHS, JÜNGEL, RICOEUR etc.
[20] RICOEURs Ansatz wurde in der Religionspädagogik besonders von P. BIEHL (JRP 1, 29ff) aufgegriffen.
[21] Vgl. HARNISCH, 162.
[22] Vgl. HARNISCH, 160.
[23] RICOEUR, PAUL: Biblische Hermeneutik, in: HARNISCH, WOLFGANG (Hg.): Die neutestamentliche Gleichnisforschung im Horizont von Hermeneutik und Literaturwissenschaft, Darmstadt 1982 (WdF 575), 308f.

wurde selbst als »das menschliche Gleichnis des Gottes, der Liebe ist«,[24] verstanden. Im Kontext der Evangelien erscheinen die Gleichnisse als Zitate Jesus, als eines erzählten Erzählers, dessen Person und Geschick im Mittelpunkt steht.[25] Indem die Gleichnisse nun (auch) dazu dienen, das Geheimnis seiner Person zu erhellen, bekommen sie eine illustrative Funktion. Damit ist der Weg der Allegorisierung beschritten, der die kirchliche Auslegung lange prägt. Indem die Gleichnisreden nun die Bedeutung des Gleichniserzählers veranschaulichen sollen, dienen sie der Illustration einer bereits erkannten Wahrheit. Die Urgemeinde verwendet sie zur argumentativen und beispielhaften Entfaltung der Grundaussage des Glaubens, dass der Gleichniserzähler Jesus der Christus ist. Für HARNISCH hat sich damit die Qualität der Gleichnisrede grundlegend verändert. Der Gewinn an argumentativer Funktion hatte seinen Preis: Er wurde erkauft mit dem Verlust der Sprachkraft der ursprünglichen Parabel Jesu, »imaginativ neues Sein zu erschließen«.[26] Die Bemühungen, die ursprüngliche Sprachkraft der Gleichnisse zurück zu gewinnen, ist demnach eine Bemühung um die der Sache angemessene Sprache des Glaubens. Diese ist dadurch charakterisiert, dass sie nicht eine Wirklichkeit erklärt, sondern, vergleichbar mit einer Liebeserklärung, die Erfahrung einer neuen Wirklichkeit stiftet bzw. evoziert.

Wenn man der Theorie von HARNISCH folgt, wird die ursprüngliche Parabel Jesu nicht durch eine Formel wie »Mit dem Reich Gottes verhält es sich wie…« eingeleitet. Nicht die »Gottesherrschaft« wird mit der Erzählung in Beziehung gesetzt, sondern eine Erzählung mit einer anderen. Innerhalb der Erzählung selbst löst die Verknüpfung einer Geschichte, die an der Wirklichkeitserfahrung Anhalt hat, mit einer Geschichte des Möglichen den metaphorischen Prozess aus. Die der Parabel eigene metaphorische Sprachkraft spielt dem Hörer in ihrer narrativen Fiktion eine aus der Wirklichkeit nicht ableitbare Möglichkeit zu. Indem diese Anrede als Ermutigung zum Glauben erfahren wird, identifiziert der Hörer die Sphäre des Möglichen als Gottesherrschaft.[27] Reich-Gottes-Erfahrung ist keine der Gleichnisrede vorausgehende Größe, auf die die Rede hinweist, sondern ereignet sich im Vorgang der Kommunikation.

Anders WEDER: Er geht davon aus, dass die metaphorische Struktur der Gleichniserzählung darin liegt, dass die in der Einleitungsformel vieler Gleichnisse genannte Gottesherrschaft über eine Kopula (mit der Gottesherrschaft verhält es sich wie) mit der folgenden Geschichte als Prädikat verbunden ist. Damit werden zwei eigentlich unvereinbare Größen – das jenseitige Reich Gottes und die diesseitige Welt – miteinander in eine spannungsvolle Beziehung gesetzt.[28] Folge dieser Spannung ist, dass die vertraute Bedeutung zerbricht und durch das unerwartete Element ein neuer Sinn erscheint. Die vorfindliche Welt wird zur Verständigungsbedingung für das Neue; zugleich fällt jedoch von dem ganz anderen her ein neues Licht auf die vorfindliche Welt:
»Das Gleichnis lehrt also beides: es lehrt die Gottesherrschaft mit den Augen der Welt zu sehen, bzw. mit den Mitteln weltlicher Sprache zu begreifen, und es lehrt andererseits, die Welt mit den Augen Gottes zu sehen. Indem durch das Gleichnis Gott verständlich wird, lernt der Mensch, auch sich selbst und die Welt besser zu verstehen.«[29]

Da im Verhalten Jesu in Tischgemeinschaft, Heilung etc. die Gottesherrschaft in die Nähe der Welt gekommen ist, ist für WEDER der methodische Grundsatz unverzicht-

---

[24] JÜNGEL, EBERHARD: Gott als Geheimnis der Welt, Tübingen 1977, 491.
[25] Vgl. HARNISCH, Die Gleichniserzählungen, 311.
[26] Ebd., 314.
[27] Ebd., 167.
[28] Vgl. WEDER, Zugang, 395.
[29] WEDER, Die Gleichnisse, 79.

bar, die Gleichnisse Jesu zunächst im Kontext seines Lebens auszulegen, bevor eine Übertragung geleistet wird. Sowohl Auslegungen der Tradition als auch neue Auslegungen sind daraufhin zu überprüfen, inwieweit sie der Grundmetapher »Jesus ist Christus«[30] entsprechen.

HARNISCH und WEDER haben jeweils ein unterschiedliches Verständnis von metaphorischer Rede. Eine angemessene Auseinandersetzung mit beiden Ansätzen kann hier nicht geleistet werden. Von dem gemeinsamen Grundansatz her, Gleichnisse als Metaphern zu verstehen, lassen sich jedoch in didaktischen Zusammenhängen fruchtbare Impulse ableiten. Danach ist die Unterscheidung von Sachhälfte und Bildhälfte aufzugeben und die metaphorische Kraft der Erzählung zu entfalten. Neuere Überlegungen zur Gleichnisauslegung tendieren dahin, die Polarisierung der bisherigen Gleichnisforschung aufbrechen: So wird darauf u.a. darauf verwiesen, dass Gleichnisse sowohl eine poetische und rhetorische Seite haben und allegorische Elemente nicht prinzipiell ein Fremdkörper in der ursprünglichen Gleichnisrede Jesu sein müssen.[31]

4.3 Beispiel: Mk 4,26–29

26 Und er sprach: Mit dem Reich Gottes ist es so, wie wenn ein Mensch Samen aufs Land wirft 27 und schläft und aufsteht, Nacht und Tag; und der Same geht auf und wächst – er weiß nicht, wie. 28 Denn von selbst bringt die Erde Frucht, zuerst den Halm, danach die Ähre, danach den vollen Weizen in der Ähre. 29 Wenn sie aber die Frucht gebracht hat, so schickt er alsbald die Sichel hin; denn die Ernte ist da.[32]

Aufgabe:
- Bilden Sie eigene Arbeitshypothesen zur Auslegung dieses Gleichnisses, indem Sie probeweise verschiedene Fragestellungen und Theorien heranziehen.

Dieses Gleichnis ist nur bei Mk überliefert und steht hier im Kontext weiterer sog. Wachstumsgleichnisse. Lk und Mt haben es entweder (aus inhaltlichen oder konzeptionellen Gründen?) nicht übernommen, oder es wurde dem Mk-Evangelium erst auf einer späteren Stufe hinzugefügt. Der Schlussvers ist ein Joel-Zitat (4,13), das von einigen Auslegern als späterer Zusatz gedeutet wird.

In der markinischen Fassung lassen sich deutlich Züge von Allegorisierung erkennen (z.B. Jesu = Sämann; Wort Gottes = Saat; Zeit des Wachstums = Zeit bis zur Wiederkehr Christi; Ernte = Gericht). Orientiert man sich an der Hypothese, dass die ursprüngliche Gleichnisrede Jesu keine verhüllende, sondern erschließende Rede war, kann nach Ursachen und Anzeichen für einen möglichen Tradierungsprozess gesucht und eine Rekonstruktion des ursprünglichen Jesusgleichnis versucht werden.

Auslegungsbeispiele:
HERBERT ULONSKA vermutet auf der Jesusstufe die einfachste Form: »So ist es mit dem Reich Gottes. Jemand wirft Samen auf das Land, und das Land bringt Frucht

---

[30] Ebd., 98.
[31] Vgl. ERLEMANN, 169f.
[32] Lutherbibel (Rev. 1986).

von selbst.«[33] Auf Jesu Handeln bezogen, würde diese Rede bedeuten, dass er die Erfahrung des Bauern für sich in Anspruch nimmt, der auf Hoffnung hin sät und sich darauf verlässt, dass die Erde von selbst Frucht bringt. Weitere Aktivitäten können nur stören.

WEDER nimmt im Rahmen seiner traditions- bzw. redaktionsgeschichtlichen Theorie an, dass V.28 (aus inhaltlichen und sprachlichen Gründen) ebenso eine spätere Erweiterung ist, wie der Schluss-Satz. Die Urform könnte folgenden Wortlaut gehabt haben:

> »(Mit dem) Reich Gottes ist (es) so, wie (mit einem) Menschen, der (einmal) den Samen auf das Land wirft und (nun) schläft und aufsteht, Nacht und Tag, und der Same sprosst und wird groß, ohne dass er selbst davon weiß. Wenn aber die Frucht es (dann) erlaubt, (schreitet er zur Ernte)«. (WEDER, 117)

In dieser Rekonstruktion liegt die Pointe »auf der Gewissheit und dem Wunder, dass der Aussaat die Ernte folgt.«(118) Im Kontext des Handelns Jesu heißt das: »Wie der Bauer nach der Aussaat zur Reifung des Samens nichts mehr tut und doch die Ernte gewiss kommen wird, so tut auch Jesus nicht mehr, als dass er die Gottesherrschaft (in Wort und Werk) nahe bringt. Die Vollendung der Basileia ist nicht seine Sache, sie wird vielmehr Gottes wunderbare Tat sein.«(118) Die Urgemeinde machte das Gleichnis zu einem Gleichnis über Jesus, zugleich ordnet sie sich ein in die Geschichte Gottes mit der Welt – zwischen Jesuszeit und Endzeit – und verlagert den Akzent auf den Vorgang des Wachsens, indem sie die nach WEDER ursprünglich nicht genannten Wachstumsphasen hinzufügt. Zugleich wurde der Akzent des Unbegreiflichen verstärkt und deutlicher gemacht, dass Vollendung des mit Jesus Begonnenen Gottes eigene Sache ist. »Die Gewissheit künftigen Handelns Gottes befreit zur Hingabe an die Gegenwart.«(119)

Während WEDER von zwei Traditionsstufen ausgeht, vermutet ULONSKA noch eine Zwischenstufe, die die Verse 26–28 (also das Gleichnis ohne den Schlussvers) umfasst. Die Untätigkeit des Sämanns wird näher beschrieben (er geht schlafen und steht auf), das Wachstum der Frucht (Halm – Ähre) und das Geheimnis des Wachstums betont (er weiß nicht wie). Damit deutet die frühe Gemeinde ihre Zeit als Zwischenzeit, als Zeit, in der wächst, was Jesus gesät hat.

Diese Momente sind auch für WEDER charakteristisch für die Fortschreibung des Gleichnisses: Die Gemeinde hat den Aspekt des Unbegreiflichen verstärkt, deutlicher hervorgehoben, dass Vollendung Gottes Sache sei und als neues Moment die Zeit des Wachstums betont. Er bezieht aber gleich V.29 ein. Dadurch wird im Blick auf die Zeit der Vollendung, auf die Gewissheit des zukünftigen Handelns eine Hingabe an die Gegenwart möglich (vgl. 119). Für ULONSKA gehört der Ausblick auf die Erntezeit zur 3. Traditionsstufe, in der »Endzeit« zugleich als Mahnung und Hoffnungsbild in den Blick genommen wird. Die Veränderung der Gleichniserzählung auf den verschiedenen Überlieferungsstufen hat für ULONSKA bei diesen und anderen Gleichnissen seinen Grund in einem veränderten Bezug zwischen Zeit-Erfahrung und Reich Gottes.

Im Reden und Handeln Jesu war die Erfahrung des Reiches Gottes ein Ereignis des Augenblicks. Samen und Frucht zeigen zwei Seiten eines Geschehens. Für die nachösterliche Gemeinde stellte sich das Problem, ihre Zeiterfahrung zur Zeit Jesu in ein neues Verhältnis zu setzen. »Das Gekommensein Jesu wurde zum Anfang einer neuen Zeit erklärt, die bald (durch das Kommen der Gottesherrschaft d.V.) ein Ende

---

[33] ULONSKA, HERBERT: Der geschenkte Augenblick. Ein Gleichnisbuch, Stuttgart 1991, 41.

haben wird: Der Gekommene sollte auch der Wiederkommende sein.« (ULONSKA, 7) Je mehr sich die Zwischenzeit aber zu dehnen begann, stellte sich das Problem der sog. Parusieverzögerung und die Frage, wie diese Zukunft des Reiches Gottes zu denken sei und wie man sich ihr gegenüber zu verhalten habe. Aus dem Reich Gottes, das sich im Handeln und in der Gleichnisrede Jesu ereignete, wurde mehr und mehr eine Lehre über das Reich Gottes, die in den weitererzählten Gleichnissen veranschaulicht wurde.

Dem oben skizzierten Verständnis der Gleichnisrede entsprechend, sieht J. JEREMIAS schon in der Gleichnisrede Jesu eine Belehrung über das von seinen Gegnern abweichende Reich-Gottes-Verständnis. So geht er in unserem konkreten Beispiel davon aus, dass das Gleichnis bereits in der überlieferten Gestalt in den Kontext der Predigt Jesu gehört. Er schlägt vor, es als »Gleichnis vom geduldigen Landmann« zu betiteln. Die Erzählung sei zu den Kontrastgleichnissen zu zählen, weil nicht das kontinuierliche Wachstum, sondern der Kontrast zwischen Anfang und Ende bedeutsam sei. Auf dem Hintergrund der zeitgenössischen jüdischer Endzeitvorstellungen charakterisiert Jesus die Königsherrschaft Gottes so, dass Gott »Endgericht und Königsherrschaft« herbeibringt, wenn seine Stunde gekommen ist, wie für den Landmann nach langem Warten die Ernte kommt (151). Aktivisten (möglicherweise zelotischen Eiferern) wird entgegengehalten, dass der Anfang gemacht ist und Gottes Anfang für die Vollendung bürgt. Jetzt sei Zeit des geduldigen Wartens (152).

Trotz der traditionsgeschichtlichen Differenzierungen entfaltet aber auch WEDER das ursprüngliche Jesusgleichnis im wesentlichen im lehrhaften Sinn. Es zeigen sich in der vielfältigen Auslegungsgeschichte sehr unterschiedliche Variationen, deren Grund darin besteht, dass das Wachstumsbild unterschiedlich akzentuiert wird. Legt man den Akzent wie WEDER, KÜMMEL[34] u.a. auf die Verlässlichkeit des Wachstums, ergibt sich ein tröstender Aspekt. Sieht man den Schwerpunkt in der sicher kommenden Ernte, kann sowohl Hoffnung als auch Warnung in den Blick kommen. Akzentuiert man die in der Wartezeit notwendige Inaktivität, ergibt sich eine Mahnung gegen unangebrachten Aktionismus.

Den skizzierten Auslegungen ist gemeinsam, dass sie die Gleichnisrede im Kontext mehr oder weniger rekonstruierter Ursprungstraditionen belassen,[35] wobei die Gleichnisrede die Funktion hat, ein spezifisches Verständnis vom »Reich Gottes« auf dem Hintergrund der vorfindlichen Vorstellungswelt (des Judentums z. Z. Jesu und der frühchristlichen Gemeinde) zur Sprache zu bringen. Die damalige Vorstellungswelt wird zur Verständnisbedingung für die Besonderheit, wenn auch die Akzentuierungen voneinander abweichen.

---

[34] KÜMMEL, WERNER GEORG: Noch einmal: Das Gleichnis von der selbstwachsenden Saat, in: HARNISCH, Die neutestamentliche Gleichnisforschung, 159–178, hier: 173. Dieser Aufsatz bietet einen Überblick über die Auslegungsvarianten und ein Plädoyer gegen eine literaturwissenschaftliche Auslegung. Für W.G. Kümmel ist »eindeutig daran festzuhalten, dass das sichere und durch menschliches Handeln unbeeinflussbare Kommen der Ernte den Hörern in dieser bildhaften Erzählung eindrücklich vor Augen gestellt wird.« Während damit der eigentliche Vergleichspunkt getroffen sei, fügt KÜMMEL im Anschluss an die Einsicht, dass das Gleichnis als Ganzes zu verstehen sei und auch der Hörer sich im Gleichnis entdecken kann, hinzu, »dass der Anbruch der Gottesherrschaft in der Person und im Handeln Jesu ebenso die Voraussetzung ist für die prophetische Zusage des künftigen Kommens der Gottesherrschaft, wie die Saat Voraussetzung ist für die Ernte.«

[35] Für ULONSKA gilt das nur im Blick auf die übernommenen Teile.

Es ist besonders im Blick auf eine gegenwartsbezogene Arbeit mit Gleichnissen zu fragen, ob wirklich die Rekonstruktion der Ursprungssituation im Kontext des Lebens Jesu eine notwendige Voraussetzung für das Verständnis der Gleichnisrede Jesu ist oder ob die Beachtung der allgemeinen Lebenssituation hinreichend ist. (Zur letzteren gehören etwa die von unseren Erfahrungen abweichenden Ackerbauregeln, die Differenzen zwischen Samaritanern und Juden, das patriarchalische Gesellschaftsbild etc.).

Für die hypothetische Rekonstruktion der ursprünglichen Gleichnisrede Jesu ist die Vorentscheidung relevant, ob sie primär als Wort oder Antwort, als eine neue Sicht erschließende Rede (poetische Form) oder als Argumentation (rhetorische Form) verstanden wird. Wird ursprüngliche Gleichnisrede als eine sinnstiftende Sprachform gesehen, die die Einbildungskraft anspricht und auf Irritation und Veränderung des Selbstverständnisses zielt, muss die Auslegung notwendig den Bereich der historischen Klärung überschreiten. Der Auslegungsprozess ist dann so anzulegen, dass heutigen Rezipienten die Möglichkeit eröffnet, sich und die Welt im Lichte der Gotteserfahrung Jesu neu zu verstehen. Im Kontext dieser Neuerfahrung hat dann auch die kritische Aufarbeitung der Wirkungsgeschichte ihren Ort und die kommunikative Erschließung eines dieser Erfahrung entsprechenden Handels. Bei dem Gleichnis Mt 4,26–29 kann ein wesentlicher Aspekt auf die spielerische und narrative Entfaltung eines anderen *neuen Verständnisses von »Zeit«* liegen: Dieses kommt in den Blick, wenn das die Alltagswirklichkeit übersteigernde Element der Erzählung in seiner metaphorischen Kraft neu entfaltet wird. In diesem Sinne kann das der Alltagswirklichkeit nicht entsprechende Bild von der Nichttätigkeit des Landmanns zwischen Saat und Ernte die Wahrnehmung auf eine Verständnis von Zeit als gewährter und geschenkter Zeit lenken, die nicht unter dem Diktat des Machens steht. Wenn diese befreiende Einsicht dem Gleichnis entsprechend als Ereignis und Erfahrungsaspekt der Herrschaft Gottes verstanden wird, erschließt sich zugleich ein kritisches Potential, das durch andere biblische Anstöße weiter entfaltet werden kann.[36]

4.4 Konsequenzen aus Gleichnistheorien für die Praxis

Welche *Folgerungen* sind aus den z. T. verwirrenden Wegen der Theorie der Gleichnisauslegung für die Arbeit mit Gleichnissen in der religionspädagogischen Praxis zu ziehen? Zunächst sei daran erinnert, dass die Weitergabe der Gleichnisse Jesu ihren Grund darin hatte, dass sie eine befreiende, lebensverändernde Betroffenheit auslösten und der Gleichniserzähler selbst als Gleichnis Gottes erfahren wurde. Die neu artikulierte und in neue Kontexte gesetzte Gleichnisrede diente nun zur Begründung des Selbstverständnisses der Gemeinde Jesu und zur Auseinandersetzung mit der Lebenspraxis von Betroffenen. Die überlieferten Gleichniserzählungen erwiesen sich auch angesichts neuer Fragestellungen und Lebensverhältnisse als hilfreich und produktiv, besonders im Blick auf das zentrale Thema:

Das Verhältnis des zugleich nahen und zukünftigen Reiches Gottes zur Gegenwart dieser Welt.
In neuen Kontexten bekamen die Gleichnisse eine Funktion: zur Klärung der Hoffnung des Glaubens und eines dementsprechenden Verhaltens, aber auch zur Illustration und Anwendung auf die Kirchenlehre. Der barmherzige Samariter wurde zum

---

[36] U.a. Prediger 3 u. Ps 127. Zur Problematik des Zeitverständnisses im Rahmen von menschlicher Herrschaft: G. ALTNER: Ökologie und Theologie, in: JRP 3, 73ff.

Modell des Liebesdienstes, der verlorene Sohn zum Modell des reuigen Sünders, die Nähe des Reiches Gottes ins Innere des Menschen gelegt, seine sozialen Implikationen ins Jenseits. Zugleich lassen sich Hinweise darauf erkennen, dass sich ihre Kraft zum Neuverständnis der Wirklichkeit entfaltet, wenn sie etwa im Kontext von Basisgemeinden und Gruppen kommunikativ neu entdeckt werden.

In einer Zeit, in der die Weitergabe des Glaubens in eine Krise geraten ist, scheint besonders die Entdeckung des metaphorischen Charakters der ursprünglichen Gleichnisse Jesu für die Religionspädagogik wichtige Impulse zu liefern, die auch daran erinnert, dass durch Erzählung provozierte Imagination der Einsicht und Reflexion vorausgehen muss. Damit ist nicht dem Verzicht der kognitven Reflexion das Wort geredet, sondern einem der religiösen Sprache entsprechender Verstehens- und Verständigungsprozess. Besonders BALDERMANN hat in verschiedenen Anläufen immer wieder die Fruchtlosigkeit didaktischer Bemühungen aufgezeigt, die Zugänge zur biblischen Überlieferung über Klärung der historischen Ursprungstradition zu eröffnen.[37] Wenn es darum gehen soll, die metaphorische Kraft wiederzugewinnen, ist zunächst spielerisches, nicht zielgerichtetes Lernen gefordert. Das lange verwandte Grundmuster, Sach- und Bildhälfte zu vergleichen, ist als der Gleichnisrede unangemessene Erschließungsform aufzugeben. WEDER weist darauf hin, dass gerade der nichtdidaktische Charakter der Gleichnisse didaktische Konsequenzen hat. Hilfreich sein kann sein Vorschlag, die Schüler um das Bild zu versammeln und seine kreative Potenz zu erproben. Es gilt, Sinn für metaphorische Sprache zu wecken, gleichnishaft sehen und handeln zu lernen. Es geht um die Entdeckung der ursprünglichen Sprachmächtigkeit der Gleichnisrede, das Kennenlernen der religiösen Sprache als werbende Sprache und die Erschließung der motivierenden Kraft des Evangeliums als in gegenwärtige Erfahrungen einkehrendes Hoffnungspotential.

Danach mag man tiefer in das Verständnis der Gleichnisse, ihre historischen Hintergründe im Kontext Jesu, der Evangelien und ihre Sprache eindringen und ihre argumentative Kraft in alten und neuen Situationen entdecken. So kann die Einsicht in den immer nur hypothetisch rekonstruierbaren Überlieferungsprozess und die sprachanalytische Arbeit vor allem dazu dienen, die Wirkungsgeschichte kritisch zu beleuchten, den Blick für den eigenen Auslegungsstandort mit seinen Vorurteilen zu schärfen sowie didaktische Intentionen und ihre Implikationen im Blick auf den Umgang mit Gleichnissen in Lernprozessen zu klären.[38]

Literatur

BAUDLER, GEORG: Jesus im Spiegel seiner Gleichnisse, München 1986 BALDERMANN, INGO: Einführung in die biblische Didaktik, Darmstadt 1996 DAN, OTTO VIA: Die Gleichnisse Jesu. Ihre literarische und existentiale Dimension, München 1970 (Philadelphia 1967), GEORG: Gleichnisse der Evangelien, Neukirchen ³1979 ERLEMANN, KURT: Gleichnisauslegung: Ein Lehr- und Arbeitsbuch. Tübingen 1999 FIEBIG, PAUL: Altjüdische Gleichnisse und die Gleichnisse Jesu, Tübingen 1904 FLUSSER, DAVID: Die rabbinischen Gleichnisse und der

---

[37] Z.B. BALDERMANN, INGO: Gottes Reich – Hoffnung für Kinder. Entdeckungen mit Kindern in den Evangelien, Neukirchen-Vluyn 1991, S. 84–90.

[38] Für die zugleich kritische und der Form angemessene Erarbeitung schlägt DIETER MASSA den Terminus »rational verantwortete Bildlichkeit vor«: »Rational verantwortliche Bildlichkeit meint […] ein Prüfen, ein Kontrollieren, wie weit man mit den entsprechenden Bildern mitgehen kann… (100)«.

Gleichniserzähler Jesus, Bern 1981 HARNISCH, WOLFGANG: Die Gleichniserzählungen Jesu, Göttingen 1985 (UTB) HARNISCH, WOLFGANG (Hg.): Gleichnisse Jesu. Positionen der Auslegung von Adolf JÜLICHER bis zur Formgeschichte, Darmstadt 1982 HARNISCH, WOLFGANG (Hg.): Die neutestamentliche Gleichnisforschung im Horizont von Hermeneutik und Literaturwissenschaft, Darmstadt 1982 JEREMIAS, JOACHIM: Gleichnisse Jesus, Gütersloh ^{8}1980 (^{1}1947 Göttingen ^{6}1962) JOHANNSEN, FRIEDRICH: Gleichnisse Jesu im Religionsunterricht. Anregungen und Modelle für die Grundschule, Gütersloh 1986 JÜNGEL, EBERHARD: Die Problematik der Gleichnisrede Jesu, in: W. HARNISCH (Hg.): Gleichnisse Jesu, 281–342 JÜNGEL, EBERHARD: Jesus und Paulus. Eine Untersuchung zur Präzisierung der Frage nach dem Ursprung der Christologie, Tübingen ^{5}1979 KÄHLER, CHRISTOPH: Jesu Gleichnisse als Poesie und Therapie. Versuch eines integrativen Zugangs zum kommunikativen Aspekt von Gleichnissen Jesu (WUNT 78), Tübingen 1995 KLAUCK, HANS-JOSEF: Allegorie und Allegorisierung in den synoptischen Gleichnistexten, Münster 1978 LINNEMANN, ETA: Gleichnisse Jesu. Einführung und Auslegung, Göttingen ^{6}1975 MASSA, DIETER: Metaphorische Rede – die Sprache zwischen Erkenntnis und Verführung. Plädoyer für eine rational verantwortete Bildlichkeit, in: HÖRNER, VOLKER und MARTIN LEINER (Hg): Die Wirklichkeit des Mythos. Eine theologische Spurensuche, Gütersloh 1998, 82–103 MÜLLER, PETER/BÜTTNER, GERHARD/HEILIGENTHAL, ROMAN/THIERFELDER, JÖRG: Die Gleichnisse Jesu. Ein Studien- und Arbeitsbuch für den Unterricht. Stuttgart 2002 RAGAZ, LEONHARD: Die Gleichnisse Jesu. Seine soziale Botschaft, Gütersloh ^{2}1979 RP-Modell: Gleichnisse, Handlungen und Hoheitstitel Jesu, i.A.d. Religionspädagogischen Projektentwicklung Norddeutschland (RPN). Theologischer Grundkurs für das 4.–6. Schj., GLOY, H. u.a. (Hg.), Frankfurt a.M. u.a. 1974 SCHOTTROFF, LUISE: Die Güte Gottes und die Solidarität von Menschen. Das Gleichnis von den Arbeitern im Weinberg, in: SCHOTTROFF, LUISE/STEGEMANN, WOLFGANG (Hg.): Der Gott der kleinen Leute, München 1979, 71–93 SORGER, KARLHEINZ: Gleichnisse im Unterricht. Grundsätzliche Überlegungen. Hilfen für die Praxis, Düsseldorf ^{2}1987 THEIßEN, GERD/MERZ, ANNETTE: Der historische Jesus. Ein Lehrbuch, Göttingen 2001, S. 285–310 (§ 11 Jesus als Dichter. Die Gleichnisse Jesu) ULONSKA, HERBERT: Der geschenkte Augenblick. Ein Gleichnisbuch, Stuttgart 1991 VIA, DAN OTTO: Die Gleichnisse Jesu. Ihre literarische und existentiale Dimension, München 1970 (The Parables, Philadelphia 1967) WEDER, HANS: Die Gleichnisse Jesu als Metaphern, Göttingen ^{2}1981.

5 Wir haben heute unglaubliche Dinge gesehen
Wundertaten und Wundererzählungen

(*Ulrich Becker*)

»Die Wundergeschichten sind immer wieder erzählt worden (und werden bis heute so erzählt), als lieferten sie Beweise dafür, dass Jesus mehr konnte und also mehr war als nur ein Mensch, nämlich Gottes Sohn. Aber gerade solche 'Zeichen' seiner Legitimation hat Jesus stets rundweg und sehr barsch abgelehnt. Dahinter steht ja auch eine wirklich kindische, im Grunde bigotte Erwartung, dass Gott etwas Übernatürliches aufbieten müsste, um meine selbstsichere Skepsis zu überwinden. Dabei wird auch die Vorstellung, wer Christus eigentlich ist, völlig unbiblisch entstellt, wenn wir so ansetzen: Aus dem 'wahrhaftigen Menschen' wird plötzlich ein Supermann oder halber Gott, und gerade dagegen wehren sich die alten Bekenntnisse... Die Wunder, die die neu erwachsende Hoffnung auf das Reich Gottes vollbringt, werden zu Spektakeln degradiert, die ich als Zuschauer wie auf dem Bildschirm betrachten und beurteilen kann. Da kann sich nichts mehr bewegen und verändern, und deshalb hat Jesus mit solcher Leidenschaft dagegen protestiert.«[1]

Aufgabe:
- Untersuchen Sie Stellen wie Mk 8,11f parr., Mt 4,1ff und Joh 4,48, in denen eine innerneutestamentliche Kritik an einem bestimmten Wunderverständnis erkennbar wird: Gegen welches Wunderverständnis wird hier protestiert?

»Gerade dort, wo Jesus am eindringlichsten von der Gegenwart des Reiches Gottes spricht ('es ist in euch und unter euch!' Lk 17,20f), sagt er zugleich: 'Das Reich Gottes kommt nicht zum Zuschauen!' Die griechische Wendung, die Luther als 'nicht mit äußerlichen Gebärden' übersetzt, spricht tatsächlich dem Wortlaut nach vom Zuschauen: Nicht für die Zuschauer kommt das Reich Gottes, nicht als Spektakel.
Deshalb wird der Begriff 'Wundergeschichten' und unser geläufiger Umgang mit ihnen dem nicht gerecht, wovon hier erzählt wird. Es sind eigentlich Verzweiflungs- und Hoffnungsgeschichten; sie erzählen von Menschen, die hoffnungslos darnieder liegen und dann doch wieder aufstehen.«[2]

Die Wundergeschichten als Hoffnungsgeschichten gelesen – ob damit die Probleme gelöst, die Fragen, die gerade dieser Teil der neutestamentlichen Überlieferung immer wieder auslöst, beantwortet sind?

5.1 Die Überlieferung der Wunder in den Evangelien – ein erster Überblick

Die neutestamentliche Wunderüberlieferung setzt sich mit konkreten menschlichen Problemen auseinander, mit Grenzsituationen menschlicher Aussichtslosigkeit: mit

---

[1] BALDERMANN, INGO: Gottes Reich – Hoffnung für Kinder, Neukirchen 1991, 34f.
[2] Ebd.

Besessenheit, Hunger, Angst, Erfolglosigkeit, Krankheit und Tod.[3] Was Wunder, dass die vier Evangelien so oft von Wundertaten Jesu erzählen. Keine andere Überlieferung begegnet uns so häufig, selbst die Gleichnisse nicht. Vgl. die folgende Übersicht, wie sie W. BÖSEN zusammengestellt hat:

Die Wundertradition in den vier Evangelien (Übersicht)
(dýnamis=Machttat; semeion=Zeichen; érgon=Tat; téras=Wunder)

Logien:
1) *Mk 3,22f und Mt 12,24.27f/Lk 11,15.18ff*: Beelzebub-Wort: Exorzismus (Mk u. Q)
2) *Mt 11,5f/Lk 7,22f*: Antwort Jesu an den Täufer: Heilungen und Totenerweckungen (Q)
3) *Mt 11,2p–24/Lk 10,13–15*: Spruch Jesu über die galiläischen Städte: Wunder (Q)
4) *Lk 13,22*: Antwort Jesu an Herodes: Exorzismen und Heilungen (SLk)

Summarien:
1) *Mk 1,32–34 parr. Mt 8,16f/Lk 4,40f*: Heilungen und Exorzismen (Mk)
2) *Mk 3,10f parr. Mt 4,23ff;12,15/Lk 6,17ff*: Heilung am See (Mk)
3) *Mk 6,5f par. Mt 13,58*: Heilungen in Nazaret (Mk)
4) *Mk 6,53–56 par. Mt 14,34–36*: Heilungen bei Gennesaret (Mk)
5) *Mt 4,23*: Heilung in den Synagogen Galiläas (Mt)
6) *Mt 9,35*: Heilungen in Galiläa (Mt)
7) *Mt 14,14*: Heilungen vor der wunderbaren Speisung (Mt)
8) *Mt 15,29–31*: Heilungen auf dem Berg (Mt)
9) *Mt 19,2*: Heilungen im Ostjordanland (Mt)
10) *Mt 21,14*: Heilungen im Tempel (Mt)
11) *Lk 7,21*: Heilungen und Exorzismen anlässlich der Täuferfrage (SLk)

Einzelerzählungen:
1) *4 Exorzismen*: (3 Mk/1 SMt)
2) *16 Heilungen*: Fieber, Aussatz, Lahmung, Blindheit, Taubstummheit, Blutfluss, Wassersucht (9 Mk/1 Q/1 SMt/3 SLk/3 Joh)
3) *3 Totenerweckungen*: (1 Mk/1 SLk/1 Joh)
4) *6 Naturwunder*: Stillung des Seesturms; Seewandel; wunderbare Speisung; Weinwunder in Kana; reicher Fischfang und Verfluchung des Feigenbaums (4 Mk/1 SLk/3 Joh)
5) *Ca. 7 Begleitwunder*: Geistgewirkte Empfängnis Jesu; Offenbarung bei der Taufe; Offenbarung bei der Verklärung; Wunder beim Tode Jesu (Verfinsterung der Sonne, Zerreißen des Tempelvorhangs, Erdbeben und Totenauferstehung); Himmelfahrt Jesu (3 Mk/2 SMt/2 SLk)

---

[3] THEIßEN, GERD: Urchristliche Wundergeschichten, Gütersloh ⁶1990, 43.

Diese Übersicht, die noch ergänzt werden kann[4], macht deutlich:
a) Die Evangelien gebrauchen verschiedene griechische Bezeichnungen, um das, was im Deutschen mit »Wunder« übersetzt wird, auszudrücken: Machttat, Zeichen, Tat und Wunder. Jesu Wunder werden als Machttaten bezeichnet (z.B. Mt 12,22–30; Mk 6,2–5; Lk 19,35), weil in ihnen die Kraft der Gottesherrschaft als wirksam erfahren wird. Sie heißen sehr häufig Zeichen, weil sie auf diese Gottesherrschaft verweisen, deren Anbruch Jesus proklamiert (z.B. Mt 11,2ff; Lk 11,20). Sie erscheinen im vierten Evangelium hier und da als Werke, die Jesu Tätigkeit unlöslich mit dem Wirken Gottes verknüpfen (z.B. Joh 9,4; 14,11; 10,25); und sie werden (immer im Zusammenhang mit dem Wort »Zeichen«) auch »Wunder« genannt («Zeichen und Wunder«, z.B. in Mk 13,22 parr.; Joh 4,48), vermutlich um das Außergewöhnliche, auch das Schreckliche eines Wunderzeichens hervorzuheben. Es ist bezeichnend, dass in den Evangelien niemals das in der Umwelt des NT geläufig gewordene Wort »Thauma« gebraucht wird, auch nicht der Ausdruck »Thaumaturg« (= Wundertäter) für Jesus. »Beiden Begriffen eignet die Auffassung vom Wunder als einem bewunderungswürdigen Mirakel, dessen der Mensch hier und da ansichtig wird, wie man ein überraschendes Naturereignis erblickt.«[5]
b) Die Wunderüberlieferung ist nicht nur begrifflich, sondern auch inhaltlich vielgestaltig. Sie erscheint in einzelnen Logien, in Summarien und in Einzelerzählungen. In den Logien ist von Exorzismen, von Heilungen und (einmal) von Totenauferweckungen die Rede. Die Summarien (oder Sammelberichte) erzählen nur von Heilungen und Exorzismen. Viel bunter ist das Bild, das uns in den Einzelerzählungen entgegentritt. Sie lassen sich unter verschiedenen Gesichtspunkten klassifizieren. Die o.g. Übersicht folgt der von A. WEISER vorgeschlagenen. Dagegen stellt z.B. G. THEIßEN folgendes Inventar von Themen zusammen: Exorzismen, Therapien, Epiphanien, Rettungswunder, Geschenkwunder, Normenwunder; andere sprechen von Heilungswundern (z.B. Schwiegermutter des Petrus, Mk 1,29–31 parr.), Totenauferweckungen (z.B. Jairitöchterlein, Mk 5,21–43 parr.), Exorzismen (z.B. Der Besessene von Gerasa, Mk 5,1–20 parr.), Rettungswundern (z.B. Stillung des Seesturms, Mk 4,35–41 parr.), Normenwundern (z.B. Heilung der verdorrten Hand am Sabbat, Mk 3,1–6 parr.) und Geschenkwundern (z.B. Speisung der Fünftausend, Mk 6,32–44 parr.).[6]
Wir folgen diesem zuletzt genannten Vorschlag und werden deshalb auch die o.g. »Begleitwunder«, die an Jesus geschehen und in denen sich das urchristliche Bekenntnis zu Jesus als den Christus ausdrückt, im folgenden nicht mehr berücksichtigen.
c) Wundergeschichten finden sich in allen Schichten der evangelischen Überlieferung: bei Q, Mk, im Sondergut des Mt und Lk und auch bei Joh. Viel spricht dafür, dass der vierte Evangelist seine sieben Wunder (Joh 2,1–11 Hochzeit zu Kana, 4,46–53 Hauptmann von Kapernaum, 5,2–18 Kranke am Teich Bethesda, 6,1–13

---

[4] BÖSEN, WILLIBALD: Wer nicht an Wunder glaubt, ist kein Realist. Exegetische und religionspädagogische Überlegungen, in: RU, Zeitschrift für die Praxis des Religionsunterrichts, 17. Jg. 1987, 51. Z.B. ließe sich als 7. Naturwunder noch die Geschichte vom Stater im Fischmaul (Mt 17,24–27) hinzufügen. Streng genommen gehört auch der Bericht von der Heilung des abgeschlagenen Ohrs des hohenpriesterlichen Knechts (Lk 22,51) zu den Heilungswundern.

[5] SCHMITHALS, WALTER: Das Evangelium nach Markus, Gütersloh ²1986, 304.

[6] Zu den Differenzierungs- bzw. Klassifizierungsvorschlägen vgl. vor allem THEIßEN, a.a.O., 90 ff; auch GNILKA, JOACHIM: Das Evangelium nach Markus (Mk 1–8,26), Zürich und Neukirchen 1978, 221f.

Speisung der Fünftausend, 6,16–21 Jesus wandelt auf dem See, 9,1–11 Heilung des Blindgeborenen und 11,1–44 Auferweckung des Lazarus) aus einer besonderen Quelle, der sog. Semeia = Zeichen-Quelle, schöpft.[7] Auf jeden Fall unterscheidet er sich in sehr charakteristischer Weise von den synoptischen Wunderberichten, auch gerade da, wo er Überlieferungsgut benutzt, das auch die Synoptiker kennen (Joh 4,46–53 und 6,1–13): »Jesus ist als ein Wundertäter gezeichnet, der in eigener Vollmacht zur Selbstdarstellung und zum Aufweis seiner Herrlichkeit die Wunder vollbringt. Darum sind nicht nur die Wunder in ihrer Wunderhaftigkeit so massiv (2,1ff; 11,1ff), sondern es geschieht kein Wunder aus Erbarmen und zur Linderung von Not... Jesus ist nicht auserwählter Mann Gottes, durch den Gott wirkt, sondern göttlicher Mann, der seine göttliche Herrlichkeit im Wunder anschaulich macht.«[8] Ob auch die drei ersten Evangelien jeweils eine spezifische Wunderinterpretation verfolgen, werden wir im folgenden noch sehen müssen.

Zusammenfassend lässt sich zunächst festhalten: Die Wunderüberlieferung begegnet in den Evangelien auf Schritt und Tritt. Sie zu verleugnen oder zu verdrängen, würde bedeuten, einen wichtigen Teil der Überlieferung von Jesus von Nazareth zu negieren.

5.2 Hat Jesus Wunder getan?

Ein erster Durchgang durch die neutestamentliche Wunderüberlieferung hat schon gezeigt, dass sie von den Evangelisten gestaltet ist. Am augenfälligsten ist das, wenn man die johanneischen mit den synoptischen Wundergeschichten vergleicht. Grundsätzlich gilt hier, was für alle evangelischen Überlieferungen gilt: Primär geht es in ihnen nicht um möglichst genaue Berichte aus der Vergangenheit, sondern um die Verkündigung des gegenwärtig wirksamen Christus. Nicht der historische Jesus interessiert, sondern der gegenwärtige Christus steht im Mittelpunkt. Darum verfahren die Evangelisten so unbefangen mit ihrer Überlieferung, verändern sie, gestalten sie neu, setzen sie in einen anderen Zusammenhang: Ihre Absicht ist es, ihren Lesern zu verkündigen, wer der Christus heute ist, nicht wer er einstmals war (kerygmatischer = verkündigter Christus – historischer Jesus). Aber eine solche Einsicht schließt nicht aus, dass wir heute immer wieder auch die historische Frage stellen: Hat der historische Jesus Wunder getan?

Die gegenwärtige exegetische Forschung beantwortet diese Frage in einer differenzierten Weise:

> *»Man wird schwerlich bezweifeln können, dass solche physischen Heilkräfte von Jesus ausgegangen sind, wie er selbst die Austreibung der Dämonen durch ihn als Zeichen der anbrechenden Gottesherrschaft verstanden hat (Lk 11,20; Mt 12,28). Eben so wenig wird man freilich bezweifeln dürfen, dass gerade auf diesem Feld der Überlieferung auch vieles legendär ausgestaltet ist und Legenden hinzugedichtet sind... Der Vergleich der überlieferten Texte untereinander, das Anwachsen der Traditionen schon innerhalb der vier Evangelien, der Stil der Erzählungen und die nicht wenigen Parallelen aus außerchristlicher antiker Literatur nötigen zu diesem kritischen Urteil.«* Oder: *»Exorzismen und Therapien lassen sich im Kern...auf den historischen Jesus zurückführen. Andere Wunder haben nur einen indirekten Zusammenhang mit ihm: Sie sind vom Osterglauben geformte Dichtungen des Urchristentums. An der exorzistischen und therapeutischen Wundertätigkeit Jesu aber sollte kein Zweifel bestehen.«*[9]

---

[7] Vgl. dazu ausführlich und in Auseinandersetzung mit der einschlägigen Literatur BECKER, JÜRGEN: Das Evangelium nach Johannes, Gütersloh ²1985, 112ff.

[8] Ebd., 117.

[9] BORNKAMM, GÜNTHER: Jesus von Nazareth, Tübingen ⁹1971, 120 und THEIßEN, GERD/MERZ, ANNETTE: Der historische Jesus, Göttingen ²1997, 275.

Wir machen die Probe aufs Exempel:

> Aufgabe:
> - Vergleichen Sie einige Wundergeschichten unter *literarkritischen* Gesichtspunkten: Mk 10,46 mit Mt 20,30; Mk 5,2 mit Mt 8,28; Mk 8,9 mit Mk 6,44 und Mt 14,21; Mk 8,8 mit Mk 6,43; ferner Mk 5,35 mit Lk 7,12 und Joh 11,39.

Die offensichtliche Tendenz zur Steigerung des Wunders lässt sich auch am Anwachsen der Überlieferung (fünf Blindenheilungen: Mk 8,22–26; 10,46–52 parr.; Mt 9,27–31; 12,22; Joh 9,1–34; drei Heilungen eines Taubstummen: Mk 7,32–37; Mt 9,32–34; Lk 11,14 parr. – der Taubstumme in Mt 12,22 ist außerdem noch blind!; zwei Heilungen eines Aussätzigen: Mk 1,40–45 parr.; Lk 17,12–19; zwei wunderbare Speisungen: Mk 6,34–44; 8,1–9; zwei wunderbare Fischzüge: Lk 5,1–11; Joh 21,1–14) und an der Zunahme der Heilungssummarien wieder entdecken (vgl. z.B. Mt 14,14 mit Mk 6,34; Mt 19,2 mit Mk 10,1; ferner Mt 9,35 und 21,14f).

> Aufgabe:
> - Untersuchen Sie einige Wundergeschichten unter *formgeschichtlichen* Gesichtspunkten, z.B. Mk 1,21–28; 1,29–31; 5,1–20; 9,14–27, und arbeiten Sie den typischen Aufbau heraus: 1. Einleitung: Situationsschilderung, Auftritt der Personen; 2. Exposition: Spannungsaufbau, Vorbereitung des Wunders; 3. Hauptteil: eigentliche Wunderhandlung durch Wort und/oder Tat, Feststellung der Wundertat; 4. Schluss («Chorschluss»): Wirkung des Wunders auf die Zeugen.

Eine solche formgeschichtliche Analyse hat auch zu der Erkenntnis geführt, dass die neutestamentlichen Wundergeschichten weithin in der Form überliefert wurden, wie das in der jüdischen und hellenistischen Umwelt des NT üblich war: Rabbinische, hellenistische und neutestamentliche Wundergeschichten benutzen das gleiche Darstellungsschema.[10] Diese Feststellung bewahrt uns davor, in diesen Wundergeschichten primär historische Berichte zu suchen; innerhalb der Evangelien stehen sie im Dienst der Verkündigung. Zugleich verhilft uns diese Einsicht in die konstitutiven Formelemente einer Wundergeschichte dazu, die Absicht des Erzählers dann besser zu erkennen, wenn er von dieser Form abweicht bzw. wenn er sie um- oder ausgestaltet. Aber natürlich gilt: »Die Feststellung, dass es sich um eine schematische Darstellung handelt, bedeutet nicht schon, dass ein Ereignis, das uns im Sprachgewand schematischer Darstellungen begegnet, in keinem Fall eine historische Grundlage hat.«[11]

> Aufgabe:
> - Vergleichen Sie Lk 7,11–17 mit 1Kön 17,17–24 und/oder Mk 36–44 mit 2Kön 4,22–44 im Blick auf gemeinsame Motive, Elemente usw.

---

[10] Vgl. BULTMANN, RUDOLF: Die Geschichte der synoptischen Tradition, Göttingen ⁷1967, 223–260; Dibelius, Martin: Die Formgeschichte des Evangeliums, Tübingen ⁵1966, 68–100.

[11] WEISER, ALFONS: Was die Bibel Wunder nennt, Stuttgart ⁵1982, 41.

Es ist keine Frage, dass die neutestamentliche Wunderüberlieferung Anleihen aus ihrer Umwelt gemacht hat. Dazu gehören nicht nur die Jüdische Bibel, die Bibel der frühen christlichen Gemeinden, sondern auch jüdische und hellenistische Wundererzählungen. Zumindest einzelne Motive sind von dort übernommen worden und haben die eine oder andere neutestamentliche Wundererzählung mitbestimmt. Ja, vielleicht sind sogar ganze Geschichten aus dieser Welt auf Jesus übertragen worden.[12] Wo es geschah, da geschah es in der Absicht, die Vollmacht Jesu zum Ausdruck zu bringen, die in den Augen seiner Zeugen völlig anderer Art ist als die eines hellenistischen Thaumaturgen (Heilers) oder auch die des Elisa, des großen alttestamentlichen Wundermannes. »Um wirklich des Bewusstseins leben zu können, in Sachen Wunder einzig dazustehen, musste das Urchristentum neue Wundergeschichten erzählen, alte steigern, konkurrierende Erzählungen übertrumpfen.«[13]

Wir haben gesehen: Zu der Gestalt der neutestamentlichen Wundergeschichten in der uns jetzt vorliegenden Form haben eine Reihe von Faktoren beigetragen: allem voran das Bestreben, die Einzigartigkeit und Vollmacht Jesu zum Ausdruck zu bringen, ferner die üblichen Erzählgesetze, auch die theologische Sicht des jeweiligen Evangelisten auf dem Hintergrund der Erfahrungen und Probleme seiner Gemeinde(n) und seiner Auseinandersetzung mit der jüdischen und hellenistischen Umgebung. Aber diese reiche und in sich vielgestaltige Überlieferung bliebe letztlich unerklärlich, wäre sie ohne einen fassbaren historischen Kern:

> »Jesus hat Heilungen vollbracht, die den Zeitgenossen erstaunlich waren. Es handelt sich dabei primär um die Heilung psychogener Leiden, insbesondere um das, was die Texte Dämonenaustreibungen nennen…, aber auch um die Heilung von Aussätzigen (im damaligen weiten Sinn des Wortes), von Gelähmten und Blinden. Es sind Vorgänge, die in der Richtung dessen liegen, was die Medizin als Überwältigungstherapie bezeichnet.«[14]

Dieses Faktum spiegelt sich in verschiedenen Logien wider, in denen Jesus selbst oder seine Gegner von Heilungen und Exorzismen als wichtigem Bestandteil seiner Sendung sprechen. Dazu zählt die Szene in Mk 3,22–27 und bei Q in Mt 12,22–33 und Lk 11,14–23, wo Jesus der Vorwurf des Teufelsbündnisses gemacht wird und seine Antwort in der vermutlich ältesten Fassung lautet: »Wenn ich aber durch den Finger Gottes die Dämonen austreibe, dann ist das Reich Gottes zu euch gekommen« (Lk 11,20). Auch hinter der Antwort, die Herodes Antipas, der Landesherr Jesu (zu dessen Gebiet Galiläa und Peräa gehört), von Jesus durch die Pharisäer vermittelt erhält, steht ein echtes Jesuswort, in dem seine ganze Wirksamkeit mit dem Hinweis auf Heilungen und Exorzismen beschrieben wird: »Geht und sagt diesem Fuchs: 'Siehe, ich treibe Dämonen aus und verbringe Heilungen heute und morgen…'« (Lk 13,22). Die Geschichten vom fremden Exorzisten in Mk 9,38–40 und das Logion in Mt 11,20–22 parr., in dem Jesus Chorazin und Bethsaida bedroht, weil sie ihn trotz der dort geschehenen »Machttaten« abweisen, setzen auch voraus, dass Jesus Heilungen und

---

[12] »So haben wir eine dem Apollonius von Tyana (1. Jh. n. Chr.) zugeschriebene Geschichte von der Auferweckung einer jungen Braut, die bis in die Einzelheiten hinein Ähnlichkeiten mit der Erweckung des Jünglings zu Nain (Lk 7,11–17) aufweist«; so J. JEREMIAS: Neutestamentliche Theologie, Bd. I, Gütersloh ²1973, 92. Oder G. THEIßEN, Urchristliche Wundergeschichten, a.a.O., 273: »In Joh 5,1ff ist die Abhebung von antiken Heilstätten unverkennbar. Joh 2,1ff will wahrscheinlich andere Weinwunder überbieten. Lk 7,11ff könnte auf entsprechende antike Wundererzählungen gemünzt sein…«.

[13] THEIßEN, a.a.O., 273.

[14] JEREMIAS, a.a.O., 96.

Dämonenaustreibungen vollbringt; allerdings sind sich die Exegeten nicht sicher, ob hier nicht eher die Gemeindeüberlieferung am Werke ist. Aber selbst in der rabbinischen Überlieferung finden sich Hinweise auf Jesu Wundertätigkeit. So heißt es im babylonischen Talmud (Traktat Sanhedrin 43a): »Es ist überliefert: Am Rüsttag des Passa hat man Jesus gehängt, und ein Ausrufer ging vierzig Tage davor umher und rief: er soll gesteinigt werden, weil er Zauberei getrieben und Israel verführt und verleitet hat. Jeder, der eine Rechtfertigung für ihn weiß, komme und mache sie für ihn geltend! Aber man fand keine Rechtfertigung für ihn, und so hängte man ihn am Rüsttag des Passa.«[15] Es ist nicht eindeutig festzustellen, ob diese Überlieferung bis ins erste Jahrhundert, ja bis in die Zeit vor 70 n. Chr. zurückreicht. Immerhin bleibt bemerkenswert, dass sie wie die übrige jüdische Polemik gegenüber Jesus die Wundertätigkeit Jesu nicht in Frage stellt, sondern nur anders interpretiert (vgl. Mk 3,22–27 und den Vorwurf des Teufelsbündnisses!).

5.3 Das Wunder in der Verkündigung Jesu

Dass Jesus seine Exorzismen als Zeichen der anbrechenden Gottesherrschaft verstanden hat, ist, vor allem unter Berufung auf Lk 11,20 und Mt 12,28 (vgl. auch Mk 3,27 parr.), in der Forschung nahezu unumstritten. Dämonenherrschaft ist Herrschaft des Bösen. Mit ihnen nimmt Jesus den Kampf auf: Das spiegeln die Dämonenaustreibungen bei Mk deutlich wider, vgl. z.B. Mk 1,23–28: »Der Besessene kommt mit einem Wort der Abwehr auf Jesus zu (V.24a, als zwei Fragen zu lesen); die Abwehr steigert sich zum Angriff, denn auf sie folgt eine Beschwörung Jesu seitens des Dämons... (V.24b). Dem Befehl Jesu, zu schweigen und auszufahren (V.25), setzt der Dämon einen letzten Widerstand entgegen, ehe er gehorcht (V.26). Dieselbe Topik kehrt Mk 5,6–10 wieder.«[16] Von einem solchen, im Grunde schon gewonnenen Zweikampf spricht Jesus mehrfach: »Der Satan ist vom Himmel gefallen (Lk 10,18), sein Reich zerfällt (Mk 3,24–26), sein Haus wird geplündert (3,27), die Vertreibung der Dämonen ist Anbruch der Gottesherrschaft (Mt 12,28)«. Vor allem G. THEISSEN hat überzeugend herausgearbeitet: In diesem Kontext werden bei Jesus die Heilungen und Exorzismen zu Zeichen der universalen Wende. Die zeitgenössische apokalyptische Weltsicht, die von der Annahme eines universalen Unheilszusammenhangs ausgeht, ist aufgebrochen. In den Wundertaten Jesu realisiert sich die wunderbare Verwandlung der ganzen Welt zur Herrschaft Gottes. »Jesus versteht seine Wunder selbst als Ereignisse, die auf etwas Nie-Dagewesenes hinzielen. Sie antizipieren eine neue Welt. Sie wollen 'allemal schon neuer Himmel, neue Erde im Kleinen sein (E. BLOCH).'« So verstanden sind sie nicht »normale« Vorgänge, die sich bei anderen zeitgenössischen Wundertätern so oder ähnlich wiederholen, sondern sie sind Zeugnisse von einer Macht, die fähig ist, das übliche Weltgeschehen zu durchbrechen.[17]

Wir wollen dieses Wunderverständnis im folgenden am Beispiel der Geschichte von der wunderbaren Speisung (Mk 6,34–44 parr.) weiter präzisieren:

---

[15] zitiert bei WEISER, ALFONS: Jesu Wunder – damals und heute, Stuttgart [4]1976, 10.
[16] JEREMIAS, a.a.O., 98.
[17] THEISSEN, Urchristliche Wundergeschichten, a.a.O., 277 und DERS./MERZ. A., a.a.O. 269ff.

5.4 Die Geschichte von der wunderbaren Speisung (Mk 6,30–44 parr.)

5.4.1 In der synoptischen Überlieferung

Die Markus-Überlieferung von der wunderbaren Speisung mit ihrer ausführlichen Einleitung (V.30–33), mit ihren vielfältigen Situationsangaben (bis hin zum »grünen Rasen« und dem Sich-Lagern in Tischgruppen V.39 und 40) und dem lebendigen Dialog zwischen Jesus und seinen Jüngern (V.35–38) ist immer wieder als eine höchst realistische Schilderung verstanden worden: als sei hier die wunderbare Begebenheit, wie Jesus einmal in einer einsamen Gegend fünftausend Menschen satt gemacht hat, in ihrer Einmaligkeit und Besonderheit von Markus oder seinen Gewährsleuten festgehalten worden. In der Auslegungsgeschichte dieses Abschnittes fehlt es nicht an entsprechenden Rekonstruktionsversuchen.

Doch auch dieses Überlieferungsstück macht – wie die Evangelienüberlieferung überhaupt – beim näheren Zusehen deutlich, dass es sich einer historisch-biographischen Betrachtung entzieht. Schon die Einleitung, die Markus diesem Abschnitt gibt, zeigt, dass hier in großen Konturen gezeichnet wird. Einzelheiten, wie etwa Zeit und Ort der Begebenheit, bleiben merkwürdig blass:

> »Von überall her strömen die Menschen dort zusammen, wo Jesus erwartet wird; wo er den Fuß ans Ufer setzt, harrt seiner schon eine unübersehbare Menge... Wie sollen die 'Vielen' ihn über solch eine Entfernung hin erkannt haben; wie soll sich die Kunde so schnell ausbreiten, dass im Augenblick fünftausend Menschen davon wissen; wie sollen sie wissen, wohin er fahren will; wie sollen sie ihn auf dem langen Weg um den See herum zu Fuß zuvorkommen können? Man wird dem Text offenbar nicht gerecht, wenn man mit großer Mühe nach plausiblen Erklärungen für diese Fragen sucht.«[18]

Das wird bei einem *synoptischen Vergleich* noch deutlicher: Keine Geschichte wird in den Evangelien so häufig überliefert, wie die Geschichte der wunderbaren Speisung. Sie begegnet uns als Speisung der Fünftausend bei allen vier Evangelisten (neben Mk 6,30 in Mt 14,13–21, Lk 9,10–17 und Joh 6,1–13), außerdem als Speisung der Viertausend noch einmal in Mk 8,1–9 und Mt 15,32–39. Diese sechsmalige Erwähnung weist sicher darauf hin, dass dieser wunderbaren Speisung innerhalb der Jesus-Überlieferung besondere Bedeutung zukommt.

Dass die Speisung der Viertausend bei Markus und Matthäus eine (vermutlich von Markus redaktionell gefertigte) Dublette zu Mk 6,30–44 darstellt, wird heute kaum noch bestritten. Deutlich lassen sich bei dem Vergleich der genau gleich gebauten Geschichten in Mk 6 und Mk 8 die Überlieferungsgesetze wieder entdecken, denen die Wundergeschichten allgemein unterliegen (vgl. o., S. 75). In Mk 8,2 ist es Jesus selbst, der die Initiative zu dem Wunder ergreift, nicht mehr wie in Mk 6,35f seine Jünger. Die Not der Menge ist gegenüber 6,35 gesteigert: In 8,2 harren die Menschen schon drei Tage bei Jesus aus. Auch ist es jetzt die Gefährdung durch den Hunger allein, die Jesu Reaktion auslöst, nicht mehr, wie in 6,31, die völlige Orientierungslosigkeit. Zudem wird durch den Hinweis auf die besonders vermehrten Fische (8,7) der Wundercharakter noch erhöht.[19]

---

[18] BALDERMANN, INGO: Biblische Didaktik, Hamburg 1963, 73.

[19] Allerdings könnte die Erwähnung der Viertausend in Mk 8 gegenüber den Fünftausend in Mk 6 parr. ursprünglich sein. »Die Zahlen laufen in der Richtung der Vergrößerung der Zahl der Teilnehmer und der Verkleinerung der zur Verfügung stehenden Menge an Brot und Fisch, also der Erhöhung des Wundercharakters.« So WALTER GRUNDMANN: Das Evangelium nach Markus, Berlin 1959, 158f.

Eine ähnliche Tendenz zur Steigerung des Wunders lässt sich in den Matthäus-Parallelen beobachten: In Mt 14,21 und 15,38 wird die Zahl der Mahlteilnehmer durch die ausdrückliche Hinzufügung fünftausend bzw. viertausend Männer »ohne Frauen und Kinder« vergrößert.

Mit Hilfe eines synoptischen Vergleichs lassen sich noch weitere charakteristische Unterschiede herausarbeiten: Matthäus und Lukas geben die Geschichte von der wunderbaren Speisung gegenüber ihrer markinischen Vorlage knapper und geschlossener wieder – Matthäus offenbar mit dem Ziel, die besondere vermittelnde Rolle der Jünger noch schärfer herauszuarbeiten. Außerdem wird bei Matthäus und Lukas der Vorgang der Speisung noch deutlicher mit Worten erzählt, die an die Berichte vom letzten Mahl Jesu und an das Abendmahl der Gemeinde erinnern (Mk 14,22 parr.). Wie auch schon bei der Stillung des Seesturms (Mt 8,18–27; Lk 8,22–25) wird die Geschichte von Jesus und seinen Jüngern zum Bild für die christliche Gemeinde, in der auf Weisung des Christus das Mahl gefeiert wird und die Vorsteher der Mahlgemeinschaften austeilen: Es ist ein wirklich sättigendes Mahl, bei dem die Hungernden »nicht wegzugehen brauchen«, um Nahrung einzukaufen, weil die Jünger »ihnen zu essen geben«.[20]

Lukas macht diese christologische Bedeutung der Speisungsgeschichte auch dadurch deutlich, dass er sie zwischen die Anfrage des Herodes Antipas »Wer ist denn dieser Mann, von dem man mir solche Dinge erzählt?« (Lk 9,9) und dem Christusbekenntnis des Petrus in 9,20 stellt. Matthäus verknüpft sie mit dem Bericht vom Ende des Täufers: Jesus weicht mit seinen Jüngern in eine einsame Gegend, um den Nachstellungen des Herodes Antipas zu entgehen (Mt 14,13). Dabei korrigieren beide Evangelisten das Hirtenmotiv, das für die markinische Interpretation in der Geschichte von der wunderbaren Speisung bestimmend ist: Markus stellt es betont seiner Version in V.34 voran: »Wie Schafe, die keinen Hirten haben.« Vgl. dazu auch 6,31: ausruhen; 6,39: auf grüner Aue – hier wird an Ps 23 erinnert. Jesus ist bei Markus der messianische »Hirte« der Endzeit – sein Erbarmen führt zum Lehren, bei Matthäus und Lukas zum Heilen.

Aufgabe:
- Versuchen Sie, die hier angedeuteten Linien einer unterschiedlichen Interpretation der Geschichte von der wunderbaren Speisung bei Matthäus und Lukas weiter auszuziehen, indem Sie weitere Unterschiede in einem synoptischen Vergleich herausarbeiten.

5.4.2 In der Interpretation des Markus

Betrachtet man die Geschichte von der wunderbaren Speisung bei Markus unter formkritischen Gesichtspunkten, so fällt auf:

a) Die ungewöhnlich lange Einleitung und die Schilderung der Not, die in V.34 zunächst nicht als konkrete Not, sondern mit einem alttestamentliche Formulierungen aufnehmendem Wort beschrieben wird: »Denn sie waren wie Schafe, die keinen Hirten haben« (vgl. Num 27,17; 1Kön 22,17; Jes 40,11; Hes 34,5–23; auch Mt 9,38f). Von der konkreten Not des Hungers ist erst in V.35 die Rede. Keine Frage, dass sich hin-

---

[20] SCHWEIZER, EDUARD: Das Evangelium nach Matthäus, Göttingen 1973, 208.

ter dieser Abweichung von den konstitutiven Formelementen einer Wundergeschichte die besondere Intention des Erzählers verbirgt:

In Num 27,17, am Ende der Wüstenwanderung, bittet Mose Jahwe, einen Mann über das Volk Israel zu setzen, damit das Volk nicht nach seinem Tode sei wie Schafe, die keinen Hirten haben. So wird Jesus hier als der gezeichnet, der in diese Aufgabe eintritt, indem er lehrt, so wie es auch Mose getan hat. Diese und andere alttestamentliche Bezüge in der von 35ff an folgenden Geschichte von der wunderbaren Speisung (das Lagern in Gruppen zu hundert und zu fünfzig erinnert an die Ordnung der israelitischen Stammesverbände, vgl. Ex 18,25; der grüne Rasen an die Verheißungen des Hirten, der seine Herde auf gute Weide führen wird, vgl. Hes 34,11–15; Ps 23,2) sind bedeutungsschwer: »Die eschatologischen Hoffnungen werden erfüllt, wenn so die Mose-Zeit wiederkehrt; aber zugleich wird das neue Gottesvolk konstituiert, das seine Urerfahrungen wie das alttestamentliche Gottesvolk in der Wüste macht.«[21]

Es ist wichtig festzuhalten, dass Jesu Erbarmen sich zunächst in seinem Lehren erweist: Im Wort Jesu begegnet die gute Nachricht von der angebrochenen Gottesherrschaft (Mk 1,14–18). Aber der Hunger droht solches Lehren, die Sorge um die leibliche Existenz droht den Anbruch der neuen Zeit in Frage zu stellen. Am Ende erweist sich Jesus nicht nur in seinem Wort, sondern auch in seinem Tun als der verheißene gute Hirte, der der Orientierungslosigkeit wehrt und zugleich auch die leibliche Gefährdung des Menschen überwindet. Wie der jüdische Hausvater so spricht Jesus den Lobpreis über den Broten und hält mit den um ihn Versammelten Mahlgemeinschaft (V.41). In solcher Tisch- oder Mahlgemeinschaft wird die Gottesherrschaft konkret erfahrbar: Jesus sitzt zu Tische mit seinen Jüngern und – gegen den Protest seiner Gegner – mit »Zöllnern und Sündern« (Mk 1,31; 2,15ff; Lk 14,16ff; 15,1–2 u.ä.). Er hält mit den Seinen ein letztes Mahl (Mk 14,22) und teilt als der Auferstandene mit seinen Jüngern die Speise (Lk 24,30ff; Joh 21,12ff). Die Urgemeinde übt den Brauch, »das Brot zu brechen hin und her in den Häusern« (Apg 2,46; 20,7). Indem Jesus so mit den Seinen isst und trinkt, werden, sichtbar vor aller Augen, Entfremdungs- und Entbehrungssituationen aufgehoben und die neue Gemeinschaft der Befreiten gelebt. Ein neuer Himmel, eine neue Erde im Kleinen, um noch einmal Bloch zu zitieren. Alle werden nun satt – und es gibt Brot im Überfluss. Die Fülle übersteigt alle Vorstellungen: Fünftausend Menschen sind satt geworden und zwölf Körbe voller übrig gebliebener Brocken, entsprechend der Zwölfzahl der Jünger, werden gesammelt (V.43–44). So erzählt Markus seiner Gemeinde und macht aus der Wundergeschichte eine Verzweiflungs- und Hoffnungsgeschichte: Er erzählt von Menschen, die hoffnungslos darnieder lagen und in der Begegnung mit Jesus doch wieder aufstanden.
Dass diese Wundergeschichte in der Tat als Hoffnungsgeschichte gelesen und verstanden werden will, das wird auch an einem weiteren Charakteristikum deutlich, das – betrachtet man die Geschichte unter formkritischen Gesichtspunkten – in den Blick fällt:
b) Das ausführliche Gespräch zwischen Jesus und den Jüngern in V.35–38, das mit seinen dramatischen Elementen zum Spannungsaufbau im Rahmen der Expositionen beiträgt, das aber gleichzeitig die ungewöhnlich aktive Rolle der Jünger vorbereitet: Jesus lässt sie das Wunder vollziehen. »Sie sind es im buchstäblichen Sinne, die dem

---

[21] BALDERMANN, a.a.O., 85.

Volk 'zu essen geben'.«[22] Einige Exegeten haben damit ihre liebe Mühe: »Die Aufforderung an die Jünger ist wohl nur eingefügt, weil ihr Unverständnis dabei sichtbar wird (vgl. 4Mos 11,12). Wie Glaube nur im Vollzug erfahrbar wird, so manifestiert sich ihr Nichtverstehen in der konkreten Aufgabe.«[23] Andere sehen in der ungewöhnlich aktiven Rolle der Jünger einen weiteren wichtigen Akzent, der in der markinischen Speisungsgeschichte gesetzt wird – ja, der vielleicht sogar den Schlüssel zu ihrem eigentlichen Verständnis bietet:

Markus hat in V.30–33 eine Einleitung geschaffen, die eine Verbindung herstellt zwischen der Aussendung der zwölf Jünger in 6,7–13 und der wunderbaren Speisung. Die Apostel (V.30) kehren von erfolgreicher Mission zurück. Die Bezeichnung »Apostel« für die zwölf Jünger, der wir bei Markus nur hier begegnen, ist auffällig und zeigt, wie stark dieser Bericht durch urchristliche Missionsterminologie geprägt ist. Von besonderer Mission kehren sie in den Apostel-Alltag zurück. Im Anblick der riesigen Menschenmenge sind sie hilflos. Zum »Hirten« können sie nicht werden – sie bleiben, wie die fünftausend Menschen, auf den einen guten Hirten angewiesen. Aber worin besteht nun ihre Aufgabe? Ihr so vernünftiger Rat, die Leute nach Hause zu schicken, verkennt offensichtlich die Situation: »Würde er befolgt, wäre die Gemeinschaft Jesu mit der Menge dahin. Der Hirte kann die Schafe nicht wieder in die Zerstreuung schicken. So könnte man mit den meisten Kommentatoren folgern.«[24] Also: »Gebt ihr ihnen zu essen« (V.37a).

Worauf ist diese Jünger- und Gemeindebelehrung aus? Zwei Antworten bieten sich an: Die erste findet sich bei W. SCHMITHALS:

> *Die Jünger »sollen nicht nur den Armen den Tisch decken; sie sollen das Brot des Lebens austeilen. Sie sollen die Menschen nicht nur miteinander versöhnen, sondern zuerst mit Gott (2Kor 5,20). Sie sind Gottes Mithelfer (2Kor 6,1) bei der Erlösung der Welt. Nicht nur die Agape, auch und zuerst das Heil soll durch sie geschehen…«[25]*
> *»Die Sieben gilt seit alters her als heilige Zahl, in Sonderheit als Abbild Gottes. Bei der durch die Hand der Jünger ausgeteilten Speise handelt es sich also um das Brot Gottes, das Brot des Lebens, das vom Himmel kommende Brot, die Speise des ewigen Lebens (Joh 6,33–58), nicht aber um die von den Jüngern gemeinte Abendmahlzeit…«[26]*
> *»Die Gabe des Lebens wird nun aber… durch die Jünger ausgeteilt. Ihnen gibt Jesus das Brot zur Verteilung. Sie handeln gewiss nicht in eigenem Auftrag: Aber in seinem Auftrag vollziehen sie das Wunder. Der eine gute Hirte handelt durch die vielen Hirten… Das Wunder der Speisung vollzieht sich allezeit, wo die Kirche ihrem 'Hirtendienst' treu bleibt, indem sie die desorientierte Welt auf die Straße des einen guten Hirten führt und so aus dem Zwang der Selbstverwirklichung und aus dem frommen oder unfrommen Wahn der Machbarkeit befreit.«[27]*

In dieser Interpretation ist das Brot von Mk 6 fast im johanneischen Sinn (vgl. Joh 6) Sinnbild für das Brot des Lebens, das in Jesu Lehre und Wort als Gottes Gabe empfangen wird. Es ist die Aufgabe der Jünger und der Gemeinde, dieses Brot des Lebens weiterzugeben. Dass dies immer wieder geschieht, ist das eigentliche Wunder.

---

[22] LOHMEYER, ERNST: Das Evangelium nach Markus, Göttingen [12]1953, 126.

[23] SCHWEIZER, EDUARD: Das Evangelium nach Markus, Göttingen 1967, 78.

[24] DROSS, REINHARD: Die Bedeutung didaktischer Konzeptionen für die Interpretation biblischer Texte, dargestellt an Mk 6,30–44, in: DROSS, REINHARD (Hg.): Zur Konzeption des Religionsunterrichts, Gütersloh 1970, 48.

[25] SCHMITHALS, WALTER: Das Evangelium nach Markus, Gütersloh [2]1986, 324.

[26] Ebd., 325.

[27] Ebd., 327f.

Ganz anders akzentuiert eine Auslegung von Mk 6, wie sie von einer Gruppe von Pastoren der evangelischen Kirche lutherischen Bekenntnisses in Brasilien vorgelegt worden ist:

> »... V.37: 'Gebt ihr ihnen selbst zu essen.' Die Antwort Jesu heißt: Ihr selbst müsst das Problem lösen. Antwort der Apostel: Nur das Geld bringt die Lösung. Sie verstehen nicht und denken weiterhin in dem Rahmen, den sie für 'normal' halten: Sie rechnen aus, wieviel Geld sie brauchen, um das Volk zu speisen – Anmerkung: Ein Denar ist der Lohn für einen Arbeitstag. V.38: Wieviele Brote habt ihr? Geht und seht nach. Jesus fragt nicht, wieviel Geld sie haben, sondern wieviele Brote, d.h. er beauftragt die Apostel, eine Lösung im Volk selbst zu suchen. Die Antwort: Fünf Fische und zwei Brote, 5+2=7, das ist eine Zahl, die 'Fülle' bedeutet. Es gab wohl Güter in dieser Menge. Die besser vorgesorgt hatten, hatten ihr Picknick mitgebracht. Aber es gab kein Teilen, denn jeder wollte im System des Privateigentums bleiben. V.39–40: Das Volk setzt sich in Tischgemeinschaften. Organisation und Aufteilung des Volkes in menschlichen, überschaubaren Gruppen (Basisgemeinden!). V.40–44: Das Wort Jesu an jenem Nachmittag (und jetzt sein machtvoller Segensspruch) bewirkt das wahre Wunder: die Teilung der Güter.
> So werden zwei Ziele des Evangeliums erreicht. Um glücklich zu sein, braucht der Mensch: – Brot – Liebe.
> Es gibt nichts Schöneres im Leben als zu lieben und geliebt zu werden. Das Brot stillt den Hunger des Volkes und das Teilen lässt die brüderliche Liebe strömen, die zurückgehalten war von den wirtschaftlichen und psychischen Barrieren, die das Teilen verhinderten. Das Wort 'Wunder' finden wir in diesem Text nicht. Doch nichts spricht dagegen, dass sich Jesus bei dieser Gelegenheit eines außergewöhnlichen Zeichens bedient, um zu zeigen: Wer liebt und glaubt, der kann wirklich 'Wunder tun', d. h. der verändert Situationen ohne Hoffnung von Grund auf. Der Überfluss an Gütern kommt vom Überfluss des Glaubens, der Hoffnung und der Liebe. Ohne sie gibt es keine Wunder – weder das Wunder im weiteren Sinne des Wortes (das Teilen), welches das wahre Wunder ist, noch das wunderhafte 'Zeichen', die Ausnahme, die Interventionen Gottes.«[28]

Aufgabe:
- Arbeiten Sie die unterschiedlichen Gemeinde- und Jüngerbelehrungen und die damit verbundenen unterschiedlichen Wunderverständnisse weiter heraus. Im übrigen: Wundergeschichten sind als Hoffnungsgeschichten zu lesen – was heißt das im Blick auf diese beiden unterschiedlich akzentuierenden Interpretationen?

Die Geschichte von der wunderbaren Speisung kennt keinen Chorschluss. »Zuschauer hatte dies Wunder nicht!«[29] Dies ist das dritte Charakteristikum dieser Geschichte, betrachtet man sie unter formkritischen Gesichtspunkten. Besteht nicht die eigentliche Reaktion dessen, der das »Wunder« erfahren hat, darin, selbst zum Wundertäter zu werden?

---

[28] Entnommen aus BRANDT, HERMANN (Hg.): Die Glut kommt von unten, Neukirchen 1981, 95f.
[29] SCHMITHALS, a.a.O., 329.

Literatur

BÖSEN, WILLIBALD: Wer nicht an Wunder glaubt, ist kein Realist. Exegetische und religionspädagogische Überlegungen, in: *ru*, Zeitschrift für die Praxis des Religionsunterrichts, 17. Jg. 1987, 50–56 DELLING, GERHARD: Das Verständnis des Wunders im Neuen Testament, in: Studien zum Neuen Testament und zum hellenistischen Judentum, Göttingen 1970, 146–159 FREY, JÖRG: Zum Verständnis der Wunder in der neueren Exegese, in: ZPädTheol 51.1999,3–14 PESCH, RUDOLF: Jesu ureigene Taten? Freiburg i. Brsg. 1970 SORGER, KARL-HEINZ: Was in der Bibel wichtig ist, München 1992 THEIßEN, GERD: Urchristliche Wundergeschichten, Gütersloh ^{6}1990 THEIßEN, GERD/MERZ, ANNETTE: Der historische Jesus, Göttingen ^{2}1997 WEISER, ALFONS: Jesu Wunder – damals und heute, Stuttgart ^{4}1976 DERS.: Was die Bibel Wunder nennt, Stuttgart ^{5}1982 WIBBING, SIEGFRIED: Wunder und christliche Existenz heute, Gütersloh 1979 (GTB 751)

6 Den Kindern gehört die Herrschaft Gottes!
Zur Bedeutung der Kinder in der Verkündigung Jesu

(Ulrich Becker)

6.1 Kind und Glaube

»Was denken wir als Christen über die Kindheit? Welche Bedeutung schreibt der christliche Glaube den Kindern zu? Wenn die Arbeit der Kirche für die Kinder wenig konsequent ist, dann hängt das sicher auch mit dem Versäumnis zusammen, solche Fragen zu stellen... Unsere Vorstellungen über das Christsein sind hauptsächlich an Erwachsenenmodellen orientiert. Erwachsene in nahezu jeder christlichen Tradition setzten voraus: Wenn man zur Kirche gehört, dann muss man bestimmte Dinge glauben und bestimmte Dinge tun. Aber die Dinge, die zu glauben sind, können meistens nur Erwachsene verstehen, und die Dinge, die zu tun sind, können meistens nur Erwachsene tun. Diese von den Erwachsenen her gewonnenen Kategorien von Glaube und Verhalten geben aber keinen passenden theologischen Rahmen ab, um den Platz des Kindes in der Kirche zu verstehen. Kindheit verlangt eine eigene Theologie!
Das bedeutet nicht, dass es ein anderes Evangelium für Kinder gibt, so wenig wie es ein anderes Evangelium für Frauen gibt. Aber es bedeutet, dass wir uns in derselben Weise, wie wir versuchen, in eine vorherrschend männlich bestimmte Theologie eine weibliche aufzunehmen, auch die Kindheit aufnehmen müssen... Wir sind hier nicht an der Frage interessiert, was Kinder im Zusammenhang des christlichen Glaubens glauben und tun sollen, sondern wie der christliche Glaube die Bedeutung des Kindes einschätzen muss.«

Diese Sätze stammen aus einem Bericht des Britischen Kirchenrates über das »Kind in der Kirche«, der 1976 veröffentlicht wurde und der weit über England hinaus eine intensive Diskussion darüber in Gang gebracht hat, welche Bedeutung der christliche Glaube Kindern zumisst.[1]

Eine solche Diskussion kann nicht geführt werden, ohne dass die biblische Überlieferung erneut zu Rate gezogen wird. Nicht, dass wir dort eine ausgeführte Theologie der Kindheit fänden – wohl aber Geschichten, Einsichten und Verhaltensweisen, die helfen können, die Kategorie des Kindes in ihrer Bedeutung für das Verständnis des christlichen Glaubens besser zu verstehen und zugleich alle Arbeit für Kinder besser auf kindliche Lebens- und Verstehensformen und auf ihre elementaren Nöte und Bedürfnisse hin zu konkretisieren.

Denn daran kommt niemand vorbei: »Das 20. Jahrhundert begann vollmundig mit der säkularen Prophetie, ein 'Jahrhundert des Kindes' zu werden. Das hat sich weder für die Welt im ganzen noch für die Kirche erfüllt. Im Gegenteil: Ist eine kinderfeindlichere Welt vorstellbar als die von Raketen starrende, von einem atomaren Inferno bedrohte Erde, auf der täglich 40.000 Kinder Hungers sterben?«[2]

---

[1] The Child in the Church, Report of the Working Party, British Council of Churches, London 1976, 13 (Übersetzung vom Verfasser). Vgl. dazu BECKER, ULRICH: Das Kind in der theologischen Tradition, in: Ökumenische Rundschau 28, 1979, 460–467; DERS.: Das Kind in der Mitte. Systematische und sozialethische Überlegungen, in: Bildung und Kirche, Comenius-Institut, Münster 1985, 99–115.

[2] SCHMUTZLER, SIEGFRIED: Jesus Christus – »eine grundsätzliche Wende in der Geschichte der Pädagogik«? In: Ev. Erzieher 39, 1987, 196–213.

6.2 Die Geschichte hinter dem Kinder-Evangelium

Von Jesus und den Kindern handeln nur wenige Texte im Neuen Testament. Natürlich gibt es viele Stellen, an denen im Neuen Testament von Kindern im eigentlichen Sinn oder von Kindern im übertragenen Sinn (z.B. Kinder des Reiches Mt 8,12; Kinder dieser Welt Lk 16,8; Kinder Abrahams Joh 8,39) die Rede ist[3], aber die Texte, die davon erzählen, dass Jesus Kindern begegnet, sind schnell genannt: Mk 9,33–37 (Mt 18,1–5 und Lk 9,46–48): das Kind im Kreis der Jünger, und Mk 10,13–16 (Mt 19,13–15 und Lk 18,15–17): die Segnung der Kinder. In diesen Zusammenhang gehört nur bedingt das Gleichnis von den spielenden Kindern in Mt 11,16–19 und Lk 7,31–35.

Am bekanntesten ist die Geschichte von der Segnung der Kinder (Mk 10,13–16 parr.), oft das Kinder-Evangelium genannt, die einen festen Platz im Taufformular der Kirche hat. Einer ihrer zentralen Sätze (V.14: »Lasset die Kinder zu mir kommen, wehret es ihnen nicht; denn solchen gehört das Reich Gottes«) dient seit jeher als Rechtfertigung und Motto für alle kirchliche Arbeit mit Kindern, oft ausdrücklich mit großen Buchstaben an die Wände der Gemeindehäuser oder Kindergärten geschrieben. Dass sich dieses Motto oft mit den Darstellungen dieser Perikope in der Kunst des 19. Jahrhunderts und in ihrem Gefolge in der Trivialkunst, wie sie in den Devotionalienbildchen und Treueprämien für eifrige Kindergottesdienstbesucher begegnet, verbunden hat und verbindet, hat mit zu der Verharmlosung dieser Texte beigetragen: »Ein zum freundlichen, sanften Mildtäter heruntergespielter Jesus hätschelt pummelige kleine Kinder.«[4]

Aber zur allgemeinen Überraschung haben diese scheinbar so harmlosen Texte den Exegeten, Interpreten und Predigern immer große Mühe gemacht. Das lässt sich durch die Kirchengeschichte zurückverfolgen bis hin zum Neuen Testament selbst.[5] Was bedeutet es denn, dass die Herrschaft Gottes Kindern gilt? Und was heißt es denn, die Herrschaft Gottes wie ein Kind anzunehmen? Schon bei den Evangelisten wird die Tendenz erkennbar, das Kind nur noch als eine Metapher oder als ein Beispiel zu verstehen. Aus dem wirklichen Kind, das Jesus umarmt (Mk 10) oder unter die streitenden Jünger stellt (Mk 9), wird ein mahnendes Beispiel (ein Bußruf) für die Erwachsenen oder eine Metapher, die für die Demütigen, die Geringen, die Armen, die Schwachen in der christlichen Gemeinde steht. Offensichtlich sind die Evangelisten schon mehr an dem interessiert, was ein Kind symbolisiert, als an Jesu Haltung zu wirklichen Kindern. Bei Paulus verstärkt sich diese Tendenz noch. »Er schreibt tiefgründige Meditationen über unsere Adoption als Gottes Kinder, aber wenn es um wirkliche Jungen und Mädchen ging, blieb seine Haltung genau die eines Juden seiner Zeit. Er war offenbar nicht berührt von der außergewöhnlichen Art, wie Jesus sich zu Kindern verhielt.«[6] Was ist an dieser Art so außergewöhnlich?

---

[3] Vgl. dazu die instruktive Zusammenstellung neutestamentlicher Begriffe für das Kind bei WEBER, HANS-RUEDI: Jesus und die Kinder, Hamburg 1980, Anhang A, 88ff.

[4] DIEBER, BIRGIT und BERND: Beispiele zur Bildgeschichte des sog. Kinderevangeliums, in: KRAUSE, GERHARD (Hg.): Die Kinder im Evangelium, Stuttgart und Göttingen 1973, 52ff. Das Zitat stammt aus S. 68.

[5] Vgl. LUDOLPHY, INGETRAUT: Zur Geschichte der Auslegung des Evangelium infantium, in: Krause (Hg.), a.a.O., 31ff; KRAUSE, GERHARD, Jesus der Kinderfreund, in: DERS. (Hg.), a.a.O., 79ff; WEBER, a.a.O., 51ff.

[6] WEBER, a.a.O., 83f.

Mt 19,13–15; 18,3	Mk 10,13–16	Lk 18,15–17
13Da wurden die Kinder zu ihm gebracht, damit er ihnen die Hände auflegen und über ihnen beten möchte. Die Jünger aber schalten sie. 14Doch Jesus sprach: Lasset die Kinder, und wehret ihnen nicht, zu mir zu kommen; denn solchen gehört das Reich der Himmel! 18,3und er sprach: Wahrlich, ich sage euch: Wenn ihr nicht umkehrt und werdet wie die Kinder, so werdet ihr nicht ins Reich der Himmel kommen. 15Und nachdem er ihnen die Hände aufgelegt hatte, ging er von dort weg.	13Und sie brachten Kinder zu ihm, damit er sie anrühren möchte. Die Jünger aber schalten die, welche sie brachten. 14Als Jesus das sah, wurde er unwillig und sprach zu ihnen: Lasset die Kinder zu mir kommen, wehret es ihnen nicht; denn solchen gehört das Reich Gottes. 15Wahrlich, ich sage euch: Wer das Reich Gottes nicht annimmt wie ein Kind, wird nicht hineinkommen. 16Und er umarmte und segnete sie, indem er ihnen die Hände auflegte.	15Sie brachten aber auch die Kindlein zu ihm, damit er sie anrühren möchte. Als die Jünger das sahen, schalten sie sie. 16Jesus aber rief sie zu sich und sprach: Lasset die Kinder zu mir kommen und wehret es ihnen nicht! Denn solchen gehört das Reich Gottes. 17 Wahrlich, ich sage euch: Wer das Reich Gottes nicht annimmt wie ein Kind, wird nicht hineinkommen.

Aufgabe:
- Führen Sie einen synoptischen Vergleich durch und arbeiten Sie die Unterschiede zwischen den drei Evangelisten heraus. Suchen Sie im Sinne der redaktionsgeschichtlichen Fragestellung eine Antwort auf die Frage, welchen Sinn diese Geschichte im Zusammenhang des jeweiligen Evangeliums hat. Ergeben sich dabei Anhaltspunkte, die die Tendenz bestätigen, das Kind als Metapher oder als Beispiel zu verstehen?

Die Spannung zwischen Mk 10,14 (Kinder haben teil an der Gottesherrschaft) und V.15 (die, die sich wie Kinder verhalten, haben teil an der Gottesherrschaft), die Spannung also zwischen Kindern im eigentlichen und Kindern im übertragenen Sinne hat Auslegern immer wieder Anlass gegeben, den V.15 als ein selbstständiges Logion anzusehen, das erst später (aber offensichtlich schon vor Markus!) mit dieser Perikope verknüpft worden ist.

Matthäus setzt es in einer etwas veränderten Version in einen anderen Zusammenhang (Mt 18,3); vielleicht auch der vierte Evangelist in Joh 3,5. Mk 10,13.14 und 16 bilden dann – in der Terminologie der Formgeschichte – das ursprüngliche, vormarkinische Paradigma oder Apophthegma, also eine Art Anekdote, in der Jesus zur Annahme von Kindern aufrief: Sie haben teil an der Herrschaft Gottes (V.14)! Durch die Einfügung von V.15 verschiebt sich diese ursprüngliche Pointe: Jetzt geht es um einen Bußruf an Erwachsene: Ihr müsst wie die Kinder werden, wenn ihr an der Herrschaft Gottes teilhaben wollt.[7]

STEGEMANN hat jüngst nachzuweisen versucht, dass dieses vormarkinische Kinderlogion (er rechnet dazu die Verheißung der Herrschaft Gottes an die Kinder in V.14c und ihre szenische Rahmung V.13a und 16) aus der ältesten Tradition über Jesus von Nazareth stammt. Die direkte Zusage der Herrschaft Gottes an Kinder ist singulär. Keinem anderen Personenkreis wird sie bei Markus direkt zuteil, selbst den Jüngern nicht. Eine Parallele aber hat dieses Kinderlogion in der Seligpreisung der Armen in Lk 6,20 par. Vielleicht hat es selbst ursprünglich die Form des Makarismus (der Seligpreisung) gehabt: »Selig sind die Kinder, denn ihnen gehört die Herrschaft Gottes.« Auf jeden Fall aber ist es, so STEGEMANN, »im Kontext von Lk 6,20 u.a. einer sozialgeschichtlichen Lage zuzuordnen, in der Kinder wie die Armen zu denen gehört haben, die unter der Not Palästinas besonders gelitten haben und darum von der Jesusbewegung in ihre Hoffnung auf das kommende Reich Gottes einbezogen worden sind. Ein solcher sozial-konkreter Hintergrund der Verheißung des Gottesreiches an die Kinder liegt im Zusammenhang mit anderen Texten der ältesten Tradition nahe. Er ist plausibler als die Vermutung, Jesus wende sich hier gegen das theologische Verdienstdenken einer patriarchalisch-orientierten Gesellschaft und erkläre die 'Fähigkeit des Kindes für bedeutsam..., Gott vertrauensvoll Vater zu nennen und sich beschenken zu lassen.'«[8]

So rekonstruiert er folgende älteste Tradition des Kinderevangeliums: »Man brachte Kinder zu Jesus, damit er sie anrühren möchte (V.13a). Er aber sprach: Selig die Kinder, denn ihnen gehört die Königsherrschaft Gottes (V.14c). Und er umarmte sie und segnete sie und legte ihnen die Hände auf (V.16).«

STEGEMANNs sozialgeschichtliche Interpretation arbeitet also heraus: Jesu Zuwendung zu den Kindern gilt den besonderen Opfern der armseligen Lebensbedingungen einer Mehrheit der jüdischen Landbevölkerung zu seiner Zeit und in seiner Umgebung. Die reale Lebenswirklichkeit der Kinder ist der Grund dafür, dass ihnen (wie den Armen) die Herrschaft Gottes zugesagt wird. Damit akzentuiert er anders als die Mehrheit der Ausleger es bisher getan hat, die zwar auch von einer vormarkinischen letztlich auf Jesus zurückgehenden Überlieferung des Kinderevangeliums ausgehen (V.13, V.14 und V.16), für die aber in V.14 Jesu Frontstellung gegen ein weitverbreitetes jüdisches Urteil, das selbst die Jünger noch teilten (V.13), erkennbar wird, demzufolge »das Kind, das des Gesetzes unkundig war, noch keine Verdienste in der Tora und vor Gott« habe.[9] An den Kindern würde dann deutlich gemacht, dass in der Verkündigung Jesu im Gegensatz zum Verdienstdenken einer pharisäischen Theologie die Herrschaft Gottes bedingungslos allen gilt. Und das »wie ein Kind werden« hieße dann, »auf allen Höhen und Tiefen des Lebens in jene Armut zurückzufinden,

---

[7] Anders SCHMITHALS, WALTER: Das Evangelium nach Markus, Gütersloh ²1986, 443: »Wir haben es mit einer wohlüberlegten und einheitlich gestalteten Szene von der Hand des Erzählers zu tun.« Das »solche« in V.14 bereite den V.15 deutlich vor, die zu beobachtende Spannung zwischen V.14 und 15 stelle in Wahrheit eine theologisch begründete Klimax dar: »Die Erzählung spannt den Bogen von der vordergründigen Frage nach der Geltung der Kinder bis zu dem fundamentalen theologischen Thema der irdischen Wirklichkeit der Herrschaft Gottes.«
[8] STEGEMANN, WOLFGANG: Lasset die Kinder zu mir kommen. Sozialgeschichtliche Aspekte des Kinderevangeliums, in: SCHOTTROFF, WILLY/STEGEMANN, WOLFGANG (Hg.): Traditionen der Befreiung, Bd. 1, München 1980, 126ff.
[9] GNILKA, JOACHIM: Das Evangelium nach Markus, Zürich 1979, 81.

die zu überwinden(!) größter Wunsch der Kinder ist: empfangen zu sollen, von Liebe und Barmherzigkeit leben zu müssen und zu dürfen.«[10]

Natürlich ist nicht auszuschließen, dass ein gegenwärtiges Verständnis von Kindheit und von den Lebensbedingungen von Kindern die Interpretation der neutestamentlichen Texte mitbestimmt.[11] Dass dies in der Tat immer wieder geschehen ist, lässt sich gerade an der Auslegung des für ein Kind Spezifischen, das für die Jesusjünger als Vorbild gelten soll (V.15), mühelos nachweisen. Eine Fülle verschiedener kindlicher Eigenschaften und Merkmale, die die Erwachsenen glauben, an Kindern entdecken zu können, werden dabei ins Feld geführt.

> Aufgabe:
> - Nehmen Sie sich einige Auslegungen von Mk 10,13–16 parr. in Kommentaren oder Predigtsammlungen oder Unterrichtshilfen vor und untersuchen Sie sie auf die Frage hin, wie in ihnen das Besondere des Kindseins im Sinne von Mk 10,15 jeweils beschrieben worden ist.

Auf der anderen Seite wissen wir, dass die Auffassung von Kindheit von Land zu Land und von einer Region und Epoche zur anderen verschieden ist.

> »Kindheit, wie wir sie heute kennen, ist nicht einmal 200 Jahre alt. Kindheit ist ein Produkt des 18. Jahrhunderts, als 'die Herrschaft der Kleinfamilie' begann, wie von Hentig meint, 'in den Schichten, die sich den Luxus des Sentiments leisten konnten.' 'Je weiter wir in der Geschichte zurückgehen, desto unzureichender wird die Pflege der Kinder, die Fürsorge für sie, desto größer die Wahrscheinlichkeit', schreibt Lloyd de Mause, 'dass Kinder getötet, ausgesetzt, geschlagen, gequält und sexuell misshandelt werden.'«[12]

Wie steht es um Kindheit und Kinder zur Zeit Jesu und in der Umgebung Jesu?

6.3 Kindheit und Kinder zur Zeit Jesu

Jesu Urteil über Kinder hat nichts Romantisierendes. Das kleine Gleichnis von den spielenden Kindern auf der Straße (Mt 11,16–19 und Lk 7,31–35) macht deutlich, dass er sie in ihrem Spiel beobachtet und dabei in ihrem Widerspruch ertappt hat: Die einen wollen nicht so wie die anderen; die einen sind herrschsüchtig, die anderen unverträglich. So werden sie in ihrem Kinderspiel zu einem Spiegel für »dieses« Geschlecht (V.16). Darin sind sie nicht von den Kindern heute unterschieden. Auch nicht darin, dass ihnen weniger Fürsorge zuteil wird:

> »Auch im Neuen Testament begegnen uns Eltern, die sich um ihre Kinder sorgen. Jene Heidin aus Syrophönizien, die Jesus um die Heilung ihrer kranken Tochter bittet (Mk

---

[10] SCHMITHALS, a.a.O., 444.

[11] Beispiele dafür auch bei LUDOLPHY, a.a.O.

[12] DATTA, ASIT: Kindheit, Kinderarbeit und Kinderrechte, in: JOHANNSEN, FRIEDRICH/NOORMANN, HARRY (Hg.): Lernen für eine bewohnbare Erde, Gütersloh 1990, 53. DATTA zitiert hier zunächst H. VON HENTIG in seinem Vorwort zu PHILIPPE ARIÈS: Geschichte der Kindheit, München [8]1988, 11f – und dann LLOYDE DE MAUSE: Evolution der Kindheit, in ders. (Hg.): Hört die Kinder weinen. Eine psychogenetische Geschichte der Kindheit, Frankfurt [2]1978, 12.

7,24–30 par.); Jairus, ein Synagogenvorsteher, dessen eben gestorbene Tochter von Jesus erweckt wird (Mk 5,35–43 parr.); der Vater des epileptischen Knaben, der mit dem Mut der Verzweiflung zum Glauben an Jesus findet (Mk 9,14–29 parr.). Lukas schildert uns einen rücksichtsvollen Vater, der dem Nachbarn die Tür nicht öffnet, weil seine Kinder schon mit ihm zu Bett liegen (Lk 11,5–8). Dort wird auch vorausgesetzt, dass ein irdischer Vater seinen Kindern gibt, was ihnen nützt, und ihnen nicht schaden will (Lk 11,9–13).«[13]

Auch die Aufforderungen an die Kinder zum Gehorsam, wie sie sich in der neutestamentlichen Briefliteratur finden, erscheinen aus heutiger Sicht auf den ersten Blick vertraut (Kol 3,20f, Eph 6,1ff); allerdings ist nicht zu übersehen, dass Paulus und die übrigen Autoren der neutestamentlichen Briefe der landläufigen hellenistischen und jüdischen Auffassung sehr nahe stehen, wenn sie am Kinde vor allem das Unfertige, Unverständige, Kindische betonen (1Kor 3,1; 13,11; 14,20; Gal 4,1.3; Eph 4,14; Hebr 5,13). Bezeichnenderweise benutzt Paulus vorwiegend das griechische Wort näpios, um das Kind als hilflos, unmündig, töricht zu bezeichnen. Im ganzen gibt es für diese landläufige antike Auffassung vom Kinde kaum einen bezeichnenderen Ausdruck als das lateinische erudire = erziehen, wörtlich »entrohen«, von rudis = roh, unfertig, ungebildet. Erziehung ist, so verstanden, die Aufgabe, das »Rohmaterial« mit Hilfe entsprechender Massnahmen zu formen und zu bilden. Kein Wunder, dass der antiken (auch der jüdischen) Welt die Kinder in erster Linie als Schulkinder wichtig waren, die es zu belehren, zu unterrichten und zum Gehorsam zu erziehen galt. Aus dem Unreifen, Unverständigen musste ein menschliches Wesen geformt werden, das in der Lage war, seine Aufgaben als verantwortlicher Bürger (in der griechisch-römischen Welt) oder als gottesfürchtiges Glied des Gottesvolkes (in der jüdischen Welt) zu erfüllen.

»Während die griechisch-römischen pädagogischen Theorien und Praktiken hauptsächlich auf den erwachsenen Menschen und den Staat ausgerichtet waren, so konzentrierten sich die jüdischen ausschließlich auf Gott. Der Gott Abrahams, Isaaks und Jakobs wurde als derjenige angesehen, der sein Volk züchtigte und es lehrte, nach seinem Willen, seiner Tora, zu wandeln. Die Erziehung des Menschen bedeutete die Teilnahme an dieser göttlichen Erziehung. Gott war nicht nur der wichtigste Lehrer, sondern auch das wichtigste Lehrfach.«[14] Das hebräische Wort für erziehen (jasar) meint im Alten Testament bezeichnenderweise ursprünglich auspeitschen, in Zucht nehmen, zurechtweisen.

Kinder gelten in der Jüdischen Bibel und im Judentum wohl als »Gabe des Herrn… wie Pfeile in der Hand eines starken, so sind die Söhne der Jugendzeit. Wohl dem, der seinen Köcher mit ihnen gefüllt hat« (Ps 127,3–5). Und eine solche Wertschätzung (des Sohnes!) unterscheidet sich natürlich von der Art und Weise, mit der die römische Spätantike das Kind sentimental kultivierte und vergötterte – dasselbe Kind, das man auf dem Markt kaufen konnte, um es als deliciae (= als Liebhaberei, als Spielerei) zu genießen. »Stirbt eines von diesen 'Putten', so trauern rührende Grabinschriften noch lange um das verstorbene Kind.«[15] Aber trotz dieses markanten Unterschieds hat das Kind auch im Judentum außerhalb des Zusammenhangs von Bund, Land und Tora keine besondere Bedeutung. Es ist zwar keine minderwertige, aber eine untergeordnete Größe (ähnlich wie die Frau, vgl. Mt 14,21; 15,38). Bedeutung gewinnt es, wenn es in der Tora unterwiesen wird; und in einem eigenen Verhältnis zu Gott wird es gesehen, sobald es in der Lage ist, die in der Tora vorgeschriebenen Rechte und Pflichten wahrzunehmen, vorher kaum.

---

[13] STEGEMANN, a.a.O., 118. Die Belegstellen, bei STEGEMANN in den Anmerkungen aufgeführt, sind hier in Klammern hinzugefügt.
[14] WEBER, a.a.O., 6f.
[15] JENTSCH, WERNER: Urchristliches Erziehungsdenken, Gütersloh 1951, 207.

Es ist nach Meinung vieler Exegeten diese rechtlose religiöse Lage der Kinder, die Jesus im Auge hatte, als er ihnen vorbehaltlos den Zugang zur Gottesherrschaft eröffnete – im Gegensatz zu einem Denken, das diesen Zugang von bestimmten Bedingungen und Leistungen abhängig machen wollte. In Mk 10,13–15 wären es die Jünger (V.13), die diese Bedingungen, einem verbreiteten jüdischen Urteil entsprechend, stellten.

Aber spiegelt die abwehrende Haltung der Jünger nicht viel eher die Argumentationen der frühen christlichen Gemeinde wider, in der es offensichtlich Widerstände gab, Kinder (zur Taufe) zuzulassen?[16] Warum sind es nicht die jüdischen Gegner Jesu, die hier Einspruch erheben, wie sonst überall in den Evangelien?

Für STEGEMANN ist u.a. diese auffällige Beobachtung Anlass, noch einmal sehr viel entschlossener die soziale Lage der Kinder in der Umwelt Jesu in den Blick zu nehmen: Zu den dunkelsten Kapiteln des Verhaltens zu Kindern in der Antike gehört die Praxis der Kinderaussetzung, des Kinderverkaufs und der Kindertötung. Kinder waren »wegwerfbar«. Im Jahre 1 v. Chr. Geburt schreibt der ägyptische Fremdarbeiter Hilarion seiner schwangeren Frau Alice: »Bedenke, dass wir noch in Alexandria sind … Ich bitte Dich eindringlich, kümmere Dich um den Kleinen und sobald wir unseren Lohn bekommen haben, werde ich ihn Dir senden. Solltest Du schwanger sein – wenn es ein Junge ist, lass ihn leben, wenn es ein Mädchen ist, setze es aus…«[17] Dass ein solches Verhalten gegenüber Neugeborenen unabhängig von der Tatsache, ob das jeweilige Familienoberhaupt zur Unter- oder Oberschicht gehörte, an der Tagesordnung war, geht aus einer Vielzahl antiker Zeugnisse hervor.[18] Die Motive für solches Verhalten sind unterschiedlich. Nicht nur eine wirtschaftliche Notsituation treibt den pater familias zu einer solchen Entscheidung. Das Römische Recht unterstützte ihn dabei. Eine Ausnahme von diesem Verhalten machten innerhalb des Imperium Romanum die Juden, so berichtet sogar Tacitus:

> *»… Doch ist den Juden sehr an Bevölkerungszuwachs gelegen; selbst von den neugeborenen Kindern eines zu töten, ist in ihren Augen eine Sünde.«*[19]

Kinder waren also in der jüdischen Bevölkerung nicht »wegwerfbar« – aber es gibt Hinweise genug, dass sie auch dort – wie immer und überall – angesichts der Notsituationen der kleinen Leute besonders hart betroffen waren: vgl. die Schuldknechtschaft in Mt 18,25, in deren Zuge auch Kinder verkauft wurden. Auch Ex 21,7f und Neh 5,1–13 setzen den Verkauf bzw. die Verpfändung von Kindern voraus. Auf jeden Fall gilt: »Zwar besitzen wir keine direkten Quellen über die Lage der Kinder im damaligen Palästina. Doch kann man aus dem Bild, das wir überhaupt von der Armut der Bevölkerung zu dieser Zeit konstruieren können, leicht auf die Lage der Kinder schließen.«[20]

---

[16] Vgl. dazu S. 94.

[17] Zitiert bei WEBER, a.a.O., 20.

[18] Vgl. dazu JENTSCH, a.a.O., 206 und die dort in Anmerkung 3 genannte Literatur; ferner STEGEMANN, a.a.O., 117ff; WEBER, a.a.O., 20ff.

[19] Zitiert bei STEGEMANN, a.a.O., 123.

[20] STEGEMANN, a.a.O., 124. Vgl. dazu auch HARRY NOORMANN: Armut in Deutschland, Stuttgart 1991 – hier vor allem der Abschnitt »Orientierungen für ein mit den Armen solidarisches Christentum« und die dort zitierte und verarbeitete Literatur.

6.4 Jesu Aufforderung, Kinder aufzunehmen

Wo Menschen Not leiden, trifft es die Kinder immer am härtesten. Sie sind unter den Bedingungen von sozialer Entwurzelung und Unterdrückung, von Hunger und Armut die Verwundbarsten, und sie tragen immer am schwersten, sowohl zahlenmäßig als auch im Blick auf das Ausmaß der Last. In der vormarkinischen Form von Mk 10,13–16 sagt Jesus solchen Kindern als den vornehmsten Opfern der Notsituationen der kleinen Leute zu, dass sie an der Gottesherrschaft teilhaben – so wie er das mit den anderen Elendsgestalten seiner Zeit – allerdings nie so direkt – tut: den Aussätzigen, den Blinden, den Besessenen, den Krüppeln, den Armen, den Zöllnern und Prostituierten. Dass sie in der Tat mit diesen »Armen« auf eine Stufe gestellt werden, wird auch daran deutlich: Sie werden gebracht – von wem spielt keine Rolle – um von ihm »berührt« zu werden, so Markus und Lukas (Matthäus ist hier um eine weniger missverständliche Formulierung bemüht). Denn dieses Verbum »berühren« erscheint in den Evangelien mehr als dreißigmal, fast ausnahmslos im Zusammenhang mit Heilungswundern. Es geht um die heilende Berührung mit dem Mann aus Nazareth (vgl. z.B. Mk 1,4; 3,10; 5,27f usw.). Von ihm gehen – fast magisch gedacht – heilende, bewahrende Kräfte aus. Solche Berührung schafft Gemeinschaft, zu der die schutzlosen, möglicherweise elternlosen Kinder fortan gehören. Am Ende (V.16) umarmt und segnet er sie mit einer Geste der Zärtlichkeit und des Beschützens: »sinnlicher Vorschuss« auf diese neue Gemeinschaft hin, in der Schutz und Vertrauen gewährt wird. »Einer rabbinischen Abhandlung zufolge wird das Volk Israel auferstehen, wenn Gott es umarmen, an sein Herz drücken, es küssen und so in das Leben der zukünftigen Welt bringen wird.« (SEDER ELIJAHU RABBA 17)[21] Etwas Ähnliches soll den Kindern jetzt schon geschehen.

Dass Jesu Zuwendung zu den Kindern zunächst einmal den Opfern der armseligen Lebensbedingungen der jüdischen Bevölkerung seiner Zeit und seiner Umgebung gilt, lässt sich auch an Mk 9,36f (vgl. Mt 18,5 und Lk 9,48) verdeutlichen. »Und er nahm ein Kind, stellte es in ihre Mitte, schloss es in seine Arme und sagte zu ihnen: Wer solch ein Kind in meinem Namen aufnimmt, nimmt mich auf, und wer mich aufnimmt, nimmt nicht mich auf, sondern den, der mich gesandt hat.« Es ist ein Logion – vielleicht ursprünglich selbstständig überliefert – das in den Zusammenhang einer Gemeindeunterweisung (Mk 9,33–50) gehört und mit dem die Jünger, d.h. die Gemeindeglieder, aufgefordert werden, unversorgte, zu kurz gekommene Kinder aufzunehmen.

> Aufgabe:
> - Mk 9,33–37 findet sich in Mt 18,1–5 und Lk 9,46–48 wieder. Arbeiten Sie bei einem Vergleich dieser Parallelstellen heraus, ob und wo hier der Übergang von dem tatsächlichen Kind zu dem Kind als Metapher geschieht. Deuten Sie jeweils die metaphorische Rede.

Manche Exegeten sehen in Mk 9,36f ein authentisches Jesuswort, das in Mk 10,13–16 in Form einer idealen Szene wieder aufgenommen worden ist: »Jesus selbst, so will diese Szene sagen, macht seine Forderung wahr; er nimmt sich der Kinder an, wie er

---

[21] Zitiert bei WEBER, a.a.O., 39.

das von den Jüngern verlangt.«[22] Die Jünger aber verstehen ihn nicht, wenn sie die Kinder bzw. die, die sie bringen, zurückweisen (Jüngerunverständnis bei Markus!). Andere denken hier eher an eine Gemeindebildung, in der aber die Aufforderung Jesu, Kinder aufzunehmen, bewahrt worden ist (STEGEMANN). Eine solche Aufnahme oder gar Adoption von unversorgten Kindern war zur Zeit Jesu wohl durchaus nichts Ungewöhnliches. So berichtet z.B. Josephus von den Essenern: »Von der Ehe halten sie wenig, dagegen nehmen sie fremde Kinder auf; solange diese noch in zartem Alter stehen und bildungsfähig sind, halten sie sie wie ihre Angehörigen und prägen ihnen ihre Sitten auf.« (Josephus, Geschichte des jüdischen Krieges II, 8.2). Auch in 1Tim 5,10 wird vorausgesetzt, dass die Christen fremde, unversorgte, vielleicht ausgesetzte Kinder aufziehen.

In der Jünger-Gemeinde geschieht eine solche Aufnahme von Kindern »im Namen Jesu«, sagt Mk 9,36f. Dies ist eine semitische Ausdrucksweise, die bei den Synoptikern oft auch mit »um meinetwillen« oder »um meines Namens willen« (Mk 8,35; 10,29; 13,9) wiedergegeben wird. Weil Jesus den Kindern die Gottesherrschaft zugesprochen und sie in eine Gemeinschaft hinein genommen hat, in der sie Schutz und Geborgenheit erfahren, darum steht eine solche Aufnahme jetzt als Aufgabe vor seinen Nachfolgern. Die Aufnahme von Kindern wiegt soviel, wie die Aufnahme Jesu und Gottes selbst. Was hier von den Kindern gesagt wird, gilt an anderer Stelle von den »geringsten Brüdern« (Mt 25,31–46), den Hungrigen, Durstigen, Heimatlosen, Unbekleideten, Kranken und Gefangenen. Es gibt eine besondere Nähe Jesu zu den Kindern und zu diesen Elendsgestalten.

6.5 Wenn ihr nicht werdet wie die Kinder

Unsere bisherigen Überlegungen haben gezeigt: Hinter Mk 10,13–16 und möglicherweise auch hinter Mk 9,36.37 wird eine vormarkinische Tradition des Kinder-Evangeliums erkennbar, in der den Kindern als den besonderen Opfern armseliger Lebensbedingungen der kleinen Leute zur Zeit Jesu die Teilhabe an der Gottesherrschaft zugesprochen wird. Markus und die von ihm abhängigen Großevangelien Matthäus und Lukas haben diese Überlieferungen ihrer jeweiligen Gemeindesituation entsprechend überarbeitet.

Schon der Kontext, in den die einzelnen Evangelisten das Kinder-Evangelium gestellt haben, lässt dies mühelos erkennen: Markus schafft eine katechismusartige Belehrung (10,1) für das christliche Haus mit den Themen Ehe und Ehescheidung (10,2–12), Kinder (13–16) und Besitz (10,17–31). Matthäus hat dieses Gestaltungsschema beibehalten, er erweitert aber noch das Thema Ehe um die Fragen der Ehelosigkeit (19,1–12) und strafft das Thema Kinder, indem er den V.15 aus Mk 10,13–16 (die Anrede an die Erwachsenen) nicht an dieser Stelle übernimmt, sondern in einer etwas veränderten Form in 18,3 unterbringt. Lukas gibt diese »Lehre in der Art einer Haustafel« ganz auf. Er stellt vielmehr das Kinder-Evangelium in den Zusammenhang des Gleichnisses vom Pharisäer und Zöllner (Lk 18,9–14) und will es so als Illustration zu Lk 18,14b verstanden wissen: »Denn jeder, der sich selbst erhöht, wird erniedrigt werden; wer sich aber selbst erniedrigt, wird erhöht werden.« Wer dies beherzigen will, soll sich an den Kindern ein Beispiel nehmen

---

[22] KLEIN, GÜNTER: Bibelarbeit über Markus 10,13–16 in: KRAUSE (Hg.), a.a.O., 21.

> Aufgabe:
> - Untersuchen Sie unter dieser redaktionsgeschichtlichen Fragestellung auch Mk 9,33–37, Mt 18,1–5 und Lk 9,46–48 und nehmen Sie Ihre Ergebnisse von S. 87 hinzu.

Zu den wichtigsten Überarbeitungen des ursprünglichen Kinder-Evangeliums gehören in Mk 10,13–16 die Verse 13b, die schroffe Reaktion der Jünger, und 15, die Ansprache an die Erwachsenen.

Vieles spricht dafür, dass hinter der Abwehr der Jünger die Widerstände einer Gemeinde sichtbar werden, die Mühe hat, Kinder in einen Zusammenhang mit der von Jesus proklamierten Gottesherrschaft zu bringen (vgl. S. 91 und Anm. 45). Ob es dabei sogar um die umstrittene Kindertaufe geht, muss offen bleiben. Dafür spricht, dass der Begriff »hindern« (V.14, »wehret ihnen nicht«) nach Ausweis neutestamentlicher Stellen bei der Taufe formelhaft verwendet worden ist (Apg 8,36; 10,47; 11,17).

> »Es wird nicht getauft, wenn nicht zunächst festgestellt ist, dass keine Taufhindernisse bestehen. Sollte diese Vermutung zutreffen, wäre damit freilich für die Zeit des Erzählers noch nicht belegt, dass die Christen ihre neugeborenen Kinder als Säuglinge taufen ließen. 1Kor 7,14c erlaubt die Annahme, dass in der frühen Zeit der Kirche die in einem christlichen Haus geborenen Kinder überhaupt nicht getauft wurden.«[23]

Gegen diese Vermutung, es ginge hier um Fragen der Kindertaufe, spricht allerdings, dass Markus nicht ausdrücklich von Säuglingen redet; erst Lukas 18,15 tut dies, allerdings mit dem Ziel, die Beispielhaftigkeit der Erzählung in seinem Sinne noch zu steigern.

Aber ob nun ein direkter Bezug zur Kindertaufe besteht oder nicht: Widerstände, Kinder zu akzeptieren, kommen von den Erwachsenen, die Mühe haben, Kinder bedingungslos an den Gaben der Gottesherrschaft teilhaben zu lassen. Sie machen sich zu Mittlern, die über die Zulassung der Menschen zu Jesus verfügen. Jesu Protest dagegen (V.14) ist so scharf, dass Matthäus und Lukas ihn unterdrücken. Für Jesus, so V.14, sind die Kinder unmittelbar zur Gottesherrschaft zugelassen. Alle Kinder? Schmithals schränkt ein: »Natürlich denkt der Erzähler dabei nicht an Kinder überhaupt, sondern an jene Kinder, die durch christliche Eltern bzw. durch die Atmosphäre des christlichen Hauses im Bereich der Gemeinde und damit in der Teilhabe am Geist Gottes leben, welcher der Gemeinde gegeben ist.«[24] Aber wird damit am Ende nicht doch wieder eine Bedingung aufgestellt, von der in der vormarkinischen Fassung des Kinderevangeliums keine Rede war und die Jesus in V.14 sehr unwillig beiseite schiebt? »'Solchen ist die Gottesherrschaft' – im Griechischen müsste man fast übersetzen, als solchen, als Kindern gehört ihnen die Gottesherrschaft. Wenn hier die Erwachsenen auch nicht ausdrücklich ausgeschlossen sind, so sind doch die Kinder in erster Linie zugelassen.«[25]

Mit V.15 wird das ursprüngliche Thema verschoben, ja, richtiger ist zu sagen: Mit diesem Vers wird das eigentliche Thema von Mk 10,13–16 genannt. Es geht um die Erwachsenen!

> »Das Amen-Wort verdrängt im heutigen Kontext die Zuwendung der 'basiliea tou theou' (erg. = Gottesherrschaft, Königsherrschaft Gottes) an die Kinder und macht aus der Peri-

---

[23] SCHMITHALS, a.a.O., 445. Vgl. zur weiteren Diskussion JOACHIM JEREMIAS: Die Kindertaufe in den ersten vier Jahrhunderten, München 1958.
[24] SCHMITHALS, a.a.O., 446f.
[25] KLEIN, a.a.O., 26.

kope eine Belehrung über das Eingehen in die Königsherrschaft für Erwachsene ... Und ist die Verheißung der 'basileia' an die Kinder (wie an die Armen, Zöllner und Dirnen) bedingungslos, so ist der Sinn des Amen-Wortes gerade darin zu sehen, dass es eine Einlassbedingung aufstellt.«[26]

Welches ist diese Einlassbedingung?
Die Antwort hängt davon ab, wie die Wendung »wie ein Kind« zu interpretieren ist. Stegemann hat in diesem Zusammenhang den überraschenden Vorschlag gemacht, dass »wie ein Kind« akkusativisch zu lesen und zu interpretieren:

»Wer das Reich Gottes nicht annimmt, wie er ein Kind annimmt, der kommt nicht hinein. Und zwar ist dies nicht metaphorisch gemeint, sondern in einem exemplarischen Sinn ... D.h. es geht nicht darum, dass ein Jünger, wenn die 'basileia' kommt, sich im übertragenen Sinne zu ihr so verhalten muss, wie er sich bei der Aufnahme eines Kindes verhalten würde. Sondern indem er jetzt ein Kind aufnimmt, schafft er eine Voraussetzung seines Eingehens in die Königsherrschaft Gottes. So wie er in einem Kind, das er im Namen Jesu aufnimmt, Jesus selbst bzw. Gott aufnimmt, so nimmt er in ihm auch die 'basileia tou theou' auf.«[27]

So sehr diese Interpretation auf der einen Seite unser Verständnis der vormarkinischen Form des Kinderevangeliums unterstützen würde – es geht um die Aufnahme unversorgter Kinder! – so spricht auf der anderen Seite gegen sie, dass schon Matthäus und Lukas eindeutig anders interpretieren. Mk 10,15 erscheint bei Mt 18,3 in der Form: »Wahrlich, ich sage euch: Wenn ihr nicht umkehrt und werdet wie die Kinder, so werdet ihr nicht ins Reich der Himmel kommen.« Gesagt wird dies als Antwort auf die Frage der Jünger nach dem Größten im Himmelreich (Mt 18,1). Wer so fragt, soll sich nicht an irgendwelchen kindlichen Eigenschaften, sondern an dem niedrigen sozialen Rang des Kindes in den antiken Gesellschaften orientieren: so recht- und machtlos werden, um mit den Kleinen und Schwachen (Mt 18,6ff) wirklich solidarisch sein zu können. Ähnlich argumentiert Lukas in seiner Interpretation des Kinderevangeliums, wenn er nach 18,14 in Lukas 18,17 an den Säuglingen die soziale Niedrigkeit verdeutlicht, der die Zusage der Gottesherrschaft folgt.

Auch für die Interpretation von Mk 10,15 muss dieser niedrige soziale Rang des Kindes der Orientierungspunkt sein (vgl. auch 9,35: »der Letzte von allen«).

»Es ist klar, dass nicht die vermeintliche Unschuld des Kindes hier zum Ideal erhoben wird, wie eine sentimentale Romantik dies Wort oft versteht. Die Kleinheit des Kindes, sein wirkliches Angewiesensein auf die Hilfe, sein Unvermögen für sein Leben selbst aufzukommen, ist der springende Punkt dieses Wortes. Wie radikal dieses Wort gemeint ist und wie befremdlich für den natürlichen Menschen, das zeigt Nikodemus im Johannes-Evangelium. Dort begegnet Jesu Wort in leicht veränderter Gestalt: 'Wenn jemand nicht von neuem geboren wird, kann er das Reich Gottes nicht sehen' (Joh 3,3). Nikodemus, der 'Meister in Israel', kann nur fragen: 'Wie kann ein Mensch geboren werden, wenn er alt ist? Kann er etwa zum zweitenmal in den Leib seiner Mutter eingehen?'«[28]

Die Herrschaft Gottes kann man nur wie ein Kind empfangen, vielleicht auch nur zusammen mit Kindern. Fortan gilt: »Heil und Gott sind nur dort, wo auch Kinder sein können.«[29]

---

[26] STEGEMANN, a.a.O., 130.
[27] STEGEMANN, a.a.O., 135.
[28] BORNKAMM, GÜNTHER: Jesus von Nazareth, Stuttgart ⁹1971, 77.
[29] BRAUN, HERBERT: Göttinger Predigtmeditationen 52, 1963, 259f.

Aufgabe:
- Welche Bedeutung misst der christliche Glaube Kindern zu? So hatte die Studie des Britischen Kirchenrates von 1976 gefragt (vgl. S. 13). Die folgende Zusammenfassung zu Mk 10,14 ist eine erste Antwort. Versuchen Sie weitere Antworten.

»*Daher bricht der von uns dem Erwachsensein zuerteilte Vorrang zusammen. Kindsein ist dann, wenn primär den Kindern die Gottesherrschaft gehört, keine Vorstufe im Leben, und Erwachsensein keine Hauptstufe mehr. Das bedeutet das Ende jeder Relativierung der Jugend auf die Zukunft hin und eine Absage an die Parole 'Wer die Jugend hat, der hat die Zukunft', die oft auch mit erschreckendem Pragmatismus in den Gemeinden gehandhabt wird. Man kann es ja häufig erleben, dass Kindergottesdienst oder Jugendarbeit im Blick auf die heranwachsenden präsumtiven Gemeindeglieder betrieben wird. Die Kinder sind vielmehr zum Heil unmittelbar und darum nicht mehr als Material für irgend etwas zu missbrauchen, sondern als mit uns gleich ursprüngliche Menschen zu ehren. Das bedeutet eine Befreiung auch für uns. Ist Kindsein keine Vorstufe mehr, so ist Altsein keine Nachstufe und Erwachsensein keine flüchtige Durchgangsstufe mehr. Es ist also die mörderische Relativierung aller Menschen und Menschenalter von Jesus zum Stillstand gebracht. Kein Usurpator kann uns jetzt noch mit der finsteren Parole fangen, dass unsere Kinder es einmal als Erwachsene besser haben sollten, weshalb zunächst einmal die Hölle einzurichten sei.*«[30]

Literatur

EBNER, MARTIN: »Kinderevangelium« oder markinische Sozialkritik? Mk 10,13–16 im Kontext, in: Jahrbuch für Biblische Theologie, Bd. 17, Neukirchen-Vluyn 2002, 315–336
JENTSCH, WERNER: Urchristliches Erziehungsdenken, Gütersloh 1951 KLEIN, GÜNTER: Bibelarbeit über Markus 10,13–16, in: KRAUSE, GERHARD (Hg.): Die Kinder im Evangelium, Stuttgart und Göttingen 1973, 12–30 KRAUSE, GERHARD: Jesus der Kinderfreund. Reflexionen und Meditationen zum heutigen Verständnis, in: KRAUSE, GERHARD (Hg.): Die Kinder im Evangelium, Stuttgart und Göttingen 1973, 79–112 MÜLLER, PETER: In der Mitte der Gemeinde. Kinder im Neuen Testament, Neunkirchen-Vluyn 1992 SCHMITHALS, WALTER: Das Evangelium nach Markus, Gütersloh ²1986, zu Mk 10,13–16 STEGEMANN, WOLFGANG: Lasset die Kinder zu mir kommen. Sozialgeschichtliche Aspekte des Kinderevangeliums, in: SCHOTTROFF, WILLY/STEGEMANN, WOLFGANG (Hg.): Traditionen der Befreiung. Sozialgeschichtliche Bibelauslegungen, Bd. 1 Methodische Zugänge, München 1980, 114–144 STOCK, HANS: Studien zur Auslegung der synoptischen Evangelien im Unterricht, Gütersloh 1959, 175–201 WEBER, HANS-RUEDI: Jesus und die Kinder, Hamburg 1980.

---

[30] KLEIN, a.a.O., 27.

7 Wenn ihr betet
Das Vaterunser

(*Ulrich Becker*)

Das Gebet, das die Welt umspannt, so ist das Vaterunser genannt worden. Der, der es mit diesen Worten beschrieb (H. THIELICKE), hatte dabei die einzelnen Bitten dieses Gebetes in ihrer Vieldimensionalität vor Augen. Vom Gebet, das die Welt umspannt, lässt sich aber auch noch in einem anderen Sinne sprechen: Das Vaterunser ist selbstverständlicher Allgemeinbesitz aller Christen rund um den Erdball. Als das Gebet Jesu oder das Gebet des Herrn wird es von Christen überall gekannt und gesprochen – unabhängig davon, zu welcher Konfession oder Denomination oder christlichen Gruppen sie sich zählen. Als eine Zusammenfassung des ganzen Evangeliums (brevarium totius evangelii, so TERTULLIAN) ist es zu einer Art von Erkennungszeichen der Christen geworden. »Es ist das christlichste aller Gebete« (A. VON HARNACK).
Ist das wirklich so? Hier eine jüdische Stimme:

> »Für den Judaisten gilt im allgemeinen die Regel, dass Kirchengebete umso jüdischer in ihrem Glaubenskern und ihrer Formulierung sind, je weiter man sie auf ihre Urquellen zurückverfolgen kann. Im Falle des Vaterunsers, des einzigen Gebets, das Jesus selbst seine Jünger lehrte und der Nachwelt hinterließ, darf festgestellt werden, dass es wie eine Blütenlese aus dem Gebetbuch der Synagoge anmutet. Was anderes wäre auch von einem frommen Juden zu erwarten gewesen, der in den Evangelien nicht weniger als vierzehnmal als 'Rabbi' angesprochen wird?... In diesem Brauch, die Jünger ein ureigenes Gebet zu lehren, ... war weder Johannes noch Jesus einzigartig. Wir wissen aus der jüdischen Überlieferung von sechs Rabbinen, die solche Jüngergebete verfasst haben – aber sicherlich hat es derer mehr gegeben. Als Meister eines Jüngerkreises war es also für Jesus so gut wie selbstverständlich, dieser Gepflogenheit Folge zu leisten – und zwar in einem Gebet, das einer Kurzfassung seiner ganzen Lehre gleichkommen sollte..«[1]

7.1 Zwei Fassungen des Vaterunsers

Das Vaterunser ist uns im NT an zwei Stellen überliefert: in Mt 6,9–13 im Mittelpunkt der Bergpredigt (vgl. S. 41ff) und in Lk 11,2–4 im Rahmen einer Jünger-Unterweisung. Markus zitiert es nicht; doch muss es angesichts von Mk 11,25 offen bleiben, ob er es nicht doch gekannt hat (s.u.). Abgesehen von den verschiedenen Rahmungen weisen die beiden Fassungen deutlich Unterschiede auf.

> Aufgabe:
> • Analysieren Sie den Befund: Liegt den Evangelisten eine gemeinsame Quelle zugrunde, und wer überliefert die ältere Fassung?

---

[1] LAPIDE, PINCHAS: Das Vaterunser – ein christliches oder ein jüdisches Gebet? In: Er wandelte nicht auf dem Meer (GTB 1410), Gütersloh 1986, 52.

Mt 6,9–13	Lk 11,2–4
Ihr nun sollt so beten:	Wenn ihr betet, so sprecht:
Unser Vater der du bist in den Himmeln, dein Name werde geheiligt. Dein Reich komme. Dein Wille geschehe wie im Himmel, so auch auf Erden. Gib uns heute unser tägliches Brot. Und vergib uns unsere Schulden, wie auch wir vergeben haben unsern Schuldnern. Und führe uns nicht in Versuchung, sondern erlöse uns von dem Bösen.	Vater, dein Name werde geheiligt. Dein Reich komme. Gib uns täglich unser tägliches Brot. Und vergib uns unsere Sünden, denn auch wir vergeben jedem, der gegen uns in Schuld ist. Und führe uns nicht in Versuchung.

Unter der Voraussetzung, dass Matthäus und Lukas das ihnen gemeinsame Überlieferungsgut aus der Logienquelle Q schöpfen (vgl. S. 16) lässt sich folgern: Der kürzere Text bei Lukas mit seinen fünf Bitten ist die ursprünglichere Form, die in dem Matthäus-Text enthalten und um die Attribute der Anrede, um die dritte und siebente Bitte erweitert ist. Dafür spricht auch die allgemeinere Beobachtung, dass liturgische Texte in der Überlieferung eher erweitert als gekürzt werden. Wir finden sie beim näheren Zusehen am Vaterunser-Text selbst bestätigt: Die sog. Doxologie (= der Lobpreis: »Denn dein ist das Reich und die Kraft und die Herrlichkeit in Ewigkeit, Amen.«) wird bei Matthäus nach dem Ausweis späterer Handschriften hinzugefügt, und die lukanische Fassung des Vaterunsers wird in diesen Handschriften an die des Matthäus angeglichen.[2]

Umstritten ist allerdings unter den Exegeten, ob die längere Fassung des Matthäus wirklich das Werk des Evangelisten ist.[3] Manche Beobachtungen sprechen dafür, dass beide Evangelisten eher aus je selbständiger liturgischer Praxis schöpfen denn aus einer gemeinsamen Quelle. Dafür sprechen auch die Versuche, beide Fassungen auf eine aramäische Vorlage zurückzuführen, wobei die Rückübersetzung ins Aramäische in beiden Fällen eine Art Reim erkennen lässt. Von solchen Beobachtungen her argumentiert z.B. J. JEREMIAS, »dass die Abweichungen keinesfalls auf die Eigenwilligkeit der Evangelisten zurückgeführt werden dürfen – kein Autor hätte es gewagt, das Herrengebet willkürlich zu verändern – , sondern dass sich die Abweichungen aus dem verschiedenen 'Sitz im Leben' erklären: Wir haben den Gebetswortlaut zweier Kirchen vor uns. Jeder der Evangelisten überliefert uns den Wortlaut des Vaterunsers so, wie es zu seiner Zeit in seiner Kirche gebetet wurde.«[4]

---

[2] Noch die Lutherbibel in der Revision von 1956 folgt in Lk 11,2–4 diesen späteren Handschriften. Die Revision von 1984 hat dagegen den älteren Text als Grundlage genommen. So erklären sich die Unterschiede im Wortlaut des Vaterunsers. Die Zürcher Bibel folgt dagegen schon immer dem ursprünglicheren Wortlaut.

[3] So behauptet es z.B. GERHARD SCHNEIDER: Das Evangelium nach Lukas (GTB 501), Gütersloh 1984, 256.

[4] JEREMIAS, JOACHIM: Jesus und seine Botschaft, Stuttgart ²1982, 25.

Als »Sitz im Leben« rekonstruiert JEREMIAS mit Hilfe der Kontext-exegese einen Gebetskatechismus: Bei Matthäus folgt der Mahnung in 6,5–6, im Verborgenen zu beten, die Anweisung, beim Beten nicht viele Worte zu machen (6,7–8) und als Beispiel dafür das Vaterunser (6,9–13). Abgeschlossen werden diese Hinweise mit einem Wort Jesu über die rechte Gebetsgesinnung in 6,14–15. Auch bei Lukas ist die Anweisung zum Gebet vierteilig: Sie beginnt mit der Bitte der Jünger »lehre uns beten« und der Erfüllung dieser Bitte mit dem Vaterunser in Lk 11,1–4. Es folgt das Gleichnis vom bittenden Freund mit der Mahnung, am Gebet anzuhalten (11,5–8), verbunden mit der Zusage, dass der Bittende erhört wird (11,9–10). Abgeschlossen wird diese Anweisung zum Gebet mit einem Bildwort vom Vater, der seinen Kindern gute Gaben gibt (11,11–13). Daraus folgt für JEREMIAS:

> »Die Verschiedenheit dieser beiden Anleitungen zum Beten erklärt sich daraus, dass sie für ganz verschiedene Menschen bestimmt sind. Der Gebetskatechismus des Matthäus redet Menschen an, die von Kindheit an zu beten gelernt haben, deren Beten aber in Gefahr steht, zur Routine zu werden. Der lukanische Gebetskatechismus hingegen redet Menschen an, die erst das Beten lernen müssen und denen Mut zum Beten gemacht werden muss. Kein Zweifel: Matthäus liefert uns einen für Judenchristen, Lukas einen für Heidenchristen bestimmten Gebetsunterricht. Um 75 n. Chr. ist also das Vaterunser in der gesamten Christenheit fester Bestandteil der Gebetsunterweisung, sowohl in der judenchristlichen wie in der heidenchristlichen Kirche. Beide Kirchen, so verschieden ihre Lage auch war, waren darin einig, dass ein Christ am Vaterunser beten lernte.«[5]

Für die These, dass das Vaterunser um 75 n. Chr. in den christlichen Gemeinden bekannt war, sprechen noch einige weitere Indizien: Das Logion in Markus 11,25 könnte die Kenntnis des Vaterunsers voraussetzen.[6] Auch in Stellen wie Joh 12,28; 17,15; Apg 21,14 und 2Tim 4,18 lassen sich Anklänge an das Vaterunser wieder finden. Überliefert aber ist das Vaterunser in der »Lehre der zwölf Apostel«, der sog. Didache, einer Gottesdienst- und Gemeindeordnung, die um 100 n. Chr. entstanden ist. In Didache 8,2 wird seine Wiedergabe mit der Formel eingeleitet:»Ihr sollt nicht beten wie die Heuchler, sondern wie es der Herr in seinem Evangelium befohlen hat, so sollt ihr beten.« Es folgt das Vaterunser in der längeren matthäischen Fassung (mit nur ganz geringfügigen Abweichungen), abgeschlossen durch eine zweigliedrige Doxologie («denn dein ist die Kraft und die Herrlichkeit in Ewigkeit«) ohne Amen und mit der Zusatzbemerkung: »Dreimal täglich sollt ihr so beten.« (8,3)[7] Hier wird in einer der matthäischen Gemeinden nahe stehenden Kirchenordnung der regelmäßige Gebrauch des Vaterunsers vorausgesetzt.

So lässt sich zusammenfassend festhalten:
1) Um 75 n. Chr. ist das Vaterunser in der gottesdienstlichen und katechetischen Praxis von judenchristlichen und heidenchristlichen Gemeinden nachweisbar.
2) Dabei stehen zwei unterschiedliche Fassungen, eine ältere kürzere und eine jüngere lange, wie Matthäus und Lukas zeigen, nebeneinander. Das geschieht offensichtlich ganz unbefangen: die Frage, welche Fassung denn nun den

---

[5] Ebd.
[6] So z.B. SCHMITHALS, WALTER: Das Evangelium nach Markus (GTB 504), Gütersloh ²1986, 503. Vgl. dazu und zu den weiteren Anklängen an das Vaterunser im NT Lohmeyer, Ernst: Das Vaterunser, Göttingen ⁴1960, 8f.
[7] BIHLMEYER, FRANZ: Die Apostolischen Väter, Tübingen ³1970. Zu Abfassungszeit und -ort vgl. auch TUILIER, ANDRÉ: Art. Didache, in: TRE, Bd. VIII, 731ff. TUILIER geht davon aus, dass die in der Didache zitierten synoptischen Texte durchweg nicht mit den uns bekannten wörtlich übereinstimmen.

ursprünglichen Wortlaut des Gebetes Jesu festhalte, stellt sich nicht – so wenig wie diese Frage etwa im Blick auf die unterschiedliche Abendmahlsüberlieferung der Evangelisten und des Paulus aufkam. Erst später (vgl. die spätere handschriftliche Überlieferung) ist die Tendenz erkennbar, den lukanischen Vaterunser-Text dem des Matthäus anzugleichen.

3) In der lukanischen Fassung scheint der ältere Text aufbewahrt, der in judenchristlicher Umgebung unter Aufnahme jüdischer Gebetstraditionen weiter ausgestaltet worden sein könnte. Denkbar ist aber auch, dass beide Fassungen einen gemeinsamen Ursprung in einem Gebet Jesu haben.

4) Das Vaterunser stammt aus einem anderen Überlieferungszusammenhang, als es sein jetziger Rahmen bei Matthäus und Lukas erkennen lässt. Ob sich dennoch hinter der Jünger-Bitte in Lk 11,1 »Herr, lehre uns beten, wie Johannes seine Jünger lehrte« eine Erinnerung daran hält, dass zur Zeit Jesu die eigene Gebetssitte und Gebetsordnung Kennzeichen der einzelnen religiösen Gruppen waren und dass deshalb auch die Jesusjünger um ein solches »Kennzeichen für sich baten« (so vor allem J. JEREMIAS), ist umstritten. Vieles spricht dafür, dass eine solche Bitte eher die Situation der Gemeinde widerspiegelt, die sich in späterer Zeit deutlich von anderen jüdischen Gruppen, vielleicht besonders von den Anhängern Johannes des Täufers, unterscheiden wollte und musste. Wie kommt es, dass die Johannesjünger und die Jesusjünger, die in anderer Hinsicht so nahe verwandt sind (vgl. die Taufe), sich in ihren Gebeten unterscheiden?[8] Auf diese Frage gibt Lk 11,1f eine Antwort. Dass schon der historische Jesus sich in diesem Sinne von anderen jüdischen Gruppen abgrenzen wollte, widerspricht eher dem Gesamtverständnis seiner Botschaft.

7.2 Eine Blütenlese aus dem Gebetbuch der Synagoge?

Dass unser Vaterunser wie eine Blütenlese aus dem Gebetbuch der Synagoge anmutet, hatte P. Lapide in seiner o.g. Arbeit über »Das Vaterunser – ein christliches oder ein jüdisches Gebet?«[9] behauptet. Wie weit ist ihm darin Recht zu geben?

Die neutestamentliche Exegese hat immer wieder auf den engen inhaltlichen und formalen Zusammenhang von Vaterunser und jüdischer Gebetsüberlieferung aufmerksam gemacht. »Fast für jede Bitte lassen sich aus dem Schatz jüdischer Gebete... Parallelen beibringen. Auch erkennt man bei der Rückübersetzung ins Aramäische eine Art Reim in der gleichförmigen Wiederholung derselben Endsilben..., ein Stilgesetz, das viele jüdische Gebete zeigen.«[10]

Es sind vor allem zwei alte jüdische Gebete, die immer wieder herangezogen werden, um die Verwurzelung des Vaterunsers in jüdischer Gebetstradition deutlich zu machen: Das erste ist das noch heute übliche Tagesgebet der achtzehn Lobsprüche, das sog. Achtzehn Gebet (hebr. Schome Esre), das in seinem Kern sicher in die Zeit

---

[8] Vgl. zu dem Verhältnis von Johannes dem Täufer zu Jesus und zu dem Verhältnis von Täuferbewegung zu Jesusbewegung. BORNKAMM, GÜNTHER: Jesus von Nazareth, Stuttgart ⁹1971, 40ff; ferner BECKER, JÜRGEN: Johannes der Täufer und Jesus von Nazareth, 1972.

[9] LAPIDE, a.a.O., 52.

[10] BORNKAMM, a.a.O., 125f.

vor 70 n. Chr. zurückreicht. Es enthält, eingerahmt von Lob-, Dank- und Segenssprüchen, zwölf Bitten, von denen einige hier wiedergegeben werden.[11]

4. Bitte
Unser Vater, schenke uns
in Gnaden und Erkenntnis über dich,
aus deinem Gesetz die Einsicht und Klugheit!
Gepriesen seist du, Herr,
der du in Gnaden die Erkenntnis schenkst!

5. Bitte
Herr, bring uns zu dir zurück!
Wir wollen umkehren.
Erneuere unsere Tage wie zuvor!
Gepriesen seist du, Herr,
der du die Umkehr liebst!

6. Bitte
Vergib uns, unser Vater!
Wir sündigen an dir.
Wisch unsere Missetaten aus!
Bring sie aus deinen Augen!
Denn reich ist dein Erbarmen.
Gepriesen seist du, Herr,
der reich ist an Vergebung!

7. Bitte
Schau doch auf unser Elend!
Führ unsern Streit!
Erlöse uns um deines Namens willen!
Gepriesen seist du, Herr,
Erlöser Israels!

8. Bitte
Heil uns, Herr, unser Gott,
von unserer Herzensqual,
und Schmerz und Kummer
bring weg von uns!
Schaff unsern Schlägen Heilung!
Gepriesen seist du, Herr,
der du in deinem Volke Israel
die Kranken heilst!

9. Bitte
Ach, segne uns, Herr, unser Gott,
doch dieses Jahr zum Guten

---

[11] Text nach RIEẞLER, PAUL (Hg.): Altjüdisches Schrifttum außerhalb der Bibel, Augsburg 1928, 8–9.

in allen Arten des Ertrags!
Bring eilends nah
das Endjahr unserer Erlösung!
Und gib dem Boden Tau und Regen!
Mach satt die Welt
mit deiner Güte Schätzen!
Gib Segen auch dem Werke unserer Hände!
Gepriesen seist du, Herr,
der du die Jahre segnest!

10. Bitte
Stoss laut in die Posaune
zu unserer Befreiung!
Erhebe ein Panier
zur Sammlung unserer Verbannten!
Gepriesen seist du, Herr,
der seines Volkes Israel Zerstreute sammelt!

11. Bitte
Mach wieder unsere Richter wie zuerst,
und unsere Berater wie am Anfang!
Herrsch über uns, alleinig du!
Gepriesen seist du, Herr,
du Liebhaber des Rechts!

Das zweite, häufiger zitierte Gebet aus der jüdischen Liturgie ist das Kaddisch, ein Schlussgebet aus dem Synagogengottesdienst, dessen älteste erreichbare Form, die möglicherweise auf die Zeit Jesu zurückgeht, so lautet:

»Verherrlicht und geheiligt werde sein großer Name,
in der Welt, die er nach seinem Willen schuf.
Er lasse herrschen seine Königsherrschaft
zu euren Lebzeiten und zu euren Tagen und zu Lebzeiten des
ganzen Hauses Israel in Eile und Bälde.
Gepriesen sei sein großer Name von Ewigkeit zu Ewigkeit.
Und darauf saget: Amen.«[12]

Aufgabe:
- Vergleichen Sie diese beiden jüdischen Gebete, die in dieser oder in ähnlicher Form zur Liturgie des Judentums zur Zeit Jesu gehört haben könnten, mit dem Text des Vaterunsers, wie er bei Matthäus und Lukas überliefert ist, und stellen Sie Gemeinsamkeiten und Unterschiede heraus.

---

[12] Zitiert nach JEREMIAS, a.a.O., 32. Vgl. ferner HOFFMANN, LAWRENCE A.: Art. Gebet (III. Judentum), in: TRE, Bd. XII, 42ff.

7.3 Zur Auslegung der einzelnen Bitten des Vaterunsers

Wir folgen dem klar erkennbaren Aufbau des Vaterunsers in der lukanischen Fassung: 7.3.1. Anrede, 7.3.2. Zwei (bei Matthäus drei) Du-Bitten, 7.3.2. Zwei Wir-Bitten, 7.3.4. Schlussbitte.[13]

7.3.1 Anrede

Das Gebet beginnt mit der Anrede Gottes als Vater, einer Anrede, die in der Religionsgeschichte weit verbreitet ist. »Man muss sich von dem Gedanken freimachen, Jesus habe zum erstenmal in der Geschichte der Religionen Gott den Vater genannt und als erster die Idee der Gotteskindschaft aller Menschen zum Mittelpunkt seiner Botschaft gemacht.«[14] Schon in den Gebeten der Sumerer (im 3. und 2. Jahrtausend v. Chr.) findet sich diese Anrede, und zwar nicht nur in dem Sinne des Vaters als des mächtigen Gebieters und des Ahnherrn, von dem der König und das Volk abstammen, sondern auch in dem Sinne des »barmherzigen, gnädigen Vater(s), in dessen Hand das Leben des ganzen Landes liegt«. So heißt es in einem Hymnus aus Ur an den Mondgott Sin.[15]

Das AT und die späteren jüdischen Theologen folgen also ihrer religiösen Umwelt, wenn in ihren Texten und Gebeten Gott, neben vielen anderen Bezeichnungen (z.B. König, Herr), auch Vater genannt wird, unterscheiden sich aber dadurch, dass das besondere Verhältnis der Erwählung (und nicht etwa der Gedanke einer physischen Abstammung) mit dem Vatersein Gottes zum Ausdruck gebracht wird: »Denn du bist unser Vater! Abraham weiß ja nicht von uns, und Israel kennt uns nicht. Du, Herr, bist unser Vater, 'unser Erlöser' ist dein Name von Urzeit an« (Jes 63,16; vgl. auch Jes 64,7; Jer 3,4). Jahwe ist nicht der Ahnherr, wie die frommen Erzväter Abraham und Jakob (= Israel), sondern der Erlöser, der sein Volk (= seinen erstgeborenen Sohn, Ps 2,7) durch den Auszug aus Ägypten und andere mächtige Taten in der Geschichte befreite und erlöste.

An diese »Einsetzung an Sohnes Statt« wird Israel immer wieder erinnert: »Ich hatte gedacht: Wie will ich dich setzen an Sohnes Statt und dir ein liebliches Land geben, das allerherrlichste Erbe unter den Völkern! Und ich meinte, du würdest mich 'mein Vater' nennen, von mir dich nicht abwenden.« (Jer 3,19f)

Dass die Vateranrede im Vaterunser aus den Traditionen des Alten Testamentes und des Judentums heraus geformt ist, steht also außer Frage. »Fest steht, dass Jesus Diesen Gott, Der für ihn Der Schöpfer der Welt, Der Bundes-Gott und Der künftige Richter ist, wie viele fromme Juden seiner Zeit, 'Unser Vater' (Mt 6,9); 'Euer Vater' (Mt 6,26); 'Dein Vater' (Mt 6,4); 'Mein Vater' (Mt 26,39); 'Den Himmlischen Vater' (Mt 5,48); 'Den Vater im Himmel' (Mt 5,16) oder, noch zärtlicher: 'Abba' (Mk 14,36) nennt, was sowohl seine Gottesnähe, seine Frömmigkeit als auch sein intensives Judesein bezeugt«, so resümiert P. LAPIDE.[16] Aber während sich Matthäus in der Vateranrede der gottesdienstlichen Sprache bedient (hebräisch abinu = unser Vater) und sie

---

[13] Eine Gliederung orientiert an den sieben Einzelbitten des Matthäus (die ersten drei an Gott gerichtet, die letzten vier für das Wohl der Menschen), wird von anderen Auslegern vorgeschlagen. So z.B. GRUNDMANN, WALTER: Das Evangelium nach Matthäus, Berlin 1968, 100; LAPIDE, a.a.O., 60.

[14] BORNKAMM, a.a.O., 114.

[15] Zitiert bei JEREMIAS, a.a.O., 30.

[16] LAPIDE, a.a.O., 66.

durch den die Distanz wahrenden Zusatz »in den Himmeln« erweitert, fusst die kurze Anrede »Vater«, die Lukas überliefert, offensichtlich auf dem aus der aramäischen Umgangssprache stammenden abba = Väterchen, lieber Vater. Die hellenistische Gemeinde zitiert diese Anrede »Abba« aus der ältesten Jesus-Überlieferung (Röm 8,15; Gal 4,6), und auch Mk 14,36 kennt sie als die Anrede Jesu, immer ohne den Zusatz »in den Himmeln«. Die Behauptung, sie stamme aus der Kindersprache und sei im Judentum zur Zeit Jesu undenkbar, ist nicht länger aufrechtzuerhalten. Aber richtig ist, dass sie im Urchristentum als ein besonderes Zeichen der Botschaft und der Sendung Jesu registriert wird, die von dem Bewusstsein und dem Eindruck der unmittelbaren Nähe Gottes geprägt ist. Es ist die vertrauensvolle Sprache, wie sie im Raum der Familie gesprochen wird, die Jesus hier benutzt, die Sprache von Nähe, Wärme, Beziehungsfähigkeit, Einfühlsamkeit, Geborgenheit, Vertrauen – eine Sprache, wie sie heute in der Kritik der feministischen Theologie an einem patriarchalischen Vater-Idol gern der »Mutter« zugeschrieben wird: Kinder verstehen sie auf Anhieb (vgl. Mk 10,13–16, dazu S. 92).

Die Abba-Anrede kann als ein christologisches Zeichen verstanden werden, insofern Jesu eigenes Gottesverständnis darin zum Ausdruck kommt. Zugleich lässt sie sich als ein eschatologisches Zeichen deuten, insofern Jesus seine Jünger in dieses Gottesverhältnis mit hinein nimmt.[17] Ob man aber noch einen Schritt weiter gehen und etwa unter Hinzuziehung von Stellen wie Mt 11,27f interpretieren kann, Jesus zeige mit dieser Anrede, dass er Gott im exklusiven Sinn als seinen Vater und sich selbst als Sohn verstehe, wie das vor allem J. JEREMIAS immer wieder versucht hat, ist in der neutestamentlichen Forschung umstritten. Vieles spricht dafür, dass Jesus erst in der christologischen Deutung der hellenistischen Gemeinde als der Gottessohn verstanden worden ist – nach BORNKAMM ein unmissverständlicher Beweis, »dass die glaubende Gemeinde das Geheimnis des Vaterseins Gottes und das Geheimnis der Kindschaft als ein Wunder verstand, nicht als eine natürliche Gegebenheit... Nicht kraft ihres natürlichen Seins, sondern in der Kraft des 'Geistes', der in ihren Herzen schreit, rufen die Glaubenden: 'Abba-Vater' (Röm 8,15; Gal 14,4).«[18]

7.3.2 Die Du-Bitten

Die beiden Bitten »Geheiligt werde dein Name. Es komme dein Reich« gehören formal und inhaltlich eng zusammen. Matthäus kennt, vielleicht im Anschluss an die Jesus-Bitte von Gethsemane (26,42), noch eine dritte, inhaltlich gleichbedeutende: »Dein Wille geschehe, wie im Himmel, so auch auf Erden.« Auf die Nähe der beiden ersten Bitten zum oben zitierten Kaddisch-Gebet ist immer wieder hingewiesen worden. Im Mittelpunkt steht der Herrschaftsantritt Gottes:

> »Zu jedem Herrschaftsantritt eines irdischen Regenten gehören die Huldigungen in Worten (Akklamation) und in Gesten (Proskynese). So wird es auch sein, wenn Gott seine Herrlichkeit offenbart: Seinem Namen wird gehuldigt werden und seiner Herrschaft wird sich alles unterwerfen. Es sind also Inthronisationsmotive, die das Qaddisch verwendet.

---

[17] Vgl. dazu GRUNDMANN, WALTER: Das Evangelium nach Lukas, Berlin ²1963, 230.
[18] BORNKAMM, a.a.O., 118. Zu der Auseinandersetzung mit J. Jeremias über die Abba-Anrede vgl. CONZELMANN, HANS: Grundriß der Theologie des Neuen Testaments, München ²1967, 118ff; CONZELMANN, HANS/LINDEMANN, ANDREAS: Arbeitsbuch zum Neuen Testament, Tübingen 1982, 363 THEIßEN, GERD/MERZ, ANNETTE: Der historische Jesus, Göttingen ²1997, 458f.

Entsprechend sind die Du-Bitten des Vaterunsers zu verstehen. Sie bitten um das Kommen der Stunde, in der Gottes Heiligkeit sichtbar wird und er seine Herrschaft antritt.«[19]

Im Unterschied zum Kaddisch-Gebet und vor allem zum Achtzehn-Gebet (vgl. vor allem die Bitten 7 und 11) wird aber im Vaterunser auf völkische Hoffnungen und apokalyptische Bilder ganz verzichtet. Angesichts der Herrschaften, die Menschen über sich ergehen lassen müssen, wird hier vielmehr im Lichte der Abba-Anrede danach Ausschau gehalten, dass eine Herrschaft zum Zuge kommt, die den bisherigen Erscheinungsformen von Herrschaft heilsam konkurriert: nämlich die Herrschaft des Reiches Gottes, von der Jesus in seinen Gleichnissen gern in Form von Bildern und Prozessen des Wachstums gesprochen hat: in diesem Sinne 'kommt' Gottes Reich. Die das Vaterunser beten, sagen Abba, lieber Vater, und liefern sich damit seiner heilsamen Herrschaft aus, d.h. auch seinem Willen, dass er geschehe, wie er im Himmel geschieht, fügt Matthäus hinzu. Vgl. dazu Ps 115,16: »Der Himmel ist der Himmel des Herrn, die Erde gab er den Menschen.« Gott möge seine Herrschaft, die im Himmel nicht umstritten ist, auch auf dieser Erde durchsetzen, wo sie ihm von anderen Herren streitig gemacht wird. Dass Matthäus, der die dritte Bitte allein überliefert, das Vaterunser in den Rahmen seiner Bergpredigt-Komposition setzt, macht deutlich, wie er den Willen Gottes verstanden sehen möchte.

7.3.3 Die Wir-Bitten

Den eschatologischen Bitten am Beginn des Vaterunsers, in denen es um das Offenbarwerden Gottes und seiner Herrschaft geht, folgen die beiden Wir-Bitten um das Brot und um die Vergebung der Schuld, die beide auch formal zusammengehören. Sie sind die Aktualisierung der Eingangsbitten: Die Bitte um das Kommen des Reiches und um das tägliche Brot gehören zusammen. »Von der hereinbrechenden Gottesherrschaft fällt ein ungeheurer Akzent auf das alltägliche Leben. Im alltäglichen Mahl kann Jesus schon ein Zeichen sehen, das auf das endgültige Mahl weist. In jeder gegenseitigen Vergebung wirkt sich die große Vergebensbereitschaft Gottes am Ende aus.«[20] Sind die Du-Bitten, wie wir sahen, eng an das Kaddisch-Gebet angelehnt formuliert, so begegnet in den Wir-Bitten und ihrer Zuordnung zu den Eingangsbitten möglicherweise noch deutlicher das Neue, das Jesus hinzufügt:

Um die *Brotbitte* gibt es eine lange, nicht enden wollende Debatte. Es geht dabei um die richtige Übersetzung des Griechischen epiousios, das in dem uns seit Luther vertrauten Text mit »täglich« wiedergegeben wird. Zwei Möglichkeiten bieten sich an: die eine, die mit »was zum Dasein nötig ist« zu übersetzen wäre, also im Sinne einer »bescheiden zugemessenen Ration«[21] – die andere, bei der das Wort mit »auf den folgenden Tag bezogen, für morgen bestimmt oder nötig« wiederzugeben wäre, wobei dann die Gegenüberstellung entstünde: »Das Brot für morgen – gib uns heute.«[22] Diese zweite Übersetzung ist u.a. auch von J. JEREMIAS bevorzugt worden. Er beruft sich dabei auf HIERONYMUS (347–420), der in seinem Matthäus-Kommentar zu Mt 6,11 schreibt:

---

[19] JEREMIAS, JOACHIM: Neutestamentliche Theologie, Teil 1, Gütersloh 1973, 192.

[20] THEIßEN/MERZ: a.a.O.241

[21] BORNKAMM, a.a.O., 191

[22] Vgl. dazu JEREMIAS, JOACHIM: Jesus und seine Botschaft, a.a.O., 193f und Neutestamentliche Theologie, a.a.O., 34f

> *»In dem so genannten Hebräerevangelium… habe ich gefunden: 'machbar', das heißt 'für morgen', so dass der Sinn ist: Unser morgiges, das heißt zukünftiges Brot gib uns heute.«*

Soweit wird HIERONYMUS von JEREMIAS zitiert – und dann fährt er fort:

> *»In der Tat bezeichnet das Wort für 'morgen' im antiken Judentum nicht nur den nächsten Tag, sondern auch das große 'Morgen', nämlich die Endvollendung. Nun wissen wir aus den alten Übersetzungen des Vaterunsers, dass das 'Brot für morgen' in der alten Kirche, und zwar sowohl im Osten wie im Westen, weithin, wenn nicht überwiegend, in dem Sinn 'Brot der Heilszeit', 'Brot des Lebens', 'himmlisches Manna' verstanden worden ist. Lebensbrot und Lebenswasser sind seit Urzeiten Symbole des Paradieses, Umschreibung der Fülle aller leiblichen und geistigen Gaben Gottes… Die eschatologische Ausrichtung aller übrigen Bitten des Vaterunsers spricht dafür, dass auch die Brotbitte eschatologischen Sinn hat, d.h. dass sie das Lebensbrot erfleht.«*[23]

Doch selbst, wenn man dieser zweiten Übersetzung des epiousios folgt, ist *diese* eschatologische Deutung auf das »Brot des Lebens« nicht zwingend. Sie trägt allzu sehr die Spuren späterer Interpretation. Im Grunde haben beide möglichen Übersetzungen des epiousios primär das Brot im Auge, das zum Dasein nötig ist, die bescheiden zugemessene Ration. Lukas bekräftigt dies, in dem er aus dem »heute« des Matthäus ein »Tag für Tag« macht: »Das Brot, das wir zum Dasein brauchen, gib uns 'Tag für Tag'.« Aber im Unterschied zu der 9. Bitte des Achtzehn-Gebetes, wo um das jährliche Brot gebeten wird, ist die Situation zugespitzt: Die Bitte um diese bescheiden zugemessene Ration wird ausgesprochen, weil es quälenden Hunger gibt. Es ist eine Bitte gegen das Leid und gegen den Tod des Hungers wegen. Dabei umfasst »Brot« natürlich alles, was zum Leben nötig ist – dass der Mensch nicht vom Brot im engeren Sinne allein lebt (Dt 8,3; Mt 4,4), ist dabei sicher mitgedacht. Von diesem Brot kann man nur leben, wenn man es und weil man es jeden Tag neu empfängt. Besitztümer daraus zu machen, verbietet sich (vgl. die Erzählung vom Manna-Wunder in der Wüste in Ex 16 und das Gleichnis vom Reichen Kornbauern Lk 12,16–21). So verstanden ist die Bitte Ausdruck des Vertrauens in die kommende Gottesherrschaft, in der aber alle jetzt schon das **gemeinsam** haben sollen, was sie heute zum Leben brauchen. Gemeinsam: »**Unser** tägliches Brot gibt **uns** heute!« Es ist keine egoistische, sondern eine solidarische Bitte. »Man kann vor Gott nicht für sich allein um das Brot bitten.«[24] Anders trennt man sich von ihm und von den anderen.

Dass es in der Herrschaft Gottes diesen Zusammenhang gibt zwischen der Bitte und dem Verhalten derer, die diese Bitte vertrauensvoll vorbringen, macht die *Vergebungsbitte* besonders deutlich. Ihr Nachsatz »Wie wir vergeben…« – »formal ein Fremdkörper in dem sonst so geschlossenen Gebet«[25] – weist deutlich darauf hin, dass kein Mensch um Vergebung bitten kann, der selbst nicht bereit ist zu vergeben (vgl. dazu Mt 5,23f, 6,14f und vor allem das Gleichnis vom Schalksknecht Mt 18,21ff). Mit diesem Nachsatz wird nicht eine Bedingung genannt. JEREMIAS schlägt unter Rückgriff auf eine zu rekonstruierende aramäische Vorlage in Lk 11,4 vor zu übersetzen: »wie auch wir hiermit unsern Schuldnern vergeben«. Es sind die zwei Seiten einer Münze! Schuld (Lukas sagt eindeutig »Sünde«) trennt. Sie trennt Menschen von Gott und Menschen von Menschen. Freunde werden zu Feinden, Solidarität wird zerstört. Solche Trennung kann als bittere Not erfahren werden, wie der Hunger (vgl. Lk 15,11ff). In der Herrschaft Gottes, die Jesus ansagt und die in seinem Handeln

---

[23] Vgl. ebd
[24] EBELING, GERHARD: Vom Gebet, 1963, 79 – zitiert bei STRUNK, REINER: Das Gebet Jesu, Stuttgart 1988, 129. Vgl. dazu auch die Interpretation STRUNKs.
[25] GRUNDMANN, WALTER: Das Evangelium nach Matthäus, a.a.O., 203.

sichtbar wird, werden solche Trennungen schon jetzt aufgehoben. Wer »abba« sagt und damit bittet, an der Überwindung von Trennungen jetzt schon teilzuhaben, lebt nicht mehr für sich selbst, sondern sucht die anderen: die Gemeinschaft des Vaters mit seinen Kindern.

7.3.4 Die Schlussbitte

Auf zwei Beobachtungen haben die Exegeten bei der Auslegung dieser Schlussbitte immer wieder aufmerksam gemacht. Zunächst auf eine formale:

> »Die Schlussbitte... fällt aus dem Rahmen des Vaterunsers heraus. Nach dem Parallelismus der beiden Du-Bitten und dem doppelgliedrigen Aufbau der beiden Wir-Bitten wirkt dieser knappe eingliedrige Schlusssatz (erg. bei Lukas!) abrupt und hart. Dazu kommt ein weiterer Umstand: Als einzige der Bitten ist diese letzte negativ formuliert. All das ist Absicht. Diese Bitte soll hart und abrupt wirken. Das zeigt ihr Inhalt.«[26]

Inhaltlich wird diese Bitte – das ist die zweite Beobachtung – gern mit der Bitte eines jüdischen Abend- und Morgengebets in Zusammenhang gebracht, das Jesus gekannt haben könnte: »Leite meinen Fuß nicht in die Gewalt der Sünde, und bring mich nicht in die Gewalt der Schuld und nicht in die Gewalt der Versuchung und nicht in die Gewalt von Schändlichem.«[27] Schon in Jak 1,13 wird der Gedanke abgewiesen, Gott sei es, der jemanden in Versuchung führe. Auch dieses jüdische Gebet macht deutlich, wie diese Bitte verstanden werden muss: »Lass nicht zu, dass wir hineingeraten in die Situation des Abfalls.« Matthäus unterstreicht dies ausdrücklich, wenn bei ihm ein zweiter Halbvers hinzugefügt wird: »... sondern reiße uns von dem Bösen weg.« Es ist ein Hilferuf, mit dem das Vaterunser abschließt. Er holt den Beter auf den Boden der Wirklichkeit zurück, in der die Herrschaft Gottes heilsam Gestalt gewinnen soll. Es ist die Wirklichkeit des Bösen (so Matthäus) – ob als Neutrum oder als Maskulinum zu verstehen, das ist nicht eindeutig zu entscheiden –, die alles in Frage zu stellen droht! Bei Lukas erscheint diese Wirklichkeit als die Zeit der Versuchung, die höchste Gefahr des Abfalls bedeutet (Lk 8,13) und die der dritte Evangelist als Ereignisse, die der Endzeit vorausgehen, in Lk 21 ausführlich beschreibt. Sie sind seine Wirklichkeit am Ende des 1. Jahrhunderts!

Es geht in dieser Bitte nicht darum, vor dieser Wirklichkeit die Augen zu verschließen oder ihr sonstwie zu entfliehen, sondern in dieser Wirklichkeit stehend und sie aushaltend der Gefahr des Abfalls entrissen zu werden. Darum bitten die Beter des Vaterunsers gemeinsam.

So macht gerade diese Schlussbitte die beiden Du-Bitten umso dringlicher, die sich an den wenden, der mit abba angeredet werden kann. Es ist verständlich, dass eine Gemeinde, die so betete, ein Gebet nicht mit dem Wort »Versuchung« enden ließ. Man muss wissen, »dass es im Judentum üblich war, dass zahlreiche Gebete mit einem Siegel beendet wurden, einem vom Beter frei formulierten Lobspruch. So hat es ohne Frage auch beim Vaterunser Jesus gemeint und in der ältesten Zeit die Gemeinde gehandhabt: dass das Vaterunser mit einem 'Siegel', d.h. einer vom Beter frei formulierten Doxologie abschloss.«[28]

---

[26] JEREMIAS, JOACHIM: Neutestamentliche Theologie, a.a.O., 195.
[27] Zitiert bei GRUNDMANN, WALTER: Das Evangelium nach Matthäus, a.a.O., 203 und JEREMIAS, JOACHIM: Neutestamentliche Theologie, a.a.O., 195f.
[28] JEREMIAS, JOACHIM: Jesus und seine Botschaft, a.a.O., 40.

Aufgabe:
- Das Vaterunser mute wie eine Blütenlese aus dem Gebetbuch der Synagoge an, so urteilt P. Lapide. Formulieren Sie abschließend Ihr eigenes Urteil.

Literatur

BORNKAMM, GÜNTHER: Jesus von Nazareth, Stuttgart [9]1971 CONZELMANN, HANS: Grundriß der Theologie des Neuen Testaments, München [2]1967 CONZELMANN, HANS/LINDEMANN, ANDREAS: Arbeitsbuch zum Neuen Testament, Tübingen [6]1982 GNILKA, JOACHIM: Das Matthäusevangelium (I), Freiburg i. Brsg. 1986 JEREMIAS, JOACHIM: Jesus und seine Botschaft, Stuttgart [2]1981 ders: Neutestamentliche Theologie, Teil 1: Die Verkündigung Jesu, Gütersloh [2]1973 LAPIDE, PINCHAS: Er wandelte nicht auf dem Meer. Ein jüdischer Theologe liest die Evangelien (GTB 1410), Gütersloh [2]1986 LOHMEYER, ERNST: Das Vaterunser, Göttingen [4]1960 LUZ, ULRICH: Das Evangelium nach Matthäus, Zürich/Neukirchen 1985, 332–353 RAGAZ, LEONHARD: Die Bergpredigt Jesu, Gütersloh 1979 THEIßEN, GERD/MERZ, ANNETTE: Der historische Jesus, Göttingen [2]1997

8 »Es geht leichter ein Kamel durch ein Nadelöhr ...«
Armut und Reichtum im Neuen Testament

(*Harry Noormann*)

Es gibt keinen biblischen Auftrag, »die Tatsache von Armut in der Welt zu beseitigen.«[1]

»Die Existenz der Armut ist ein Skandal und ein Verbrechen. Es ist Gotteslästerung zu sagen, sie entspreche dem Willen Gottes«[2]

8.1 Arme und Reiche im Neuen Testament – »Wer sich zu sehr bemüht, hinter die Dinge zu sehen, sieht die Dinge zuletzt selbst nicht mehr« (Augustin)

Ungezählte Theologengenerationen haben auf die Frage, was denn das NT über Armut zu sagen wisse, mit LUTHERs letzter Einsicht geantwortet – »wir sind Bettler, das ist wahr«.

Zweierlei haben sie mit dieser Antwort andeuten wollen:
a) Die christliche Überlieferung lehrt uns verstehen, meint LUTHER stellvertretend für einen breiten Strom im theologischen Verständnis von Armut, dass wir uns nicht am eigenen Schopfe aus dem Sumpf paradiesloser Zustände herausziehen werden. »Die Gewaltigen lassen vom Unterdrücken nicht. Die Reichen lassen von ihrer Wollust nicht« (LUTHER). Armsein an Vermögen, verbunden mit dem Bedürfnis, eine geschwisterliche Welt zu schaffen, macht die menschliche Grundbefindlichkeit aus, unabhängig davon, ob jemand einem Konzern vorsteht oder im Tiefgeschoss die Toiletten putzt. Das ist die »*anthropologische*« *Botschaft*, wenn das Neue Testament von Armut spricht.
b) Wir müssen daher, so wird traditionell weiter argumentiert, beim Verstehen biblischer Texte Oberfläche und Tiefgang, das konkret Erzählte vom eigentlich Gemeinten unterscheiden, d.h. die konkret geschichtlichen Dinge und Personen auf ihre tiefersinnige Bedeutung hinterfragen. »Der Blinde« ist nicht ein beliebiger Bettler aus den Felslöchern bei Jericho, sondern der bettelarme Mensch schlechthin, der um seine unentrinnbare Heillosigkeit weiß und doch glaubt, dass allein der »Rabbuni Jesus« ihm ein Leben schenkt, das diesen Namen verdient. »Die Kinder«

---

[1] Pannenberg, Wolfgang: Stellungnahme zu dem Papier der Kommission für kirchlichen Entwicklungsdienst (CCPD) »Für eine mit den Armen solidarische Kirche«, maschinenschriftlich, München o.J., 1, zit. nach Reese, Günther: Barmen 1984 – Bekenntnis und Widerstand in ökumenischer Perspektive, in: Junge Kirche 44. Jg. (1983), H.9, S. 469.

[2] Aus der 2. Affirmation der Weltversammlung für Gerechtigkeit, Frieden und Bewahrung der Schöpfung in Seoul 1990.

stehen für blindes Vertrauen in das Angenommensein durch Gott – trotz aller Unfertigkeit und Fehlerhaftigkeit. Das ist die »*christologische*« *Botschaft*, wenn das Neue Testament vom Reichtum, nämlich des Glaubenden, spricht.

Beiden Botschaften ist die Grundannahme gemein, *Armut* und *Reichtum* im Neuen Testament in ihrer *geistlichen Bedeutung*, ihrem metaphorischen oder symbolischen Gehalt erschließen zu wollen (diese Sichtweise hat im Johannesevangelium ihr biblisches Vorbild). Mit dieser Annahme verbindet sich in der Christentumsgeschichte häufig eine zweite – *die Unterscheidung von Leib und Seele,* »*geistlichem*« *und* »*weltlichem*« *Leben*, und immer auch: die Höherwertigkeit geistlichen Reichtums gegenüber weltlicher Armut.[3]

Ein aufschlussreiches Beispiel für diesen abendländischen Frömmigkeitstyp und seine biblische Lesart von »arm« und »reich« ist folgende Passage aus einem Studienwerk für angehende Lehrer/innen über die Deutung der ersten drei Seligpreisungen nach dem Matthäusevangelium aus der Zeit vor dem 1. Weltkrieg:

»*1. (...) Die äußere Lage allein macht es nicht aus. Auch Gehasi (der gewinnsüchtige Diener des Elisa, HN) war arm, aber er schielte nach den Gütern dieser Welt. Somit war er mit dem Geiste kein Armer, sondern ein Mammondiener. Umgekehrt war Abraham reich, aber er gab nichts auf seinen Reichtum (...) Ebenso Papst Gregor I. Er war überreich und lebte doch, als wäre er ein Bettler. Sie waren nur äußerlich reich, mit dem Geist doch arm, denn sie hatten ihr Herz nicht an den Reichtum gehängt; sie hatten, als hätten sie nicht, 1Kor 7,30f; 'Habt nicht lieb die Welt' usw. 1Joh 2,15–17.*

Diese sind selig; denn während der Reichtum das Herz leer lässt, das sich daran hängt,... gehört diesen das Himmelreich (...). Es gehört dazu nicht etwa ein geistiger oder geistlicher Beruf. Der Handwerker, der nicht im Gelderwerb, sondern mit voller Freude in nützlicher Tätigkeit lebt, lebt im Reich des Geistes so gut wie der Gelehrte... Die nach dem Erdenreich nichts fragen, haben das Himmelreich. – Das war freilich ein Gegensatz zu der üppigen Erdenseligkeit der Messiashoffnung...

2. Die Leid tragen (...) Lazarus trug Leid; darum ward er getröstet, denn er hatte sein Leid geduldig ertragen, mit innerem Frieden des Herzens. Der Reiche dagegen war durch seine Lieblosigkeit verflacht, vertiert, verloren gegangen. So liegt im Leiden eine Seligkeit, denn es lenkt von dem Sichtbaren auf das Unsichtbare (...) Welch neue Lehre gegenüber der Idee der Juden, die vom Messiasreich vor allem die Beseitigung alles Leidens erwartete! Und wäre sie geschehen, so würde das für Wesen, die dann neu geboren werden, nicht nur Glück bedeuten, sondern dumpfes Vegetieren.

Diese drei Seligpreisungen legen also die Seligkeit der Reichsgenossen in die rechte Stellung zur Welt.

---

[3] Bei Luther liest sie sich in der »Freiheit eines Christenmenschen« so: »Was hilft's der Seele, dass der Leib ungefangen, frisch und gesund ist, isset, trinkt, lebt, wie er will? Wiederum, was schadet das der Seele, dass der Leib gefangen, krank und matt ist, hungert, dürstet und leidet, wie er nicht gern wollte? Dieser Dinge reichet keines bis an die Seele, sie zu befreien oder zu fangen, fromm oder böse zu machen«(Von der Freiheit eines Christenmenschen [KT 143], Gütersloh 1995, S. 8, Zum Dritten). Um es deutlich zu sagen: Dietrich Bonhoeffer in Buchenwald oder Steve Biko im Polizeigewahrsam der Apartheid sind mit ihrem Leben stellvertretend für ungezählte andere für diese lutherische Überzeugung eingestanden. Der Glaube, der innere Widerstand gegen Unterdrückung und Erniedrigung, entscheidet letztlich über Tod und Leben. Der Mensch ist mehr, als man an ihm zerstören kann. Tod bedeutet, wenn es den Peinigern gelingt, zum Körper auch die Seele in ihre Gewalt zu bringen. Aber sie würden auch sogleich hinzufügen: Es ist dies der Glaube an den letztlichen Triumph der Gerechtigkeit, der dauerhaften Überwindung von Armut und Unterdrückung.

Die Seligkeit beruht auf dem willigen Entbehren 1. des Reichtums, 2. der Freuden, 3. der Herrschaft (...)«[4]

Heutige Antworten auf die Frage, was denn Neues über Armut im NT zu berichten sei, beginnen selbstkritisch: Uns – den Angehörigen einer reichen Gesellschaft – ist der soziale Standort bewusster geworden, von dem her wir Urteile über diese Frage anzugehen pflegen. Wir erkennen uns deutlicher wieder in einer drastischen Szene, die S. KIERKEGAARD im 19. Jahrhundert festgehalten hat:

> »In der prächtigen Domkirche tritt der hochwohlgeborene, hochwürdige geheime Generalhofprediger auf, der ausgewählte Günstling der vornehmen Welt, er tritt auf vor einem Kreis von Auserwählten und predigt über den von ihm selbst ausgewählten Text: 'Gott hat ausgewählt das Geringe vor der Welt und das Verachtete' – und da ist niemand, der lacht.«[5]

Uns trennt nicht allein ein gewaltiger zeitlicher Abstand von den Akteuren des Neuen Testaments. Ebenso hinderlich ist der soziale Abstand von den Armen damals und heute vor dem Hintergrund unserer besonderen dogmatischen Tradition. L. BOFF erfasst den Wandel bei der Annäherung an die Armen zur Zeit Jesu im letzten Drittel dieses Jahrhunderts mit einem durchaus historisch zu nennenden Urteil, wenn er schreibt:

> »Die Tatsache, dass Christen sich für die Armen engagieren, gegen deren Armut und für ihre Befreiung, brachte eine unschätzbare Bereicherung des christlichen Glaubens mit sich. Ausgehend vom Standpunkt der Armen, wurde der wirkliche biblische Gott wiederentdeckt, wurde neu entdeckt die befreiende Dimension Jesu und seiner Botschaft, die Mission der Kirche als Dienerin der Gerechtigkeit, und schließlich auch jener Gesellschaftstyp, der im Projekt der göttlichen Offenbarung sichtbar wird: eine Gemeinschaft von Brüdern und Schwestern, basierend auf der Teilnahme aller.«[6]

Aufgabe:
- DOROTHEE SÖLLE bemerkte einmal in einem Aufsatz, sie habe 30 Jahre gebraucht, um zu verstehen, warum in den Evangelien auf fast jeder Seite Arme und Behinderte herumlaufen. Erklären Sie diese Aussage vor dem Hintergrund einer »spiritualisierenden Tradition« bei der Deutung neutestamentlicher Texte.

8.2 Arme und Reiche in den synoptischen Evangelien

Wie die hebräische Bibel spricht das Neue Testament bevorzugt konkret von den Armen statt vom »Phänomen« der Armut. Sie begegnen uns überwiegend in den Evangelien (Ausnahme: Johannes) und dort an herausragender Stelle in dem Überlieferungsgut, das Mt und Lk als (vermutlich schriftliche) Vorlage neben dem Markusevangelium benutzt haben, der sog. »Logienquelle« (vgl. S. 13f).

---

[4] Religionsbuch für Lehrer- und Lehrerinnenseminare und Präparandenanstalten. Von Lic. R. KABISCH, Göttingen ⁵1909, S. 40ff.

[5] KIERKEGAARD, S., zit. nach STEGEMANN, WOLFGANG: Das Evangelium und die Armen, München 1981, S. 53f.

[6] BOFF, LEONARDO, in: BLANK, REYNOLD J.: Der Aufstand des domestizierten Gottes. Mit einem Vorwort von LEONARDO BOFF, Münster 1988, S. 7.

Vor dem Hintergrund der Eingangsbemerkungen muss überraschen, dass »Armut« bei den Synoptikern nirgendwo im übertragenen Sinne verwendet wird. In gut hebräischer Tradition sind stets Menschen in einer wirtschaftlichen Situation gemeint, welche die tägliche Sorge um Überlebensmittel umtreibt.[7]

SCHOTTROFF/STEGEMANN haben herausgestellt, dass die Verfasser zur Kennzeichnung der Armen den schärfsten Kontrastbegriff zu den »plousioi«, den Reichen, benutzen: Arme sind »ptochoi«, bettelarm, deutlich unterschieden von den »penetes«, den minder Bemittelten, ein Ausdruck, der in der antiken griechischen Literatur für Bevölkerungsschichten benutzt wird, die für ihren Lebensunterhalt (abschätzig betrachteter) harter Arbeit nachgehen müssen. Eine dritte Bezeichnung, »aporos« (Mangel leiden), kommt im NT überhaupt nicht vor.[8] Und es ist »verblüffend zu sehen, dass im ganzen NT kein einziges Mal auf etwas angespielt wird, was wir Bürgertum und Adel nennen würden, dafür aber ständig auf die Armen und die Reichen.«[9]

Die Wortwahl und die Wortverbindungen vermitteln ein wohl realistisches Bild vom schroffen Gegensatz zwischen Arm und Reich in der jüdischen Bevölkerung. Arme sind gleichgesetzt
- mit Hungernden (Lk 1, 53);
- mit Kranken (zahlreiche Heilungswunder);
- mit vagabundierenden, nicht sesshaften Habenichtsen (Lk 14,21);
- sie werden im einem Atemzug genannt mit Behinderten, Blinden, Lahmen (Lk 4,18f.; 14,13);
- mit Frierenden und Leuten, die ihr letztes Hemd auf dem Leibe tragen (Lk 3,11; Mt 6,25) und von der Hand in den Mund leben müssen (Mt 6,25). Lazarus, dessen Geschwüre die Hunde lecken, wartet vor der Tür des Reichen auf Abfälle aus dem Herrenhaus (Lk 16,20f.).

Auch dort, wo in den Evangelien von den Bettelarmen nicht ausdrücklich gesprochen wird, sind die »Gesichter der Armut« allgegenwärtig, zum Beispiel in Personen wie
- Tagelöhnern (Mt 20,1–16),
- der Frau, die stundenlang nach einer Drachme sucht (Lk 15,8),
- den Hirten, Prostituierten und anderen mit »unreinen Berufen«,
- den »Menschenmengen«, deren Sättigung von wenigen Broten und Fischen in den Evangelien so oft erzählt wird wie keine andere Geschichte (vgl. S. 76f.

Von Unterdrückung und Gewalt wird berichtet, deren Opfer hauptsächlich Arme gewesen sein werden, von Frondienst (Mk 15,21 par.), Pfändung (Mt 5,40), Schuldgefängnis (Lk 12,57ff.), Verkauf der Familie (Mt 18,25) und Folterung (Mt 18,34).[10]

---

[7] Der einzige Ausnahmefall, die berühmte Stelle von den »geistlich Armen« in Mt 5,3, ein Interpretament des Mt gegenüber der ursprünglicheren Fassung bei Lk, bedarf gesonderter Erörterung, vgl. dazu weiter unten.

[8] SCHOTTROFF, LUISE/STEGEMANN, WOLFGANG: Jesus von Nazareth – Hoffnung der Armen, Stuttgart 1978 (^{3}1990), S. 26ff.; STEGEMANN, a.a.O., S. 8ff.

[9] DANIEL-ROPS, H.: Die Umwelt Jesu. Der Alltag in Palästina vor 2000 Jahren, München ^{2}1981, S. 140.

[10] SCHOTTROFF, LUISE: Die Seligpreisungen, in: Christen für den Sozialismus (Hg.): Zur Rettung des Feuers. Solidaritätsschrift für Kuno Füssel, Münster 1981, S. 16.

Soziale Schichtung
des antiken Judentums in Palästina

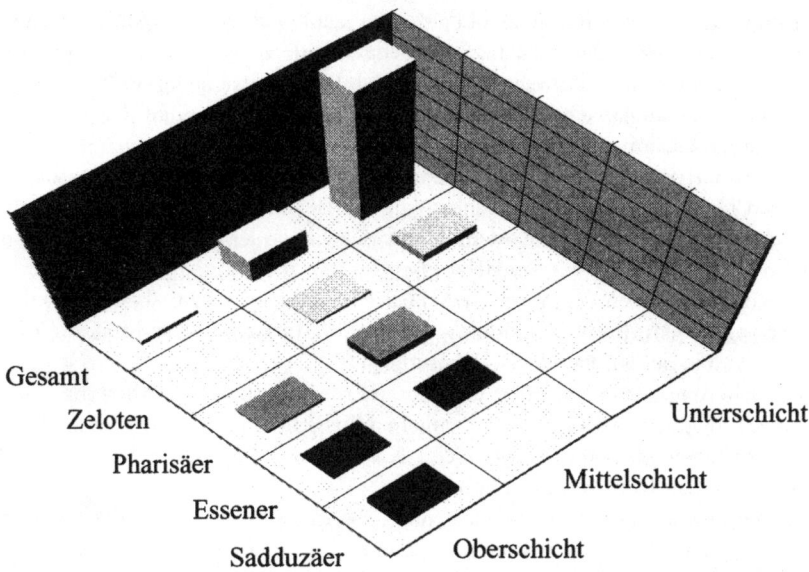

Quelle: TILLY, MICHAEL: So lebten Jesu Zeitgenossen. Alltag und Frömmigkeit im antiken Judentum, Mainz (Matthias-Grünewald-Verlag) 1997, S. 75.

»Das Fundament der Sozialpyramide bildet ein Heer von Armen aller Schattierungen. Dazu gehören, wiederum in sich gestaffelt, Pächter, Arbeitslose, Sklaven, Bettler und Kranke. Allen gemeinsam ist, dass sie nichts besitzen als ihre Arbeitskraft. Ein unerschöpfliches »Reservoir«, aus dem dieser Basis von erschreckender Breite und Höhe kontinuierlich neue Menschen zufließen, ist die Masse des Kleinbauerntums. Nicht allein, dass zwei Jahre Dürre oder eine Krankheit den galiläischen Bauern zum Tagelöhner machen können; dadurch, dass der kleine Besitz nicht geteilt werden darf, sondern als Ganzes in die Hände des Erstgeborenen übergeht, wartet auf alle jüngeren Söhne das gleiche Los eines existenzlosen Daseins. Solange man Arbeit findet, kann man sich als Tagelöhner einigermaßen ernähren. Für gewöhnlich beträgt der Tagesverdienst einen Denar, selten aber übersteigt der Jahreslohn, bedingt durch die Jahreszeiten und die Sabbat- und Festtage, 200 Denare. Dies ist zwar nicht weniger, als die Mehrzahl der Kleinbauern erwirtschaftet, jedoch ist der Tagelöhner, da ohne jeden Besitz, jeder aktuellen Notsituation hilflos ausgeliefert.

Aufs Ganze gesehen, ist die Lage des jüdischen Sklaven besser als die des Lohnarbeiters bzw. Tagelöhners. Diesen rechtlich gleichgestellt (denn der Herr darf nur über seine Arbeitskraft, nicht über seine Person verfügen, und das auch nur für sechs volle Jahre), ist er jenem gegenüber aufgrund seines festen Dienstverhältnisses sozial gesicherter.
- Viele, die Entmutigten und immer wieder Enttäuschten, treibt denn auch die Ausweglosigkeit in die Resignation. Man gibt sich zufrieden mit dem täglichen Pondionbrot, das offizielle soziale Einrichtungen dem Armen aushändigen. Da es nur einen Kalorienwert von 1400 hat, nimmt die Kraft permanent ab; am Ende kann man sich nur noch mit Stöcken und Stützen fortbewegen und ist untauglich für jede Arbeit.
- Ein zweiter Teil, der im 1. vor- und 1. nachchristlichen Jahrhundert mit Zunahme von Armut und Not infolge von Misswirtschaft, von Hungersnöten (25 v. Chr.; 46/48 n. Chr.), von Kriegen und Unruhen (63 v. Chr.; 40–37 v.Chr.; 4. v. Chr.; 6 n. Chr.; 66–70 n. Chr.) wächst, verlässt die palästinische Heimat und emigriert ins Ausland: Von etwa 7 Mill. Juden leben um die Zeitenwende etwa 6 Mill. außerhalb Palästinas.

– Ein letzter Teil schließlich, im neutestamentlichen Galiläa ein nicht geringer Prozentsatz, schließt sich *revolutionären* Bewegungen an, die eine Verbesserung des Status quo versprechen.«[11]

»Wie sonst kein anderes Dokument dieser Zeit« (W. STEGEMANN) entwerfen die Evangelien ein Bild von der Welt der »kleinen Leute« in grellen Kontrastfarben zum Leben der »plousioi«. Die sozialgeschichtlichen Hintergründe für eine extreme Polarisierung in der »Umwelt Jesu«, in der Revolution und bürgerkriegsähnliche Aufstände gegen die Besatzungsmacht und die einheimischen Machteliten an der Tagesordnung waren, haben die Aufmerksamkeit der Forschung auf sich gezogen:

– Die Enteignung und der gewinnbringende Weiterverkauf riesiger Ländereien durch Herodes d. Großen beschleunigte die Besitzkonzentration, machte die Reichen reicher und trieb viele Kleinbauern in Pacht- oder Lohnarbeitsabhängigkeit.[12]
– Die Steuerlast durch die römische Fremdherrschaft und die herodianische Dynastie verschärfte den ökonomischen Druck auf Kleinbauern, -händler und Handwerker. Sie gab den Widerstandsbewegungen Auftrieb und verbreitete ihre Basis vor allem in der ländlichen Bevölkerung.
– Bereicherung und Verarmung verschlimmern die Folgen von Missernten und Naturkatastrophen. Ausbleibende staatliche Hilfsaktionen wie in den Jahrzehnten vor der Zeitenwende werden zahlreiche Kleinbauern, Pächter, Händler und Handwerker in den Ruin getrieben haben.[13]
– Besitzkonzentration, Steuerdruck und Naturkatastrophen wurden zudem verschärft durch die hohe Bevölkerungsdichte Palästinas. Galiläa (hier war das Land zu 97% kultiviert) galt daher als ein soziales Pulverfass – und nicht zufällig wird die Jesusbewegung als eine Bewegung sozial Entwurzelter vom Lande her ihren Ausgang genommen haben. Das Phänomen sozialer Entwurzelung als Reaktion auf die sozioökonomische Krise rief verschiedene Erneuerungsbewegungen auf den Plan: aggressive Räuber und Sozialbanditen (u.a. die Zeloten und Sikarier), sich ins innere Exil Zurückziehende (wie die Qumrangemeinde am Toten Meer) und prophetische Vagabunden, welche die Zeichen der Zeit für einen unmittelbar bevorstehenden radikalen Wandel (wie die Jesusbewegung) deuteten.[14]

LUISE SCHOTTROFF fasst zusammen:

> »Israel hungert, eine Hungersnot folgt auf die andere. Die Bevölkerung verarmt immer mehr, der Landbesitz wird in den Händen weniger konzentriert, und die Bevölkerung wird immer mehr zu einem Volk von Tagelöhnern (…) Hunger und Krankheit sind die Wirklichkeit, mit der die meisten Menschen zu kämpfen haben. Die Evangelien führen auf jeder Seite dieses Elend vor Augen. Wer sind denn die Hirten von Bethlehem? Hirten haben noch weniger Tagelohn bekommen als ein Landarbeiter. Oder wer sind denn die Tauben und die Leprakranken und die Blinden, von denen Jesus dauernd umgeben ist? Das ist das Judenvolk zu jener Zeit, dessen ökonomisches Elend auch hygienische Folgen hat. Es gibt eine Oberschicht, die mit den eigentlichen Herren des Landes – den Römern – zusammenarbeitet. Diese Oberschicht ist 'reich', sie zeigt ihren Reichtum mit ihren feinen Kleidern (siehe nur Lk 16,19), sie 'hat was zu lachen' (Lk 6,25). Die Armen aber müssen

---

[11] Aus: WILLIBALD BÖSEN: Galiläa als Lebensraum und Wirkungsfeld Jesu. Eine zeitgeschichtliche und theologische Untersuchung, Freiburg – Basel – Wien 1985, 190f.
[12] Vgl. STEGEMANN, a.a.O., S. 13; GERD THEIßEN: Soziologie der Jesusbewegung, München ²1978, S. 42.
[13] Vgl. ebd.
[14] Vgl. GERD THEIßEN: Die Jesusbewegung. Sozialgeschichte einer Revolution der Werte, Gütersloh 2004, S. 141 – 146.

auch noch die Naturalabgaben und die Steuern für Rom erwirtschaften, denn die steuerliche Erfassung der Bevölkerung ist perfekt.«[15]

Die Evangelisten lassen nichts von einer idealisierenden Armenromantik verspüren. Die Welt der Armen ist der Ort der »guten Botschaft«, die Armen sind ihr Subjekt und Adressat.

Was gemeint ist, veranschaulicht ein Blick auf die ersten Seiten des ältesten »Evangeliums« nach Markus. Die ersten Sätze deuten auf den historischen Zusammenhang, in dem Mk seine Geschichte erzählt. Sie knüpft an die prophetische Stimme der »Anawim Jahwes« eines Jesaja und des zeitgenössischen Umkehrtäufers Johannes an, dessen asketisches Auftreten sich in einen bewussten Gegensatz zum Luxus der städtischen Oberschicht stellte (Mk 1,6). Sodann wird die geographische Herkunft des »Euangelions« lokalisiert: Galiläa, der gottlose und rebellische Landstrich des einfachen Landvolks. Wer von dort kam, galt den Ordnungsmächten in Jerusalem von vornherein als verdächtig (Mk 14,70).

Die »programmatische Formel« in Mk 1,15 behauptet die nunmehr bevorstehende Wiederherstellung wahrer »Theokratie«, göttlicher Herrschaft. Zeitgenossen wird es weniger schwer gefallen sein, die unerhörte Anmaßung dieser Proklamation zu verstehen, beinhaltete sie doch nicht weniger, als den Vermittlern und Repräsentanten des göttlichen Willens, der priesterlichen Aristokratie, das Ende ihrer Amtszeit anzusagen. »Wie immer man es wendet – diese Herrschaft Gottes bedeutete das Ende jeder anderen Herrschaft, auch der Herrschaft von Römern und Priestern.«[16]

Mk berichtet, Fischer am See Genezareth seien die Ersten gewesen, die es wagten, an diese Nachricht zu glauben. Was deren sozialen Status betraf, ist wohl weniger an mittelständische Selbständigkeit zu denken. Wie Jesus, der Sohn eines Zimmermanns aus der Provinz, werden auch die Fischer in abhängigen Arbeitsverhältnissen existiert haben, die ihnen kaum bessere Lebensbedingungen ermöglichten als den bäuerlichen Schichten. Dass »Schiffsleute und Besitzlose« als Urheber eines Aufstandes zu Beginn des jüdischen Krieges erwähnt werden, ist nur ein Indiz.[17]

Im Blick auf die wichtige Rolle von nicht Bettelarmen in der Jesusbewegung ist THEIßENS Hinweis bedenkenswert, dass die Armen häufig die Basis sozialer Bewegungen waren, verarmte Reiche oder vom sozialen Abstieg bedrohte Gruppen aber »der Motor«. »Drohendes Elend hat oft rebellischer gemacht als vorhandenes.«[18] In diesem Zusammenhang warnt er zu Recht vor dem kausal-ökonomschen Missverständnis, soziales Elend führe per se zu Protest und Veränderung: »Erst wer Maßstäbe eines besseren Lebens kennt oder antizipieren kann, reagiert sensibel auf Armut und Elend.«[19]

Mk führt in den ersten Kapiteln (bis 3,6) vor, welche Maßstäbe die Proklamation der Gottesherrschaft für ein besseres Leben in der Jesusbewegung setzte. Es sind sinnfällige, praktische, handgreifliche Veränderungen im Leben der Armen: Der Geisteskranke wird gesund, der Gelähmte richtet sich auf, der Aussätzige kehrt zurück in seine Familie, der Behinderte kann sein Leben wieder in beide Hände nehmen.

---

[15] SCHOTTROFF, a.a.O., S. 16; zum Ganzen vgl. auch DOMMERSHAUSEN, WERNER: Die Umwelt Jesu. Politik und Kultur in neutestamentlicher Zeit, Freiburg i. Brsg. [4]1987.
[16] THEIßEN, [2]1978, a.a.O., S. 57; THEIßEN, 2004, a.a.O., S. 140.
[17] Ebd., [2]1978, S. 34.
[18] Ebd., 46; THEIßEN, 2004, a.a.O., S. 162.
[19] Ebd., [2]1978, S. 40f.

Auf der anderen Seite gerät diese Praxis in Kollision mit den gültigen sozialen und religiösen Normen.

Das sind markinische Beispielgeschichten für die greifbare Nähe der Gottesherrschaft, die ausgeht von den Opfern der hohen Herrschaft. Sie entlarvt eine damals wirkungsmächtige Vorstellung (dem »Tun-Ergehen-Zusammenhang«), nach der die Armen ihr Los dem Schicksal, göttlicher Fügung oder selbst verschuldetem Fehlverhalten verdanken, als eine Ideologie der Satten zur Ruhigstellung der Elenden. Der Glaube, Gott throne nicht entrückt im Allerheiligsten, unnahbar und wohl abgeschirmt vom vornehmen Priesteradel und 18000 Dienern und Leviten, sondern mache gemeinsame Sache mit dem Abschaum der zivilisierten Gesellschaft, war eine Revolution in den Köpfen und Herzen – zuallererst der Armen selber. Und dieser Glaube wirkte Wunder im buchstäblichen Sinne, indem er die Lebensverletzungen heilte, welche Arme am Menschsein hinderten.

Daher gehören »die gute Nachricht« und die augenfälligen »Zeichen«, die Umkehrung des »Weltbildes« und die Aufrichtung gebeugter Körper bei Markus unlösbar zusammen.

Diese doppelte Dimension des Evangeliums kommt auch in Texten zum Ausdruck, welche die messianische Bewegung Jesu programmatisch als eine Bewegung von Armen für Arme ausweisen:

Lk 6,20b: »Selig (glücklich, freuen könnt ihr euch), ihr Armen, denn euch gehört das Reich Gottes.«

Lk 7,22 par.: »Er antwortete den beiden: Geht und berichtet Johannes, was ihr gesehen und gehört habt: Blinde sehen wieder, Lahme gehen, und Aussätzige werden rein; Taube hören, Tote stehen auf, und den Armen wird das Evangelium verkündigt.«

Lk 4,18f. (aus Jes 61): »Der Geist des Herrn ruht auf mir, denn der Herr hat mich gesalbt. Er hat mich gesandt, damit ich den Armen eine gute Nachricht bringe; damit ich den Gefangenen die Entlassung verkünde und den Blinden das Augenlicht; damit ich die Zerschlagenen in Freiheit setze und ein Gnadenjahr (Erlassjahr, Jobeljahr) des Herrn ausrufe.«

8.3 Die Jesusbewegung – eine messianische Armenbewegung in Erwartung einer Revolution der Zustände

Da authentische Quellen über die Jesusbewegung in Palästina aus dem synoptischen Überlieferungsgut hypothetisch herausseziert werden müssen und es sich dabei immer schon um Deutungen von Geschehnissen handelt, sind unumstößliche Erkenntnisse schwerlich zu gewinnen. Unstrittig ist jedoch, dass die historische Verlässlichkeit der synoptischen Quellen über Jahrzehnte enorm unterschätzt wurde.

SCHOTTROFF/STEGEMANN rechnen folgende Überlieferungen zur relativ (!) ältesten Traditionsstufe:

a) die Seligpreisung der Armen als wichtigsten Text in der lukanischen Fassung. »Selig die Armen, denn ihnen gehört die Königsherrschaft Gottes. Selig die Hungernden, denn sie werden gesättigt werden. Selig die Weinenden, denn sie werden lachen« (Lk 6,20f.).

b) den Kamelspruch Mk 10,25: »Es ist leichter, dass ein Kamel durch ein Nadelöhr geht, als dass ein Reicher in die Königsherrschaft Gottes eingeht«

c) Sachparallelen wie (wahrscheinlich) die Geschichte vom Reichen und dem armen Lazarus (Lk 16,19–26) oder der mehrfach überlieferte Spruch vom Austausch der Rangfolge zwischen den Ersten und den Letzten (z.B. Mt 19,30; 20,16) sowie
d) das Magnificat Lk 1,46–55: »Er stürzt die Mächtigen vom Thron und erhöht die Niedrigen« (52).

Das Fazit der Textanalysen lautet:

> »Will man diese Bewegung in ihren religiösen Lebensäußerungen verstehen, muss man ihre Hoffnung, ihre Erwartung der Herrschaft Gottes, in ihrer zentralen Bedeutung sehen. Hier treten arme Juden auf und behaupten, jetzt seien Gottes Verheißungen an Israel erfüllt und das Elend der Gegenwart – die Not der Armut – sei zu Ende. Sie sind nun nicht mehr die verhungernden kranken Krüppel, sondern eine Gemeinschaft von Menschen, die im Miteinander schon erfährt, was demnächst vollends geschieht: Glück, Gesundheit, Mut, Hoffnung.«[20]

Auch für MARTIN HENGEL steht die radikale Kritik Jesu am Reichtum außer Frage. Selbst besitzlos (Mt 8,20), habe er von den Anhängern nicht nur den Bruch mit der Familie gefordert (Lk 9,59ff.), sondern auch die Aufgabe des Besitzes (Mk 10,17ff., 28ff. par.) und ein Leben in äußerster Armut (Lk 9,3; 10,4).[21]

Die Charakterisierung der Jesusbewegung als eine messianische Erneuerungsbewegung von Armen stützt sich mittlerweile auf einen beachtlich breiten Forschungskonsens. GERD THEIßEN hat diese These 1978 mit seiner »Soziologie der Jesusbewegung« auf ein solides sozialgeschichtliches Fundament gestellt. »Der Grundriss ist gleich geblieben«, heißt es einleitend in einer völligen Neubearbeitung der kleinen Schrift, die THEIßEN 2004 vorgelegt hat: Die Jesusgruppe sei eine Bewegung sozial entwurzelter und verarmter Wandercharismatiker gewesen, die, abhängig von der Spendenbereitschaft Wohlhabender, einerseits hart mit den Reichen ins Gericht ging, andererseits aber keine Berührungsängste zeigte, sich von der wohlhabenden Frau eines herodianischen Verwaltungsbeamten (Lk 8,3), von Joseph von Arimathia (Mk 15,43), von einer reichen Sünderin (Lk 7,36) oder dem Oberzöllner Zachäus (Lk 19,1ff.) unterstützen zu lassen.[22]

Im Unterschied zu SCHOTTROFF/STEGEMANN spricht THEIßEN jedoch nicht von einer Bewegung von Bettelarmen, sondern sieht deren soziale Basis hauptsächlich in den von Verschuldung und Verarmung bedrohten Bauern, Handwerkern und Fischern, die dem Ruf in die Nachfolge nicht aus einer verzweifelten ökonomischen Notlage heraus, sondern »aufgrund eigener Entscheidung« gefolgt seien.[23]

Der Vergleich der Jesusbewegung mit anderen jüdischen Erneuerungsbewegungen, die wie die Essener mit einer disziplinierten Produktionsgemeinschaft einen »alternativen Lebensstil« etablierten oder wie die Zeloten ein Umsturzprogramm

---

[20] SCHOTTROFF/STEGEMANN, a.a.O., S. 29-43, hier 42f.
[21] HENGEL, MARTIN: Eigentum und Reichtum in der frühen Kirche, Stuttgart 1973, S. 31ff.
[22] THEIßEN, ²1978, a.a.O., S. 39f., vgl. THEIßEN, 2004, a.a.O., besonders S. 151–162. Ferner: DOROTHEE SÖLLE/LUISE SCHOTTROFF: Jesus von Nazareth, München ³2001, sowie Roman Heiligenthal: Der Lebensweg Jesu von Nazareth. Eine Spurensicherung, Stuttgart 1994.
[23] THEIßEN, 2004,a.a.O., S. 162, vgl. THEIßEN, ²1978, a.a.O., S. 46. THEIßEN geht in seinem neuen Werk so weit zu behaupten, in der Jesusbewegung fänden wir *sowohl* »Mitglieder und Sympathisanten der neuen Oberschicht« *als auch* »Angehörige der unteren Schichten mit bescheidenem Auskommen« (S. 161). Ihre Ambivalenz gegenüber Besitz und Reichtum berührt jedoch nicht ihre unübersehbare »Unterschichtsnähe« (S. 150).

verfolgten, vermag neben der Analyse ältester Traditionsschichten das besondere Profil dieser messianischen Armenbewegung zu ergänzen. Dabei sind die Übergänge zur »zweiten Traditionsstufe« der Jesusleute fließend, deren Leben und Glaube sich aus der Logienquelle rekonstruieren lässt (2. Drittel im 1. Jahrhundert n. Chr.).

a) Die Jesusanhänger haben keine Sklaven zur Flucht aufgewiegelt und sind nicht in Widerstandsnester gegen die Römer abgetaucht. Wie ihr Initiator, der das »Platt« des verachteten Landvolkes sprach und die Tabus seiner Zeit gegenüber Frauen, Kindern, Hungerleidern, Volksfeinden und Behinderten brach, haben die Jesusboten ihre sozialrevolutionäre Vision nicht verbunden mit einem politischen Befreiungsprogramm (wenn auch einige zelotische Sympathisanten sich ihrem Kreis zurechneten [Lk 6,13–16]).

Wohl aber hat Jesus die *politische Wirkung* seines Auftretens mit politischen *Symbolhandlungen* bekräftigt, von denen bei seiner Konfrontation mit den Mächtigen in Jerusalem gehäuft berichtet wird – der Einzug auf einer Eselin in Anspielung auf den erwarteten Friedenskönig aus Sach 9,9 (Mk 11,1ff.), die Aktion gegen den Tempelmissbrauch (Mk 11,15ff.), die Antwort auf die Frage nach der Kaisersteuer (Mk 12,13ff.). Im weiteren Sinne gehören die Kult- und Sozialkritik in diesen Kontext, die Heilungswunder, die Ausgegrenzte rehabilitierten, das demonstrative Essen mit den »Zöllnern und Sündern« (Mk 2,16).[24]

Die Jesusleute ergaben sich als Arme nicht mehr in devoter Unterwerfung in ihr Schicksal, erlagen nicht länger der Versuchung resignativer Ohnmacht, sondern geißelten mit einer furchtlosen *Hoffnung* auf den Partei nehmenden Gott der Armen den Mammonkult der Reichen. Es war die zersetzende Wirkung dieses die Herrschaft der Vornehmen *entwaffnenden Selbstbewusstseins*, das ihnen Feindschaft und Verfolgung eintrug. »So wenig ihr kompromissloses Verhältnis zu den Reichen von Neid bestimmt war, so wenig war auch ihre intensive Gerichtserwartung der ins Religiöse gewendete Ausdruck rachevoller Vergeltungsphantasien. Sie lebten wie 'Schafe unter den Wölfen', doch sie hörten nicht auf, ganz Israel zur 'Umkehr' zu bewegen.«[25]

b) Befreiung, wie die Jesusanhänger sie verstanden, ging offenbar nicht auf in »Sattsein und Lachen«, so sehr dies ihr nächstliegender Ausdruck war. Sie hatten auf der anderen Seite nichts gemein mit weltflüchtigem Sektierertum, das die Schaffung gerechter Zustände hinausprojiziert auf einen Sankt-Nimmerleins-Tag. Ihre Praxis lag »dazwischen«.

Die Jesusleute beginnen die *messianische Zeit zu leben*. Sie bilden Zellen, in denen die Regeln der neuen Gemeinschaft ab sofort in Kraft gesetzt sind. Das erhoffte »Heil« kriegt Hände und Füße in der Gegenwart. Die Beseitigung des Skandals von Armut und Rechtlosigkeit beginnt mit der Beseitigung der Mechanismen seiner Macht unter den Armen und Rechtlosen selbst – die Schranken zwischen Habenichtsen, Kleinpächtern, Behinderten, Frauen, den um Wohlanständigkeit Bemühten und um kleiner Vorteile willen Korrupten sollen fallen.

c) Gegenüber ihren Gegnern verfolgen sie eine Strategie, welche die Eskalation von Gewalt und Gegengewalt unterbricht, da sie die Motivation zum Kampf gegen Unrecht nicht länger aus der Hoffnung auf rächende Genugtuung nach dem Sieg be-

---

[24] Vgl. den höchst instruktiven Überblick über den Forschungsstand zum historischen Jesus bei THEIẞEN/ANNETTE MERZ: Der umstrittene historische Jesus, in: SIGURD DAECKE/PETER R. SAHM (Hg.): Jesus von Nazareth und das Christentum. Braucht die pluralistische Gesellschaft ein neues Jesusbild? Neukirchen-Vluyn 2000, S. 171- 193.
[25] STEGEMANN, a.a.O., S. 23.

zieht. Nachdem die römische Soldateska Jesus zu Tode gefoltert hatte, wurden für seine Anhänger die Niederlage, das Erleiden von Schmähungen und das Aushalten von Feindschaft zur Bewährungsprobe für die Gültigkeit und Wirklichkeit der Reich-Gottes-Hoffnung gegen die Macht widersprechender Erfahrung. Die *praktizierte Feindesliebe* sollte nicht zu einer willfährig-passiven Selbstpreisgabe verharmlost werden. Sie entspricht eher der »aktiven Gewaltlosigkeit« eines M. GANDHI und M. L. KING, deren Anhänger den »Ordnungskräften« nach dem Schlag mit dem Handrücken (auf die rechte Wange!) auch die linke Backe hinhielten – ein provokantes Zeichen, sich von Gewalt nicht entwürdigen zu lassen und dem Gegner seine Chance zur Menschlichkeit nicht abzusprechen.

8.4 Armut und Jesusnachfolge in christlichen Gemeinden außerhalb Palästinas

Der »Kamelspruchradikalismus« der Jesusbewegung und der Wandercharismatiker der Logienquelle ist lebendig im frühen Christentum geblieben (und durchzieht in einem Nebenstrom seine gesamte Geschichte). Dies festzuhalten ist wichtig, um nicht vorschnell einer Abfall- und Entschärfungstheorie aufzusitzen, wie sie in der marxistischen Forschung im Anschluss an FR. ENGELS »Geschichte des Urchristentums« immer wieder variiert worden ist.

Im Neuen Testament bezeugen vor allem jene Schriften eine massive Verurteilung der Reichen, die selbst in der Tradition eines jüdisch geprägten Christentums stehen, z.B. die Apokalypse des Johannes und der Jakobusbrief: »Sind es nicht die Reichen, die euch unterdrücken und euch vor Gerichte schleppen?« (Jak 2,6). »Ihr aber, ihr Reichen, weint nur und klagt über das Elend, das euch treffen wird! Euer Reichtum verfault, und eure Kleider werden von den Motten zerfressen. Euer Gold und Silber verrostet (...) Aber der Lohn der Arbeiter, die eure Felder abgemäht haben, der Lohn, den ihr ihnen vorenthalten habt, schreit zum Himmel« (Jak 5,1–4a). Diese scharfen Gerichtsworte stehen am Ende des ersten Jahrhunderts n. Chr. (wenige rechnen mit einer Abfassung des Schreiben schon um 62) der weitaus auffälligeren Tendenz gegenüber, die radikale Parteinahme für die Armen durch moderatere Formen eines »effektiven Ausgleich« zwischen Arm und Reich in den Gemeinden zu entschärfen (vgl. dazu S. 228–232).

In der frühen Kirche hießen die palästinischen »Urchristen« »die Armen« (Gal 2,10; Röm 15,26). Ihre anhaltende wirtschaftliche Not veranlasste Paulus zu einem ersten »ökumenischen Lastenausgleich« in Form einer Kollekte (Röm 15,25f.; 1Kor 16,1ff. u.a.). Nach der Ausgrenzung des palästinischen Christentums aus der (zunehmend hellenistisch geprägten) Kirche am Ende des 1. Jahrhunderts nannten sich die Judenchristen in Palästina-Syrien die »Ebioniten« – die »Armen«. (Die Kontinuität zwischen der »Urgemeinde« und den »Ebioniten« ist umstritten).

Der »Kamelspruchradikalismus« hat ferner eingewirkt auf die ersten ortsfesten Gemeinden. Nach der lukanischen Apostelgeschichte bildeten sie eine Gemeinschaft, die »alles gemeinsam hatte« (Apg 2,44). Das Jerusalemer Modell einer christlichen Gütergemeinschaft, eines »Liebeskommunismus« (E. TROELTSCH), in dem es niemanden mehr gab, »der Not litt« (Apg 4,34), ist zwar vielfach als literarische Figur des Verfassers oder als idealtypische Verklärung von Gemeinde abgewertet worden. Doch wäre es »völlig unverständlich«, wenn Jesu Botschaft und Verhalten, die noch in frischer Erinnerung waren, in seiner Anhängerschaft nicht weitergewirkt hätten und diese

Form einer christlichen Konsumgenossenschaft nicht einen realen historischen Hintergrund hätte.[26]

Die lukanische Deutung der Jerusalemer Ortsgemeinde spricht andererseits davon, dass »alle, die Grundstücke und Häuser besaßen, ihren Besitz verkauften« (Apg 4,34); und die Geschichte von Hananias und Saphira (Apg 5,1ff.) erzählt vom ersten Kirchenskandal: Das Ehepaar hat ein Grundstück verkauft und privatisiert heimlich einen Teil des Erlöses. Die tödliche Kritik an beiden richtet sich dagegen, dass sie die Gemeinde mit der Lüge hintergangen haben. Ausdrücklich aber wird konzediert, dass die beiden über den Erlös frei hätten verfügen können (Apg 5,4).

Lukas setzt demnach voraus, dass nicht die Bettelarmen die soziale Basis der frühen christlichen Gemeinden ausmachten und der Konflikt zwischen Besitz und Jesusnachfolge ein virulenter Streitpunkt war. Darin spiegelt sich vermutlich die Realität der christlichen Gemeinden im Römischen Imperium, die vor allem aus der paulinischen Mission hervorgegangen sind (zwischen 35 und 55 n. Chr.).

Nach den verfügbaren sozialgeschichtlichen Daten rekrutierten sich die christlichen Gemeinden in der mediterranen Welt mehrheitlich aus Angehörigen der (nicht absolut) armen Unterschichten beiderlei Geschlechts, von deren Botschaft in wachsendem Maße auch eine Anziehungskraft für Angehörige höherer sozialer Schichten ausging. Diese werden schon früh in den Gemeinden eine tonangebende, maßgebliche Rolle gespielt haben – schon fast alle von Paulus namentlich erwähnten Personen sind den gehobenen Schichten zuzurechnen.[27] Seine Briefe deuten bereits auf ein »mixtum compositum«:

- Paulus selbst soll seinen Lebensunterhalt als Zeltmacher bestritten haben (Apg 18,3), mit harter, von der gebildeten Oberschicht abschätzig betrachteter Handwerksarbeit (1Kor 9,6,13ff.); er lebt selbstgenügsam (Phil 4,11) und verzichtet auf das apostolische Unterhaltsrecht (1Kor 9); notorisch unterversorgt ist er jedoch für freiwillige Zuwendungen dankbar (Phil 2,25ff.; 4,11ff.).
- Er spricht von einer »tiefen Armut« der mazedonischen Gemeinden, die sich gleichwohl an der Kollekte für die Jerusalemer beteiligten (2Kor 8,2).
- Er beklagt die Demütigung derer, die »nichts haben« durch die Bessergestellten, die in den Versammlungen schlemmen und »betrunken« sind, während andere hungern (1Kor 11,21f.).
- Er drängt die Gemeinden zur Freigiebigkeit, um einen Ausgleich zwischen Notleidenden und Besitzenden zu schaffen (2Kor 8,6–14), obwohl diese fürchten, dadurch selbst in wirtschaftliche Schwierigkeiten zu geraten (V.13).
- Er charakterisiert die soziale Situation der korinthischen Gemeinde als Milieu der »kleinen Leute«: »Da sind nicht viele Weise im irdischen Sinn, nicht viele Mächtige, nicht viele Vornehme, sondern das Törichte in der Welt hat Gott erwählt, um die Weisen zuschanden zu machen, und Schwache in der Welt hat Gott erwählt, um das Starke zuschanden zu machen« (1Kor 1,26).
- Andererseits treffen wir auf den korinthischen Finanzbeamten Erastos (Röm 16,23), den Synagogenvorsteher Crispus (Apg 18,8) oder den Sklavenbesitzer Phi-

---

[26] HENGEL, a.a.O., S. 40; vgl. auch BRAKEMEIER, GOTTFRIED: Der »Sozialismus« der Urchristenheit. Experiment und neue Herausforderung, Göttingen 1988.

[27] THEIßEN, 2004, a.a.O., S. 296f.; zur Sozialstruktur der Gemeinden vgl. EKKEHARD UND WOLFGANG STEGEMANN: Urchristliche Sozialgeschichte. Die Anfänge im Judentum und die Christusgemeinden in der mediterranen Welt, Stuttgart 1995, S. 270f.; 334f.; ferner STEGEMANN, a.a.O., S. 26ff.

lemon (Plm), wobei der soziale Status in jedem Einzelfall einer genauen Klärung bedarf.[28]

Doch wäre es verfehlt, aus dem Umstand, dass in den paulinischen Briefen vom »Wehe den Reichen« kaum mehr etwas zu spüren ist und »Arm« und »Reich« aus dem sozialen Zusammenhang herauszutreten scheinen, zu schlussfolgern, der Paulinismus habe dem Evangelium der Armen für Arme den sozialen Stachel gezogen.

Paulus verschärft vielmehr den »Kamelspruchradikalismus« in einem universalen Sinn. Aus der Botschaft für die Befreiung der Armen in Palästina wird eine Botschaft für die Befreiung und Versöhnung der Menschheit («soteriologischer Universalismus« G. Theißen). In ihrem Zentrum steht das Symbol für römische Gewaltherrschaft schlechthin – das Kreuzholz. Gott hat sich zu erkennen gegeben, indem er durch Christus mit dem »Lumpenpack« gemeinsame Sache gemacht hat. Die geschwisterliche Welt »wächst von unten her« (Chr. Blumhardt). Menschen sind nicht durch ihren sozialen Status determiniert, allenfalls prädestiniert, diesen Gott zu erkennen und in die Fußstapfen der messianischen Praxis Jesu zu treten.

Die skandalöse Botschaft vom aufgehängten Gottessohn am Verbrecherkreuz war die denkbar schärfste Antithese zum majestätisch hochherrschaftlichen Pantheon der vornehmen Welt griechisch-römischer Aristokratie und Intelligenz; der Gottessohn zwischen zwei verurteilten Rebellen war die denkbar schärfste Polemik gegen die ethisch und ästhetisch zu Übermenschen stilisierten Gottessöhne der Antike und gegen ihr Erlösersinnbild im römischen Kaiserpalast. Die Kraft dieses neuen Glaubens stiftete Gemeinschaften, in denen die Gleichheit aller Menschen Wirklichkeit sein sollte und ethnische wie soziale Schranken nichtig wurden – nicht mehr Jude und Grieche, Barbar oder Skythe, Sklave oder Freier, sondern alles und in allen Christus (Kol 3,11; Gal 3,28).

Vor diesem Hintergrund sind Deutungen paulinischer Überlieferungen über »Arm« und »Reich« erneut zu befragen, wenn diese abheben auf eine trennscharfe Unterscheidung eines sozialen oder übertragenen, realen oder bildhaften Sinngehaltes. »Arm« und »Reich«, paulinisch buchstabiert, changiert zwischen einer materiellen und spirituellen Bedeutungsebene, die sachlich zusammengehören und nicht gegeneinander ausgespielt werden dürfen. Im Zusammenhang der Bitte an die Korinther um materielle Hilfeleistung verweist Paulus darauf, was Jesus Christus »getan hat«:

»Er, der reich war, wurde um euretwegen arm, um euch durch seine Armut reich zu machen« (2Kor 8,9). Oder: »Uns wird Leid zugefügt, und doch sind wir jederzeit fröhlich; wir sind arm und machen doch viele reich; wir haben nichts und haben doch alles« (2Kor 6,10) – ist da wirklich »nicht an Konkretes und Spezielles gedacht ...«?

Das Christusgeschehen wird beglaubigt in christusgemäßer Nachfolge. Das »Urbild Christi wartet auf menschliche Entsprechungen: Es will wirksam werden in der Gemeinde in Korinth, die ihren Beitrag zur Geldsammlung in Jerusalem leisten soll. Das Ziel ist die Gleichheit materieller Lebenschancen« (2Kor 8,13–15).[29]

Aufgabe:
- Ermitteln Sie mit einer Konkordanz die Häufigkeit der Begriffe »arm« und »reich« in den einzelnen ntl. Schriften und ziehen Sie Rückschlüsse aus dem Befund.

---

[28] Vgl. THEIßEN, ²1978, a.a.O., S. 46.
[29] THEIßEN, 2004, a.a.O., S. 301.

- Vergleichen Sie durch Stichproben die Wortbedeutungen von »arm« und »reich« in den synoptischen Evangelien und in den Paulusbriefen.
- Prüfen Sie die These, ob Paulus letztendlich dasselbe meint wie die Evangelien, wenn er von Armut spricht.

8.5 Armut und Jesusnachfolge im Matthäus- und Lukasevangelium

Wie oben mit Blick auf das Markusevangelium angedeutet, hat das theologische Motiv, den als Gottessohn verehrten Christus rückzubinden an den »Erdgeruch Palästinas« und an den Galiläer Jesus, der »vermutlich auch seine Last mit den Flöhen hatte« (R. Blank), bei der redaktionellen Bearbeitung des synoptischen Überlieferungsgutes eine wohl zentrale Rolle gespielt.

Markus reaktiviert die Erinnerung an den Jesus der Bettler, Kranken und Verachteten in scharfem Kontrast zu den »Herrschern, die ihre Völker unterdrücken«, und zu den »Mächtigen, die ihre Macht über die Menschen missbrauchen« (Mk 10,42). Er kennt den Verzicht auf Reichtum als unerlässlichen Preis für die Nachfolge: »Geh, verkaufe, was du hast, und gib das Geld den Armen«(Mk 10,21).

Bei Matthäus und Lukas, die beide die Überlieferung der »Logienquelle« übernehmen, in der die »Kamelspruchradikalität« einen zentralen Stellenwert besitzt, wird die Thematik vertieft und »übersetzt« in die jeweilige Situation ihrer Adressatengemeinde(n).

Ungezählte Exegeten haben sich wundgeschrieben an den unscheinbaren interpretativen Ergänzungen der 1. und 4. Seligpreisung bei Matthäus (Mt 5, 3,6): »Selig, die arm sind vor Gott (im Geiste/geistlich), denn ihnen gehört das Himmelreich« (…) »Selig, die hungern und dürsten nach Gerechtigkeit; denn sie werden satt werden.« Soll hier bedeutet werden, auf die materielle Seite komme es nicht an, entscheidend sei die gläubige Haltung, wie es das eingangs zitierte Lehrbuch aus dem deutschen Kaiserreich lehrte? Wendet Mt sich an das Herz des Frommen, der sich seiner »Armseligkeit« vor Gott gewiss ist? Entschärft und »spiritualisiert« Mt die ungeheuerliche Zusage Jesu an die Armen, ihnen gehöre die Zukunft?

Eine Deutung der redaktionellen Einschübe aus dem Gesamtentwurf matthäischer Theologie bietet solchen Mutmaßungen wenig Anhalt.[30] Mt erzählt mit der Jesusgeschichte gleichsam den »Weg der Gerechtigkeit«[31] Gottes mit seinem Volk neu.

Die auffällige Analogisierung von Mose und Jesus (Lebensbedrohung durch Machthaber, Flucht, Aufbruch aus Ägypten) weist letzteren aus als den autorisierten Lehrer einer »besseren Gerechtigkeit«, »die größer ist als die der Schriftgelehrten und Pharisäer« (Mt 5,20). Er ist der Messias, der in der Nachfolge des Mose endlich die Herrschaft JHWHs wieder aufrichtet – allerdings in gänzlich anderer Weise, als sie das jüdische Volk über Jahrhunderte ersehnt hat.

---

[30] Vgl. LUZ, ULRICH: Das Evangelium nach Matthäus (Mt 1–7), (Evangelisch-katholischer Kommentar zum Neuen Testament I/1), Zürich/Einsiedeln/Köln/Neukirchen-Vluyn 1985.

[31] So lautet der Titel einer einschlägigen Monographie von GEORG STRECKER: Der Weg der Gerechtigkeit. Untersuchungen zur Theologie des Matthäus, Göttingen ³1971.

Im Gleichnis von den Arbeitern im Weinberg (Mt 20,1–16; Sondergut) verdeutlicht Mt sein in der hebräischen Glaubensgeschichte wurzelndes Verständnis von Gerechtigkeit. Die Parabel trägt sich im Armenmilieu der Tagelöhner zu, die gezwungen sind, um des eigenen Überlebens willen um den einen Denar Tageslohn zu konkurrieren. Am Ende erhalten überraschenderweise auch die Kurzarbeiter, die erst eine Stunde vor Feierabend geheuert wurden, den überlebensnotwendigen einen Denar. Das verletzte Gerechtigkeitsempfinden der Vollzeitarbeiter wird bloßgestellt als Triebfeder ruinöser Entsolidarisierung unter den Armen.

So soll es zugehen mit der »neuen« Gerechtigkeit in der wahren Theokratie! Sie kommt daher mit dem Anspruch und Zuspruch auf »Ungleichbehandlung«. Sie stiftet Gemeinschaft, die jedem einzelnen »gerecht wird« nach seinen Lebensbedürfnissen. Ihr Symbol ist nicht die Göttin Justitia mit den verbundenen Augen, die »ohne Ansehen der Person« Ansprüche nach erbrachter Leistung befriedigt und die »Anspruchslosen« leer ausgehen lässt.[32]

»Glücklich die Armen vor Gott« wäre demnach auf die Langzeitarbeiter zu münzen: Betrachtet die Dinge aus dem Blickwinkel »der Letzten«. Mit ihren Augen erkennt ihr die göttliche Gerechtigkeit, auch wenn sie eurem vordergründigen materiellen Vorteil zu widersprechen scheint.

Die Ethik der Entsprechung und die Ethik der Freundschaft

»Die Ethik der Entsprechung und die Ethik der Freundschaft« nach Martin Stiewe/FrancoisVouga: Die Bergpredigt und ihre Rezeption, Tübingen 2000; vgl. Heinz Schmidt: Gerechtigkeit und Liebe im Dienst der Versöhnung. Zum Ethos diakonischen Handelns und Lernens, in: Norbert Collmar/Christian Rose: Das soziale Lernen – das soziale Tun, Neukirchen-Vluyn 2003, 27–38, bes. 33f . © Noormann 7-03

---

[32] BALDERMANN, INGO: Einführung in die Bibel (UTB 1486), Göttingen ³1988, S. 60ff.

LUISE SCHOTTROFFs Hinweise auf die vermutliche Situation der matthäischen Gemeinde können diesen Deutungsansatz stützen. Die Parabel ist »das Dokument des Ringens der Menschen (…), einen Weg für die Wiederholung der Praxis Jesu zu finden« in einer Situation, in der eine Frommenelite »die Kleinen« gering schätzt (Mt 18,10) und deren Elend für demonstrative Almosen benutzt wird (Mt 6,1–4). Das Evangelium der Armen droht zur Gerichtsbotschaft für jene zu werden, die sich selbst für »groß« halten. Gegen eine selbstgerechte Frömmigkeit identifiziert Mt in der Szene vom Endgericht rechte Jesusnachfolge mit der Praxis dieser neuen Gerechtigkeit an den Armen: Sie gibt dem Hungrigen zu essen, dem Durstigen zu trinken, dem Fremden und Obdachlosen eine Unterkunft, dem Nackten Kleidung, besucht den Kranken und Gefangenen (Mt 25, 35f.).

»Glücklich die Armen vor Gott«, meint diese Praxis, an der sich »Heil« und »Unheil« entscheidet, »eine Praxis, die sich radikal nach denen richtet, die hungern, und keine anderen Kriterien kennt«.[33]

Die »Bauern von Solentiname« in Nicaragua ergänzen einen wichtigen Deutungsaspekt:

> *Olivia: Die geistlich Armen oder die Armen Gottes sind ganz einfach die Armen, aber nur, wenn sie den Geist der Unterdrückten und nicht den der Unterdrücker haben, also wenn sie keine Unterdrücker im Geist sind.*
> *Tomas Pena: Ja, denn wir Armen können genauso hochmütig sein wie die Reichen …*
> *Angel: Auch die Armen können Ausbeuter sein.«*[34]

So geben letztlich die Armen selbst jenen Recht, die den spirituellen Sinn der matthäischen Zusätze wertschätzen. Nach Mt gilt die Glücksverheißung an die Armen nicht exklusiv und »automatisch« den arm Gemachten, sondern den arm Gemachten *und* besser Gestellten Jesusnachfolgern, welche »den Geist«, die »Spiritualität der Armen« haben. Die Potenz der Unmenschlichkeit ist nicht an einen sozialen Status gebunden, sondern der Macht über andere Menschen als solcher eigen. Arme Opfer können sich siegreich in Täter des Unrechts verwandeln, wie sie die Geschichte hundertfach hervorgebracht hat. Das matthäische »im Geist« hält biblischen Realismus wach gegen die Illusion einer Verwirklichung gerechter Verhältnisse und gerechter Menschen durch Befreiungsschläge, die auf den Untergang des Gegners setzen. Wo diese Täter des Unrechts triumphieren, droht neue Erniedrigung. Armut »im Geist« meint den langen Atem zu neuen Anläufen auf das Uneingelöste, noch nicht Erreichte und Unvollendete in Richtung der matthäischen Gewissheit: Die Letzten werden die Ersten, und die Ersten die Letzten sein.

Mit *Lukas* verbindet sich in der Forschungsgeschichte der Nimbus eines »sozialistisch denkenden« Theologen und eines »Evangelisten der Armen«.

Dass er die (wohl ältere) Fassung der Seligpreisungen kontrastiert mit den schroffen Weherufen gegen die Reichen (Lk 6,24f.), signalisiert, dass er den Geist der Logienquelle aufnimmt und ihn hineininterpretiert in die spezifische Situation der von ihm adressierten Christenheit. Armen und verachteten Menschen räumt Lukas in seinem Evangelium einen vorrangigen Platz ein. Schon im Magnificat wird die Saite niedrig und mächtig, Hunger und Fülle angeschlagen (Lk 1,46–55). Jesu Antrittsrede kündigt in Anlehnung an Jes 61 das große Schuldenerlassjahr für die Armen an (Lk 4,18f.; vgl. auch 7,22). In diesen Kontext gehören auch die große Sünderin (Kap. 7),

---

[33] SCHOTTROFF, a.a.O., S. 18f.

[34] CARDENAL, ERNESTO: Das Evangelium der Bauern von Solentiname, Bd. 1, Gütersloh ³1980, S. 117.

der Pharisäer und der Zöllner (Kap. 18), die Gleichnisse vom verlorenen Schaf und Groschen sowie die berühmte Parabel vom verlorenen Sohn (Kap. 15).

Das unverkennbare Interesse des Lukas an einer kritischen Auseinandersetzung mit den Gefahren des Reichtums für die Nachfolge rührt zum anderen daher, dass zu seinem Publikum in den Gemeinden auch Reiche gezählt haben – auffällig groß ist die Zahl von Akteuren im lukanischen Doppelwerk (Ev und Apg), die mit Fug und Recht als »Reiche« eingestuft werden können[35] (vgl. auch die Grußadresse an den »hochverehrten Theophilus« im Vorwort, Lk 1,3).

»Der Reiche vor dem Nadelöhr« – um dieses thematische Zentrum scheint die Aufmerksamkeit des Lk zu kreisen. Wie ist dann zu erklären, dass Lk die Seligpreisung der Armen in nicht überbietbarer Unversöhnlichkeit den Weherufen über die Reichen gegenüberstellt? L. Schottroff und W. Stegemann haben dafür eine plausible Deutung angeboten. Lk lässt Jesus die Seligpreisungen und die Weherufe direkt an seine Jünger richten (erst in 27b wird das Auditorium angesprochen) – sie, die sie ihre Habe zurückgelassen und ein Minimum an sozialer Absicherung aufgegeben haben, um Jesus zu folgen, werden glücklich gepriesen.

Nur Lk verbindet mit der etwa ein halbes Jahrhundert zurückliegenden Jesusbewegung den totalen Besitzverzicht ihrer Anhänger (5,1–11 par.; 5,27–32 par.).

> *»Doch handelt es sich nach ihm dabei um ein abgeschlossenes Geschehen zu Lebzeiten Jesu. Die freiwillig gewählte, radikale Armut der Jünger der ersten Stunde, das »Selig die Armen« und »Wehe den Reichen« gilt ihm nicht als ein in seine Gegenwart bruchlos übertragbares Vorbild, allenfalls als kritisches Korrektiv für eine Kirche, in der zwischenzeitlich auch reiche Menschen zu Christen wurden. Die verheißene Umkehrung der Verhältnisse zugunsten der Armen behält ihre Gültigkeit und ihren Stachel für die Spiritualität der Christen, die das Leben in materiellen Elend nicht zu teilen gezwungen sind.«*[36]

SCHOTTROFF/STEGEMANN haben vor allem zwei praktische Antworten des Lk auf die Frage herausgearbeitet, wie denn wohlhabende Christen umkehren und gerettet werden können:

a) Halber Besitzverzicht: Lk 19,1–10
Die Geschichte vom Oberzöllner Zachäus hat in diesem Zusammenhang Vorbildcharakter. Dieser ist »reich« und seinen Reichtum verdankt er betrügerischen Geschäftspraktiken. Die »Umkehr« dieses reichen Sünders hat für Lk eine handfeste materielle Seite. Zachäus verspricht den Geprellten eine vierfache Rückzahlung ihres Schadens und die Zuwendung der Hälfte seines Vermögens an die »Ptochoi«, die Armen. Die lukanische Sozialethik hat demnach einen materiellen Ausgleich zwischen Arm und Reich im Auge, der die sozialen Gegensätze nicht prinzipiell beseitigt oder einebnet, sondern abfedert: Zachäus' Umkehr erzwingt keine Selbstverarmung, so wenig wie sie die Armen wohlhabend macht. Doch ist der halbe Besitzverzicht ein glaubwürdiges Zeugnis seiner Teilhabe an der Gottesherrschaft, indem seine Solidarität anderen eine neue Lebenschance eröffnet.

---

[35] So der Oberzöllner Zachäus, Lk 19,1ff., die begüterte Kauffrau Lydia, Apg 16,14f., der Römer Sergius Paulus, Apg 13,4ff. oder der Areopagit Dionysius, Apg 17, 34.
[36] SCHOTTROFF/STEGEMANN, a.a.O., S. 89–113.

b) Wohltätigkeit

Neben Matthäus benutzt Lk als einziger Autor im NT das Wort »Almosen« (gr. »Eleemosyne«). Jedoch ist dieser belastete Begriff, in dem für uns unvermeidlich mitschwingt, dass der Arme zum Objekt »billiger« Großherzigkeit herabgesetzt wird, für das Gemeinte irreführend. »Almosen« umfasst bei Lk die kleine Geld- und Sachspende an bettelarme Menschen, meint darüber hinaus aber »Wohl-tun« in einem umfassenden Sinn, wie die Geschichte des lahmgeborenen Bettlers (Apg 3,1–11) zeigt. Es heißt, Petrus »richtet ihn auf«. Die Wohltätigkeit meint ein Verhalten gegenüber den Armen, welches bewirkt, dass »sogleich Kraft in die Füße und Gelenke kommt« und sie wieder »stehen« können.

In der »Sozialutopie des Lukas« sind jene biblischen Gegenbewegungen gegen Verarmung und Bereicherung am prägnantesten »aufbewahrt« und fortentwickelt.

K.H. DEJUNG hat diese im Anschluss an C. BOERMA (1980) einmal folgendermaßen zusammengefasst:

»– *Das Modell des Appells an die Mächtigen*, das vor allem von den Propheten praktiziert wird. Sie beanspruchen alle Lebensressourcen für Gott und treten auf gegen zunehmende Unterdrückung in Israel. Ihre Methode ist der Ruf zur Umkehr der Mächtigen, die Symbolhandlung und die Gerichtsankündigung.
- Eine zweite Gegenbewegung gegen Ungerechtigkeit kreist um *das Modell der solidarischen Gemeinde*. Hier wird ein Ethos der Geschwisterlichkeit von Gläubigen gelebt und das Teilen gelernt. Vor allem unter den Alternativgruppen der Bibel ist dieses Modell zu entdecken. Auch Lukas ist davon geprägt, wobei er diese Gestalt solidarischer Gemeinschaft als Einladung zur Umkehr an die Reichen präsentiert. Auch die Initiative des Apostels Paulus für einen zwischengemeindlichen Lastenausgleich geht von diesem Modell aus.
- Eine dritte Gegenbewegung entdecken wir im sog. *Modell der Spiritualität*. Die Kontrolle von wirtschaftlicher Macht und der Streit gegen Ungerechtigkeit gehen hier unmittelbar von den Armen und Betroffenen selbst aus. Hier wird die Erfahrung ernst genommen, die in der biblischen Überlieferung von 'Gottes Option für die Armen' immer wieder bezeugt wird: Angesichts der Unfähigkeit zur Umkehr seitens der Mächtigen bleibt den Armen nur die Chance selbstverantwortlichen Handelns. Sie sind Subjekte der Veränderung und nicht mehr nur Objekt von Umkehr und Reformwillen der Reichen. In Jesu Spruch, dass eher ein Kamel durchs Nadelöhr geht, als ein Reicher in den Himmel kommt, wird diese Erfahrung weitererzählt.«[37]

Literatur

BALDERMANN, INGO: Einführung in die Bibel (UTB 1486), Göttingen ³1988 BLANK, REYNOLD J.: Der Aufstand des domestizierten Gottes. Mit einem Vorwort von LEONARDO BOFF, Münster 1988 BRAKEMEIER, GOTTFRIED: Der »Sozialismus« der Urchristenheit. Experiment und neue Herausforderung, Göttingen 1988 DEJUNG, KARL-HEINZ: Biblische Strategien zur Überwindung der Armut, in: Das Baugerüst 1/1985, S. 27–30 DE SANTA ANA, JULIO: Gute Nachricht für die Armen. Die Herausforderung der Armen in der Geschichte

---

[37] DEJUNG, KARL-HEINZ: Biblische Strategien zur Überwindung von Armut, in: Das Baugerüst 1/1985, S. 88.

der Kirche, Wuppertal 1979 DOMMERSHAUSEN, WERNER: Die Umwelt Jesu. Politik und Kultur in neutestamentlicher Zeit, Freiburg i. Brsg. ⁴1987 (Sonderausgabe) HEILIGENTHAL, ROMAN: Der Lebensweg Jesu von Nazareth. Eine Spurensicherung, Stuttgart 1994 HENGEL, MARTIN: Eigentum und Reichtum in der frühen Kirche. Aspekte einer frühchristlichen Sozialgeschichte, Stuttgart 1973 MICHEL, DIETHELM: Armut, in: Theologische Realenzyklopädie, Bd. 4, Berlin/New York 1979, S. 72–76 SCHOTTROFF, LUISE: Die Jesusbewegung, in: Schirmer, D. (Hg.): Kirchenkritische Bewegungen. Werkbuch für den Religionsunterricht, Bd. 1: Antike und Mittelalter, Stuttgart 1985, S. 10–27 SCHOTTROFF, LUISE/STEGEMANN, WOLFGANG: Jesus von Nazareth – Hoffnung der Armen (UTB, T-Reihe 639), Stuttgart 1978, ³1990 SÖLLE, DOROTHEE/SCHOTTROFF, LUISE: Jesus von Nazareth, München ³2001 STEGEMANN, WOLFGANG: Das Evangelium und die Armen. Über den Ursprung der Theologie der Armen im Neuen Testament, München 1981 STEGEMANN, WOLFGANG: Jesus und seine Zeit (Biblische Enzyklopädie Bd. 10), Stuttgart 2004 STEGEMANN, EKKEHARD und WOLFGANG: Urchristliche Sozialgeschichte. Die Anfänge im Judentum und die Christusgemeinden in der mediterranen Welt, Stuttgart 1995 THEIßEN, GERD: Soziologie der Jesusbewegung, München ²1978 THEIßEN, GERD: Die Jesusbewegung. Sozialgeschichte einer Revolution der Werte, Gütersloh 2004 TILLY, MICHAEL: So lebten Jesu Zeitgenossen, Mainz 1997.

9 «Bist du der, der kommen soll, oder müssen wir auf einen anderen warten?« (Lk, 7,20)
Deutungen der Person Jesu – Grundzüge der Christologie

(Harry Noormann)

9.1 Methodische Vorbemerkungen

Ist unser Thema nicht in jeder Hinsicht erschöpft? Wie viele Generationen haben sich vorgenommen, ein umfassend abschließendes Bild Jesu zu schaffen, um »den wirklichen Jesus« ans Tageslicht zu bringen? Weshalb sollten hochkarätige Experten nicht fähig sein, endlich einmal schwarz auf weiß festzulegen, was es mit diesem Manne auf sich hatte und was von ihm zu halten ist?

Die kleine Szene (Mt 11,2–6), der die Frage »Bist du der, der kommen soll, oder müssen wir auf einen andern warten?« entnommen ist, hält eine Antwort bereit: Die Kommission wird es nicht geben, weil die Erwartung, es »ein für allemal« »schwarz auf weiß« wissen zu wollen, von falschen Voraussetzungen ausgeht. Wie das?

Johannes, der asketische Bußtäufer gegen die »Schlangenbrut« (Mt 3,7) der besseren Gesellschaft in Palästina, schickt vom Gefängnis aus (Mt 4,12) Gesinnungsgenossen zu Jesus, um von ihm selbst offen heraus und quasi »amtlich« (K.H. RENGSTORF) in Erfahrung zu bringen, ob er der gewisse Befreier sei, auf den alle warten, die um ein erfülltes Leben betrogen sind (man beachte das Ausmaß an »Deutung«, die in dieser harmlosen Übersetzung der »Täuferfrage« steckt!). Jesus antwortet unumwunden mit einem Verweis auf »facts«: »Blinde sehen wieder, Lahme gehen, und Aussätzige werden rein; Taube hören, Tote stehen auf, und den Armen wird das Evangelium verkündet« (Lk 7,22 par.). Ein sonnenklarer Beweis! Doch für wen? Der Saddzzäer, der das Gerede von einem kommenden Messias ohnehin für subversives Gedankengut hält, warnt seine Spitzel vor anarchistischen Elementen. Und der Pharisäer hat mehr als einmal einen selbsternannten »Messias« kommen sehen, der die römische Sonne über Palästina anzuhalten versprach und dessen Scharlatanerie in einem Blutbad römischer Söldner endete.

»Fakten« verlangen nach »Interpretation«. Erst die Deutung scheinbar eindeutiger und unmissverständlicher Sachverhalte verleiht ihnen eine Bedeutung. Das gilt selbst für Jahreszahlen. Man denke an die Debatten um die Deutung des 8. Mai 1945 (Ende des Zweiten Weltkriegs – »Zusammenbruch« oder »Befreiung«?) oder des 9. November für die deutsche Nationalgeschichte!

Jesus selbst scheint mit diesem »hermeneutischen Problem« vertraut gewesen zu sein, wenn er im Gespräch über die Täuferfrage sagt: »Der Menschensohn ist gekommen, er isst und trinkt; darauf sagt ihr: 'Dieser Fresser und Säufer, dieser Freund der Zöllner und Sünder'« (Lk 7,34).

Die Frage, wer Jesus gewesen und wie seine Person einzuordnen sei, ist folglich nicht erst ein Problem unseres gewaltigen zeitlichen Abstandes zum historischen Geschehen. Die Frage stellte sich bereits in diesem Geschehen selbst. Alles, was wir mit den Mitteln historischer Forschung hypothetisch darüber in Erfahrung bringen können, stützt sich auf »gedeutete« Sachverhalte und Geschehnisse. Dieser Erkenntnisprozess ist somit prinzipiell unabgeschlossen und offen[1]: Der Zugewinn an historischem Wissen verbessert die Voraussetzungen für »sachgemäße Urteile«, aber diese Urteile unterliegen grundsätzlich dem Vorbehalt der Vorläufigkeit und intersubjektiven Verständigung.

So gilt scheinbar paradox beides: Der Weg, den »Christus« zu verstehen, führt unweigerlich über die historische Person Jesu. Aber am Ende des Weges zu Jesus steht nicht die historische Person selbst, sondern das mündlich überlieferte Ensemble von Deutungen seiner Person.

Vorauszuschicken ist noch ein zweiter Aspekt des »hermeneutischen Problems«, denn der 5.-Klässler-Einwand »Der Jesus ist doch schon fast 2000 Jahre tot – was geht denn mich der an?« bliebe ja bestehen, selbst wenn wir unseren historischen Kenntnisstand schlagartig verdoppeln könnten. Ohne Glauben an »Christus« bleibt Jesus eine von vielen sympathischen Figuren der Weltgeschichte. Die christliche Frage, wer Jesus gewesen ist, unterscheidet sich von der Frage eines Archäologen nach dem Alter einer Tonscherbe dadurch, dass jene zuläuft auf die »sinn-volle« Frage, wer dieser Jesus »für uns« heute ist und sein kann. Deutungen der Person Jesu seitens der ersten Generationen seiner Anhänger schützen unsere Deutungen vor wilder Spekulation oder einer Christusmystik ohne »palästinischen Bodenkontakt«.[2]

9.2 Jesus, die Jesusbewegung und die Wanderpropheten der Logienquelle

Da Jesus selbst kein Blatt Papyrus hinterlassen hat (einmal, so Joh 8,6, »schrieb Jesus mit dem Finger auf die Erde [...]«), das eine authentische Auskunft darüber geben könnte, wie Jesus seine Person und Rolle verstanden hat, müssen wir Umwege gehen, um etwas über sein »Selbstverständnis« auszusagen.

Den ersten »Umweg« hat die historisch-kritische Forschung beschritten. Hat Jesus, so lautet(e) die Frage, die messianischen »Hoheitstitel« für sich selbst in Anspruch genommen, die das Judentum in hellenistischer Zeit kannte – »Messias«, »Sohn (Gottes)«, »Menschensohn«, um nur die wichtigsten zu nennen?

---

[1] So hat erst der ökumenische Horizont in den vergangenen Jahrzehnten die vielfältigen »Gesichter« Jesu unter Christen in unterschiedlichen kulturellen Kontexten bewusst gemacht und: Der vielleicht wichtigste Vorgang ist die »weltweite, transkulturelle Entdeckung Jesu« (ROMAN A. SIEBENROCK) in den nicht-christlichen Religionen. Vgl. ROMAN A. SIEBENROCK: Das Geheimnis des Rabbi: Eine Christologie der Begegnung, in: Katechetische Blätter 126 (2001), S. 333–338; VOLKER KÜSTER: Die vielen Gesichter Jesu Christi. Christologie interkulturell, Neukirchen-Vluyn 1999; STEGEMANN, WOLFGANG/MALINA, BRUCE J./THEIßEN, GERD (Hg.): Jesus in neuen Kontexten, Stuttgart 2002; STRAHM, DORIS; Vom Rand in die Mitte. Christologie aus der Sicht von Frauen in Asien, Afrika und Lateinamerika; Theologie in Geschichte und Gesellschaft, Luzern; 1997.

[2] JÜRGEN MOLTMANN hat das christliche »erkenntnisleitende Interesse« an geschichtlicher Erinnerung einmal eindrucksvoll formuliert:
»Nur wenn in der Vergangenheit etwas steckt, was über sich in die Zukunft hinausweist, hat es einen Sinn, sich ihrer zu erinnern. Das Unerfüllte, Zukunftsweisende und Anfängliche der Vergangenheit drängt sich der Gegenwart auf, weil es seine Erfüllung und Vollendung sucht. Hermeneutik geht in die Zeugnisse der Vergangenheit zurück, weil sie Zukunft in dieser Vergangenheit sucht. *Sie ist 'Hoffnung im Modus der Erinnerung'.*« (MOLTMANN, JÜRGEN: Politische Theologie – Politische Ethik, München 1984, S. 159f.).

Die ersten Wanderpropheten und Gemeinden in Jesu Nachfolge haben diese und andere (insgesamt rund 50 verschiedene!) Ehrennahmen sogleich auf Jesus bezogen, wie die neutestamentlichen Schriften belegen – 500 Mal reden sie von »Christus«, 80 Mal vom »Menschensohn« und 75 Mal vom »Sohn Gottes«.

Mittlerweile werden deutlich reserviertere Töne gegenüber einer Fachwissenschaft geäußert, die die Frage, wer Jesus Christus (gewesen) sei, gleichsetzt mit der Frage, welche »Orden« und Adelstitel ihm zuerkannt wurden. Hinter der Majestät Christi verschwindet auf diese Weise leicht der Jesus aus dem Arme-Leute-Milieu der »Asozialen«.

Die meisten Neutestamentler neigen zu der Auffassung, die Hoheitstitel einer Zeit zuzuordnen, als aus dem »Verkündiger« ein »Verkündigter« geworden war, wenn sich auch keine Beweise finden lassen, »auf die man mit dem Hammer schlagen kann« (SCHOTTROFF/STEGEMANN). E. LOHSEs Resümee spricht für einen breiten Konsens in der Fachwelt: »Jesus hat sich keinen der messianischen Hoheitstitel des Judentums beigelegt, sondern mit einer unvergleichlichen Vollmacht gesprochen und gehandelt.«[3]

a) Messias
Nirgendwo bezeichnet Jesus sich selbst in den Evangelien als der »Messias«, »der Gesalbte«. Der hebräische Begriff (den im NT nur Joh verwendet, die Synoptiker benutzen die griechische Übersetzung »Christus«) bezieht sich im AT zunächst auf den regierenden König (1Sam 24,7), erhält nach dem Zerfall des Reiches (926 v. Chr.) idealtypische Züge (Jes 9,1ff.; Micha 5,1ff. u.a.) und wird in der nachexilischen Zeit ein Synonym für den endzeitlich-politischen Befreier des Volkes aus den Fesseln der Fremdherrschaft. Wo die Evangelien den Titel für Jesus reklamieren, spiegeln sie im Urteil der meisten Exegeten urchristliche Gemeindechristologie wider, z.B. an der zentralen Belegstelle Mk 8,27ff.: Jesus befragt seine Weggefährten nach der Meinung der Menschen über ihn, woraufhin Petrus bekennt: »Du bist der Christus« (8,29 par.).

Da Jesu Auftreten nach allem, was wir über seine Botschaft vom Anbruch der Gottesherrschaft ausmachen können, der volkstümlichen Messiaserwartung diametral entgegenstand, besticht auch das Argument, dass das »Schweigen der Quellen über eine aktive Auseinandersetzung Jesu mit der traditionellen jüdischen Messiasidee«[4] der Annahme eines messianischen Selbstbewusstseins Jesu widerspricht.

b) Sohn (Gottes)
Auch der Titel »Sohn (Gottes)«, der im Rückgriff auf Ps 2,7 im Urchristentum eine herausragende Rolle spielt, wird allgemein der nachösterlichen Traditionsbildung zugerechnet (Mk 3,11; Mk 13,22; Mt 11,27 par.; Lk 10,22). Der Evangelist Markus gibt beim Umgang mit dem Sohnesbegriff das christologische Gliederungskonzept seines Evangeliums deutlich zu erkennen. In den drei Schlüsselszenen, in denen vom »Sohn« die Rede ist, bricht der heilsgeschichtliche Sinn der Mission Jesu förmlich auf – bei der Taufe (Mk 1,9–11), bei der Verklärung (9,2–8) und im Bekenntnis des (römischen!) Hauptmanns (15,39). PHILIPP VIELHAUER[5] hat darin das Schema eines altägyptischen Inthronisationsrituals vermutet, das in der Umwelt des Urchristentums

---

[3] LOHSE, EDUARD: Grundriss der neutestamentlichen Theologie Theologische Wissenschaft, Bd. 5, Stuttgart 1974, S. 43.

[4] CONZELMANN,HANS/LINDEMANN, ANDREAS: Arbeitsbuch zum Neuen Testament (UTB 52), Tübingen [8]1988, S. 397.

[5] VIELHAUER, PHILIPP: Geschichte der urchristlichen Literatur, Berlin/New York 1975, S. 344f.

nicht unbekannt gewesen sein dürfte: Die *Taufe* entspricht der *Adoption* des göttlichen Menschen, die *Verklärung* seiner *Proklamation* und das *Bekenntnis des Hauptmannes* der *Akklamation* des Gottessohnes, seiner Ehrbezeugung durch den Repräsentanten »der Welt«, in dem andere Götter herrschen.[6]

Zudem muss beachtet werden, dass jüdische Quellen den Titel »Gottessohn« durchaus kennen, aber nicht eben häufig belegen.[7] Ganz im Gegensatz zur hellenistischen Umwelt, für die Götter in Menschengestalt eine geläufige Vorstellung waren, beharrte das Judentum auf dem »qualitativen Unterschied« zwischen Gott und Mensch. Genauso wie es vermied, den Gottesnamen auszusprechen, blieb es äußerst zurückhaltend, Menschen mit einer göttlichen Würde auszustatten. Wenn dies geschah (Ps 2,7), wurden damit nicht göttliche Eigenschaften einer Person, sondern eine besondere Beziehung der betreffenden Person zu Gott zum Ausdruck gebracht – Jahwe adoptierte den designierten König bei der Thronbesteigung als seinen Sohn (also ein *relationales* Verständnis der Gottessohnschaft gegenüber einem *physisch-biologischen* Verständnis). Im hellenistischen Raum dagegen kannte man die Vorstellung einer physischen Gottessohnschaft, wie sie sich in Bezug auf den Christus namentlich bei Lukas findet, um die Einzigartigkeit und Außergewöhnlichkeit geschichtlicher Größen hervorzuheben.[8]

c) Menschensohn

Das mehrdeutig schillernde »Rätselwort« (V. HAMPEL) »**Menschensohn**« war im apokalyptischen Gedankengut sowohl allgemein als Gattungsbegriff (»der« Mensch schlechthin, Dan 7,13) als auch titular gebräuchlich (aeth. Henoch 71,14.17). In den Evangelien spricht Jesus vom Menschensohn als dem endzeitlichen Weltenrichter (Mk 8,38; 13,26; 14,62; Mt 24,27.37.39.44), allerdings nie in der ersten, sondern stets in der dritten Person. Eine zweite Gruppe von Textstellen schweigt über die Rolle des Menschensohns im apokalyptischen Weltgericht. Sie spricht von seinem gottgewollten Leiden, Sterben und Auferstehen (Mk 8,31; 9,31; 10,33f.). Da diese die Passions- und Ostergeschichten »bis ins Detail« voraussetzen[9], scheiden sie als authentische Selbstaussagen aus.

Eine dritte Gruppe von Menschensohnworten reflektiert weder die Parusie noch die Passion, sondern redet von der Vollmacht des Menschensohnes, Sünden zu vergeben (Mk 2,10), von seiner Heimat- und Besitzlosigkeit (Mt 8,20) und der angefeindeten Freundschaft gegenüber Zöllnern und Sündern (Mt 11,19). Auch hier handelt es sich um Spuren aus der »christologischen Werkstatt« der Urkirche, die den mit göttlicher Vollmacht ausgestatteten Menschensohn aus Dan 7 mit Jesus identifiziert. Dies konnte umso leichter geschehen, wenn seine Anhänger die Jesuslogien über den

---

[6] Siehe dagegen SCHENKE, LUDGER: Das Markusevangelium (UTB 405), Stuttgart 1988, 111 u.a.

[7] Im Rückbezug auf die Nathanweissagung 2Sam 7,13f.; vgl. dazu kritisch HENGEL, MARTIN: Der Sohn Gottes. Die Entstehung der Christologie und die jüdisch-hellenistische Religionsgeschichte, Tübingen 1975, S. 71ff.

[8] Wenn der Hoheitstitel »Sohn« im jesuanischen Kontext ausfällt, muss die Parabel [Allegorie?] von den bösen Winzern, Mk 12,1ff., entweder insgesamt als Gemeindebildung betrachtet werden – oder der »Sohn« gehört – ohne christologische Auflading – zur »Erzähllogik« der Geschichte (so JOACHIM JEREMIAS).

[9] BORNKAMM, GÜNTHER: Jesus von Nazareth (UB 19); Stuttgart [7]1965, S. 208.

Menschensohn (z.B. Mk 8,38) als chiffrierte Aussagen über seine eigene Person (»ich«) interpretierten.[10]

Insgesamt erscheint CONZELMANN/LINDEMANN es »unmöglich, aus den christologischen Hoheitstiteln der synoptischen Tradition das Selbstbewusstsein Jesu zu rekonstruieren«.[11]

> Aufgabe:
> - Ermitteln Sie mithilfe einer Konkordanz die Häufigkeit der Hoheitstitel Messias, Sohn Gottes und Menschensohn in den Evangelien. Notieren Sie Auffälligkeiten und versuchen sie diese zu erklären, nachdem Sie das ganze Kapitel durchgearbeitet haben.

d) »Implizite« und »negative« christologische Anhaltspunkte

Doch mit dem nüchternen Befund über das ausdrückliche Selbstbewusstsein Jesu, wie es aus den Ehrenprädikationen erschlossen werden mag, ist die Frage nicht erledigt. Einen anderen Weg der Rekonstruktion schlagen sozialgeschichtlich orientierte Exegeten ein, indem sie
- das *Profil der Praxis und Botschaft* Jesu nach der ältesten Tradition sowie
- das *Fremdbild* Jesu im Urteil seiner Gegner näher betrachten.

Für LEONARDO BOFF steht außer Frage, dass Jesus nicht nur der primus inter pares in einer Gruppe wandernder Reich-Gottes-Prophet/innen war, sondern seine »schöpferische Phantasie« und »Originalität« dem besonderen Selbstbewusstsein Jesu Ausdruck gaben, im Namen Gottes zu sprechen und zu handeln. Er maßt sich Kompetenzen an, die nur Gott zustehen (Freispruch von Schuld und Änderung des mosaischen Gesetzes – Mk 2,7; Lk 7,49; Mk 7,1–12; Mt 5,21–48). »Er predigt das Reich Gottes als umfassende Befreiung des Menschen von Sünde, Leid und Tod (…) Der Ruf in die Nachfolge beinhaltet bereits einen Glauben an die Person und an die Anliegen Jesu (…) Wo er auftritt, verändern sich die Strukturen der alten Welt: Krankheiten werden geheilt (Mt 8,16–17), der Tod wird besiegt (Lk 7,11–17; Mk 5,41–43), die Naturelemente gehorchen ihm (Mt 8,27) und unreine Geister machen dem Geist Gottes Platz (Mt 12,28).«[12]

Solche Indizien einer »*indirekten ('impliziten') Christologie*«, die Boff auch in den vielfältigen Hinweisen auf ein fassungsloses Erstaunen von Augenzeug/innen erblickt, werden ergänzt durch die Liste von »Unehrentiteln«, die den Gegnern zur Stigmatisierung von Person und Sache Jesu dienten (»*negative Christologie*«). Sie halten ihm seine gewöhnliche, niedere Herkunft vor (Mk 6,3), er missachtet die Sabbatgebote (Mk 2,24 u.a.), setzt sich mit verhassten Steuereintreibern an einen Tisch (Mk 2,16), hetzt das Volk auf, dem Cäsar keine Steuern zu zahlen und »nennt sich politisch-revolutionärer Chef« (Messias-König: Lk 23,2).[13] Schließlich lassen sich positive Anhaltspunkte für die besondere Autorität Jesu zu seinen Lebzeiten finden – die Leute nennen ihn Arzt

---

[10] Vgl. auch BOFF, LEONARDO: Jesus Christus, der Befreier, Freiburg i. Br. ²1987, S. 106.
[11] CONZELMANN/LINDEMANN, a.a.O., S. 401; LOHSE, a.a.O., S. 43–50.
[12] BOFF, a.a.O., S. 102.
[13] Ebd., S. 103.

(Mt 8, 16), Rabbi (Mk 9,5; 11,21; Mt 26,49) und den »Propheten Jesus von Nazareth in Galiläa« (Mk 6,15; 8,28; u.a.).[14]

SCHOTTROFF/STEGEMANN[15] kommen zu einem mit Boff vergleichbaren Ergebnis. Sie analysieren *zentrale Texte der fassbar ältesten Jesustradition*: die Seligpreisung der Armen (Lk 6,20f.), der Kamelspruch (Mk 10,25), das Logion von der Umkehrung der Rangfolge von Ersten und Letzten (Mt 19,30 par.), die Erzählung vom reichen Mann und dem armen Lazarus (Lk 16, 19–26) sowie das Magnificat (Lk 1, 46–54). Jesus war, so lautet ihr Befund, »für die älteste Jesusbewegung schon nicht mehr Gleicher unter Gleichen, sondern ein Mensch, der die Welt verändert hat: Gottes Messias, der Israel gegenüber – und zwar ganz Israel (s. vor allem Lk 1,54f.) – die Verheißung Gottes erfüllt (…) Es ist nicht auszuschließen, dass Jesus schon zu seinen Lebzeiten als Messias verehrt worden ist (und sich vielleicht auch selbst so verstanden hat) – aber als Messias der Armen, deren Schicksal er teilte (…)«[16] Auch DAVID FLUSSER, jüdischer Professor für frühes Christentum in Jerusalem, schließt nicht aus, der Prophet Jesu sei schließlich mehr und mehr überzeugt gewesen, »dass er selbst der kommende Menschensohn sei«.[17]

Die Korrektur gegenüber dem vorherrschenden historisch-kritischen Konsens geht bei SCHOTTROFF/STEGEMANN gar soweit, mit Blick auf das Magnificat eine ausgeprägte christologische Deutung der Geburt Jesu für diese älteste Traditionsstufe zu behaupten.[18]

Die Theologie der umherziehenden »Jesuaner«[19], die nach der Hinrichtung Jesu in größter Nähe zu seiner Lebenspraxis und Lehre fortfahren, die Reich-Gottes-Botschaft in Israel zu verbreiten, ist überliefert in der aus dem Lk- und dem Mt-Evangelium rekonstruierbaren Logienquelle (= zweite Traditionsstufe). In ihrer Überlieferung spiegeln sich auch die Erfahrungen der Jesusboten wider – sie werden verfolgt (Mt 23, 34–36), in Synagogen verhört (Mt 10,19f.), es kommt zu Steinigungen und

---

[14] BOFFs Beobachtungen kontrastieren, was die Einzigartigkeit der geschichtlichen Person Jesu für die Christologie angeht, die »historisch-kritische Blässe« mit frischen Farben. Freilich ist zu sehen, dass schon die Bultmann-Schüler in den 50er Jahren darauf gedrängt haben, die »Kontinuität des Evangeliums in der Diskontinuität der Zeiten« zu beachten und die »ipsissima vox« (eigene Stimme) Jesu bei der heilsgeschichtlichen Deutung seiner Person zur Geltung zu bringen (vgl. KÄSEMANN, ERNST [1953] [8]1967; BORNKAMM, GÜNTER [7]1965).
BOFFs Hinweise leiden an einer methodischen Unschärfe. Sie lassen bei den Textverweisen überlieferungsgeschichtliche Gesichtspunkte außer Acht, so dass als Beleg für die Zeit um das Jahr 29/30 erscheint, was wahrscheinlich einer weitaus jüngeren Traditionsschicht zugehört. Die Legende über den 12-jährigen Jesus im Tempel lässt sich schwerlich als historischer Beleg für seine brillante Geisteskraft verwerten (Boff, a.a.O., S. 102).
[15] Vgl. SCHOTTROFF, LUISE/STEGEMANN, WOLFGANG: Jesus von Nazareth – Hoffnung der Armen, Stuttgart 1978.
[16] Ebd., S. 42.
[17] FLUSSER, DAVID: Bruder Jesu. Der Nazarener in jüdischer Sicht, Hamburg 1968, S. 98f.
[18] Vgl. SCHOTTROFF/STEGEMANN, a.a.O., S. 42.
[19] Zur Diskussion über die »Wandercharismatiker« die völlige Neubearbeitung der »klassischen« Schrift von GERD THEIẞEN: Soziologie der Jesusbewegung (TEh 194), München [2]1978; THEIẞEN, GERD: Die Jesusbewegung: Sozialgeschichte einer Revolution der Werte, Gütersloh 2004, besonders S. 33–98; kritisch dazu SCHOTTROFF/STEGEMANN, a.a.O., S. 65–69.

Tötungen (Mt 23, 37–39). SCHOTTROFF/STEGEMANN weisen darauf hin, dass »Ablehnung, Verfolgung und Tötung Jesu und Ablehnung, Verfolgung und Tötung seiner Boten (...) in einem Atemzug genannt« werden.[20]

»Sozusagen selbstverständlich« interpretieren die Wanderpropheten das Geschick Jesu – wie ihr eigenes – in der Linie der tödlichen Ablehnung aller Propheten durch Israel: »Der Gerechte muss viel leiden, doch allem wird der Herr ihn entreißen« (Ps 34,20). Die Figur des »leidenden Gerechten« gab den Jesusboten ein Interpretament an die Hand, um den Tod Jesu in die Selbstvergewisserung ihrer glühenden Erwartung einer nun Wirklichkeit werdenden Umkehrung der Verhältnisse unter göttlicher Herrschaft einzubeziehen. Allerdings: Eine soteriologische (Heils)-Bedeutung hatte der Tod Jesu für diese Jesusleute noch nicht. Auch in der ältesten Passionsgeschichte (Mk 14,32–15,47) ist eine erlösend-rettende Ausdeutung des Todes Jesu noch nicht vorgenommen. Das Motiv des »leidenden Gerechten« bildet dafür allerdings ein wichtiges Scharnier. Das Lied vom leidenden Gottesknecht aus Jes 53, 3–12 hat »nachweislich Einfluss auf die älteste Traditions- und Bekenntnisbildung gehabt«, und zwar in der Fassung der Septuaginta. »Es könnten 'Hellenisten' gewesen sein, die diesen Text zuerst aufgriffen und von ihm her ein neues, soteriologisches Verständnis des Todes Jesu entwickelt haben«.[21]

Fazit:
Hat sich Jesus selbst als »Menschensohn«, Messias, gar Gottes Sohn verstanden? Bestand lange ein breiter Konsens darüber, dass Jesus kein »messianisches Selbstbewusstsein« hatte und alle so genannten Hoheitstitel nachösterlichen Ursprungs seien, gelangen vertiefte historische Einsichten heute zu vorsichtigeren Urteilen. Unabhängig von beanspruchten Titulaturen anerkennt die Forschung die enge Verknüpfung von Sache und Person – *sein* eschatologisches Vollmachtsbewusstsein, *sein* skandalöses Auftreten, *seine* Gottesbeziehung, *seine* Worte und Taten einer Welt, in der die Blinden sehen und die Lahmen gehen....[22]

Aufgabe:
- Vergleichen Sie die von SCHOTTROFF/STEGEMANN zur relativ ältesten Traditionsstufe gerechneten Texte und suchen Sie nach wiederkehrenden Themen und Motiven. Welche Rückschlüsse erlauben diese für die Botschaft der Jesusbewegung und die Deutung von Person und Werk Jesu von Nazareth?

---

[20] Ebd., S. 79f.
[21] SCHENKE, LUDGER: Die Urgemeinde. Geschichtliche und theologische Entwicklung, Stuttgart 1990, S. 103.
[22] THEIßEN, GERD/MERZ, ANNETTE: Der umstrittene historische Jesus, in: SIGURD DAECKE/PETER R. SAHM (Hg.): Jesus von Nazareth und das Christentum: braucht die pluralistische Gesellschaft ein neues Jesusbild, Neukirchen-Vluyn 2000, S. 188ff.; THOMAS SÖDING: War Jesus wirklich Gottes Sohn? Die neue Debatte um Jesus und die Christologie, in: ZNT 8 (4. Jg. 2001), S. 2–13.

9.3 Deutung der Person Jesu im palästinischen Urchristentum: Gottesknecht, Messias und Menschensohn

In der hebräischen Bibel stehen die Verheißung des »leidenden Gottesknechtes« und die »Messias-Menschensohnverheißung« eigentümlich unvermittelt nebeneinander, wenngleich anzunehmen ist, »dass die messianische Deutung der Gottesknecht-Lieder dem Auftreten Jesu vorausliegt«.[23] Die Jesusleute konnten also vermutlich in ihrer nachösterlichen Reflexion, dem Leiden und Tod Jesu in der Kontinuität seiner Botschaft und Praxis Sinn abzugewinnen, an eine in der Jesusbewegung bereits begonnene »christologische Arbeit« anknüpfen und dabei auf die jüdischerseits bereitgestellten Paradigmen zum Verständnis der Einzigartigkeit seiner Person zurückgreifen. Anders wäre das geradezu atemberaubende Tempo, in dem sich Mission und christologische Reflexion in den ersten Jahren vollzogen haben, schwer zu verstehen.

Wenn zunächst vom Christusverständnis die Rede sein soll, an dem der »Erdgeruch« des palästinischen Ursprungs haftet, muss klar sein, dass die heutige Forschung mit einer bisprachlichen und bikulturellen Ursprungssituation rechnet (entgegen der landläufigen Auffassung eines graduellen zeitlichen Nacheinanders von »palästinischem« und »hellenistischem« Urchristentum).[24]

Drei Gruppierungen sind dabei hinreichend deutlich identifizierbar:
a) wandernde Reich-Gottes-Propheten in der Nachfolge jesuanischer Lebenspraxis;
b) aramäisch sprechende Juden als Mitglieder von Hausgemeinden;
c) griechisch sprechende Juden als Mitglieder von Hausgemeinden, vermutlich »Rückkehrer« aus der großen jüdischen Diaspora im römischen Weltreich.

Im Blick auf die beiden erstgenannten Gruppen hat JÜRGEN MOLTMANN dargelegt, welche motivgeschichtlichen Quellen aus der israelitisch-jüdischen Tradition zu einem ersten »christologischen Strom« zusammenflossen, als die Person Jesu identifiziert wurde mit dem »leidenden Gottesknecht«, dem »Menschensohn« und dem »Messias«.

Der Menschensohn (Dan 7,1ff.,13f.) ist ideengeschichtlich das jüngste Interpretament und der *spätnachexelischen Apokalyptik zugehörig (ca. 165 v. Chr.)*.

> »Der 'Menschensohn' ist zunächst einfach der 'Sohn eines Menschen', Einzelexemplar der Gattung Mensch, ein Einzelner jedoch, der die Gesamtheit pars pro toto repräsentiert, ein Einzelner, der die Bestimmung der Menschen zur Gottesebenbildlichkeit verwirklicht und dadurch den dem menschlichen Angesicht offenbart (Ez 1,26). Wird den unmenschlichen, bestialischen Weltreichen der Babylonier, Meder, Perser und Makedonier das Reich des 'Menschensohns' gegenübergestellt, dann ist damit 'das menschliche Reich des Menschen' gemeint, welches wahres Menschsein in Gerechtigkeit und Frieden überall ermöglicht«.[25]

'Menschensohn' ist das Gegenbild des 'verhindert menschlichen Menschen' unter allen Völkern. Er repräsentiert die wiederhergestellte Gottesebenbildlichkeit in universaler Weise (im Gegensatz zum Messias) mit Blick auf sein *schöpfungsgemäßes Dasein*. Die Figur des (leidenden) Gottesknechtes entspringt der *prophetischen Linie* und erfährt ihre markanteste Ausprägung in den Liedern vom 'neuen Gottesknecht' bei *Dterojes (Jes 40–55) zur Zeit des babylonischen Exils 586–536 v. Chr.*

---

[23] MOLTMANN, JÜRGEN: Der Weg Jesu Christi. Christologie in messianischen Dimensionen, München 1989, S. 38.
[24] SCHENKE 1990, a.a.O., S. 72f., 122.
[25] MOLTMANN 1989, a.a.O., S. 31.

Urbild aller Propheten und Maßstab aller Prophetie, die sich mit Recht auf Jahwes Geist beruft, ist die *Gestalt Moses* (Ex 14,31 u.a.). »In der neuen Knechtschaft in Babylonien wird die Moses-Exodus-Erinnerung wach und als Grund einer neuen Hoffnung auf Gott vergegenwärtigt«.[26] Nach der radikalen geschichtlichen Zäsur (Zerstörung des Tempels, Vertreibung) muss der neue Gottesknecht in der Mosesukzession die Mosegestalt selbst überbieten – er »soll Prophet des Exodus, Priester der Versöhnung und Opfer der Erlösung in einem sein«[27]: Er wird Recht setzen unter seinem Volk der Armen, Trauernden, Gefangenen und Zerstreuten, wird es erlösen durch stellvertretendes Leiden (Jes 53), indem er einen gewalttätigen Tod stirbt für »uns« und sich »unter die Verbrecher rechnen ließ« (Jes 53,12b).

Die Verheißung des Messias lebt aus der Erinnerung an das Königtum unter *David*, wie sie in den *Jes-Texten 7,10ff.; 9,1ff.; 11,1ff.* (vgl. Mi 4 und Sach 9) zum Ausdruck kommt, die in die Zeit der Hochblüte des assyrischen Reiches und des Untergangs des Nordreiches (Israel) gehören (746–701 v. Chr.). Allerdings: »Im neuen, messianischen David steckt mehr als im alten, historischen David je gewesen war.«[28] Die Hoffnung auf den Messias erwächst nicht aus einer nostalgisch verklärten Vergangenheit, sondern »transformiert« die Geschichte zu einem neuen Aufbruch. Aus der »Differenz zwischen Vergangenheit und Zukunft« wird geboren, »was man die 'eschatologische' Hoffnung nennen muss«[29]: Gerechtigkeit für die Armen und 'Schalom' für die ganze Schöpfung (Jes 11,6–8; Sach 9,9f). Der Messianismus ist eine »theopolitische Hoffnung« (M. BUBER), die ihre Wünsche nicht hinausprojiziert in eine jenseitige Geschichte, sondern »eine messianische Vision zukünftiger Geschichte, die ihr Licht auf den 'Wandel', d.h. die Politik der Gegenwart vorauswirft«.[30] Von Belang ist schließlich der Hinweis Moltmanns, dass die Messiashoffnung »nie die Hoffnung der Sieger und Herrschenden, sondern immer die Hoffnung der Besiegten und Unterworfenen« war. »Die Hoffnung des armen Volkes ist keine andere als die messianische Hoffnung«.[31]

Diese messianischen Traditionslinien (die sich bereits in der jüdisch-apokalyptischen Gedankenwelt kreuzen und überlappen) laufen in den ältesten Anschauungen über die Bedeutung der Person Jesu zusammen. In Apg 2,36 hat Lk sie vermutlich in der von Petrus gesprochenen »Kontrastformel« überliefert: »Mit Sicherheit erkenne nun das ganze Haus Israel, dass Gott diesen Jesus, den ihr gekreuzigt habt, zum Herrn und Messias gemacht hat«.[32] Doch ist es »nicht damit getan, Jesus Titel zu geben und ihn Herr, Herr zu nennen« (L. BOFF) bzw. das forschende Auge hauptseitig auf Titulaturen zu richten.

Wichtiger ist zu sehen, dass die Identifikation Jesu mit dem Messias/Menschensohn in Gestalt des leidenden Propheten[33] und das Bekenntnis zu seiner Gegenwart die («gescheiterte») Jesusbewegung in eine messianisch-missionarische Kraft verwandelte, die bei aller Verwurzelung in der jüdischen Tradition eine »eigene Sache« zu vertreten hatte:

---

[26] Ebd., S. 37.
[27] Ebd.
[28] Ebd., S. 27.
[29] Ebd.
[30] Ebd., S. 28.
[31] Ebd., 29f.
[32] Vgl. SCHENKE 1990, a.a.O., S. 131, im weiteren zur ebenfalls alten Traditionsformel in Röm 1,3f.
[33] Vgl. Lk 11,49; 13,34; Mk 12,1ff.; Apg 7,52; 1Thess 2,12.

Messianische Traditionen im Judentum der hellenistischen Zeit

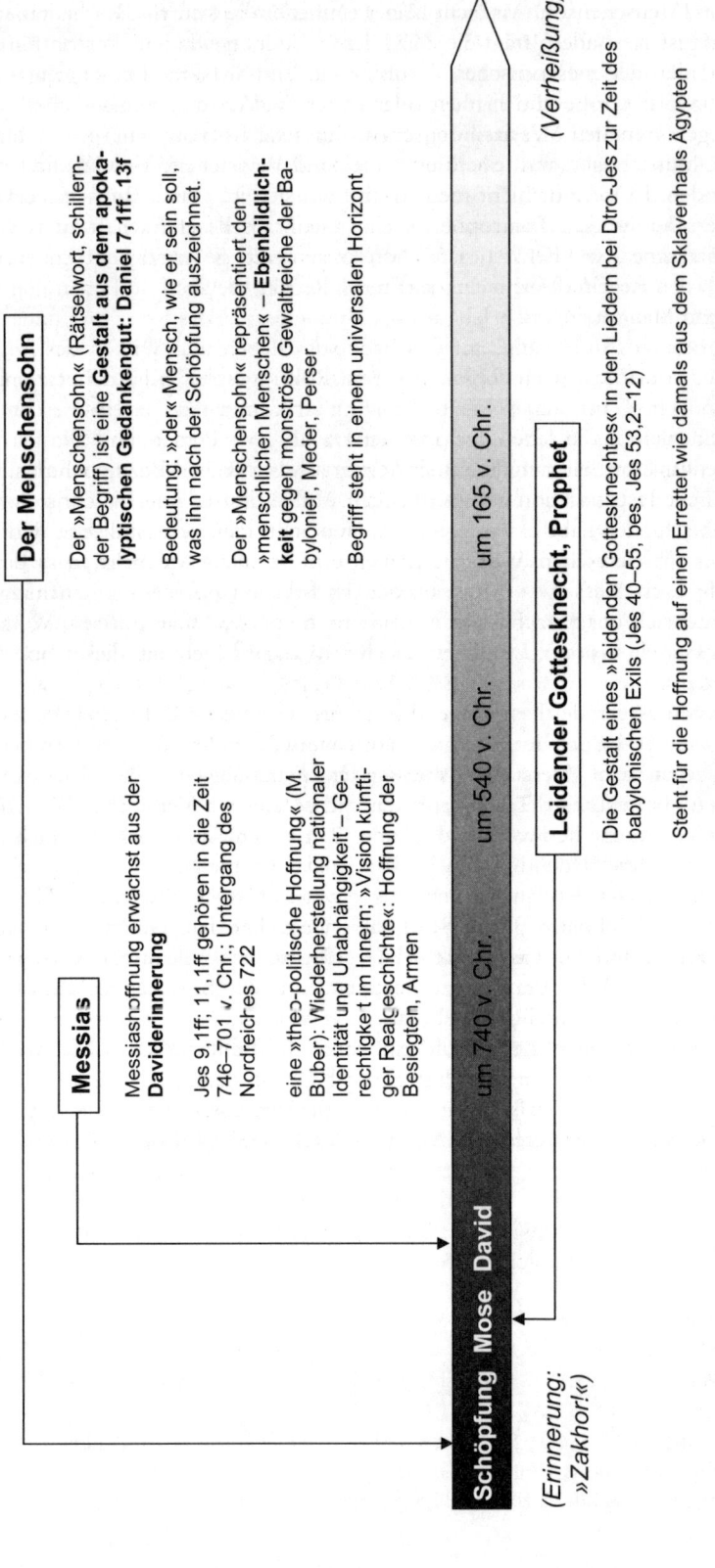

Nach: Jürgen Moltmann: Der Weg Jesu Christi, München 1989, 25ff.

Der Messias/Menschensohn ist nicht länger eine anonyme, durch die Phantasie angeregte Rettergestalt, sondern trägt die Züge der konkret »greifbaren« Person Jesu. Diese desillusioniert alle messianischen Attribute, die zu tun haben mit gewaltgestützter Macht, nationaler Größe und Einheit oder imperialer Attitüde. Die königliche Herrschaft des gekommenen Messias/Menschensohnes wächst von unten herauf, aus der Kraft der Ohnmächtigen, um teilend und füreinander einstehend Gewalt und Unrecht zu überwinden. Es kommt nicht mehr darauf an, sich im Wissen um eine bevorstehende erderschütternde Katastrophe für eine theokratische Herrschaft zu bewähren. Die »messianische Zwischenzeit« ist schon Gegenwart, sie ermöglicht und verheißt Leben nach den Regeln des »neuen Zeitalters«, Regeln, die aus Jesu Leben und Lehre Richtung und Maß gewinnen.

Die verbreitete Auffassung, anfangs habe »das Leben und Wirken des irdischen Jesus in der christologischen Reflexion keine Rolle« gespielt[34], ist daher zumindest missverständlich. Ganz außer Frage stand hinter dem Credo zu Jesus, den Messias/Menschensohn, die lebendige Erinnerung an Jesu Person und Gestalt, auch wenn Bekenntnisformulierungen auf sie keinen ausdrücklichen Bezug nehmen. »Eine unmessianische Jesustradition gibt es gar nicht.«[35] Die Feststellung, die christologische Arbeit der Urchristen habe erst in einem zweiten Schritt auch das »irdische Wirken im Licht seiner messianischen Würde sehen gelernt«[36], meint vielmehr, dass das Bekenntnis »Jesus ist Messias« – gleichsam der »christliche Urschrei« – in einem zweiten Schritt lernte, sich der Sprache von Metaphern, Symbolen, Gleichnissen, Wundererzählungen, Gerichtsworten, Legenden und Reden zu bedienen, um dieses Bekenntnis zu explizieren.

Die älteste Fassung der Passionsgeschichte, die vermutlich Mk 14,32–15,47 umfasst, ist der Versuch, neben den umlaufenden Worten und Taten Jesu das schwer wiegendste Argument gegen seine Messianität theologisch zu bewältigen – das Paradoxon der schändlichen Hinrichtung des Messias/Menschensohnes am Verbrecherholz. Die den »leidenden Gerechten« besingenden Psalmen (22!) werden zwar nicht wörtlich zitiert, sind allerdings gedanklich und in sprachlichen Anklängen präsent.

SCHENKE hat an nachweislichen Einfügungen zeigen können, wie eine »hellenistische Überarbeitung« die christologische Symbolik angereichert hat: Durch Einfügung der Barabbas-Szene (Mk 15,6–15a) erhält die Geschichte eine polemische Verschärfung, welche die Schuld an der Verurteilung Jesu eindeutig der jüdischen Lokalaristokratie anlastet. Der von den irdischen Machthabern verworfene Messias wird »zur Rechten Gottes« inthronisiert als der endzeitliche Richter und Retter (Mk 14,61f.). Währenddessen zieht über den jüdischen Autoritäten das Gericht herauf (das Land in Finsternis). Andere Zeichen in der »apokalyptischen Begleitmusik« zum Tode Jesu deuten auf das Ende des Tempelkultes (Zerreißen des Vorhanges zum Allerheiligsten).[37]

Aus diesen Einfügungen spricht nicht nur eine reserviert-kritische Haltung der »Hellenisten« gegenüber dem jüdischen Ritus und Tempelkult, sondern auch die Fähigkeit, Traditionen umzuprägen und ihre Symbolik neu zu polen. Schon in der Urgemeinde wurde Jesus vermutlich als »Sohn Gottes« tituliert.[38]

---

[34] Vgl. SCHENKE 1990, a.a.O., S. 131.
[35] CONZELMANN/LINDEMANN: Arbeitsbuch zum NT, a.a.O., S. 275.
[36] SCHENKE 1990, a.a.O., S. 133.
[37] Ebd., S. 135ff.
[38] Vielleicht aufgrund des Umstands, dass »Pais«, das griechische Wort für »Knecht« in der Septuaginta, auch »Kind«, sprich: »Sohn« bedeutet.

Ebenfalls im noch urchristlichen Kontext lokalisiert die neutestamentliche Forschung den Ursprung *des Gedankens von der sühnenden Kraft des Todes Jesu für alle*, die sich zu ihm bekennen; er war vorgeprägt in der Figur vom *stellvertretend leidenden und sterbenden* Gottesknecht, der anstelle des Volkes Spott, Krankheit und einen gewaltsamen Tod auf sich nimmt.

Nunmehr ist ein Deutungsstadium der Person Jesu erreicht, in dem sein *Leiden und Tod als positives Heilsereignis*, als unverzichtbarer Baustein in Gottes Heilsplan erscheinen. In der Tat waren damit die »ausgetretenen Pfade religiösen Denkens verlassen. In Jesus und in seinem Geschick hat sie (erg. die Gemeinde) erfahren, dass Gott anders wirkt und handelt, als menschliche Weisheit und Religiosität es sich vorstellen (...) Im Judentum war der Gedanke an ein Sterben des 'Messias' nicht vorbereitet (...)« Die theologische Reflexion über das Leben und Wirken Jesu »ist stärker in der aramäisch-sprechenden Gemeinde verfolgt worden (...) Dagegen ist der Gedanke an Jesu Tod als Heilsereignis im Kreis der 'Hellenisten' entwickelt und später in den hellenistisch-judenchristlichen Gemeinden zu Ende gedacht worden. Die theologischen Formeln und Bekenntnisse, die Jesu Tod als Sühneopfer und stellvertretendes Sterben für die Sünden 'aller' verstehen, sind hier formuliert worden«[39] (Vgl. S. 163-165).

Aufgabe:
- Fertigen Sie eine Stichwortskizze an, um mit eigenen Worten zu erklären, mithilfe welcher Deutungsansätze Jesu Anhänger/innen sein »Scheitern« als »Evangelium« (gute Nachricht) verstehen konnten.

9.4 Der Durchbruch zur universalen Heilsbedeutung der Person Jesu Christi in der antiochenischen Gemeinde und bei Paulus

Ob die Hellenisten in Jerusalem schon vor der Zerschlagung der Jerusalemer Gemeinde und ihrer Zerstreuung den Gedanken entwickelt haben, dass Jesu Tod und Auferweckung nicht nur eine heilsgeschichtliche Wendemarke in der jüdischen Geschichte, sondern die Zeitenwende in der Menschheitsgeschichte überhaupt darstellt (wie sie in konzeptioneller Perfektion Lk entfaltet hat), lässt sich nicht mehr ausmachen. Jedenfalls scheinen die ersten 5 Jahre nach der Hinrichtung Jesu nicht nur von einer beispiellosen missionarischen Aktivität gekennzeichnet zu sein. Wenn die Indizien nicht täuschen, haben diese Jahre auch die weichenstellenden und grundlegenden christologischen Entscheidungen vorgeformt, die das (westliche) Christusverständnis über Jahrhunderte hinweg bestimmen sollten. M. HENGEL skizziert diese stürmische Zeit:

Etwa 31/32 muss sich bereits die Verselbstständigung der griechisch sprechenden Gruppen in der Jerusalemer Gemeinde und die damit verbundene gottesdienstliche Trennung ereignet haben.

Die Ermordung des Stephanus und die Vertreibung des griechisch sprechenden Gemeindeteils wird etwa 32/33 erfolgt sein. In diese Zeit (32–34) fällt bereits die Bekehrung des Paulus und ebenfalls in den Jahren 33–35 die Mission der Hellenisten in

---

[39] SCHENKE 1990, a.a.O., S. 146.

Samarien und dem palästinisch-phönizischen Küstenstreifen: Antiochia. Das bedeutet, dass wahrscheinlich innerhalb weniger Jahre die Konstruktionspläne für eine universell gültige Lehre über die Person Jesu Christi entwickelt worden sind, wie sie uns die paulinischen Briefe überliefert haben.

> »Der Messias Jesus, der den ehemaligen Pharisäer und Gelehrtenschüler bezwang, so dass dieser für ihn an Stelle des Gesetzes zum alleinigen Heilsweg für alle Menschen werden konnte, muss schon klare christologische Konturen besessen haben. Die sühnende Heilsbedeutung des Todes Jesu wird dabei deutlich formuliert gewesen sein; weiter legt Gal 1,15f nahe, dass der Titel 'Sohn Gottes' bereits selbstverständlich war und dass der Anspruch der Heilsmittlerschaft des Christus Jesus einen alle Menschen betreffenden, d.h. kosmischen Rahmen besaß.«[40]

Maßgeblichen Anteil an der Ausformulierung dieser »universalen Christologie« hat die (hellenistische) Gemeinde im ersten christlichen Missionszentrum außerhalb Palästinas, in Antiochia, gehabt (vgl. S. 248f).

Hier prallte die junge christliche Bewegung («man nannte die Jünger zum erstenmal 'Christianoi'«, Apg 11,26) auf den römischen Götterpantheon. Schwerer wog: Sie musste ihre Botschaft den Heilslehren der grassierenden Mysterienreligionen aussetzen. Jene verkündeten sterbende und auferstehende Erlösergottheiten, vergewisserten sich in sakramentalen Taufhandlungen und Mahlzeiten der Vereinigung mit der Kultgottheit – Osiris, Attis und Mithra – zum ewigen Leben.

Für hellenistische Christen, die ja keine Juden waren, bedeuteten »Titel wie Messias, Menschensohn usf. nahezu nichts. Dagegen war 'Heiland' ein Titel, für den sie ein besonderes Gespür hatten. Der Kaiser galt als 'Heiland'. In den Mysterienkulten rief man die Gottheit als Retterin aus Tod und Materie an (...) In der hellenistischen Welt kannte man überdies eine Fülle von Göttersöhnen (theios anér), die von einer Jungfrau zur Welt gebracht worden waren, wie: Kaiser (Alexander der Große), Wundertäter (Apollonios von Tyana) oder Philosophen (Platon). Der Sohn Gottes gehörte in die göttliche Sphäre. Hellenistische Christen beginnen, den biblischen Titel 'Sohn Gottes', der Christus zugesprochen wird, in einem physischen und nicht mehr juridischen Sinn zu verstehen«.[41]

Das jüdisch geprägte Symbolinventar der »Nazarenersekte« wurde in diesem Umformungsprozess gleichsam dem rituellen Protokoll der hellenistischen Welt angeglichen. Die christlichen Gemeinden integrierten »fremde« Elemente und Einflüsse, die nicht unwesentlich zur »Konkurrenzfähigkeit« und Profilierung der christlichen Botschaft gegenüber anderen Erlösungsreligionen und Kulten beigetragen haben. Dazu zählen:

— die Figur von der sterbenden und auferstehenden Gottheit,
— die sakramentale Auffassung vom Abendmahl und der Taufe (als mystischer Akt des Mit-Sterbens und Auferstehens, Röm 6,3) und nicht zuletzt
— die dem hebräischem Denken bis in die Zeit Jesu fremde und strittige Hoffnung auf eine allgemeine Totenauferstehung am Ende der Zeit.[42]

---

[40] HENGEL, MARTIN, zit. nach Schenke 1990, a.a.O., S. 121ff.; vgl. Arbeitsbuch, 430.
[41] BOFF, a.a.O., S. 110.
[42] THEIßEN vertritt mit DIETER ZELLER die Auffassung, dass das Motiv der sterbenden und auferstehenden Gottheit vorchristlich »selten« vorkomme und erst durch christlichen Einfluss in andere Kulte Eingang fand. Zum »antisynkretistischen« Vorbehalt des jungen Christentums und seiner Angleichung an andere Zeichensysteme vgl. THEIßEN, GERD: Die Religion der ersten Christen. Eine Theorie des Urchristentums, Gütersloh 2000, S. 90–98.

Vielleicht ist schon in der Urgemeinde »implizit die Präexistenz Jesu in den Blick« gekommen, als sie den Mythos vom himmlischen Menschensohn auf die Person Jesu übertrug, der auf die Erde kommt, abgelehnt wird, leiden und sterben muss und nach seiner Auferweckung zum Menschensohn/Richter erhöht wird.

Aus dem Umfeld der antiochenischen Christologie nimmt Paulus Metaphern auf, mit denen er das Motiv des stellvertretenden Leidens und Sterbens Jesu veranschaulicht, voran in den Bildern

a) vom sühnenden, versöhnenden Opfer,

b) von der Erlösung durch Freikauf und

c) von der stellvertretenden Genugtuung Gottes.[43]

Ein vorpaulinisches Traditionsstück von der soteriologischen Bedeutung des »Blutes Christi« liegt in Röm 3, 24–26 vor (vgl. 1Kor 15,3–5; Mk 14,24 par.): »Gott stellte ihn öffentlich auf als Sühnopfer in seinem Blut zum Erweis seiner Gerechtigkeit, indem er die zur Zeit der Geduld Gottes begangenen Sünden erließ« (24f.).

Das »Sühnopfer«-Bild meint entweder allgemein das mit seinem Blut sühnende Opfertier, welches die Gottheit gnädig stimmt[44] oder es bezieht sich auf den jüdischen Tempelritus am Versöhnungstag: Der Hohepriester besprizte zweimal je siebenmal den Aufsatz der Bundeslade mit dem Blut des Sühnopfertieres.[45] Der spätere Hebräerbrief (85–95 n. Chr.) bedient sich dieses jüdischen Opferzeremoniells, um zu verdeutlichen: Christus hat als der wahre Hohepriester durch sein eigenes vergossenes Blut den verhangenen Zugang zum Allerheiligsten – zu Gott – ein für allemal geöffnet.

In einer anderen (uralten) israelitischen Symbolhandlung (Lev 16,1–11) wurde ein Ziegenbock als Sühnopfer geschlachtet und ein weiterer, beladen mit der Schuld des Volkes, »in die Wüste geschickt«. (ausführlicher zu den Motiven der Stellvertretung und Sühne vgl. S. 160–165).

Vermutlich haben diese Riten und die im leidenden Gottesknecht auf eine menschliche Gestalt übertragene Vorstellung der stellvertretenden Sühne den motivgeschichtlichen Hintergrund für die »hellenistische« Deutung des Todes Jesu abgegeben. *Christus wird* (kraft seines Blutes) *zum »versöhnenden« Mittler* im gestörten Verhältnis zwischen Gott und Mensch. Er nimmt die Strafe auf sich, die uns hätte treffen sollen (2Kor 5,21). Bei ANSELM VON CANTERBURY (1033–1109) wird der Kausalzusammenhang von Verfehlung, Strafe und Sühne zu einer wirkungsgeschichtlich bedeutenden »Satisfactionstheorie« ausgebaut – Christi Werk leistet »satisfactio«, Genugtuung für einen aufgrund der menschlichen Verfehlung unendlich verletzten und zürnenden Gott.

Neben der Metapher vom versöhnenden, stellvertretenden Sühnopfer war auch das Bild vom (Sklaven-)Freikauf schon vor Paulus verbreitet (Gal 3,13; 1Kor 6,20; 7,23). Einem Verwandten oder Freund war es möglich, einen Sklaven oder Schuldner mit einem Lösegeld aus seinen Zwangsbindungen zu erlösen. Christus und seine Tat sind der »teure Preis« (1Kor 6,20) für die Loslösung der Menschen aus den Fesseln der Schuldverstrickung.

Dem Bild aus der römischen Rechtssphäre entsprach jüdischerseits das Exodusmotiv. Jahwe stellt sich an die Seite der Versklavten und erlöst sie aus ihrer Knechtschaft kraft seines Willens (und nicht durch ein Lösegeld) (vgl. S. 161–165).

---

[43] Vgl. BOFF, a.a.O., S. 316ff.

[44] Vgl. LOHSE 1974, a.a.O., S. 54.

[45] Vgl. SCHENKE 1990, a.a.O., S. 139f.; vgl. auch ebd., S. 328–331; vgl. CONZELMANN, HANS: Grundriß der Theologie des neuen Testaments, München ²1968, S. 89, 228f.

Zur »antiochenischen Überlieferung«, auf die Paulus seine Theologie zu guten Teilen stützt, rechnet L. SCHENKE u.a.:[46]

- die alte Bekenntnisformel 1Kor 15,1–3 mit dem christologischen Motiv: Christus, der Ersterstandene von den Toten;
- die Vorstellung vom Mensch gewordenen, präexistenten, himmlischen Gottessohn (die Sendungsformel Gal 4,4f.);
- die Übernahme und Weiterbildung des aus der jüdischen Apokalyptik entnommenen Bildes von der Wiederkunft (Parusie) Christi (1Thess 4,16f.);
- die Ablösung des im hellenistischen Kontext entwerteten Messiastitels und seine Umprägung durch den »Kyrios«-Titel.[47]

CONZELMANN/LINDEMANN nennen den jetzt ins christologische Zentrum rückenden »Kyrios« (Herr)-Titel ein »Paradigma« – sowohl für die Kontinuität als auch für den Neuansatz in der hellenistisch-christlichen Theologie: Die aramäische Urgemeinde benutzte diesen Titel in dem gottesdienstlichen Gebetsruf »maranatha« («komm, unser Herr«).[48] Er war dort Ausdruck einer rein geschichtlichen, apokalyptischen Christologie. Im Hellenismus dagegen »bildet den Horizont nicht das eschatologische Gottesvolk (…), sondern die Gemeinde, die sich zur Verehrung des gegenwärtig herrschenden Herrn versammelt«. Der Ruf ist nicht mehr »Bitte, sondern Akklamation und Proklamation«[49] – denn der »Kyrios« ist im hellenistischen Verständnis die zum Wohlergehen aller Macht ausübende Majestät.

Der eschatologische Quellgrund der Jesusbewegung erfährt im hellenistischen Umfeld eine deutliche Abwertung.

Damit kündigt sich ein folgenreicher, christologischer Perspektivenwechsel an: War die aramäisch geprägte Deutung der Person Jesu gleichsam geschichtlich horizontal auf die Verwirklichung der »Basileia tou theou« (Gottesherrschaft) ausgelegt, kommt nun die »dritte Dimension« hinzu, die das Christusgeschehen als kosmisches Heilsgeschehen ausweitet. Es wird gedeutet im Horizont des kosmischen Dramas zwischen Gott und den widergöttlichen Mächten seit Anbeginn der Schöpfung. Das Christusverständnis bewegt sich in einem Schema von Präexistenz – Erniedrigung – Erhöhung und führt dazu, dass »man das Heil mit den räumlichen Kategorien von oben und unten ausdrückt: Das Heil ist schon oben im Himmel und immer gleichzeitig mit der unten ablaufenden Geschichte« (Kol 3,1–4).[50]

Zwar bleiben in der paulinischen Theologie die messianische Vision und das Bewusstsein gegenwärtigen Erlöstseins miteinander verbunden. Ihr Auseinanderfallen hat freilich im Verlauf der Kirchengeschichte Frömmigkeitstypen hervorgebracht, welche die unerlöste Welt in vermeintlicher Erlösungsgewissheit und kultischem Seligkeitserleben sich selbst überlassen zu dürfen meinten («Enthusiastische« Strömungen und »Libertinisten« begegnen schon in den paulinischen Briefen).

---

[46] SCHENKE 1990, a.a.O., S. 326ff.

[47] »In den orientalischen Religionen und vor allem in Syrien wurden die ursprünglich in Lokalkulten verehrten Gottheiten 'Kyrios/Kyria' genannt (…) In neutestamentlicher Zeit, als sich ihre Verehrung nicht mehr auf Volksstämme oder Bevölkerungsgruppen beschränkte, wurden sie zu 'Herren' ihrer Gläubigen, die sich zu Kultgemeinschaften zusammenschlossen (…) Diesen 'Herren/Herrinnen' stellte die Missionspredigt einen 'Kyrios' Jesus gegenüber.« (ebd., S. 345).

[48] CONZELMANN/LINDEMANN: Arbeitsbuch zum NT, a.a.O., S. 127, 343.

[49] CONZELMANN, a.a.O., S. 101.

[50] FREUDENBERG, HANS/GOßMANN, KLAUS: Sachwissen Religion, Göttingen 1988, S. 53.

Der berühmte – vorpaulinische – Hymnus in Phil 2,6ff. gibt derartigen Christusbildern Nahrung, wenn er isoliert betrachtet und ohne die paulinische («paränetische«, ermahnende) »Überschrift« gelesen wird, die lautet (V.5): »Seid untereinander so gesinnt, wie es dem Leben in Christus Jesus entspricht«.[51] Nun folgt der Hymnus von Christus, der »nicht daran festhielt, wie Gott zu sein, wie ein Sklave wurde, ein Mensch, der sich erniedrigte bis zum Tod am Kreuz, den Gott erhöht und ihm den Namen verliehen hat, größer als alle Namen, damit alle die Knie beugen vor ihm und bekennen 'Jesus Christus ist unser Herr' – zur Ehre Gottes, des Vaters«.

Paulus warnt mit dem einleitenden Satz davor, in einen Christuskult zu verfallen, der vergisst, dass die Gemeinde als christusgemäße Lebensgemeinschaft in der Nachfolge steht, die das ganze Dasein umschließt. Die Aussage, dass Gott seinen Willen kundtat in der historischen Person des erniedrigten Christus, ist gegenüber den Mysterien und Kultgottheiten der Zeit das eigentliche »Skandalon« – den Juden ein Ärgernis und den Griechen eine Verrücktheit (1Kor 1,23).

> *»Dass der eine präexistente Sohn des einen wahren Gottes, der Schöpfungsmittler und Welterlöser in jüngster Zeit im hinterwäldlerischen Galiläa und als Glied des obskuren Judenvolkes geboren worden, ja schlimmer noch, dass er den Tod des gemeinen Verbrechers am Kreuz gestorben war, das war ein Glaube, den man eigentlich nur Verrückten zumuten konnte. Die echten Götter Griechenlands und Roms unterschieden sich eben dadurch von den sterblichen Menschen, dass sie unsterblich waren (...)«*[52]

Der Prozess der hellenistischen Vergöttlichung des Menschen Jesus war zugleich ein Prozess der Entmythologisierung der »konkurrierenden« zeitgenössischen Götterwelt. Dem paulinischen Christus gehen die philosophische Intelligenz, die kraftstrotzende Anatomie und herkulesartige Kraft griechischer Göttersöhne ab. In seiner Menschlichkeit gibt sich Gott zu erkennen, seine Armut macht seine Anhänger reich (2Kor 8,9) und seine Ohnmacht wird zur Quelle göttlicher Lebenskraft (2Kor 5,14).

Der Höhepunkt des in die Sprache des Mythos gekleideten, kosmischen Herrschers Christus ist im Johannesevangelium am Ende des 1. Jahrhunderts erreicht. Paulus nennt an keiner Stelle (auch nicht in Röm 9,5) Christus seinen »Gott«. Anders Johannes: Der ungläubige Thomas (20,28) bezeichnet den Erschienenen als seinen »Herrn und Gott« und schon im großen Hymnus am Anfang des Evangeliums erscheint der präexistente Christus als der Logos, Gott selbst, der von Anbeginn der Welt war (Joh 1,18; vgl. 10,30).

In der johanneischen Rede vom »Logos des Lebens« schwingen weisheitliche Traditionen aus der hebräischen Bibel mit, die in die Begrifflichkeit gnostischer Lehren übersetzt werden. Auch diese kennen den »Logos«, die »Weisheit«, als Offenbarungsquelle des Göttlichen, das aus dem Himmel in die Welt des Untergangs strahlende Licht. Johannes konterkariert diesen Mythos mit der gnostisch unerhörten Behaup-

---

[51] Neuere Untersuchungen haben herausgearbeitet, dass der Hymnus nicht ethisch missverstanden werden darf in dem Sinne, dass hier Jesus gezeigt werde als »Vorbild für eine selbstlose Gesinnung«. Der Hymnus verweist auf die universale Bedeutung der eingetretenen »Zeitenwende«, die ein »christusgemäßes Verhalten« erst ermöglicht (zur Forschungslage vgl. den Fundort des Zitates: FRIEDRICH, GERHARD: Der Brief an die Philipper, in: BECKER, JÜRGEN/CONZELMANN, HANS/FRIEDRICH, GERHARD: Die Briefe an die Galater, Epheser, Pilipper, Kolosser, Thessalonicher und Philemon (NTD 8), Göttingen ²1981, S. 151).

[52] HENGEL, MARTIN, zit. nach HILDEBRANDT, DIETER: Saulus – Paulus. Ein Doppelleben, München/Wien 1989, S. 280f.

tung, Gott, der Logos, sei Mensch geworden, der Sohn einer namentlich bekannten Mutter und eines Zimmermanns aus Nazareth (Joh 1,45; 2,3; u.ö.).

BOFF hält die johanneische Interpretation für den eigentlichen Beitrag der hellenistischen Christen zum christologischen Prozess. Denn:

»Jetzt sind wir bis an den radikalen Kern des Jesusgeheimnisses herangekommen: Jesus ist der fleischgewordene Gott, der zugleich Gott und Mensch ist (...)«

»Von dem Augenblick an, in dem das Christentum behauptet, ein Mensch sei zugleich Gott, ist Gott nur noch in der Welt anzutreffen. Wir müssen gestehen: Das ist ein Skandal für die Juden ebenso wie für alle religiösen und frommen Menschen gestern und heute, die ja einen transzendenten, ganz anderen, überirdischen, nicht verobjektivierbaren, unendlichen, ewigen und unbegreiflichen Gott verehren und anbeten, der alles, was der Mensch zu sein und zu erkennen imstande ist, übersteigt.«[53]

Aufgabe:
- Notieren Sie die Überschriften »Jesusbewegung«, »aramäisch sprechende Urgemeinde«, »Gemeinde von Antiochia/Paulus«. Ermitteln Sie aus dem Text, welche Deutungen der Person Jesu ihnen jeweils zugewachsen sind.

---

[53] Boff, a.a.O., S. 111, 127.

Wie kam es zur Vergöttlichung Jesu?
Drei Erklärungsansätze von Gerd Theißen[1]

Am Anfang (28–30) stand die **Theozentrik** Jesu, Gottesherrschaft (jetzt) (= Befreiung von menschlicher Fremdherrschaft in allen Lebensbereichen, religiös, sozioökonomisch, kulturell).

Am Ende (50ff Paulus) steht die **Christozentrik** der Christen, die den Charismatiker Jesus vergöttlicht zum (pantokratischen) KYRIOS. Die Vergöttlichung Jesu wird in der ersten Generation nicht als eine Gefährdung der monotheistischen Grundüberzeugung erfahren (81f).

Aus der innerjüdisch-messianischen Jesusbewegung wird eine hellenistisch-christliche Kultbewegung.

Den **historischen Weg** dieser Vergöttlichung beschreibt Theißen nicht, hält aber fest, dass in der ersten Christengeneration *beide Konzepte* in unausgeglichener Spannung nebeneinander stehen

a) die **»Jesuologie«** der Logienquelle (ohne Passion und Ostern und deren Heilsbedeutung)

b) die **Christologie** eines Paulus, den »der Mensch Jesus nicht interessiert« (82) und alles auf die Erlösung durch Kreuz und Auferstehung konzentriert.

Theißen stellt die ausdrückliche Frage, ob der Versuch, die als »visionäre Erfahrungen gut bezeugten« Ostererscheinungen der Jesusanhänger/innen eine religionswissenschaftliche Analyse in ihre Grenze führe (71). Kurt Nowak hat diese Grenze aus historischer Perspektive folgendermaßen beschrieben: »Mit historischen Argumenten oder mit Erklärungen aus dem Fundus der Religionsgeschichte wird man den Vorgang der christlichen Glaubensgründung nicht einholen können, ohne dass man ihn – wie bei anderen Religionen auch – hoffnungslos unterbietet.«[2]

Dennoch entwickelt Theißen **drei** (eng miteinander verbundene) **religionswissenschaftliche Erklärungsaspekte** für die Vergöttlichung Jesu, wie sie z.B. im (von Paulus übernommenen) Christushymnus Phil 2,5–11 zum Ausdruck kommt (Text s.u.). Paulus greift hier einen Hymnus auf, in dem der Weg Christi von seinem vorzeitlichen Sein über seine Menschwerdung und seinen Tod bis zur Erhöhung und Einsetzung zum Herrscher des Alls beschrieben wird (Vs. 6–11). Der im Lied betonte Gehorsam Jesu wird der Gemeinde als Vorbild für Liebe untereinander und gegenseitiges Dienen vor Augen gestellt (Vs. 5).

---

[1] Die Religion der ersten Christen. Eine Theorie des Urchristentums, Gütersloh 2000, 71–100.

[2] Kurt Nowak: Das Christentum. Geschichte, Glaube, Ethik (Beck Wissen 2070), München 1997, 17.

Die Vergöttlichung Jesu, religionswissenschaftlich gedeutet als ...

Die »mytho-historische Grunderzählung«

> **Phil 2,5–11**
> Seid untereinander so gesinnt, wie es dem Leben in Christus Jesus entspricht: **6** Er war Gott gleich, hielt aber nicht daran fest, wie Gott zu sein, **7** sondern er entäußerte sich und wurde wie ein Sklave und den Menschen gleich. Sein Leben war das eines Menschen; **8** er erniedrigte sich und war gehorsam bis zum Tod, bis zum Tod am Kreuz. **9** Darum hat ihn Gott über alle erhöht und ihm den Namen verliehen, der größer ist als alle Namen, **10** damit alle im Himmel, auf der Erde und unter der Erde ihre Knie beugen vor dem Namen Jesu **11** und jeder Mund bekennt: »Jesus Christus ist der Herr« – zur Ehre Gottes, des Vaters.

Dissonanzbewältigung / Dissonanzreduktion (76ff)

»Dissonanzerfahrung« meint den Widerspruch zwischen dem Charisma Jesu und seiner Kreuzigung, in der alle Hoffnungen auf Befreiung mitgekreuzigt wurden. »Dissonanzbewältigung« meint die (religiöse, psychische und soziale) Umdeutung der katastrophalen Unheilserfahrung in ein Heilsereignis. »Durch Erhebung des Gekreuzigten zu gottgleichem Status wurde die Dissonanz des Kreuzes bewältigt« (74).

Intensivierung der monotheistischen Grundüberzeugung (81ff)

Die Erhebung Jesu zu einzigartigem göttlichen Rang vollendet die Erhebung JHWHs zu dem einen und einzigen Gott im 6. Jh. v.Chr. Wie jener damals trotz der Katastrophe für Israel über die Sieger triumphierte, endet die Geschichte Jesu nicht als Opfer der Gewaltverhältnisse. Auferstehung, der Sieg über den Tod, beglaubigt die Hoffnung auf letztendliche Gerechtigkeit, Liebe und Versöhnung.

Überbietungssynkretismus

Das exklusive Selbstverständnis der Christen (Christus allein) verbietet die schlichte Übernahme von Elementen anderer Religionen / Kulten. Zugleich muss die neue Religion andere durch »Angleichung«, »Nachahmung« konkurrierend überbieten. Überbietungssynkretismus meint »indirekte gegenseitige Einflussnahme« (84). Dieser »arbeitet« in zwei Richtungen: »Einerseits wird die Macht Christi über alle anderen Autoritäten und Mächte erhoben, andererseits wird Christus näher an die Menschen herangerückt als alle anderen Gottheiten« (84) durch **Kontrast zu / Angleichung an Motive in Kaiserkult und Mysterienkulten** (85f, 94f). (Eine Definition des Begriffs »Synkretismus« findet sich bei Theißen auf S. 75.)

9.5 Der christologische Prozess schreitet voran: Der Gottessohn Christus und der »Armeleutegeruch« in der Lebenswelt des Menschen Jesus

Warum haben Christen der zweiten und dritten Generation es unternommen, die in Sprüchen und Geschichten von und über Jesus mündlich umlaufenden (und z.T. wohl auch verschriftlichten) Deutungen seiner Person in »Büchern« zusammenzufassen (Markus: um 70 n. Chr.; Matthäus und Lukas: 80–90; Johannes: um 100 n. Chr.)?

Paulus vermochte das »Euangelion«, die gute Nachricht, in stenographisch kurzen Formeln auszudrücken: Christus, für unsere Sünden gestorben nach der Schrift, begraben, auferweckt, erschienen dem Petrus und den Zwölfen (1Kor 15,1–3). Dem »Anfang des 'Euangelions' von Jesus Christus« in Mk 1,1 folgen 16 Kapitel Inhalt!

Der traditionsgeschichtliche Hinweis, dass mit wachsendem zeitlichen Abstand zum historischen Geschehen und der räumlichen Ausbreitung der christlichen Bewegung im römischen Reich verlässliche Überlieferungsformen erforderlich wurden, leuchtet ein. Die ernüchterte Hoffnung auf ein baldiges Weltende und den Beginn des neuen Zeitalters («Äon») nötigte die Gemeinden zudem, sich auf eine längere Dauer ihrer Existenz einzurichten. EDUARD SCHWEIZER[54] hat demgegenüber eine theologische Konfliktsituation ins Feld geführt:

»Als am Horizont eine Kerygmatheologie sichtbar wurde, die alle Wurzeln in der Geschichte verloren hatte und ebenso gut an Hermes wie an Jesus angehängt werden konnte – es drohte die Gnosis – schrieb Mk sein Evangelium.« Nachdem, so die Auffassung SCHWEIZERs, 30 Jahre lang im wesentlichen Worte Jesu gesammelt wurden, wird bei Mk die Geschichte Jesu nur gelegentlich von Worten Jesu unterbrochen.[55]

Wie angedeutet, kennt die hellenistische Überlieferung im Neuen Testament Passagen, die lediglich wenige Schritte von einer mythischen Christologie entfernt sind, die »alle Wurzeln in der Geschichte verloren« haben. Der Hymnus Phil 2 richtet den Blick weder zurück nach Galiläa noch nach vorn zur »Basileia«: Sein Christus ist »da« seit Urzeiten und nunmehr eingesetzt zum »Herrn der Welt«. Das Heilswerk ist seiner Vollendung zugeführt. »Von dieser Christologie aus lässt sich kein Evangelium schreiben.«[56]

Es ist wahrscheinlich, dass dieser theologisch-religionsgeschichtliche Konflikt überlagert wurde von geographisch-kirchengeschichtlichen Entwicklungen im 1. Jahrhundert. Während im westlich-kleinasiatischen Missionszentrum die hellenistisch-paulinische Schule vorherrschend wurde (und sich später mit der johanneischen verband), standen im östlichen, aramäisch-syrischen Raum die palästinischen Überlieferungen über das Leben und die Lehre Jesu weiter in hohem Kurs.[57] Die »synoptische Tradition« führt gewissermaßen beide Linien durch eigene »Deutungskompositionen« wieder zusammen.

Die redaktionsgeschichtliche Forschung hat Theorien entwickelt, wie den Evangelisten die Verklammerung des Bekenntnisses zum Gottessohn Christus mit dem Reich-Gottes-Propheten Jesus gelingt.

---

[54] SCHWEIZER, EDUARD: Die theologische Leistung des Markus, in: Evangelische Theologie 1964, S. 337–355.

[55] Ebd., S. 338.

[56] CONZELMANN, a.a.O., S. 99.

[57] HOORNAERT, EDUARD: Die Anfänge der Kirche in der Erinnerung des christlichen Volkes (BThB), Düsseldorf 1987, S. 81f.

Markus:
Bei Mk ist das Motiv des Messiasgeheimnisses ein durchgängiges und bestimmendes Gestaltungselement: Die messianische Rede und Tat geschieht »verdeckt« und Jesus selbst, der »theos aner« (der Wunder wirkende göttliche Mensch), gibt sich alle Mühe, seine wahre Mission nicht öffentlich werden zu lassen: Geistig Verwirrte erkennen ihn, werden aber beschworen zu schweigen (1,24f.; 1,34f.; 3,12f.). Niemand soll von den Wundern erzählen (5,43). Seine Anhänger missverstehen die Geschehnisse (6,52; 8,17), bis Petrus an der »Schaltstelle« in der Mitte der Schrift das Geheimnis durchbricht (8,27). Trotzdem: Dass er leiden und sterben wird, bleibt dem Verständnis der Jünger entzogen. Als Jesus sich selbst erstmalig und einmalig dazu bekennt, der Messias zu sein (14,62), ist sein Schicksal besiegelt (Die genaue Übersetzung der Antwort Jesu auf die Frage des Hohepriester, ob er der Messias sei, lautet allerdings: »Das sagst du!«).

Mit dieser Beobachtung korrespondiert die oben bereits erläuterte. Mk verwendet den Begriff des »Sohnes« (Gottes) an drei Stellen, die in der Gliederung jeweils einen tiefen Einschnitt markieren. Wenn wir die These unterstellen, Mk habe ein altägyptisches Inthronisationsritual adaptiert (VIELHAUER, s.o.), dann beginnt seine Gottessohnschaft mit der Taufe (1,9–11; »Adoption«), wird in einer geheimnisvollen Epiphanie bestätigt (9,2–10; »Proklamation«) und durch den »heidnischen Hauptmann« endgültig besiegelt (15,39; »Akklamation«).

Das Fazit, Markus vertrete eine »adoptianische Christologie«, will besagen: Jesus war seiner Herkunft und sozialen Verwurzelung nach der Sohn der Maria und des Joseph aus Galiläa. Seit seiner Taufe aber redete und handelte er unerkannt in messianischer Vollmacht. Sein Leben und Wirken gehört zum Verständnis seiner Person konstitutiv hinzu, das sich jedoch erst von hinten her, nach der Kreuzigung und seiner Offenbarung als Sohn Gottes, »im Vollsinn« (Vielhauer) erschließt, wie der Redaktor Mk es in 9,9 ausdrücklich ausspricht. Mk betreibt eine »narrative«, »praktische Christologie«.[58]

Matthäus und Lukas:
Auch bei Mt und Lk sind die Evangelienanfänge für die Frage nach den jeweiligen christologischen Akzenten besonders aufschlussreich.

Beide stellen dem öffentlichen Auftreten Jesu Geburts- und Kindheitsüberlieferungen voran. Beiden ist es ein offenkundiges Anliegen, den exklusivsingulären, göttlichen Charakter von Zeugung und Geburt Jesu zum Ausdruck zu bringen. Sie verwenden dafür das in der hellenistischen Antike bekannte Motiv einer wunderbaren Zeugung und Geburt durch eine Jungfrau (wenngleich der Begriff nur zweimal auftaucht: Lk 1,27; Mt 1,23), wobei sie sich allerdings jeder Ausmalung einer heiligen Vereinigung von Gottheit und Mensch enthalten («heilige Hochzeit«).

Mt und Lk verlagern die Gottessohnschaft von Kreuz und Auferstehung (Paulus) über die Taufe (Markus) zurück in die Anfänge seiner Existenz. Jesus ist rechtlich Sohn des Joseph, heilsgeschichtlich gemäß Zeugung und Geburt der Sohn Gottes.

Die Schwierigkeit dieser Konstruktion lässt sich im Stammbaum bei Mt nachvollziehen (Mt 1,1–17). Dort wird die Ahnentafel nach jüdischem Recht in väterlicher Linie aufgelistet («David war der Vater von…«). Da Mt jedoch nicht fortfahren kann »Josef war der Vater Jesu«, unterbricht er die Reihe und schreibt: »Jakob war der Va-

---

[58] SCHENKE 1988, a.a.O., S. 173.

Die christologisch verknüpfte Einheit von Mythos und Geschichte Jesu, von Ethos und Ritus in der »semantischen Kathedrale des Urchristentums« nach Gerd Theißen

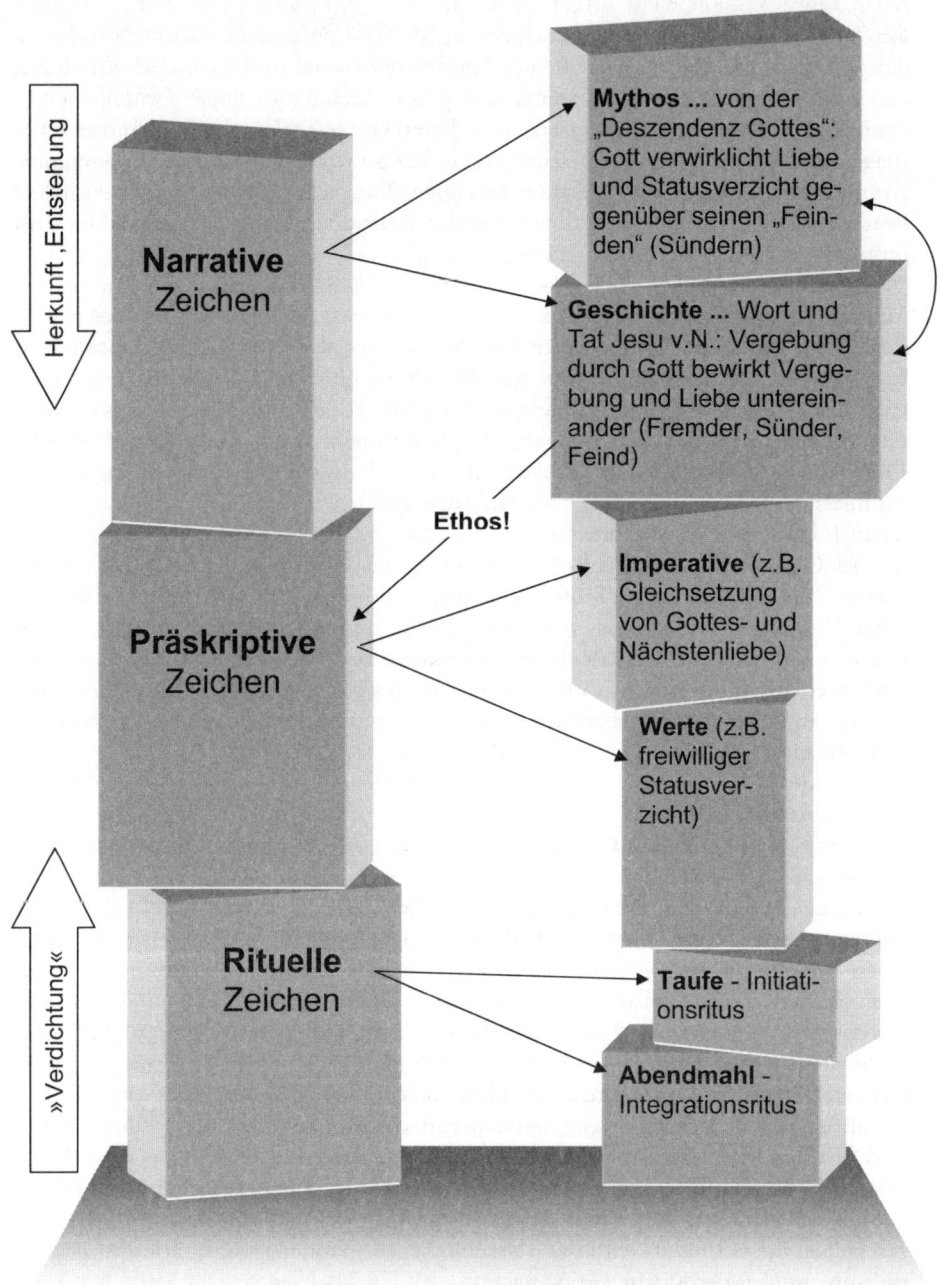

Quelle: Gerd Theißen, Religion der ersten Christen, 2000, S. 171.

ter von Joseph, dem Mann Marias; *von ihr* wurde Jesus geboren, der der Christus genannt wird« (1,16). Durch einen Kunstgriff (Joseph ist derjenige, der den Namen »Jeschua« erteilt, 1,25) gelingt es Mt, beides festzuhalten: die wunderbare Zeugung *und* die rechtlich einwandfreie davidische Abstammung Jesu.

Ein Vergleich der beiden Stammbäume bei Mt (1,1–17) und Lk (3,23–28). führt zu weiteren christologischen Besonderheiten. Mt verfolgt die Ahnenreihe zurück bis auf David und Abraham. Sodann erinnert die Vorgeschichte zu Geburt und Kindheit in auffälliger Weise an die Mosegestalt: Der Herrscher erfährt von der Geburt des Befreiers. Pharao und Herodes versuchen das Kind umzubringen. Beide entkommen. Als der Pharao tot ist, kehrt Mose nach Ägypten zurück, nach dem Tod derjenigen, die dem Kind Jesus nach dem Leben trachteten, brechen Maria und Joseph aus dem Exil auf – von Ägypten, dem Land des Exodus' ihrer Vorfahren.

Die »Mose-Jesus-Typologie« (vgl. auch Mt 1,1) könnte sich in der Berg(!)predigt fortsetzen, dem Kompendium der »besseren Gerechtigkeit« in Erfüllung der mosaischen Tora und dem Bund auf dem Berg Sinai. Auch an die fünf (bzw. je nach Zählung sechs) großen Redekompositionen des MtEv knüpfen sich Spekulationen, ob der Evangelist Jesus als einen Nachfolger des Mose hat vorstellen wollen, der dessen Auftrag vollendet und das Volk endgültig aus der Knechtschaft herausführt. Es widerspräche dem Geist des MtEv aber entschieden, aus diesen Anspielungen eine antithetische Gegenüberstellung des mosaischen »Gesetzes« hier und der Liebesbotschaft Jesu dort zu konstruieren.[59]

Das Charakteristische der mt. Jesusdeutung ist fokushaft gebündelt in der Parabel von den »bösen Winzern« (Mt 21,33–46, wegen der ungewöhnlich kräftigen allegorischen Züge lesen einige Exegeten sie als das Beispiel einer synoptischen Allegorie): Christus ist der letzte in der Reihe von Propheten und der »Sohn«, abgelehnt und getötet von den jüdischen Autoritäten, die sich selbst zu Herren des Landes aufgeschwungen haben. Daher wird Gott sie strafen und seinen Weinberg »anderen« geben – der »ekklesia« (Kirche), ein Begriff, der nur bei Mt vorkommt. Mt erzählt die Geschichte des Juden Jesus, der *als Christus die nationale Begrenzung der jüdischen Heilsgeschichte aufsprengt und vollendet.*

Lk tritt sogleich bei der Gestaltung des Stammbaumes aus den Grenzen der israelitisch-jüdischen Geschichte heraus: die Ahnentafel Jesu reicht über Abraham, den israelitischen Stammvater hinaus bis zu Adam, dem Menschen schlechthin. Den Rahmen seiner Geburtsgeschichte bildet nicht die Geographie der abgelegenen römischen Provinz Judäa. Die Geburt ist Teil des Weltgeschehens: Lk schwenkt die Kamera gleichsam vom allmächtigen Cäsar in Rom hinüber zu seinem Provinzstatthalter, der das Volk mit dem Zensus drangsaliert, von dort in den hinteren Winkel nach Bethlehem und von dort wiederum in eine Viehhöhle. Eine bizarr-verkehrte Welt: Dem »Heiland« in Rom ersteht ein Gegenheiland aus dem Schmutz eines Unterschlupfes, in dem Menschen wie Tiere unterkriechen mussten.

Der Christus des Lk ist von Beginn an die von göttlichem Glanz umgebene Christusgestalt (Botschaft der Engel) mitten im erbärmlichen Alltag der namenlosen Hirten und kleinen Leute. Dieser bildet den Dreh- und Angelpunkt einer universalen Heilsgeschichte, die bei Lk als ein in sich geschlossener Spannungsbogen von der Zeit Israels bis zur Zeit der Kirche (Apg!) reicht.

---

[59] Andere Fachleute widersprechen einer typologischen Deutung prinzipiell, vgl. CONZELMANN/LINDEMANN: Arbeitsbuch zum Neuen Testament, a.a.O. S. 281.

Die Früchte der redaktionsgeschichtlichen Forschung entwerfen ein konturenscharfes Bild der unterschiedlichen christologischen Facetten in den synoptischen Evangelien. Sie geben Auskunft auf die Frage, wie im letzten Drittel des 1. Jahrhunderts der Glaube an den Gottessohn Christus zusammengedacht wurde mit einer christlichen Existenz in der Nachfolge Jesu. Im Hinblick auf den Impuls E. SCHWEIZERS, Mk und in seinem Gefolge Mt und Lk als theologische Gegenentwürfe zu Christusbildern zu verstehen, die ihre Wurzeln in der Geschichte Jesu zu vergessen drohten, bleiben wichtige Fragen offen. Hier führt die sozialgeschichtliche Forschung weiter: Die synoptische Tradition hält in der Erinnerung an die messianische Jesusbewegung der Armen die Christen an, in der tätigen Nachfolge Jesu die Gegenwart Christi zu erfahren, wohl wissend: Wer in die Fußstapfen eines anderen tritt, wird ihn nicht überholen.

ERICH FROMM hat die Auflösung dieser Spannung zwischen der spirituell-kultischen Selbstvergewisserung des gegenwärtigen Christus und der diakonischen Arbeit an der Reich-Gottes-Vision zum entscheidenden Punkt seiner Kritik am Christentum erhoben. Christen müssen diese Kritik nicht teilen, aber sich ihr stellen:

> »Waren beide Auffassungen, die eschatologische und die spirituelle, in der Anfangszeit des Christentums noch miteinander verbunden gewesen, wobei allerdings der Hauptakzent auf die eschatologische fiel, fallen sie allmählich auseinander. Die eschatologische Hoffnung tritt mehr und mehr zurück, der Schwerpunkt des christlichen Glaubens rückt von der Hoffnung auf die zukünftige Ankunft Christi ab (...) (Im zweiten Jahrhundert) lag der Schwerpunkt nicht in dem Ruf 'das Reich ist nahe', in der Erwartung, es werde binnen kurzem zum Ausbruch des Gerichts und zur Wiederkehr Jesu kommen, der Blick der Christen war nicht mehr auf die Zukunft, nicht mehr auf die Geschichte, sondern er war rückwärts gewendet. Das Entscheidende war schon geschehen (...) Die wirkliche geschichtliche Welt brauchte sich nicht mehr zu ändern (...), denn das Heil war ein Innerliches, Geistiges, Unhistorisches, Individuelles geworden, garantiert durch den Glauben an Jesus. Die Hoffnung auf die reale historische Erlösung ist ersetzt durch den Glauben an die schon vollzogene geistige, individuelle. An die Stelle des historischen Interesses ist das kosmologische getreten (...) Das Entscheidende war die Wandlung von der Vorstellung des zu Gott erhobenen Menschen zu der Vorstellung von dem zum Menschen gewordenen Gott.«[60]

Aufgabe:
- FROMM konstruiert eine »aufsteigende Linie« der Vergöttlichung Jesu, die sich immer weiter entfernt von der Hoffnung auf die Verwirklichung der Gottesherrschaft auf Erden. Die Informationen im letzten Abschnitt widersprechen dieser Theorie. Warum?

---

[60] FROMM, ERICH: Das Christusdogma und andere Essays, München 1965, überarbeitet von R. FUNK, Stuttgart 1981, München 1984, S. 58ff., 62.

Literatur

BERGER, KLAUS Wer War Jesus Wirklich?, STUTTGART 1995 BOFF, LEONARDO: Jesus Christus, Der Befreier, Freiburg i. Brsg. ²1987 BORNKAMM, GÜNTHER: Jesus Von Nazareth (UB 19), Stuttgart ⁷1965 CONZELMANN, HANS: Grundriss Der Theologie Des Neuen Testaments, München ²1968 CONZELMANN, HANS/LINDEMANN, ANDREAS: Arbeitsbuch Zum Neuen Testament (UTB 52), Tübingen ⁹1988 (¹²1998) CULLMANN, OSCAR: Die Christologie Des Neuen Testaments, Tübingen ⁵1975 FREUDENBERG, HANS/GOSSMANN, KLAUS: Sachwissen Religion, Göttingen 1988 (Kapitel: Jesus Christus) FROMM, ERICH: Das Christusdogma Und Andere Essays, München 1965, Überarb. V. RAINER FUNK, Stuttgart 1981, München 1984 HAHN, FERDINAND: Christologische Hoheitstitel. Ihre Geschichte Im Frühen Christentum, Göttingen ⁴1974 HAMPEL, VOLKER: Menschensohn Und Historischer Jesus. Ein Rätselwort Als Schlüssel Zum Messianischen Selbstverständnis Jesu, Neukirchen-Vluyn 1990 HEILIGENTHAL, ROMAN, Der Verfälschte Jesus – Eine Kritik Moderner Jesusbilder, Darmstadt, 1997 HENGEL, MARTIN: Der Sohn Gottes. Die Entstehung Der Christologie Und Die Jüdisch-Hellenistische Religionsgeschichte, Tübingen 1975 KÜSTER, VOLKER: Die Vielen Gesichter Jesu Christi. Christologie Interkulturell, Neukirchen-Vluyn 1999 LAPIDE, PINCHAS: Jesus – Ein Gekreuzigter Pharisäer? (GTB 1427) Gütersloh 1990 LOHSE, EDUARD: Grundriß Der Neutestamentlichen Theologie (Theologische Wissenschaft Bd. 5), Stuttgart 1974 Ders.: Entstehung Des Neuen Testaments (Theologische Wissenschaft Bd. 4), Stuttgart ²1975 MOLTMANN, JÜRGEN: Der Gekreuzigte Gott, München 1972 DERS.: Der Weg Jesu Christi. Christologie In Messianischen Dimensionen, München 1989 PÖHLMANN, HORST-GEORG: Wer War Jesus Von Nazareth? Gütersloh ⁴1981 SCHENKE, LUDGER: Das Markusevangelium (UTB 405), Stuttgart 1988 DERS.: Die Urgemeinde. Geschichtliche Und Theologische Entwicklung, Stuttgart 1990 SCHOTTROFF, LUISE/STEGEMANN, WOLFGANG: Jesus Von Nazareth – Hoffnung Der Armen, Stuttgart 1978 SCHRÖTER, JENS: Jesus Und Die Anfänge Der Christologie. Methodologische Und Exegetische Studien Zu Den Ursprüngen Des Christlichen Glaubens, Neukirchen 2001 SCHWEIZER, EDUARD: Die Theologische Leistung Des Markus, In: Evangelische Theologie 1964, S. 337–355 Ders.: Jesus Christus Im Vielfältigen Zeugnis Des Neuen Testaments (GTB-Siebenstern 126), Gütersloh ⁵1979 DERS.: Neues Testament Und Christologie Im Werden. Aufsätze, Göttingen 1982 THEIßEN, GERD: Soziologie Der Jesusbewegung (Teh 194), München ²1978 DERS.: Die Religion Der Ersten Christen. Eine Theorie Des Urchristentums, Gütersloh 2000 DERS.: Die Jesusbewegung: Sozialgeschichte Einer Revolution Der Werte, Gütersloh 2004 DERS./MERZ, ANNETTE: Der Umstrittene Historische Jesus, In: SIGURD DAECKE/PETER R. SAHM (Hg.): Jesus Von Nazareth Und Das Christentum: Braucht Die Pluralistische Gesellschaft Ein Neues Jesusbild, Neukirchen-Vluyn 2000, S. 188ff. SÖDING, THOMAS: War Jesus Wirklich Gottes Sohn? Die Neue Debatte Um Jesus Und Die Christologie, In: ZNT 8 (4. Jg. 2001), S. 2–13 VIELHAUER, PHILIPP: Geschichte Der Urchristlichen Literatur, Berlin/New York 1975.

9.6 Christologische Deutungstypen im Neuen Testament

> Die folgende Übersicht grenzt verschiedenartige heilsgeschichtliche Deutungen der Person Jesu im NT analytisch voneinander ab. Zwei Gesichtspunkte müssen bei der Lektüre unbedingt beachtet werden:
> 1. Die Deutungstypen sind in den ntl. Schriften nicht trennscharf zu isolieren – die Grenzen sind fließend.
> 2. Die Übersicht verleitet zu dem Missverständnis, es handele sich hierbei um eine zeitliche Abfolge von christologischen Deutungen. Tatsächlich sind sie gleichzeitig und nebeneinander anzutreffen. So ist nicht auszuschließen, dass die Vorstellung einer Präexistenz Jesu schon in den ersten Gemeinden lebendig war. Wohl drückt sich dagegen in diesen Typen eine Steigerung und tiefere Durchdringung des Mysteriums von Person und Werk Jesu und seiner Wirkung aus.

Messianische Christologie

Jesus, der Messias der Armen und Zurückgesetzten, ist der Mensch(ensohn) schlechthin, der leidende Gottesknecht im Anbruch der Herrschaft Gottes.

Beispiel: **Jesusbewegung, charismatische Wanderpropheten**
aramäisch-jüdischer Herkunft (Logienquelle »Q«).

Adoptianische Christologie

Jesus, der von JHWH erwählte Sohn, ruft in die Nachfolge der gegenwärtigen Gottesherrschaft, die er selbst verkörpert.

Beispiel: **Markus**
Jesus wird durch die Taufe von Gott »adoptiert« (möglicherweise unter Aufnahme eines altägyptischen Inthronisationsrituals);
durch Geburt: Sohn Joseph
durch Taufe: Sohn Gottes

Universal-heilsgeschichtliche Christologie

Christus, der Gottessohn, bedeutet eine heilsgeschichtliche Zäsur für die Geschichte Gottes mit seinem Volk und für die gesamte Menschheit.

Beispiel 1: **Matthäus**
Jesus, in der Nachfolge von Abraham und Mose durch Geburt Gottessohn, der Lehrer einer »besseren Gerechtigkeit«; Anspielungen für eine Abraham-Mose-Typologie, wunderhafte (jungfräuliche) Geburt wie auch:

Beispiel 2: **Lukas**
Jesus, die »Mitte der Zeit« in der Menschheitsgeschichte (vor der Zeit der Kirche und nach der Zeit der Propheten; Adam-Jesus-Analogie): Gottessohn und neuer Mensch
rechtlich: Josephs Sohn
heilsgeschichtlich: Gottes Sohn

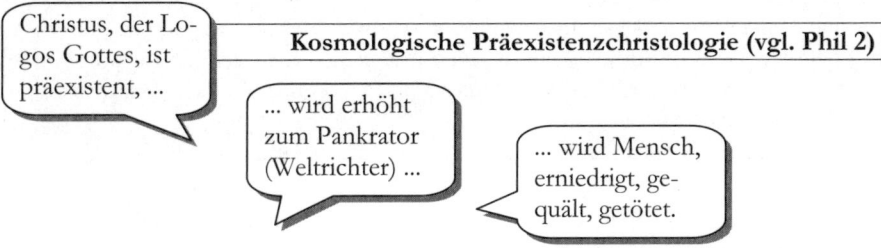

Kosmologische Präexistenzchristologie (vgl. Phil 2)

Christus, der Logos Gottes, ist präexistent, ...

... wird erhöht zum Pankrator (Weltrichter) ...

... wird Mensch, erniedrigt, gequält, getötet.

Beispiele: **Paulus, Johannes**
In den christologischen Deutungen werden das jüdisch-heilsgeschichtliche Geschichtsverständnis und philosophisch-seinsmäßige Erlösungsvorstellungen der hellenistischen Philosophie miteinander verbunden.

Jüdisches Geschichts-Denken
Wirken Jahwes in seinen geschichtlichen Taten;
Heilsgeschichte;
Entscheidungsakt

Griechische Ontologie

Sein Gottes;

Erlösungsgeschehen;
Erkenntnisakt

Die Theologiegeschichte vom 2. Jahrhundert an ist geprägt von dem Versuch, das paradoxe Heilshandeln Gottes mithilfe der griechischen Philosophietradition logisch-spekulativ aufzulösen. Die Frage nach dem Wesen der Person Jesu spielt dabei eine herausragende Rolle:

Christus: Mensch – Halbgott – Gott?
Gott, Christus und der Geist Christi: eine Person, zwei oder drei?

1. Denkmodell: modalistisch
Gott gibt sich in verschiedenen Rollen zu erkennen

2. Denkmodell: adoptianisch
Jesus wird in einen göttlichen Stand erhoben.

10 Das Wort vom Kreuz ist eine Torheit
Die Deutung der Passion Jesu

(Friedrich Johannsen)

Das Kreuz ist zweifellos das zentrale Symbol des christlichen Glaubens und das Wort vom Kreuz Zentrum der christlichen Botschaft. Das Kreuz findet sich auf Altären und Bildern, auf Kirchen, Gräbern, Todesanzeigen und an Halsketten. Die vielfältige Gegenwart des Kreuzes hat einen Gewöhnungseffekt zur Folge, der ausblendet, dass es vielen fremd, unverständlich und unzugänglich ist. Wenn Kinder zum ersten Mal den Schmerzensmann am Kreuz wahrnehmen, kommt Abscheu und Verständnislosigkeit zum Ausdruck. Eltern reagieren ratlos, wenn sie nach Erklärungen gefragt werden.

So unterschiedliche Phänomene wie das Kruzifixurteil des Bundesverfassungsgerichtes (1995) und die Auseinandersetzung um den Film von MEL GIBSON (Die Passion Christi, 2004) weisen darauf hin, dass Kreuz und Kreuzigung in ihrer Bedeutung umstritten und somit klärungsbedürftig sind. In GIBSONs Film soll die gesteigerte Darstellung der Brutalität des Geschehens offensichtlich auf die Größe des stellvertretenden Leidens und des Opfers hinweisen.[1] Damit wird eine Perspektive vorgegeben, aus der der Film inszeniert wurde, und aus der er wahrgenommen werden soll: Jesu Tod ist ein Opfertod, der stellvertretend für alle Sünder erlitten wird und Erlösung bewirkt.

Im Anschluss daran stellt sich die Frage, ob und wie die Deutung des Todes Jesu als Opfertod »stellvertretend für uns« den neutestamentlichen Schriften entspricht und ob und wie diese Deutung heute verstanden werden kann.

In der Frömmigkeitsgeschichte des Christentums gibt es viele Beispiele dafür den Gedanken des »für uns stellvertretenden Leidens« zum Ausdruck zu bringen. So heißt es im 4. Vers des Chorals »O Haupt voll Blut und Wunden«: »Nun., was du, Herr, erduldet, ist alles meine Last...« Das Lied endet in der 10. Strophe mit dem Hinweis auf den Trost für das eigene Sterben:

> Erscheine mir zum Schilde,
> zum Trost in meinem Tod
> und lass mich sehn dein Bilde
> in deiner Kreuzesnot.
> Da will ich nach dir blicken,
> da will ich glaubensvoll
> dich fest an mein Herz drücken.
> Wer so stirbt, der stirbt wohl.
> *Paul Gerhardt (1656)*[2]

---

[1] Dieser Film ist nicht nur wegen seiner Gewaltdarstellungen umstritten, sondern auch deshalb problematisch, weil er wegen seiner unkritischen Rückgriffs auf die Evangelien klassischen antisemitischen Vorurteilen Vorschub leistet.

[2] PAUL GERHARDT (1607-1676). Vers 10 des Liedes »O Haupt voll Blut und Wunden« (EG 85).

Vielleicht liegt ein Grund dafür, warum diese Deutung problematisch geworden ist darin, dass wir weniger nach Trost im Sterben als nach Orientierung fürs Leben fragen?

Die folgenden Texte bringen in unterschiedlicher Weise Anfragen an die überlieferte Deutung ins Spiel.

> Ostern
> Vier freie Tage. Was reden sie
> von Karfreitag und Kreuzigung
> und dass einer auferstanden ist.
> Auf den Autobahnen staut der Verkehr.
> Übliche Unfälle, was reden sie
> von Karfreitag und Kreuzigung?
> Für die Verkehrstoten steht die Versicherung ein.
> Was soll's, normale Opfer.
> Und da sagt einer, wir verstehen ihn nicht,
> er ist für die Menschen gestorben,
> wie ein Verbrecher ans Kreuz geschlagen.
> Richtig, sagen alle, wir verstehen das nicht.
> Es geht uns nichts an, sagen sie, sagst du,
> wahrscheinlich ein Spinner, aber wir
> haben vier freie Tage vor uns.
> Die Radio- und Fernsehprogramme spielen noch Ostern.
> Ingeborg Drewitz (1978)³

»Gott lässt sich aus der Welt herausdrängen ans Kreuz, Gott ist ohnmächtig und schwach in der Welt und gerade nur so ist er bei uns und hilft uns. Es ist nach Mt 8,17 ganz deutlich, dass Christus nicht hilft kraft seiner Allmacht, sondern kraft seiner Schwachheit, seines Leidens!«
Dietrich Bonhoeffer (1943)⁴

»Das Kreuz, das wichtigste Symbol im Christentum, ist für viele Frauen heute fragwürdig geworden. Der gefolterte Körper Christi am Kreuz und sein Tod – als Sühnetod gedeutet – geben ihnen keine Lebenskraft mehr.«
Elisabeth Moltmann-Wendel (1990)⁵

10.1 Annäherung an das urchristliche Verständnis

Im Leiden und Sterben Jesu verdichtet sich die für das Urchristentum wichtig gewordene neue Gotteserfahrung und fand ihr Sinnbild im Kreuz. Die Passion Jesu stand im Mittelpunkt der Erinnerung und der Gottesdienstfeier (s. Abendmahl). Doch er-

---

[3] DREWITZ, INGEBORG: Die Samtvorhänge. Erzählungen, Szenen, Berichte, 1978, 124.

[4] BONHOEFFER, DIETRICH: Widerstand und Ergebung, München 1951, 242 (Taschenbuch; Gütersloh, ¹¹1980, 178).

[5] Moltmann-Wendel, Elisabeth: Zur Kreuzestheologie heute. Gibt es eine feministische Kreuzestheologie? In: Evang. Theol. 50 Jg. (1990), Heft 6, 546.

wies es sich als höchst schwierig, diese Botschaft vom »gekreuzigten Gott« anderen zu vermitteln oder verständlich zu machen. Im 1. Korintherbrief erinnert Paulus daran, dass sich am Wort vom Kreuz von Anfang an die Geister scheiden. Je nach Voreinstellung war sie den einen ein Ärgernis[6], anderen schlicht eine Torheit. Eine auf dem Palatin eingeritzte Spottzeichnung zeigt den Gekreuzigten mit einem Eselskopf und ist unterschrieben mit dem Satz: »Alexamos betet seinen Gott an.« Galt für die jüdischen Tradition: »Verflucht ist, wer am Holze hängt« (Dtn 21,23; Gal 3,13), so war für den römischen Humanismus die Rede von diesem Sklaventod widerwärtig oder zumindestens geschmacklos. Eine Linie, die sich bis hin zu Nietzsches Charakterisierung des Christentums als Dekadenzreligion durchziehen lässt. Das NT versucht angesichts dieser Ausgangslage, die Passion Jesu und das Kreuz auf unterschiedliche Weise verständlich zu machen, ohne dabei aus dem Auge zu verlieren, dass es sich beim Wort vom Kreuz um eine höchst irritierende und kritische Botschaft handelt.

Da die Interpretationsmuster für die Auslegung des Geschehens der »Schrift«, dem späteren »AT«, entnommen wurde, ist die Aufhellung des Hintergrundes unverzichtbar.

10.1.1 «Für uns gestorben nach der Schrift«

»Dass Christus gestorben ist für unsere Sünden nach der Schrift«, schreibt Paulus in 1Kor 15,3 und bezieht sich auf ein frühes, bereits ihm überliefertes Bekenntnis.

Nach der Ostererfahrung versuchten die Jesusanhänger seine Passion und seinen gewaltsamen Tod durch den Rückbezug auf die Schrift, besonders auf die prophetischen Überlieferungen, als angekündigt und notwendig zu begreifen und zu deuten[7] Als wesentliche Deutungsmuster wurden dabei neben der Messiaserwartung[8] (Christusprädikat)
– die Gestalt des Märtyrerpropheten*,
– die Gestalt des Menschensohns (s. 9.2)
– die Gestalt des leidenden Gottesknechtes in Verbindung mit dem Gedanken der
    Stellvertretung («für uns«),
– der Gedanke der Erlösung/Loskauf**
– das Sühneopferritual
herangezogen.

Bei der Deutung als Märtyrerprophet wird Jesu Tod in die Reihe der Propheten gestellt, die ihr Leben für ihre Botschaft gelassen haben (vgl. 1Thess 2,15; Lk 11, 49–51).
**Die Erlösungs-Loskaufdeutung versteht den Tod Jesu als Befreiung aus der Gewalt feindlicher Macht/bedrohlicher Mächte (vgl. 1Kor 7,23; Mk 10, 45 u.ö.)
Die vorgegebenen Deutungsmuster wurden nach Ostern jeweils auf spezifische Weise auf die Erinnerungen an Jesus übertragen und sind ohne Kenntnis dieses Hintergrundes nicht angemessen zu verstehen.

---

[6] Der überwiegende Teil der jüdischen Tradition konnte die Vorstellung von einem gekreuzigten Messias nicht akzeptieren.
[7] Vgl. THEIẞEN, GERD: Die Religion der ersten Christen, Gütersloh 2000, 202f.
[8] Siehe dazu: JOHANNSEN, FRIEDRICH: Alttestamentliches Arbeitsbuch für Religionspädagogen, Stuttgart u.a. ²1998, 177f.

10.1.2 Der leidende Gottesknecht (Jes 52,13–53,12)

Quer durch die neutestamentlichen Schriften lässt sich beobachten, dass die Überlieferung vom leidenden Gottesknecht (s. auch 9.2) die frühchristliche Interpretation der Passion Jesu maßgeblich beeinflusst hat.

> Aufgabe:
> - Notieren Sie, welche Motive aus Jes 52,13–53,12 in den folgenden Textstellen jeweils aufgenommen werden: Phil 2,7–9 ; Röm 4,25; 8,3,34; 10,16; 15,21; Mk 9,12; 10,45, 14,24; Mt 8,17; Joh 12,23,32,38; 1Petr 2,22,24f; Apg 3,13; 8,32f, Hebr 9,28, Lk 11,21f; 22,37

Mit der Interpretation der Gestalt Jesu als dem leidenden Gottesknecht verbindet sich der Gedanke von der Stellvertretung und vom Sühnetod.

Er entsprach dem, der nach Jes 53,4 »unsere« Strafe auf sich nahm und dem, was nach Ez 13,5 (vgl. 22,29f) die falschen Propheten Israels nicht zu leisten vermochten: Er sprang für alle stellvertretend in die Bresche, um das durch menschliche Schuld drohende Unheil aufzuhalten.

Das NT verwendet den Begriff »Stellvertretung« nicht, der Sache nach ist er in der Formel »für uns« enthalten.

Exkurs: Stellvertretung

Im neuzeitlichen Denken ist »Stellvertretung« bezogen auf eine zeitweise Vertretung von Rechten oder Pflichten durch einen anderen. Ein Mensch kann sich in vielerlei Hinsicht vertreten lassen, aber nicht in Hinsicht auf Schuld und Strafe. Diesen Sachverhalt hat IMMANUEL KANT deutlich herausgearbeitet. (Vgl. I. KANT: Die Religion innerhalb der Grenzen der bloßen Vernunft, PHB 45, [8]1978, 77). Auf diesem Hintergrund hat DOROTHEE SÖLLE 1965 die Stellvertretung Christi in Abgrenzung zum »Ersatzmann« als einen vorläufigen Akt der Identifikation mit uns gedeutet; Christus identifiziert sich mit uns, indem er vorläufig unsere Interessen vertritt, wie ein guter Lehrer einem noch unmündigen Kind Zeit lässt, selbst mündig zu werden. Ziel dabei ist, selbständig dem vorlaufenden Beispiel Jesu zu entsprechen.[9] In Reaktion darauf betont HELMUT GOLLWITZER den grundsätzlichen Aspekt der Stellvertretung als einem einmaligen Akt. Ihr Sinn ist nicht, dass wir selbst einmal diese Stelle einnehmen können, an der Christus uns vertritt, sondern dass »wir nie mehr an diese Stelle geraten«.[10] Gemeint ist die Stelle, wo unsere Schuld uns an ein Leben im Widerspruch zu Gott und im Widerspruch zu unserer schöpfungsgemäßen Bestimmung bindet und damit die Möglichkeiten der Zukunft verschließt.

Bei KANT u.a. wird »Schuld« als moralisches Problem verhandelt. Für das biblische Verständnis ist von ausschlaggebender Bedeutung, dass Schuld nicht auf Versagen gegenüber einzelnen moralischen Normen beruht, sondern als eine Folge des Widerspruchs des Menschen gegen seine geschöpfliche Bestimmung verstanden wird. Dieses Grundverständnis wird im folgenden noch weiter entfaltet, weil es den Schlüssel für das Verständnis des »für uns gestorben nach der Schrift« liefert.

---

[9] SÖLLE, DOROTHEE: Stellvertretung. Ein Kapitel Theologie nach dem »Tode Gottes«, Stuttgart 1965, 142-158.
[10] GOLLWITZER, HELMUT: Von der Stellvertretung Gottes, München 1967, 43.

10.1.3 Das missverstandene Sühneopfer

Das von Paulus zitierte frühchristliche Bekenntnis in 1Kor 15,3 »Dass Christus gestorben ist für unsere Sünden nach der Schrift...«) hat in der über die Jahrhunderte entwickelten christlichen Lehre einschneidende Spuren hinterlassen. Es hat Anlass zu unzähligen dogmatischen Abhandlungen gegeben und auch die Ausdrucksformen christlicher Frömmigkeit maßgeblich bestimmt.

Die wohl wirksamste und zugleich problematischste Deutung entfaltete im Hochmittelalter ANSELM VON CANTERBURY in der sog. *Satisfaktionslehre*. Ihr Hintergrund ist der Gedanke, dass die Sünde der Menschheit Gottes Ehre unendlich verletzt hat und die gestörte Gerechtigkeit unendliche Genugtuung fordert, die von menschlicher Seite gar nicht zu leisten ist. Weil nur ein Mensch die Genugtuung schaffen kann, löst Gott die Spannung zwischen seiner auf Verzeihung ausgerichteten Liebe und seiner Gerechtigkeit so, dass er selbst Mensch wird und die Schuld der Menschheit durch seinen Tod sühnt. Die Schattenseite dieser im Rechts- und Vergeltungsdenken des Mittelalters verankerten Erklärung liegt in der inakzeptablen Vorstellung, dass Gott seinen Sohn für seine verletzte Ehre mordet. Eine durch Aufklärung und Religionskritik geprägte Theologie konnte daher mit dieser Erklärungstradition nur brechen. So ist es für RUDOLF BULTMANN aus der Perspektive der Moderne eine »primitive Mythologie, dass ein Gott gewordenes Menschenwesen durch sein Blut die Sünden der Menschen sühnt«.[11] Während BULTMANN u.a. bestreiten, dass die Deutungen des Todes Jesu aus der Tradition des Opfers – konkreter des Sühne- bzw. Versöhnungsopferrituals – theologisch angemessen sind, sieht z.B. Peter Stuhlmacher (Biblische Theologie des Neuen Testaments 1992) darin das (unverzichtbare) Zentrum neutestamentlicher Theologie.

Im Blick auf diesen Gegensatz ist zunächst festzustellen, dass die durch die scholastische Theologie vermittelte Deutung des Sühntodes der paulinischen Argumentation nicht gerecht wird.

Eine differenzierte Analyse und Auseinandersetzung mit den einschlägigen neutestamentlichen Texten ist aus zwei Gründen angezeigt:
1. Es hat sich im Kontext der Debatte über die »Dialektik der Aufklärung« mehr und mehr die Erkenntnis durch, dass das mythologische Denken offensichtlich nicht so primitiv ist, wie es vordergründig durch die Brille aufgeklärten Denkens wahrgenommen wurde. Damit ist zugleich die Einsicht verbunden, dass ein Rückgriff auf mythologische Denktraditionen zur Kritik eindimensionaler Weltvorstellungen der Moderne unverzichtbar ist..
2. Bei den problematisierten Deutungsmuster handelt es sich um Rückgriffe auf jüdische Tradition. In ihnen kommt Zusammenhang und Differenz zwischen AT und NT zum Ausdruck.

Daher soll im folgenden nach dem möglichen Sinngehalt gefragt werden, der hinter der Tradition des Sühneopferrituals steckt, auf das sich die Formulierung »für uns gestorben« in 1Kor 15,3 bezieht. Die theologische Argumentation von Paulus ist ohne die Erschließung der von ihm aufgenommenen und interpretierten Traditionen nicht angemessen zu verstehen.

---

[11] Vgl. zu diesem Abschnitt: LINK, CHRISTIAN: »Für uns gestorben nach der Schrift«, in: EvErz. 43 (1991), 148-169, hier: 151 mit Bezug auf JANOWSKI, BERND: Sühne als Heilsgeschehen, Neukirchen 1982, ²2000.

10.1.4 Annäherung an die Sühneopfertradtion

In Röm 3,24ff, einem Zusammenhang, in dem Paulus den zentralen Aspekt der Gerechtigkeit aus Glauben an Jesus Christus entfaltet, knüpft er bei der Deutung des Todes Jesu in spezifischer Weise an die Sühne- und Versöhnungstradition des Alten Testamentes an.

Wie in allen antiken Kulten war auch im alten Israel das Opfer ein wesentliches Element der Gottesverehrung. Mit dem Opfer verbindet sich die Zusage der segnenden (lebensfördernden) Zuwendung Gottes (vgl. Ex 20,24). Im Gegensatz zu verbreiteten Missverständnissen wurde Opfer aber nicht verstanden als menschliche Leistung zur Versöhnung der Gottheit, sondern als von Gott eingesetztes Ritual (zeichenhafter Sühneakt), bei dem Gott Subjekt und die opfernden Menschen Objekte sind. Das Ritual dient der Pflege der Gottesbeziehung, zur Wiederherstellung einer gestörten Ordnung oder Beziehung bzw. zur Reinigung eines neuen oder entweihten Heiligtums.

In Röm 3,25 heißt es, dass Gott ihn (Jesus Christus) öffentlich als *hilasterion* eingesetzt hat – »durch Glauben in seinem Blut zum Erweis seiner Gerechtigkeit«. *Hilasterion* wird meist mit Sühneopfer wiedergeben. Überraschenderweise übersetzte LUTHER *hilasterion* nicht mit Sühneopfer sondern mit Gnadenstuhl und traf damit den gemeinten Sachverhalt vermutlich besser.[12]

Hilasterion steht für das hebräische Wort kapporet, dessen Bedeutung sich aus Ex 25,17–22 erschließt: Ex 25ff enthält die Anweisung für Bau und Ausstattung des Heiligtums, des Bundeszeltes, an dessen Stelle später der Tempel in Jerusalem trat. Das Zentrum des Heiligtums (das Allerheiligste) galt als Wohnung Gottes unter den Menschen, und an diesem Ort vollzog der Hohe Priester am Versöhnungstag das Versöhnungsopfer für Israel. »Kapporet« ist der freie Platz zwischen den Cheruben – Ort der Gegenwart des unsichtbaren und bilderlosen Gottes unter den Menschen und der Ort, an dem der Priester das Versöhnungsopfer vollzieht.

Wenn Paulus *an die Stelle*, wo das Opfer stattfindet, den Kreuzestod Jesu setzt, nimmt er die Tradition des Sühneopfers in dem Sinn auf, dass damit das kultische Opfer Israels zugleich eingelöst, abgelöst und überboten wird. Da für Paulus der Tod Jesu an die Stelle (an den Ort) des Opfers tritt, ist sein Sterben *nicht identisch* mit dem Sühneopfer und damit nicht im Sinne einer Kulthandlung und schon gar nicht als Gott dargebrachtes Opfer zu verstehen, wohl *aber vom Gedanken der Versöhnung und Sühne* her. Die Kulthandlung – nach alttestamentlichen Verständnis ein von Gott selbst eingesetztes Versöhnungsritual – wird abgelöst durch ein grundsätzliches Versöhnungsgeschehen (vgl. 2Kor 5,18–21). Dieser Gedanke ist nun wiederum nicht zu verstehen, ohne sich das dahinter stehende Verständnis von *Schuld* und ihren Folgen zu vergegenwärtigen. Grundlegend dafür ist die in den Schriften des AT immer wieder reflektierte Erfahrung, dass die Schuldfolge (der Fluch der bösen Tat) nicht immer auf den Täter selbst zurückfällt, sondern auch andere (subjektiv Unschuldige) treffen kann.

Das moderne subjektive Schuldverständnis steht in Gefahr, diese Dynamik von Schuld- und Schuldfolge auszublenden. Als elementares Beispiel kann die Erzählung von Kain in der biblischen Urgeschichte gelten: Die sündige Tat hat unüberschaubare Folgen. Sie verselbständigt sich zu einem Gewaltzusammenhang, der zu einer tiefen Spannung in der menschlichen Gemeinschaft führt und jede Kreatur und die ganze Schöpfung bedroht. Schuld ist biblisch das, was an die Vergangenheit bindet und zum

---

[12] Vgl. LINK, a.a.O.,154.

Widerspruch gegen das Angebot eines den Vorgaben der Schöpfung entsprechenden Lebens führt. Jeder Versuch des Menschen, sich aus der Schuldverstrickung zu lösen, sei es durch Verleugnung oder durch Kompensation, trägt nur zu tieferen Verstrickung bei, vergrößert die Distanz zu seiner geschöpflichen Bestimmung und verschließt damit die Möglichkeiten der Zukunft. Hinter dieser Erkenntnis steckt kein negatives Menschenbild, sondern reflektierte Erfahrung.

Der Mensch, der seine Rolle als Geschöpf nicht akzeptiert und wie Gott sein will, bringt damit eine sich fortpflanzende Kette von Gewaltakten gegen sich und seine Mitwelt in Gang.

Die Schuldverflechtung verhindert die Umkehr zu einem schöpfungsgemäßen Lebens, das allein die Möglichkeiten der Zukunft offen hält.

Auf diesem Hintergrund wird die Institution der kultischen Sühne verständlich: Während unser Rechtsdenken Sühne als Ausgleich für eine böse Tat versteht, geht es bei der kultischen Sühne darum, eine von Gott eingesetzte Möglichkeit in Anspruch zu nehmen und durch ein rituelles Handeln (stellvertretend) die Dynamik von Schuld- und Schuldfolge zu unterbrechen und damit das der Gemeinschaft drohende Unheil abzuwenden. Das Leben im Kreislauf der Schuld ist von Gott als der Quelle seiner Zukunft abgeschnitten und kann daher seine Bestimmung als Schöpfung nicht mehr wahrnehmen und ihr nicht mehr entsprechen. Nicht Gott braucht die Sühne, damit seine verletzte Ehre wiederhergestellt wird – so versteht es die Satisfaktionstheorie des Mittelalters –, sondern der Mensch und die unter den Schuldzusammenhängen leidende Gemeinschaft braucht sie, damit die Vergangenheit und ihr Zwang nicht die Möglichkeit der Zukunft zunichte machen.

Die Grunderfahrung, dass menschliche Kompensationsmöglichkeiten angesichts der Eigendynamik menschlicher Schuld versagen, bildet den Hintergrund des dem modernem Denken schwer zugänglichen alttestamentlichen Versöhnungsrituals.

10.1.5 Vom Sühneopfer zum Versöhnungsgeschehen

Exkurs: Das Sühneopfer im AT

Aufgabe:
- Lesen Sie Lev 16 (Ritual des Versöhnungsfestes) und 17 (Umgang mit dem Blut).

Angelpunkt zum Verständnis des Opferritus ist die Vorstellung, dass das Blut der Sitz des Lebens ist und Menschen und andere Kreaturen verbindet. »Denn die Seele des Fleisches ist im Blut, und ich habe es euch für den Altar gegeben, dass man euch damit Sühne erwirkt, denn das Blut ist es, das durch die (in ihm wohnende) Seele Sühne erwirkt.« (Lev 17,11)

Blut wird so als das von Gott vorgegebene Sühnemittel verstanden. Sühne ist keine Möglichkeit des Menschen. Das die Kreaturen verbindende Blut – die Gabe des Lebens – hat die Symbolkraft, Gott in der kultischen Handlung zu vertreten. Die Opferhandlung wird in drei Sequenzen vollzogen:
1. Das zu Opfernde wird durch Aufstemmen der Hände des Priesters auf das Opfertier zeichenhaft mit dem Opfer identifiziert.

2. Im Vollzug des Rituals wird die Schuld zugleich erinnert und ihre zukunftsverneinende Wirkung aufgehoben, indem die Vergangenheit des verwirkten Lebens stellvertretend geopfert wird.
3. Im Zeremoniell des großen Versöhnungstages wird die Kapperot mit dem Blut des Opfers besprengt und damit in Erinnerung an Gottes Erscheinen auf dem Sinai/Horeb die Nähe und das Entgegenkommen Gottes zu seinen Geschöpfen erneuert.

Die Kapperot stellt die irdische Wohnstatt Gottes dar, wo himmlische und irdische Wirklichkeit sich »berühren«. Im Opfer – das symbolisiert der Blutritus – kommt Gott dem Menschen neu entgegen (nahe). So wird nicht nur die Störung des Vergangenen aufgehoben, also ein ursprünglicher Zustand wiederhergestellt, sondern zugleich Zukunft erschlossen für das in der Bindung an das Vergangene festgefahrene Leben. Die Schöpfung wird im Akt der Sühne in ihr durch die Schuld des Menschen verspieltes Recht wiedereingesetzt, um im Ausblick auf ihre (zukünftige) Bestimmung als Reich Gottes zu existieren.

Deutung des Todes Jesu als Sühne- bzw. Versöhnungsgeschehen
Wenn Paulus den Tod Jesu »nach der Schrift« – also im Zusammenhang der Tradition Israels vom Sühnetod – interpretiert, dann kommt damit vor allem seine Leben eröffnende Funktion in den Blick: Das Kreuz erschließt dem Menschen und der Welt (2Kor 5,19) neu ihre Möglichkeit, Schöpfung zu sein, von der sie durch eigene oder fremde Schuld abgeschnitten sind. Das Leiden Jesu, das im Kreuz seinen Höhepunkt und sein Sinnbild findet, wird auf diesem Hintergrund vom Sühnegeschehen her so gedeutet, dass es die vom Menschen verschuldete Trennung von der Quelle des Lebens mit der Folge des Kreislaufs des Todes und der Selbstzerstörung der Schöpfung überwindet bzw. aufbricht. An die Stelle der Kapporet rückt das Kreuz als der Ort, wo die Folgen der menschlichen Schuldgeschichte ihre lebensbedrohende Macht verlieren. Auf dem vorgeprägten Verstehenshintergrund ist nunmehr das Kreuz als Wohnstätte Gottes auf Erden zu sehen, Ort der Präsenz, Zeichen der Nähe Gottes und der Versöhnung.

Der Wunsch, wie Gott sein zu wollen, an dem der Mensch scheitert, muss nun nicht länger ins Verhängnis führen. Indem sich Gott im gekreuzigten Jesus als Mitleidender, Barmherziger und Liebender zu erkennen gibt, kann der Mensch wie Gott sein. Doch das Geschehen am Kreuz entzieht sich der distanzierten, objektiven Deutung.

Unter den Augen der Wirklichkeit ist das Kreuz Ort des Scheiterns und der Gekreuzigte der Gescheiterte. Somit ist das Wort vom Kreuz nach den Maßstäben der Welt eine Torheit. Dem hält Paulus die paradoxe urchristliche (Oster-)Erfahrung entgegen, dass das Kreuz die Gültigkeit dieser Wirklichkeitserfahrung gleichsam durchkreuzt und diese Wirklichkeit und ihre wahre Bestimmung von der Todeserfahrung her neu wahrgenommen werden können.

In diesem Sinne charakterisiert Paulus das Wort vom Kreuz in einer Auseinandersetzung mit bestimmten korinthischen Gruppen als Kraft Gottes gegen die Weisheit der weltlichen Macht. Das konkrete (historische) Ereignis des unwürdigen und gewaltsamen Todes des Menschen Jesus, der aus dem Vertrauen in die Nähe Gottes schöpfungsgemäße Zeichen der Hoffnung gelebt hat, wird im Licht von Ostern in seiner Wahrheit erkannt: Gott hat sich mit dieser Person und dem Geschehen identifiziert, und das gibt dem historischen Kreuz die »Qualität des fiziert, und das gibt dem historischen Kreuz die »Qualität des exemplarischen, unüberbietbaren Sühneortes«.[13]

Die Verkündigung dieser Botschaft und die sakramentale Teilhabe an der Passion Jesu in Taufe und Abendmahl eröffnen nach urchristlicher Erfahrung Befreiung aus der Dynamik der Schuldverflechtung, die das Opferritual entbehrlich macht. So wurde die Deutung des Todes Jesu vom Opfergeschehen her zugleich Signal für das Ende der Opferpraxis.

Die paradoxe Osterbotschaft proklamiert gegen die Logik der Macht und die Welterfahrung von fortwährender Vergeltung und Gewalttat, dass das schöpfungsgemäße Leben Zukunft hat, auch wenn ihm seine wahre Bestimmung entzogen wird. Darin drückt sich keine allgemein erkennbare und einsehbare Wahrheit aus, sondern die Erfahrung derjenigen, die in der Nachfolge Jesu, über Leiden und Tod, das Geheimnis des wahren Lebens entdeckten.

10.2 Die Passion Jesu in den Evangelien

Während Paulus Passion und Kreuz weitgehend unabhängig von den konkreten Jesusüberlieferungen deutet, wird in den Evangelien Leiden und Tod Jesu aus nachösterlicher Sicht zurückgebunden an das Wirken Jesu, seine Worte und Taten. Wenn die Jünger in Mk 16,7 (Mt 28,7) nach Galiläa als dem Ort verwiesen werden, wo ihnen Jesus erscheinen wird, wird das vorangegangene Wirken in Galiläa (neu) ins Licht gerückt.

Damit wird das irdische Auftreten Jesu Bestandteil und Veranschaulichung der Osterbotschaft. Sein Glaube vom nahen Gott und das dementsprechende Leben wird als von Gott beglaubigt gesehen und zum vorlaufenden Beispiel, dem es in der Nachfolge zu entsprechen gilt. Zugleich wird damit die Gefahr abgewehrt, dass sich das Wort vom Kreuz löst vom Glauben Jesu und der damit verbundenen lebensverändernden Praxis.[14]

Der Osterglaube, dass Gott sich mit Jesus identifiziert, qualifiziert das neue Leben als ein Leben, das den Versuchungen der Macht widersteht und im Einklang mit dem Willen Gottes lebt, der Welt ihre Bestimmung als Schöpfung offen zu halten. Kreuzesnachfolge wird daher zum entscheidenden Kriterium für die Anhänger Jesu.

10.2.1 Synoptischer Vergleich

Aufgabe:
• Vergleichen Sie Mk 8,34–91/Mt 16,24–28/Lk 9,23–27.

Die Passionsgeschichten der Evangelien sind literarische Produkte, Verarbeitungen und Deutungen – keine protokollarischen Notizen – eines Geschehens.

---

[13] Ebd., 162.
[14] Die Nachfolgethematik spielt in den synoptischen Evangelien eine ähnlich zentrale Rolle (vgl. z.B. Mk 8,34 parr.) wie der Versöhnungsgedanke bei Paulus und bei den sog. Deuteropaulinen (vgl. 2Kor 5,18ff; Eph 2,16; Kol 1,20).

Ihre Gestaltung ist von dem Interesse geleitet, aus nachösterlicher Sicht den Sinn der Geschichte Jesu in der Erzählung zu entfalten und das in jüdischen Augen anstößige Bild vom gekreuzigten Messias von den biblischen Überlieferungen her zu erhellen. Dabei ist kaum noch festzustellen, ob und wieweit die (historische) Erinnerung an Jesu Passion von einschlägigen Textstellen des AT her gedeutet oder die Details der Darstellung von seiner Deutung bestimmt werden.[15]

> Aufgabe:
> - Stellen Sie Überlegungen an, wie die folgenden Texte zusammen gehören könnten:
>
>   Ps 22,2   –   Mk 15,34; Mt 27,46
>   Ps 22,8   –   Lk 23,35; Mk 15,29; Mt 27,39
>   Ps 22,9   –   Mt 27,43
>   Ps 22,19   –   Mk 15,24; Mt 27,35; Lk 23,34
>   Ps 31,6   –   Lk 23,46
>   Ps 38,12   –   Mk 15,40; Mt 27,55; Lk 23,49
>   Ps 69,22   –   Mt 27,34.48; Mk 15,36; Lk 23,36
>   Jes 53,12 –   Mk 15,27; Mt 27,38; Lk 23,33
>   Dan 12,2   –   Mt 27,52f
>   Hos 10,8   –   Lk 23,30
>   Am 8,9   –   Mk 15,33; Mt 27,45; Lk 23,44

Wie bereits an verschiedenen anderen Beispielen gezeigt wurde, haben die Evangelisten die Überlieferungen von Jesus im Blick auf die konkrete Situation und Problematik ihres Adressatenkreises entfaltet.

> Aufgabe:
> - Vergleichen Sie mit Hilfe einer Synopse die Abweichungen beim Aufriss der Passionserzählungen von Mk 14–16, Mt 26–28, Lk 22–24 und Joh.

Bei einem oberflächlichen Vergleich fällt bereits auf, dass alle vier Evangelisten die Passion zusammenhängend darstellen. Mit Ausnahme von Johannes schalten alle die ursprünglich wohl selbständige Überlieferung vom letzten Abendmahl ein. Mt folgt mit geringen Variationen weitgehend der Mk-Vorlage und fügt vier Szenen ein: den Tod des Judas (Mt 27,3–10), den Traum von Pilatus Frau (27,19), Erdbeben und Öffnung der Gräber bei Jesu Tod (27,52f) und die Bewachung des Grabes (27,62–66). Bei Lk fehlt am Anfang die »Salbung in Bethanien«. Neben einigem Sondergut fällt hier auf, dass er die Reihenfolge der Mk-Darstellung des Öfteren verändert: z.B. die Leugnung des Petrus, die Voraussage des Verrats (nach dem Abendmahl). Nur bei Lk findet sich die Begegnung von Jesus und Herodes. Die Verspottung Jesu durch die Soldaten (Mk 15,16–20a) lässt Lk weg, und nur er überliefert Jesu Worte an die weinenden Frauen auf dem Kreuzweg.

Joh folgt ab Kap. 18 (Gefangennahme in Gethsemane) weitgehend Mk. Anstelle der Verhandlung vor dem Synhedrion (Hohen Rat) erfolgt nur ein Verhör durch Hannas und Kaiphas, die Szene vor Pilatus rückt in den Mittelpunkt. Außerdem wird die Kreuzszene anders gestaltet: es fehlt die Verspottung, dafür werden die Diskussi-

---

[15] Zur Traditionsgeschichte der Jesusüberlieferungen s. Kap. 11.

on um die Inschrift (19,20–22), die Anwesenheit von Jesu Mutter und der Lieblingsjünger (19,25–27) und die Lanzenszene (19,31–37) ergänzt. Gemeinsamen Rahmen bildet die zeitliche Beziehung zum Passahfest, dem Hauptfest der Juden, an dem die Befreiung aus ägyptischer Sklaverei erinnert und vergegenwärtigt wird.

> Aufgabe:
> - Vergleichen Sie die Sterbeszenen (Mk 15,33–41; Mt 27,45–56; Lk 23,44–49; Joh 19,28–30) und arbeiten Sie die Unterschiede heraus.
> - Stellen Sie Vermutungen an über die mögliche Deutung dieser Unterschiede.

Zu Mk 15,33–39:
Die Finsternis am Mittag ist auf dem Hintergrund von Amos 8,9 u.a. ein (apokalyptisches) Zeichen für den Tag des Gerichts Jahwes und des Endes der alten Welt. Die letzten Worte Jesu sind (auf aramäisch) der Anfang von Ps 22, einem Psalm, mit dem der leidende Gerechte seine Not vor Gott bringt. Jesus stirbt mit einem lauten Schrei und zugleich zerreißt der Vorhang des Tempels. Gemeint ist vermutlich der Vorhang zum Allerheiligsten, das nur dem Hohepriester zugänglich ist. Sinnbildlich steht nun der Zugang für alle offen. Vielleicht lässt sich weiterdeuten, dass der Blick auf das Kreuz den Blick auf Gott freigibt. Während die umstehenden Juden das Geschehen nicht begreifen, spricht der römische Hauptmann (ein Heide) ein Bekenntnis.

Zu Mt 27,45–56:
Bei enger Anlehnung an Mk ersetzt Mt den aramäischen Psalmanfang durch den hebräischen und macht dadurch das Missverständnis, dass Jesus damit den Propheten Elia anruft, verständlicher. Mit der Ergänzung um die Szene vom Erdbeben und der Öffnung der Gräber fügt Mt ein weiteres apokalyptisches Zeichen ein, ein Sinnbild dafür, dass der Tod Jesu die Auferstehung möglich macht.

Zu Lk 23,44–49:
Die lukanische Darstellung ist insgesamt kürzer und sprachlich dichter. Die Mk-Vorlage ist zwar noch erkennbar, wird aber an entscheidenden Punkten abgewandelt. Jesus stirbt nicht mit einem Schrei, sondern einem Ausspruch ruhigen Vertrauens. Anstelle des Wortes aus Ps 22,3 rückt ein Sterbegebet in Anlehnung an Ps 31,6: »Vater, in deine Hände lege ich meinen Geist.« Entsprechend fehlt das für Heidenchristen nicht nachvollziehbare Elia Missverständnis. Das Zerreißen des Tempelvorhangs wird an die Finsternisschilderung angeknüpft und dem Sterben vorangestellt. Möglicherweise als Hinweis auf eine zweifache Bedeutung des Todes Jesu: für die Welt und für den jüdischen Kult. Der Hauptmann kommt aufgrund des Gesamtgeschehens zu der Einsicht, dass Jesus ein Gerechter war. Anstelle des christologischen Bekenntnisses rückt die Preisung Gottes und die Bestätigung der Einsicht, die bereits Pilatus und der andere Schächer ausgesprochen haben: Jesus ist der, der als Unschuldiger leidet. Von Ferne werden auch bei Lk die Frauen Zeuginnen des Sterbens. Das Volk macht Zeichen der Reue. Die Namen der Jüngerinnen hat Lk bereits in 8,2 genannt. Er ergänzt anstelle der geflohenen Jünger »alle seine Bekannten«. Während Mk und Mt den apokalyptischen Charakter des Todes beschreiben, liegt bei Lk das Interesse im Vorbildhaften; Jesus stirbt den Tod eines Märtyrers. Die paränetische Funktion ist deut-

lich: noch am Kreuz verzeiht Jesus seinen Widersachern, gibt dem reuigen Schächer Zukunftshoffnung und stirbt ergeben in den Willen des Vaters.

Zu Joh 19,28–30:
Die Sterbeszene bei Joh weicht völlig von den synoptischen Darstellungen ab. Hier ist das Sterben Erfüllung des vorgezeichneten Weges, Vollendung des Auftrages. Daher fehlen apokalyptische Zeichen: Das Verlangen nach »Essig« (gemeint ist wohl der mit Wasser verdünnte Wein der kleinen Leute) hat gewissermaßen die Funktion eines I-Tüpfelchens, damit Jesu Schicksal dem biblischen Modell entspricht. In der Tränkung mit »Essig« klingt Ps 69,2 an: »Sie gaben mir... Essig zu trinken für meinen Durst.« Während es sonst bei Joh heißt, »damit die Schrift erfüllt« werde, ist hier die (in den meisten Übersetzungen nicht berücksichtigte) Formulierung »vollendet« gewählt.[16] Das Sterben Jesu wird hier ganz aus der Perspektive der nun abgeschlossenen Sendung Jesu gezeigt, der zum Vater zurückkehrt: »Es ist vollbracht«.

10.2.2 Zur Bedeutung des Passionsthemas in den einzelnen Evangelien

ZU MARKUS:
Das Passionsthema zieht sich durch sein ganzes Evangelium. Diese Beobachtung hat MARTIN KÄHLER dazu veranlasst, die Evangelien als »Passionsgeschichten mit ausführlicher Einleitung« zu charakterisieren. Der Beschluss der Pharisäer u.a. jüdischer Führungsgruppen, Jesus zu Tode zu bringen, wird bereits in 3,6,; 11,18 und 12,12 erwähnt. Jesus selbst kündigt sein Leiden in 8,31–33; 9,30–32 und 10,32–34 an. Mk bindet diese drei Leidensankündigungen an die Geographie Palästinas: zuerst im Norden (Cäsarea Philippi), dann in Galiläa, schließlich auf dem Weg nach Jerusalem. Der Weg Jesu vom Ort seines Wirkens (Galiläa) nach Jerusalem ist der Weg zur Passion. Mit dem geographischen Gefälle verbindet sich ein religiös-politisches: Während das Volk (zu denken ist vor allem an die benachteiligte Landbevölkerung Galiläas) ihn achtet, überlegt die politisch-religiöse Führung, wie sie ihn zu Tode bringen kann. Schließlich gelingt es ihr, auch das Volk gegen Jesus aufzuwiegeln (15,11). Die antijüdische Tendenz der Darstellung ist an vielen Stellen offensichtlich und beabsichtigt. Nicht die historische Erinnerung an den Prozess Jesu, sondern die scharfe Auseinandersetzung zwischen Synagoge und christlicher Gemeinde um 70 nach Christus leitet das Interesse der Darstellung. Unter historischen Gesichtspunkten ist zunächst einmal die in Joh 18,31 getroffene Feststellung zu betonen, dass Juden unter dem römischen Besatzungsrecht Todesurteile weder verhängen noch ausführen durften. Nach überlieferten jüdischen Rechtsgrundsätzen haftet dem Prozess Jesu, wenn er nach der markinischen Darstellung verlaufen wäre, eine kaum überbietbare Fülle entscheidender Regelverstöße an.[17] Selbst wenn der Prozess nach sadduzäischer Rechtspraxis ge-

---

[16] Vgl. SORGER, KARLHEINZ: Die Passion Jesu in den Evangelien, in: ru 1/1988, 5.

[17] So war gleichermaßen verboten, die Verhandlung während der Nacht, am Feiertag oder am Vortag zum Feiertag zu führen; das Urteil darf nicht am ersten Tag gefällt werden; Gotteslästerung wäre nur das Jesus nicht vorgeworfene Aussprechen des Gottesnamens, die Selbstbezeichnung als Messias war kein Sakrileg; rechtskräftige Prozesse müssen im Tempelbereich stattfinden; Schweigen des Angeklagten kann nicht als Geständnis gewertet werden; fehlende Zeugen u.a.m. (Vgl. LOHSE: Die Geschichte des Leidens..., 80 und LAPIDE, Wer war schuld..., 62ff).

führt worden wäre, über die wenig Gesichertes bekannt ist, ist ein jüdischer Prozess am Feiertag oder davor liegenden Rüsttag undenkbar.[18]

Die inquisitorische Frage des Hohepriesters: »Bist du der Christus (Messias), der Sohn des Hochgelobten?« (14,61) mischt nach jüdischem Verständnis zwei völlig verschiedene Traditionen, da der Messias nicht im physischen Sinne als Gottessohn verstanden wurde. Da die Bezeichnung Gottessohn (im Sinne von Adoption) eine durchaus übliche Bezeichnung für den Frommen war, galt diese wie die Selbstbezeichnung als Messias nicht als anklagewürdiges Vergehen. Anders lagen die Dinge jedoch in der späteren Auseinandersetzung zwischen Synagoge und christlicher Gemeinde. Nun wurde »Gottessohn« im physischen Sinne verstanden und um die Anerkennung der Messianität Jesu gestritten. So ist die auffällig starke Orientierung der Darstellung an alttestamentlichen Vorgaben im Sinne einer Beweisführung gegen die jüdische Ablehnung zu verstehen. Es wird »bewiesen«, dass Messianität und Leiden zusammengehören. Wie die Todesart belegt und die entscheidende Beteiligung der römischen Instanzen zeigt, wurde Jesus Opfer der Besatzungsmacht. In der Zange zwischen der römischen Macht, die die frühen Christen weitgehend als jüdische Gruppe sah, und der Synagoge, die auf harten Konfrontationskurs gegen die Jesusanhänger ging, dient die Darstellung der Passionsereignisse der Entlastung der Römer zuungunsten der Juden. Eine Tendenz, die den ideologischen Boden für die Antijudaismustradition des Christentums bereitete.

Historische Aufklärung gehört hier zur Aufarbeitung der Schuldgeschichte. Antijudaismus ist jedoch nicht nur kein Essential des christlichen Glaubens sondern macht diesen selbst blind für die Bedeutung der eigenen Wurzeln. Der Druck von jüdischer und römischer Seite in der Ursprungssituation der Passionsdarstellung erhellt auch viele Einzelszenen in ihrem mahnenden (paränetischen) Charakter an die Gemeinde Jesu: Nicht zu versagen wie die schlafenden Jünger und der leugnende Petrus, furchtlos zu bekennen wie Jesus, standzuhalten wie die Frauen.

Die vermutlich von Markus der Passionsgeschichte vorgeschaltete Überlieferung von der Salbung in Bethanien (14,3–9) ist in ihrem symbolischen Charakter nicht zu übersehen: Der, der im folgenden aus den eigenen Reihen verraten wird, wird von einer unbekannten Frau zeichenhaft gesalbt. Salbung ist Kennzeichen messianischer Würde (Messias – der Gesalbte). Indem Jesus hier von Salbung zum Begräbnis spricht, wird das (neue) Verständnis eines Messias angedeutet, der leidet und in den Tod geht.

Zu MATTHÄUS:
Während schon Mk die Passion Jesu als vorgezeichneten Weg Jesu darstellt, betont Mt noch mehr, dass der Verlauf der Ereignisse nur geschehen kann, weil Jesus dies akzeptiert und Gott dies zulässt. (Vgl. Mt 26,53f; 26,61; 27,38ff) Jesus könnte auch anders, will es aber nicht. Wie beim Machtverzicht in der Versuchungsgeschichte widersteht er der Möglichkeit der Macht und geht den Weg der Gerechtigkeit, der dem Willen Gottes entspricht. Die Mächtigen werden Statisten in einem apokalyptischen Drama. Schärfer noch als bei Mk ist der Kontrast zu den Juden. Während selbst der Verräter Judas schließlich Reue zeigt und sich umbringt (27,3–6), bleiben sie ungerührt: Ob schuldig oder nicht, er muss sterben.[19]

---

[18] Vgl. LOHSE, a.a.O., 82f.
[19] Zur Selbstverfluchung der Juden s. Kap. 4.

Zu LUKAS:
Der Schwerpunkt der lukanischen Darstellung liegt in der Entfaltung der Kreuzesinschrift: Jesus von Nazareth, König der Juden. Bereits in der sog. lukanischen Vorgeschichte stellt Lk Jesus als den erwarteten endzeitlichen König auf dem Throne Davids vor (Lk 1,32f). Diese Bezeichnung wird wiederholt beim Einzug in Jerusalem (19,38), bei der Anklage durch den Hohepriester vor Pilatus (23,2f) und bei der Kreuzigung (23,3f). Nur bei Lk wird Jesus angeklagt, selbst den Messias-, den Königstitel für sich in Anspruch genommen zu haben. Lk artikuliert damit sein Interesse an der politisch-sozialen Dimension des Wirkens Jesu. Indem er die Vorstellung von der Notwendigkeit des Leidens, die traditionell mit dem Menschensohnprädikat verknüpft ist, ausdrücklich mit dem Messiastitel verbindet, qualifiziert er den leidenden Messias als den wahren Befreier. Schlüsselszene für dieses Verständnis ist die Emmauserzählung, in der der Auferstandene die ihn noch nicht erkennenden Jünger darüber aufklärt, dass sein Märtyrerschicksal dem prophetisch vorhergesagten und dem biblischen bezeugten Bild des Messias entspricht. (Lk 24,26f)

Er, der in Solidarität mit den Geringen lebte, unrecht leidet und am Ende wegen seiner Ohnmacht zum Gespött der Oberen, der Soldaten und eines Mitgehenkten wird, erweist sich als der wahre Erlöser.

Zu JOHANNES:
Deutlicher als bei den Synoptikern ist im Blick auf die Johannespassion der literarisch-fiktionale Charakter der Darstellung erkennbar. Die Absicht der Darstellung mit ihrem Zeichen- und Hinweischarakter wird in der Bemerkung 20,31 ausdrücklich betont und gilt sinngemäß auch für die anderen Evangelien: »... damit ihr glaubt, dass Jesus der Christus ist...«

Die Schuld der Juden wird durch Kollektivbezeichnungen noch mehr herausgehoben als bei den anderen Evangelisten; zugleich wird ihre Rolle im göttlichen Erlösungsplan definiert: In 11,47 spricht der Hohepriester im prophetischen Sinn vom Tod Jesu »für das Volk«. Bei Joh begleiten keine apokalyptischen Zeichen das Geschehen, es wird durch ausdrückliche Hinweise und die Art der Darstellung transparent, dass Passion und Tod der Erhöhung und Verherrlichung Jesu dienen und zugleich Gericht über die Welt und ihre Mächte bedeuten. Jesus ist auch in der Passion der aktiv Handelnde (vgl. z.B. 18,4ff). Der Grundgedanke durchzieht die Erzählung, dass das ganze Drama der Passion von Gott inszeniert ist und Jesus sich »an das Drehbuch« hält. Der Vater gibt den Sohn hin, und der opfert sich für seine Freunde. In allem erfüllt sich die Weissagung der Schrift und findet der Heilsplan Gottes seine Vollendung. Eine Schlüsselszene bildet das Verhör vor Pilatus: Mehrfach betont Pilatus gegen die jüdischen Anschuldigungen, dass er keine Schuld an Jesus finden kann. Schließlich stellt er ihnen den mit Purpurmantel und Dornenkrone Geschmückten als Karikatur eines Königs vor: Seht, (das ist) der Mensch (19,5). Demonstrativ führt Pilatus Jesus als machtlosen und hilflosen Menschen vor, den es nicht zu verurteilen lohnt. Doch auch diese Vorführung als Spottkönig ändert nichts an der Forderung nach seiner Tötung. Gegen seine Zweifel gibt Pilatus schließlich dem massiven Druck nach. Das Wort des Pilatus Jesus: Ecce homo, seht da, der Mensch, hat in den Passionsüberlieferungen der Kirche eine breite Wirkungsgeschichte. Nach BULTMANN findet in dem Wort des Pilatus die tiefere Wahrheit ihren Ausdruck, dass in der Gestalt des um seine Würde gebrachten Menschen die Inkarnation – das Wort ward Fleisch (1,14) – ihren Höhe- bzw. Tiefpunkt erreicht.

Literatur

DROSS, REINHARD: Was bedeutet uns Jesu Leidensgeschichte? In: ru 18 (1988), Heft 1, 7–11
KRAUS, WOLFGANG: Der Tod Jesu als Sühnetod bei Paulus. Überlegungen zur neueren Diskussion. In: ZNT 3 (1999) 20–30 KROTZ, FRITZ: ... für uns gestorben? Zugänge zur Geschichte von der Passion Jesu, Neukirchen-Vluyn 1987 LINK, CHRISTIAN: »Für uns gestorben nach der Schrift«, in: EvErz 43 (1991), Heft 2, 148–169 LOHFINK, GERHARD: Der letzte Tag Jesu. Die Ereignisse der Passion, Freiburg i. Brsg. ⁵1985 LOHSE, EDUARD: Die Geschichte des Leidens und Sterbens Jesu Christi, Gütersloh 1979 MOLTMANN-WENDEL, ELISABETH: Gibt es eine feministische Kreuzestheologie? In: EvTh 50 (1990), Heft 6, 546–557 NOCKE, FRANZ-JOSEF: Was heißt »Erlösung durch Jesus Christus«? Aspekte systematischer Theologie, in: ru 20 (1990), Heft 1, 2–8 SCHOTTROFF, LUISE/WARTENBERG-POTTER, BÄRBEL VON/SÖLLE, DOROTHEE: Das Kreuz – Baum des Lebens, Stuttgart 1987 SORGER, KARLHEINZ: Die Passion Jesu in den Evangelien, in: ru 18 (1988), Heft 1, 2–6 STEGEMANN, WOLFGANG: Die Passionsgeschichten der Evangelien, in: EvErz 43 (1991), Heft 2, 130–147 SUNDERMEIER, THEO: Das Kreuz als Befreiung. Kreuzesinterpretationen in Asien und Afrika, München 1985 THEIßEN, GERD: Die Religion der ersten Christen. Eine Theorie des Urchristentums, Gütersloh 2000, 195–222 WAGNER; ANDREAS: Sühne, Opfer, Abendmahl, Neukirchen 1999.

11 Nun aber ist Christus auferstanden
Das neutestamentliche Osterzeugnis

(*Ulrich Becker/Friedrich Johannsen*)

»Nun sagt man, das Entscheidende sei, dass im Christentum die Auferstehungshoffnung verkündigt würde, und dass damit eine echte Erlösungsreligion entstanden sei. Das Schwergewicht fällt nun auf das Jenseits der Todesgrenze. Und eben hierin sehe ich den Fehler und die Gefahr. Erlösung heißt nun Erlösung aus Sorgen, Nöten, Ängsten und Sehnsüchten, aus Sünde und Tod in einem besseren Jenseits. Sollte dieses aber wirklich das Wesentliche der Christusverkündigung der Evangelien und des Paulus sein? Ich bestreite das. Die Christliche Auferstehungshoffnung unterscheidet sich von der mythologischen darin, dass sie den Menschen in ganz neuer und gegenüber dem Alten Testament noch verschärfter Weise an sein Leben auf der Erde verweist.« (DIETRICH BONHOEFFER)[1]

»Das Geheimnis der Auferstehung lässt sich nicht äußerlich feststellen, man kann es nur glauben, und es lässt sich nur mitteilen in Bildern und Symbolen.« (EUGEN DREWERMANN)[2]

»Ostern kann nicht nur heißen: Es gibt ein Leben nach dem Tod. Das klingt wie eine Vertröstung. Ostern muss heißen: Das Leben hier wandelt sich, es wird frei von den vielen Bedrückungen, es wird frei von Schuld und Tod.« (JÜRGEN MOLTMANN)[3]

Aufgabe:
- Nehmen Sie zu diesen Zitaten Stellung: Wo würden Sie diesen Interpretationen des neutestamentlichen Osterzeugnisses zustimmen können? Wo würden Sie davon abweichen? Notieren Sie beides.

11.1 Die Totenauferstehung in der Jesusüberlieferung und im Umfeld des Neuen Testaments

In der Verkündigung Jesu steht die Gegenwart der Gottesherrschaft im Mittelpunkt (vgl. Kap. 4): futurisch-eschatologische Aussagen wie die von der Totenauferstehung, vom künftigen Leben, von Gericht, Verderben und Rettung (vgl. z.B. Lk 11,13f; Mt 8,11; Mk 9,43–48, Mt 10,28) sind auf diese Gegenwart bezogen und werden von ihr inhaltlich bestimmt. Neues Leben gewinnt der Mensch nur, wenn er sich auf die mit dem Auftreten Jesu verbundenen Botschaft von der Gottesherrschaft einlässt.

Von daher wird es verständlich, dass die Jesusüberlieferung die Frage der Totenauferstehung nicht eigens thematisiert und im Unterschied zur jüdisch-apokalyptischen Tradition auf eine nähere Ausgestaltung dieser und anderer Zukunftsaussagen verzichtet. Dennoch ist sie von dieser Tradition geprägt, zu deren Wesenselement die Vorstellung gehört, dass Auferstehung als leibliche Auferstehung gedacht wird.

---

[1] BONHOEFFER, DIETRICH: Widerstand und Ergebung. Brief vom 27.6.44, München ¹¹1951, 167.
[2] DREWERMANN, EUGEN: Das Markusevangelium. Zweiter Teil, Olten 1988, 699.
[3] MOLTMANN, JÜRGEN: Die Auferstehung des Gekreuzigten und die Zukunft Christi, in: Diskussion um Kreuz und Auferstehung. Zur gegenwärtigen Auseinandersetzung in Theologie und Gemeinde, hg. v. BERTHOLD KLAPPERT, Wuppertal 1967, 255.

Im Umfeld des NT spielt der Auferstehungsgedanke insgesamt nur eine untergeordnete Rolle. Entsprechende Hinweise in den Texten von Qumran sind in ihrer Deutung umstritten (ist Rettung aus Todesgefahr gemeint oder Auferstehung von Toten?).[4] Sicher ist allerdings, dass in 4Q 521 im Anschluss an Jes 35,5f und Jes 61,1 von der messianischen Zeit Totenauferweckungen erwartet werden. Diese Jesaja-Interpretation findet sich in Mt 11,5 wieder.

Einziger unumstrittener Textanhalt in der Jüdischen Bibel ist Dan 12,2f (Makkabäerzeit Mitte des 2.vorchr. Jh.).[5] Hier ist von einer Auferstehung des auserwählten Volkes die Rede. Ansätze dazu lassen sich im AT zurückverfolgen (vgl. z.B. Jes 26,19f; Ez 37,1–4). Sie werden in der Folgezeit im Judentum weiter differenziert. Besonders in Abgrenzung zur hellenistischen Vorstellung einer Unsterblichkeit der Seele oder einer Wiedervereinigung von Seele und Körper werden Auferstehungsvorstellungen als göttliche Tat der Neuschöpfung dessen, der in der Treue zum Bund gestorben ist, weiter entfaltet. («ganzheitliche Auferstehung des Gerechten auf die erneuerte Erde», so in den Bilderreden des äthiopischen Henochbuches, die wohl erst nach 70 n.Chr. entstanden sind, vgl. 51,5.)[6]

Die christliche Verkündigung wurde in ihrer Anfangsphase von diesem jüdisch-apokalyptischen Denken bestimmt.[7] Die Auferstehungskritik der Sadduzäer (Mk 12,18–27), der törichte Reiche (Lk 12,19b) u.a. geben etwas von dem Spektrum der im Umfeld des frühen Christentums vorhandenen Alternativvorstellungen zu erkennen. Auch die Kontroverse des Paulus in 1Kor 15 zeigt, dass es christliche Gruppen ohne spezifische Auferstehungshoffnung gab. Die Frage, wie die Leiblichkeit der Auferstehung zu denken ist, wird in Jesu Antwort auf die Sadduzäerfrage (Mk 12,25) und bei Paulus in 1Kor 15,42–50 in wohl für urchristliche Vorstellung typischer Weise beantwortet: »Wie Engel im Himmel«. In dieser Antwort wird die Differenz zwischen dem irdischen Leib und dem Auferstehungsleib betont.[8]

Während die zukünftige Auferstehung in der Verkündigung Jesu kaum Bedeutung hat und in der urchristlichen Verkündigung (z.B. bei Paulus) diese Hoffnung ganz in das Christusgeschehen eingebunden ist (vgl. dazu die folgende Interpretation von 1Kor 15), ist in späteren Schriften des NT eine Verselbständigung dieser Vorstellungen in Gestalt einer Lehre von Auferstehung und Gericht zu beobachten (2Tim 4,1; 1Petr 4,5; Act 10,42).[9]

11.2 Die urchristliche Osterbotschaft

Während es sich nach einem breiten theologischen Urteil bei den Passionstexten der Evangelien um (unterschiedlich) gedeutetes Geschehen handelt (vgl. Kap. 10, 157ff),

---

[4] Vgl. STEMBERGER, GÜNTER: Auferstehung I/3, in: TRE Studienausgabe Teil I, IV, 445.

[5] zur alttestamentlichen. Vorstellung von Leben u. Tod s.: JOHANNSEN, FRIEDRICH: Alttestamentliches Arbeitsbuch für Religionspädagogen, Kap.11, Stuttgart ³2005.

[6] STEMBERGER, a.a.O., 446.

[7] Vgl. HOFFMANN, PAUL: Auferstehung I/3, in: TRE Studienausgabe Teil I, IV, 450.

[8] Vgl. KARRER, MARTIN: Ist Größeres nicht als Leben und Tod? Zur Auferstehung, in: EvErz. (47) 2/1995, 131.

[9] Vgl. HOFFMANN, PAUL: Auferstehung I/3, in: TRE Studienausgabe Teil I, IV, 462f.

reichen die entsprechenden Erwägungen bei den Ostertexten von einem solchen gedeuteten Geschehen bis hin zu legendarischen Erzählungen, die ihren Anknüpfungspunkt in einer der Visionen des Petrus (und später des Paulus) hatten, in der sie Jesus lebendig sahen (und hörten).[10] Nicht übersehen werden darf in diesem Zusammenhang, dass die Überlieferungen der Evangelien insgesamt aus nachösterlicher Sicht gestaltet sind und einzelne Auferstehungserzählungen ins Leben Jesu vorgezogen bzw. vordatiert wurden – z.B. Verklärung Jesu (Mk 9,2–8 parr) oder Auferweckung der Tochter des Jairus (Mk 5,21–24 und 35–43 par).

Wie ist die Entfaltung der urchristlichen Osterbotschaft im einzelnen zu denken?[11]
Der Anknüpfungspunkt für die verschiedenen Bekenntnisformeln und erzählerischen Ausgestaltungen liegt in der Notiz, dass Jesus nach seinem Tode von Petrus, Paulus u.a. als lebendig gesehen und gehört wurde (Erscheinungen). Trägt man den vielfältigen Differenzen in Darstellung und Deutung Rechnung, so ist die weitere Osterüberlieferung als erzählerische oder argumentative Ausgestaltung dieses Widerfahrnisses aus der Glaubensperspektive zu verstehen.

Möglicherweise ist in der Formel: »Gott, der Jesus von den Toten auferweckt hat« (1Thess 1,10; 2Kor 4,14; Gal 1,1 u.a.) eine der frühesten Auferstehungsaussagen zu finden. Daneben gehören vermutlich die von Paulus bereits als Tradition übernommenen Erscheinungsaussagen (1Kor 15,5–8) zum ältesten Überlieferungsbestand:
Seine wiedergegebene Aufzählung der Erscheinungszeugen hat Ähnlichkeiten mit dem als sekundär geltenden (das meint nicht von Mk selbst stammenden) Schluss des Mk-Evangeliums (Mk 16, 9–20). Dieser Text könnte eine Art »Osterkatechismus im Gemeindeunterricht« gewesen sein.[12]

Als nächste Gruppe folgen die entfalteten Erscheinungsgeschichten wie Mt 28, 9–10;16–20; Joh 20,19–21 einerseits und Lk 24,13–35; Joh 21,1–14 andererseits. Bei den letzteren fällt auf, dass der Auferstandene erst im Laufe der Erzählung erkannt wird.

Schließlich sind die Geschichten vom leeren Grab zu nennen (Mk 16,1–8 und die unterschiedlichen Parallelfassungen), die deutlich als Folgerung aus der Erscheinungserfahrung bzw. als Reaktion auf Bestreitung der christlichen Botschaft formuliert sind.

Zu allen Osterüberlieferungen ist zu bemerken, dass es sich bei ihnen um vermittelte und theologisch bearbeitete Überlieferungen handelt. Eine Ausnahme bildet nur Paulus, der bezeugt, dass ihm der Auferstandene erschienen ist, wie anderen zuvor (1Kor 15,8).

---

[10] Zum gedeuteten Geschehen vgl. z.B. KLAPPERT, BERTHOLD, in: Diskussion um Kreuz und Auferstehung. Zur gegenwärtigen Auseinandersetzung in Theologie und Gemeinde, hg. v. BERTHOLD KLAPPERT, Wuppertal 1967, 299; ferner PANNENBERG, WOLFHART: Systematische Theologie, Band 2, 1991, 385–405 – zu den legendarischen Erzählungen vgl. LÜDEMANN, GERD: Die Auferstehung Jesu. Historie, Erfahrung, Theologie, Stuttgart 1994, 192 Vgl. auch den Abschnitt »Versuche einer zusammenfassenden Deutung des Ostergeschehens als objektiver und subjektiver Realität« bei THEIßEN, GERD/MERZ, ANNETTE: Der historische Jesus, Göttingen ²1997,421f.
[11] Vgl. dazu THEIßEN, GERD/MERZ, ANNETTE, a.a.O. 415ff.
[12] GNILKA, JOACHIM: Das Evangelium nach Markus II, EKKII/2, 1979, 353.

11.3 Zur Auslegung von 1Kor 15,1–11 – die Bekenntnisformeln von der Erscheinung

In diesem Textabschnitt sind zunächst die Verse 3–5 gesondert zu betrachten, da Paulus hier ein vor ihm geprägtes und vermutlich weit verbreitetes katechismusartiges Überlieferungsstück aufnimmt.[13]

Es geht dabei um vier Aussagen, bei denen jeweils die zweite der vorhergehenden zugeordnet ist und diese betätigt:

1. Christus ist für uns gestorben nach den Schriften,
2. und er ist bestattet worden.
3. Er ist auferweckt worden am dritten Tag nach den Schriften,
4. und er ist dem Kephas erschienen, danach den Zwölfen.

Die Bekenntnisse der den Schriften entsprechenden Interpretation des Todes »für uns« und der Auferweckung »am dritten Tag« werden jeweils durch die Ereignisse Bestattung und Erscheinung verstärkt.

Anschließend ergänzt Paulus die Reihe um weitere überlieferte Erscheinungstraditionen: »vor mehr als 500 Brüdern auf einmal« sowie »Jakobus und allen Aposteln« und stellt die von ihm erfahrene Erscheinung des Auferstandenen in eine Reihe mit dieser bereits vor ihm in Formelsprache gefassten Aufzählung: Kephas – die Zwölf – 500 Brüder auf einmal – Jakobus und alle Apostel – Paulus. Neben dem Hinweis auf die relativ breite Absicherung der Auferstehungszeugnisse liegt sein Interesse vor allem auf der Legitimation seiner nicht unumstrittenen Berufung zum Apostel (1Kor 9,1). Der Auferstandene hat ihn, Paulus, zum Apostel berufen! (vgl. dazu auch Kap. 13). Anders als in Lk 24 (s.u.) fallen nach dem Wortlaut von 1Kor 15, 4–5 die Auferstehung am dritten Tag und die Erscheinung vor Petrus nicht zwingend zusammen. Mit dem Schriftverweis auf den dritten Tag kann ein Bezug auf Hos 6,2 vermutet werden. Dann würde sich der Schluss nahe legen, dass der dritte Tag als Auferstehungstag rückwirkend von den (späteren) Erscheinungserfahrungen her datiert wurde.

Das in 1Kor 15,5 für die Erscheinung verwendete griechische Verb *opfthe* lässt verschiedene Übersetzungen zu, von denen »er ließ sich dem Kephas sehen«, »er zeigte sich ihm« u.a. wegen ihrer Analogie zu alttestamentlichen Erscheinungsformulierungen vermutlich die treffendste ist.[14]

Wenn Paulus hier in der von der Tradition vorgegebenen Form eine Offenbarungserfahrung zur Sprache bringt, impliziert das einen wohl nur noch spekulativ auflösbaren Zusammenhang von Faktum/Widerfahrnis und Deutung: Ihr Kern ist die Erfahrung der schöpferischen (bzw. neuschöpferischen) Macht Gottes, die mit den dafür aus der Tradition entlehnten Möglichkeiten eine sprachliche Gestalt findet.

Im übrigen ist die Argumentation des Paulus in 1Kor 15 sehr wesentlich durch eine von ihm kritisierte religiöse Position in Korinth bestimmt. Eine genauere Einordnung dieses hier vorauszusetzenden gegnerischen Standpunkts ist in der Forschung umstritten. Er ist offensichtlich dadurch charakterisiert, dass sich »einige« (V.12) in der korinthischen Gemeinde kraft des Geistes bereits in der Gegenwart der Macht des Todes enthoben wissen und aus dieser vergeistigten Heilsvorstellung den Leib aus-

---

[13] Vgl. WILCKENS, ULRICH: Auferstehung. Das biblische Auferstehungszeugnis historisch untersucht und erklärt, Stuttgart, Berlin 1974, 16.

[14] Vgl. LÜDEMANN, GERD: Die Auferstehung Jesu. Historie, Erfahrung, Theologie, Stuttgart 1994, 61.

klammern können. Für Paulus gilt in Anlehnung an die jüdische Anthropologie, dass der Mensch nicht einen Leib hat, sondern Leib ist. Somit ist der ganze Mensch vergänglich. Erst, wenn die Macht des Todes als Macht der Vergänglichkeit durch Gottes (neues) schöpferisches Handeln überwunden ist, ist Heil erreicht.[15] Auferweckung Jesu ist für Paulus ein (vorweggenommener und wegweisender) Akt der Neuschöpfung des ganzen Menschen, den der Glaube bei der endzeitlichen Parusie für die Toten erwartet, während der Leib der Lebenden verwandelt wird (1Kor 15,5d). Christliche Auferstehungshoffnung muss deshalb nach Paulus im Zusammenhang mit dem in Jesus Christus ein für allemal erschlossenen Heil verstanden werden. Dieses Heil »kann ... nicht in der Erlösung eines unvergänglichen Ichs vom vergänglichen Leib oder im Heraustreten aus der Sphäre der Vergänglichkeit bestehen, sondern verlangt die Erlösung des ganzen der Vergänglichkeit unterworfenen leibhaftigen Menschen. 'Fleisch und Blut können die Herrschaft Gottes nicht erben, Vergänglichkeit erbt nicht die Unvergänglichkeit' (1Kor 15,50). Heil ist erst erreicht, wenn die Todesmacht bzw. (hellenistisch gesprochen) die Vergänglichkeit selbst überwunden ist. Die Rede von der neuen Leiblichkeit des Auferstandenen will gerade diese Aporie lösen.«[16]

11.4. Das vielstimmige Osterzeugnis der Evangelien

Im Unterschied zur Passionserzählung gibt es beim näheren Zusehen im Blick auf die Ostererzählungen viel weniger Gemeinsamkeiten. Nur ein kleiner gemeinsamer Nenner bleibt in dem äußeren Gerüst Graberzählung – Erscheinungen.

> Aufgabe:
> - Vergleichen Sie Mk 16, 1–8; Mt 27, 62–66; 28, 1–15 (20); Lk 24, 1–11; (Joh 20, 1–10).
> 1. Arbeiten Sie die Differenzen in der Personenkonstellation und den unterschiedlichen Ablauf der Grabesgeschichten in den Evangelien heraus.
> 2. Stellen sie Vermutungen an, wie die Unterschiede zu begründen und zu deuten sind.

a) Die Überlieferungen vom leeren Grab (Mk 16, 1–8 parr)
Paulus kennt die Überlieferung vom leeren Grab offensichtlich noch nicht. Diese Tradition gründet wahrscheinlich in der erzählerischen Entfaltung der von den Erscheinungen ausgehenden Vorstellung von der Auferstehung, die nur mit der Schlussfolgerung eines leeren Grabes zusammengedacht werden konnte: Die Beweiskraft des leeren Grabes war aber von Anfang an umstritten, da das Faktum allein unterschiedlich gedeutet werden kann und, wie Mt 27,64; 28,13 und Joh 20,13 erkennen lassen, auch unterschiedlich gedeutet wurde.
Eine genauere Analyse von Mk 16, 1–8 zeigt, dass im Mittelpunkt die Begegnung mit dem Jüngling steht, die in Analogie zu ähnlichen Überlieferungen (2 Makk

---

[15] Vgl. HOFFMANN, PAUL: a.a.O., 454f.
[16] Ebd., 455.

3,26.33; Verklärung: Mk 9,3) als Epiphaniegeschehen zu deuten ist. Seine Botschaft lautet: Ihr sucht Jesus im Grab an der falschen Stelle – er ist auferstanden (folglich nicht hier). Somit ist die »Entdeckung« des leeren Grabes durch die Frauen nur ein Nebenmotiv, das sicher auch aus apologetischen Gründen aufgenommen wurde. Der Hauptakzent liegt auf der Botschaft des Jünglings: »er ist auferweckt worden«. Das Erschrecken der Jüngerinnen angesichts dieses Widerfahrnisses ist ein typischer Zug einer Epiphanieerzählung. In diesem Zusammenhang ist daran zu erinnern, dass das ganze Mk-Evangelium durchgängig davon bestimmt ist, dass die Erfahrungen von Epiphanien in ihrer Wirkung ambivalent bleiben. In Vers 7 erhalten die Frauen den Auftrag, die Jünger und Petrus auf Galiläa als Ort der Erscheinung zu verweisen. Wenn im letzten Vers dieses ursprünglichen Abschlusses des Mk-Evangeliums[17] betont wird, dass die Frauen aus Furcht niemandem etwas (vom leeren Grab) sagten, wird damit auch angedeutet, dass vom leeren Grab kein überzeugender Schluss auf die Auferstehung Jesu möglich ist. Anders verhält es sich mit den Erscheinungen in Galiläa.

Wenn der ursprüngliche Schluss des Mk-Evangeliums auf Galiläa als Ort der Erscheinung verweist, legt sich unter Beachtung der markinischen Gesamtkomposition die Deutung nahe, dass damit (zumindest auch) im Sinne einer Zirkelkomposition ein Rückverweis auf die in Kap. 1–10 gesammelte Überlieferung zum Wirken Jesu in Galiläa gemeint ist. Der letzte Textabschnitt vor dem Einzug in Jerusalem behandelt das Thema, dass der Glaube sehend macht (Mk 10,46–52). Aus der Sicht des nachösterlichen Glaubens erschließt Mk in seinem Evangelium das Wirken Jesu als für Außenstehende verborgene Erscheinungsgeschichte. Die »sehend machende« Ostererfahrung begründet die Möglichkeit einer neuen Wahrnehmung und des Verstehens dieses (vorösterlichen) Wirkens und Weges Jesu.

Mt setzt vor die Grabgeschichte und im Anschluss daran eine Erzählung von einer Bewachung des Grabes und von der Bestechung der Grabwächter, die die Gegner Jesu veranlasst haben, um einen Leichenraub durch seine Jünger zu vereiteln (Mt 27, 62–66). Der Gang zum Grab von zwei (statt drei Frauen bei Mk) wird mit dem Wunsch, das Grab zu besehen, schlichter begründet als bei Mk mit der Absicht der Totensalbung.

In V. 2–4 kommt in Zusammenhang eines Erdbebens (vgl. Mt 27,51) ein Engel vom Himmel, der den Stein wegwälzt und dessen Erscheinung die Wächter in Ohnmacht fallen lässt. Mt belässt es allerdings bei der Ausmalung der gewaltigen Begleitumstände und zeichnet nicht das Geschehen selbst. Anschließend nimmt Mt mit kleinen Veränderungen die Mk-Vorlage wieder auf. In V. 6 ist der Hinweis auf eine Vorhersage des Ereignisses durch Jesus eingefügt. Größer wird die Abweichung in V. 7: Aus dem Auftrag an die Frauen, die Jünger und Petrus an die von Jesus angekündigte Erscheinung in Galiläa zu erinnern, wird bei Mt der Auftrag, den Jüngern das Wort des Engels von seiner Auferweckung von den Toten mitzuteilen. Während in V. 8 bei Mk die Frauen aus Furcht schweigen, knüpft Mt zwar an die Furcht der Frauen an, fährt dann aber ganz anders fort: Sie verkündigen mit großer Freude das Ereignis, und schließlich begegnet Jesus, der den Auftrag des Engels wiederholt, ihnen selbst.

Ganz anders als Mk beschließt Mt sein Evangelium mit einer Erscheinungsgeschichte vor den Jüngern in Galiläa, die den sog. Missions- und Taufbefehl an die Völker enthält (Mt 28,16–20).

---

[17] Alle älteren Handschriften des Mk-Evangeliums enden mit diesem Vers. Die Verse 9–20 sind im 2. Jh. in Angleichung an die anderen Evangelien hinzugefügt worden.

Auch die lukanische Parallele von Mk 16,1–8 enthält gegenüber der Vorlage deutliche Abweichungen:

Bei Lk haben die Frauen bereits unmittelbar, nachdem sie Zeuginnen der Grablegung geworden waren, das Material für die Salbung vorbereitet (Lk 23,56) und müssen es nicht wie bei Mk vor dem Gang zum Grab am Tag nach dem Sabbat in aller Frühe noch kaufen. Die (in zwei von drei Fällen identischen) Namen der Frauen werden bei Lk erst in Vers 10 erwähnt. Die Frauen finden den Stein weggewälzt. Der Dialog über die Frage, wer den Stein wegwälzen wird, fehlt. In die Mk-Vorlage eingefügt ist dann die Feststellung, dass sie den Leib des Herrn Jesus nicht fanden. Damit wird die Blickrichtung stärker auf das Phänomen des leeren Grabes und die leibliche Auferstehung gelenkt, ein Motiv, das Lk in 24,39 nochmals verstärkt. An die Stelle des Jünglings treten bei Lk zwei Männer. Während der Jüngling bei Mk in eher sachlicher Weise spricht: »Ihr sucht Jesus von Nazareth, den Gekreuzigten; er ist auferweckt worden, er ist nicht hier…«, formuliert Lk mit einem tadelnden Unterton: »Was sucht ihr den Lebenden bei den Toten? Er ist nicht hier, sondern er ist auferweckt worden.«

Im folgenden wird von Lk die Mk-Vorlage nahezu umgedreht. Anstelle des Auftrages an die Frauen, den Jüngern die bevorstehende Erscheinung in Galiäa anzukündigen, tritt die Erinnerung an das, was Jesus über sein vorherbestimmtes Märtyrergeschick in Galiläa gesprochen hat. Die Szene endet bei Lk damit, dass die Frauen den Aposteln (anders als bei Mk ohne Auftrag) davon berichten, bei ihnen aber auf Unverständnis stoßen.

Die folgende Emmausgeschichte knüpft an die von der Erzählung der Frauen ausgelöste Irritation wieder an (24,22f).

b) Die Erzählung von den Emmausjüngern (Lk 24, 13–35)
Die Erzählung von den Emmausjüngern gehört zum Sondergut des Lukas und gilt als traditionsgeschichtlich relativ junge Ostererzählung. Sie setzt die Überlieferungen von den Erscheinungen und die Grabesgeschichten voraus. Ihre vielfältige Rezeptionsgeschichte u.a. in der Kunst (REMBRANDT) mag ein Hinweis auf ihre besondere Qualität sein.

In dieser Weggeschichte wird auf besonders anschauliche Weise ein Wahrnehmungsprozess entfaltet, der den spezifischen Charakter des Osterglaubens erschließt.

Gliederung:
V. 13–16 Exposition (zwei Jünger treffen Jesus auf dem Weg nach Emmaus, ohne ihn zu erkennen)
V. 17–27 Gespräch auf dem Weg
V. 28–31/32 Mahlszene
V. 33–34 Rückkehr nach Jerusalem

In der ersten Szene zeichnet Lk das Bild von zwei Jüngern, die auf dem ca. 11,5 km langen Weg von Jerusalem nach dem schwer lokalisierbaren Emmaus unterwegs sind. Ihr Gesprächsthema sind die vorangegangenen jerusalemer Ereignisse. Jesus tritt als eine von ihnen nicht zu identifizierende Gestalt hinzu, wandert mit ihnen und fragt sie nach dem Inhalt ihrer Reden.

Diese Rückfrage unterbricht die Wanderung. Sie bleiben stehen und zeigen ihre Trauer.

Die nächste Szene wird durch Worte eines der beiden Jünger eingeleitet, der in Richtung auf den (unerkannten) Jesus sein Unverständnis darüber ausdrückt, dass dieser von den Ereignissen nichts mitbekommen hat. In einer knappen Nachfrage entlockt ihnen Jesus ihre Interpretation der Ereignisse. Die Jünger antworten, indem sie von Jesus das Bild eines vor Gott und allem Volk mächtigen Propheten zeichnen, der auf Betreiben der Oberen Israels ans Kreuz gebracht wurde und mit diesem Geschick ihre in ihn gesetzte Erwartung und Hoffnung enttäuschte. («Wir aber hofften, er sei es, der Israel erlösen sollte.«) Mit der Zeitangabe: »es ist schon der dritte Tag, seit dies geschehen ist« greift Lk auf seine in V. 1–12 vorangehende Fassung der Grabgeschichte zurück, fasst diese kurz zusammen und betont, dass dieses Geschehen die Jünger noch zusätzlich irritiert hat. Ab V. 25 bringen die Worte des weiterhin unerkannten Jesus einen gegenüber der bisherigen Sichtweise der Jünger anderen Wahrnehmungsschlüssel ins Spiel. Wie die zwei Männer der Reaktion der Frauen in der Grabesszene mit tadelndem Unterton begegnen, wird hier die mangelnde Aufmerksamkeit gegenüber der prophetischen Tradition gerügt. Der lukanischen Konzeption von Heilsgeschichte entsprechend wird auf die messianische Prophetie als Deutungsschlüssel des Geschehens verwiesen: der zur Herrlichkeit bestimmte Messias musste leiden.

Die Szene wird mit dem Hinweis unterbrochen, dass das Reiseziel nahe sei, ohne dass eine Reaktion der Jünger erfolgt. Mit der vorgegebenen Absicht Jesu, er wolle weitergehen, ist ein Spannungsmoment eingebaut, das mit der gastfreundlichen Einladung der Jünger aufgebrochen wird: »Herr bleibe bei uns, denn es will Abend werden und der Tag hat sich geneigt.« Die Einladung der Jünger an den Fremden leitet die folgende Szene und den Höhepunkt der Erzählung ein.

In knapper Form wird das Bild des brotbrechenden Jesus skizziert, in dem sich sprachlich die Abendmahlszene widerspiegelt. In der Feier des Mahls wird Jesus als gegenwärtig erkannt und entschwindet im Augenblick dieser Erkenntnis. Im Rückblick auf den gemeinsamen Weg erinnern sich die Jünger dass »ihnen das Herz brannte«, als er ihnen die Deutung des Geschehens erschloss. Sie kehren umgehend nach Jerusalem zurück, wo ihnen die Auferstehungsbotschaft bereits entgegen gerufen wird, ehe sie selbst von ihrer Erfahrung berichten können. Diese Wendung lässt sich kaum anders erklären, als dass Lk hier zum Ausdruck bringen will, dass am Anfang des Osterglaubens die dem Petrus widerfahrene Erscheinung steht. Für die Nachfolgenden ist die Mahlfeier der Ort, an dem sich diese Erfahrung erschließt und bestätigt.

»Der Herr ist auferstanden – er ist wahrhaftig auferstanden.« Mit diesen Worten aus der Emmausgeschichte grüßen sich orthodoxe Christen im Anschluss an den in der Passionszeit erinnerten Passionsweg am Ostermorgen. Im Ostergruß wird der Erkenntnisweg der Emmausjünger von Trauer zur Erfahrung neuen Lebens symbolisch verdichtet und die in Bekenntnisform gefasste urchristliche Ostererfahrung als Ausdruck der Freude über die darin erschlossene Möglichkeit eines von der Macht des Todes befreiten Lebens verstanden.

c) Das johanneische Osterzeugnis

Zunächst lässt sich beobachten, dass die Zahl der Ostergeschichten bei Johannes zahlreicher ist als bei den Synoptikern: Der zweigeteilten Erzählung vom leeren Grab (20,1–10 und 11–18) folgt die Erscheinung vor den Jüngern (20,19–21) und die Erscheinung vor Thomas (20,24–29). Das Kapitel 21, das von der Forschung nahezu übereinstimmend als ein Nachtragskapitel angesehen wird, erzählt ergänzend von der

Erscheinung des Auferstandenen vor den Jüngern am See von Tiberias (21,1–14) und von der besonderen Beauftragung des Petrus und der Stellung des Lieblingsjüngers (21,15–23). In 20,1–18 sind zwar Grundzüge der synoptischen Grabeserzählung (Mk 16,1–8) wieder zu erkennen, insgesamt aber ist der Abschnitt anders gestaltet:

Die Bestattung ist bei Joh (19, 38–42) bereits vollständig abgeschlossen. Zum Grab kommt am Ostermorgen nicht eine Gruppe von Frauen, sondern nur Maria aus Magdala. Eine Begründung für den Grabbesuch fehlt. Es ist zu vermuten, dass hier die Lieblingsjüngerin neben dem Lieblingsjünger und Petrus ausgezeichnet werden soll. Ohne das Grab zu betreten, teilt sie zunächst Petrus und dem Lieblingsjünger Jesu ihre Wahrnehmung mit. Beide laufen miteinander um die Wette, um als erster am Grab zu sein. Dort angekommen, entdecken sie nur die Tücher. Die Geschichte findet ihre Fortsetzung in V. 11–18, in der Jesus der Maria Magdalena zunächst unerkannt erscheint und sich ihr dann zu erkennen gibt, indem er sie beim Namen nennt.

Aus dem Blickwinkel feministischer Theologie wird in dieser Erscheinung vor Maria Magdalena eine u.a. schon von Paulus in 1Kor 15 verdrängte frühe Tradition gesehen. Allerdings bleibt festzuhalten, dass die Vielschichtigkeit der Erscheinungstraditionen jedes historische Urteil problematisch macht. Unbestreitbar aber hat Maria Magdalena für die frühchristliche Überlieferung eine wichtige »theologisch-symbolische Bedeutung«.[18]

Dass die Erscheinungen Jesu nicht als eine Rückkehr verstanden werden dürfen, deren man sich handfest vergewissern kann, macht der 4. Evangelist mit der scheinbar so realistischen Erscheinung des Auferstandenen vor Thomas (20,24–29) deutlich. Das »halte mich nicht fest!«, in V. 17 zu Maria Magdalena gesprochen, korrespondiert mit V. 29: »Weil du mich gesehen hast, glaubst du. Selig sind, die nicht sehen und doch glauben.« So unterstreicht diese Geschichte sehr nachhaltig, was im Grunde für alle Erscheinungsgeschichten gilt: dass sie nämlich in ihr Gegenteil verkehrt werden, »wenn man aus ihnen folgert, die Jünger hätten sich des Auferstandenen experimentell vergewissern können, der Glaube sei ihnen aufgrund eines zwingenden übernatürlichen Beweises erspart geblieben. 'Das liefe groteskerweise darauf hinaus, dass diejenigen, die als erste den Glauben predigten, selbst nicht darauf angewiesen waren zu glauben, sondern durch das Sehen vom Glauben dispensiert waren.' (GERHARD EBELING).«[19]

11.5 »Tod, wo ist dein Sieg? Tod, wo ist dein Stachel?« (1Kor 15,55) – Die Bedeutung der Osterbotschaft

Hinter der neutestamentlichen Osterüberlieferung steht, dass der grausame Kreuzestod Jesu in der Erfahrung derjenigen Männer und Frauen, die zu Lebzeiten Jesu zu seinen Jüngerinnen und Jüngern zählten, nicht das letzte Wort behalten hat. Das ist allerdings nicht so verstehen, als ob die Auferstehungsbotschaft den Kreuzestod als

---

[18] HEINE, SUSANNE: Eine Person von Rang und Namen. Historische Konturen der Magdalenerin, in: SELLIN, GERHARD u.a. (Hg.): Jesu Rede von Gott und ihre Nachgeschichte im frühen Christentum, (Fs Willi Marxen) 179–194, HABERMANN, RUTH: Das Evangelium nach Johannes. Orte der Frauen, in: SCHOTTROFF, LUISE/WACKER, MARIE-THERES, Kompendium Feministischer Bibelauslegung, Gütersloh 1998, 527ff, bes.537f.

[19] KAMPHAUS, FRANZ: Von der Exegese zur Predigt. Über die Problematik einer schriftgemässen Verkündigung der Oster-, Wunder- und Kindheitsgeschichten, Mainz 1968, 47.

eine Art Durchgangsstadium relativiert hätte. Angestoßen von dem als »Erscheinung Jesu« erlebten Widerfahrnis einiger Jüngerinnen und Jünger brach die befreiende Entdeckung auf: Der Kreuzestod macht die Wahrheit dieses Lebens nicht nur nicht zunichte, sondern er wird nun im Lichte der Überlieferung in seiner befreienden Perspektive wahrgenommen.

Durch das Kreuz hindurch wird Jesus, seine Predigt und sein heilsames Wirken, seine Tischgemeinschaft mit Ausgestoßenen endgültig als schöpferisches und freisprechendes »Wort Gottes« erkannt. Überwindung der durch Schuldverstrickung begründeten Trennung von Gott als schöpferischen Grund des Lebens (Vergebung der Sünden) verbindet sich mit der Hoffnung auf eine Zukunft des beschädigten, dem Tode verfallenen Lebens. Dieses »Wort« wird in der frohen Botschaft von der Auferstehung Jesu von nun an in seinem Namen verkündigt. »Ich werde nicht sterben, sondern leben« (Ps 118,17).

Aufgabe:
- Gehen Sie jetzt noch einmal ihre Notizen zu den Zitaten einiger Theologen vom Anfang des Kapitels durch. Nehmen Sie für Ihre weiteren Überlegungen auch die folgenden »Konsequenzen aus Ostern« von Ernst Lange auf:

»Auch Jesus von Nazareth ist gestorben, wie alle Menschen sterben. Aber auf eine geheimnisvolle Weise ist sein Tod noch ermutigender für die Lebenden, als es sein Leben in Galiläa und Jerusalem je war. Sein Tod ist ein Lebensmittel, ein Signal für alle Lebenden: Es kann gelebt werden. Es hat einen Sinn zu leben. Es bringt Frucht und Segen, zu leben in Glauben, Liebe und Hoffnung. Es macht lebendig, dem Tod zum Trotz. Dies ist es, was die Christen mit dem geheimnisvollen Wort Auferstehung meinen. Nicht, dass man nicht wirklich sterben muss. Nicht einmal, dass Jesus nicht wirklich gestorben ist. Sondern, dass der Tod kein Argument gegen das Leben ist. Kein Argument gegen den Glauben an den Sinn eines jeden Menschenlebens. Kein Argument gegen die Liebe als Energie des Lebendigmachens allen Lebens. Kein Argument gegen die Hoffnung auf die Vollendung der Welt.«[20]

Literatur

DREWERMANN, EUGEN: Das Markusevangelium. Zweiter Teil, Olten 1988 FISCHER, K. M.: Das Ostergeschenk, Berlin, Göttingen 1978 GOPPELT, LEONHARD: Theologie des Neuen Testaments, Bd. 1, 3. Aufl. Göttingen 1981 HOFFMANN, PAUL: Auferstehung I/3, in: TRE Studienausgabe Teil I, IV, 450 KAMPHAUS, FRANZ: Von der Exegese zur Predigt. Über die Problematik einer schriftgemäßen Verkündigung der Oster-, Wunder- und Kindheitsgeschichten, Mainz 1968 KLAPPERT, BERTHOLD (Hg.): Diskussion um Kreuz und Auferstehung. Zur gegenwärtigen Auseinandersetzung in Theologie und Gemeinde, Wuppertal 1967 LANGE, ERNST: Today is the first day of the rest of your life. Heute ist der erste Tag vom Rest deines Lebens, in: Nicht an den Tod glauben. Praktische Konsequenzen aus Ostern, München 1982 LAPIDE, PINCHAS: Auferstehung, ein jüdisches Auferstehungserlebnis, Stutt-

---

[20] LANGE, ERNST: Today is the first day of the rest of your life. Heute ist der erste Tag vom Rest deines Lebens, in: Nicht an den Tod glauben. Praktische Konsequenzen aus Ostern, München 1982, 85f.

gart 1979 LÜDEMANN, GERD: Die Auferstehung Jesu. Historie, Erfahrung, Theologie, Stuttgart 1994 MARXSEN, W./WILCKENS, U./DELLING, G./GEYER, H. G.: Die Bedeutung der Auferstehung für den Glauben an Jesus Christus, Gütersloh ^{7}1968 SCHOTTROFF, LUISE/WACKER, MARIE-THERES, Kompendium Feministischer Bibelauslegung, Gütersloh 1998 STEMBERGER, GÜNTER: Auferstehung I/3, in: TRE Studienausgabe Teil I, IV, 445 THEIßEN, GERD/MERZ, ANNETTE: Der historische Jesus, Göttingen ^{2}1997 WILCKENS, ULRICH: Auferstehung. Das biblische Auferstehungszeugnis historisch untersucht und erklärt, Stuttgart, Berlin 197

12 Und abwechselnd von Haus zu Haus brachen sie das Brot (Apg 2,46)
Die urchristliche Mahlfeier

(Friedrich Johannsen)

> Fragestellungen:
> - Was lässt sich aus historischer Perspektive über den Ursprung der Abendmahlstradition und die Abendmahlstexte aussagen?

Die Worte aus der Apostelgeschichte erinnern an die Praxis der frühen Gemeinden, im Wechsel in ihren Häusern gemeinsam zu essen und Lebensmittel miteinander zu teilen. In Anlehnung an die vielfachen Überlieferungen von den Mahlgemeinschaften Jesu symbolisiert diese Agapefeier zugleich Gemeinschaft von Menschen verschiedener Art und Herkunft, und indem jeder nach seinem Vermögen zur Mahlzeit beisteuerte, einen Ausgleich zwischen Armen und Reichen. In Verbindung mit diesem Liebesmahl wurde das Herrenmahl als ursprüngliche Form des Abendmahls gefeiert. Die älteste Notiz darüber findet sich bei Paulus in 1Kor 11, wo Paulus im Blick auf die Gemeinde in Korinth eine Fehlentwicklung dieses Brauches anprangert.

12.1 Kritik der Praxis in Korinth

In Korinth hatte sich offensichtlich die »Unsitte« ausgebreitet, dass die reicheren Gemeindeglieder ihr Sättigungsmahl getrennt von den anderen vorwegnahmen und nicht im gemeinsamen Liebesmahl mit den Armen teilten, wie es an anderen Orten üblich war. Es lässt sich vermuten, dass die ärmeren Gemeindeglieder (Abhängige und Sklaven) wegen ihrer Beanspruchung durch ihre Dienstherren nicht rechtzeitig kommen konnten, und den Anderen das Warten an gedeckten Tischen zu lang wurde. So nahm man die eigentliche Mahlzeit vorweg und feierte anschließend das Herrenmahl, ohne zu bedenken, dass damit die Ärmsten um ihre Speise gebracht wurden und ein Riss durch die Tischgemeinschaft ging. Die so verweigerte Solidarität mit den Schwächeren macht das Herrenmahl unwürdig, (vgl. 1Kor 8,11f), weil es der Gemeinschaft Jesu ebenso wenig entspricht wie die Teilnahme an Götzendiensten (vgl. 1Kor 10). Das Wort vom unwürdigen Genuss des Abendmahls hat sich in der christlichen Frömmigkeitstradition von diesem Zusammenhang gelöst und führte zu einer Abendmahlspraxis, die von der freudigen Stimmung, mit der nach Apg 2,46 die Urgemeinde feierte, nichts mehr übrig ließ. Für Paulus ist jedoch nicht Zerknirschtheit und Reue sondern praktizierte Solidarität das Maß für die rechte Feier des Herrenmahls.

Paulus führt die im Zusammenhang mit seiner Kritik an der korinthischen Praxis erinnerten Einsetzungsworte auf den Herrn selbst zurück. Die von ihm gewählte Redeform lässt aber vermuten, dass er damit nicht eine an ihn persönlich ergangene spezielle Offenbarung meint, sondern den Urgrund der Überlieferungstradition.

Wenn er schreibt, dass er sie »vom Herrn empfangen« und entsprechend an die Korinther weitergegeben hat, nimmt er ein Muster (Empfangen – Weiterüberliefern) auf, mit dem jüdische Schriftgelehrte Übernahme und Weitergabe einer Tradition kennzeichnen. Anstelle von Mose oder einem berühmten Lehrer rückt »der Herr« als Ursprung der Überlieferung. So stellt diese Wendung den Bezug zu der für Christen maßgeblichen Autorität her und ist nicht als Hinweis auf eine unmittelbare Offenbarung zu deuten.[1] Aus der Formulierung von 1Kor 11 lässt sich ableiten, dass zwischen dem Brotwort und dem Kelchwort ursprünglich eine ganze Mahlzeit lag. So war das Herrenmahl damals nicht Anhängsel an einen Predigtgottesdienst, sondern Rahmen einer fröhlichen, für Gäste offenen Gemeindefeier. Wie die Emmausgeschichte (Lk 24,30) erkennen lässt, wurde in der Urgemeinde die Tischgemeinschaft und das Brotbrechen zu *dem* Erkennungszeichen für die Gegenwart Jesu.

> Aufgabe:
> - Vergleichen Sie mit Hilfe einer Synopse die Einsetzungsworte nach 1Kor 11,23–26/Mk 14,22–25/Mt 26,26–29/Lk 22,14, 15–20. Beachten Sie den Kontext bei den Synoptikern.

Wie im Korintherbrief handelt es sich auch bei den synoptischen Abendmahlstexten formgeschichtlich um geprägte Traditionsstücke, um Gottesdiensttexte (Liturgien), die von den Evangelisten übernommen und in den Kontext der Passionsüberlieferung eingefügt wurden. Sie sind daher älter als die Schriften selbst und spiegeln die Mahlpraxis der frühen Gemeinden wider.

12.2 Synoptischer Vergleich der Abendmahlstexte

Mk (und Mt) stellen die Verratsansage unmittelbar voran, Lk betont den Passahcharakter des Mahls und platziert die Verratsansage nach den Deuteworten. Die Synoptiker fügen erzählende Elemente ein: z.B. »gab ihnen Brot und Wein«. Während Mk und Mt nur berichten, dass alle aus dem (einem) Kelch trinken, führt Lk das Austeilen des einen Kelches als ausdrückliche Aufforderung Jesu ein (22,17). Bei Mk und Mt fehlt das »für…« beim Brotwort, in 1Kor 11 beim Kelch. Bei Mk und Mt enden die Worte mit dem Hinweis auf die zukünftige Mahlfeier im Reich Gottes/Reich des Vaters, Lk stellt dieses Wort voran. Während bei Paulus im Anschluss an das Blutwort die Deutung als Gedächtnishandlung folgt, schließt sich bei Mk und Mt der Hinweis auf das bevorstehende Passionsgeschehen an: »das für viele vergossen wird« bei Lk »für euch vergossen wird« und bei Mt mit dem Zusatz »zur Vergebung der Sünden«. Johannes folgt – aus offensichtlichen theologischen Gründen – einer anderen Chronologie und betont, dass Jesus am Rüsttag stirbt, also an dem Tag, an dem die Passahlämmer getötet werden. Die von ihm überlieferte letzte Mahlgemeinschaft Jesu mit der Fußwaschung (Joh 13) wird daher konsequenterweise nicht als Passahfeier verstanden.

Anstelle der, die spätere Bezeichnung »Abendmahl« begründenden, Zeitbestimmung bei Mk 14,17 und Mt 26,20 spricht Lk (22,14) bedeutsam von »der Stunde«. Im Rahmen seiner heilsgeschichtlichen Konzeption geht die Einsetzung der Eucharistiefeier der Leidenszeit unmittelbar voraus.

---

[1] Vgl.: LOHSE, EDUARD: Die Geschichte des Leidens und Sterbens Jesu Christi. Gütersloh 1964, 41

Nach der **lukanischen Darstellung**, die auf judenchristliche Gemeinden zurückgehen dürfte, ist das urchristliche Abendmahl als Umstiftung des Passahmahls zu verstehen.

Alle Evangelisten stellen zwar den Zusammenhang mit der jüdischen Passahfeier her, nur bei Lk lässt sich wegen der Verbindung von Passahfeier, Leidensankündigung und Verheißung der Mahlfeier im Reich Gottes (V.15f) das Abendmahl als eine veränderte Passahfeier deuten.[2] Trotz der Verbindung zum Passahfest fällt auf, dass sowohl die konkreten Umstände als auch der Ablauf in wichtigen Punkten von dieser Tradition abweichen.

12.3 Abendmahl und Passahfeier

Am jüdischen Passahfest wird die Befreiung aus Ägypten erinnert und vergegenwärtigt. Es beginnt mit dem Rüsttag, an dem das Passahlamm geschlachtet wird. Wenn in Mk 14,12 der Beginn des Schlachtens des Lammes und der Beginn der Festzeit zusammenfallen, lässt das darauf schließen, dass der Verfasser entweder mit den genauen Riten nicht vertraut war oder sich darüber hinwegsetzt. In Entsprechung zur jüdischen Zeitvorstellung, nach der der neue Tag und damit auch der Festtag am Abend beginnt, ist die Abendzeit die übliche Zeit des Festmahls. Danksagung über Brot und Wein gehören ebenso dazu wie die Deutung des Mahls. Doch außer der Danksagung über dem Brot, die Jesus in Entsprechung zum jüdischen Hausvater vollzieht und dem die Mahlzeit abschließenden Segenswort über dem Becher, zeigen die übrigen Elemente mehr Differenzen als Gemeinsamkeiten zur Passahfeier. Von den verschiedenen symbolischen Speisen bleibt nur das Brot und anstelle des viermaligen Becherwortes tritt das *eine* Kelchwort. Auch das Trinken aus *einem* Kelch weicht grundsätzlich von der jüdischen Sitte ab.

12.4 Zum Zusammenhang und zur Entwicklungsgeschichte der Texte

Es ist unter den Experten umstritten, ob sich aus den vier überlieferten Einsetzungstexten eine Entwicklungslinie ableiten lässt. Die Fassungen in 1Kor 11 und Lk 22 einerseits und Mk 14 und Mt 26 andererseits kommen sich jeweils am nächsten. Es lässt sich vermuten, dass Paulus und Lk eine ältere Form überliefern, die ihren Sitz im Leben in judenchristlichen Gemeinden hatte. Während das Brotwort den Leib Christi unmittelbar bezeichnet, ist das Kelchwort ein umschreibender Hinweis auf das neue Bundeszeichen. Da Blutgenuss in jüdischer Tradition einem absoluten Tabu unterliegt, ist diese Formulierung für Menschen jüdischer Herkunft weniger anstößig als die Mk/Mt-Fassung. Die Angleichung von Brot- und Kelchwort bei Mk/Mt hat möglicherweise ihren Grund darin, dass im Laufe der frühchristlichen Abendmahlspraxis die Mahlzeit zwischen beiden Worten weggefallen und auch jede Gemeinsamkeit mit der Synagoge abgebrochen ist.

Die Deutung des Abendmahls vom Opfer her, hat eine lange Geschichte kontroverser Auseinadersetzungen hinter sich.

---

[2] Ähnlich verbindet Lk das Pfingstereignis mit dem jüdischen Wochenfest (Apg 2).

Zunächst ist dazu festzuhalten, dass im Gegensatz zu etlichen Fehlinterpretationen und Missverständnissen Opfer- und Sühnerituale in den wesentlichen Traditionen des AT als von Gott zur Rettung des Menschen gestiftete Einrichtungen verstanden werden (vgl. Kap. 10, 157ff)

Ihre Funktion ist u.a. die unterbrochene Gemeinschaft mit dem lebensfördernden Gott wiederherzustellen bzw. zu erneuern.

Opfer ist vornehmlich ein Mahl, bei dem ein Teil der Nahrung der Gottheit überlassen wird und ein Teil gemeinsam verzehr wird. Wenn JHWH ein Teil der Nahrung dargeboten wird, ist dieser Vorgang aber nicht vom Gedanken der Ernährung als vielmehr vom Gedanken der *Gastfreundschaft* geprägt, die der Gottheit entgegengebracht wird. Im Ritual des Opfermahls wird zugleich Ähnlichkeit zur Gottheit (gleiche Nahrung für JHWH und den Opfernden) wie Differenz festgehalten (Vorbehalt von Blut und Fett für die Gottheit). [Anm: MARX, ALFRED: Opfer, Sp. 575f]

Es ist zu vermuten, dass im urchristlichen Mahl neben der Passamahl-Tradition diese »Opfermahlgemeinschaft« ein Wurzel der Abendmahlspraxis war. Eine weiter Wurzel könnte in den hellenistischen Vereinsmählern liegen. [KLINGHARDT, M. Gemeinschaftsmahl und Mahlgemeinschaft. Soziologie und Liturgie frühchristlicher Mahlfeiern (Tanz 13), Tübingen/Basel 1996]

GEMEINSAMES ELEMENT aller Überlieferungen ist die Gemeinsamkeit in der Tischrunde. In der Feier des Herrenmahls setzt sich die Mahlgemeinschaft Jesu fort, die ihr Kennzeichen darin hatte, dass gerade die in den Augen der Frommen Gottlosen einbezogen waren.

Wie die Passahfeier nicht nur an die Befreiung aus Ägypten erinnert, sondern zugleich für jeden Teilnehmenden als Geschehen an ihm selbst vergegenwärtigt, stiftet die Teilnahme an der Mahlfeier Anteil an der neuen Gottesgemeinschaft, die in Anlehnung an Jer 31,31ff als neuer Bund verstanden wird. Wie im Bund mit Israel die Verbindung von Gott und Volk dadurch zum Ausdruck gebracht wurde, dass das Volk mit dem Blut des Versöhnungsopfers in Berührung kam (vgl. Ex 24,8), partizipiert die Gemeinde durch das Trinken aus dem Kelch des neuen Bundes am nunmehr als endgültig verstandenen Versöhnungsgeschehens.[3] Mit der bei Paulus in den Text eingefügten und bei den Synoptikern aus dem Kontext zu erschließenden Erinnerung an den Verrat Jesu wird mahnend darauf aufmerksam gemacht, dass der Gefahr widerstanden werden muss, den Herrn erneut zu verraten. Hinzu kommt bei allen Überlieferungen ein Ausblick bzw. Vorgriff auf die Zukunft. Die Feier des Mahls geschieht in der Erwartung, und in gewissem Sinne als Vorwegnahme des Freudenmahls im Reiche Gottes. Wie Paulus Kritik an den Korinthern zeigt, muss die berechtigte Freude auf das Kreuz Christi und die gelebte Solidarität bezogen bleiben. Isoliert davon verliert sie sich in die Scheinwelt einer religiösen Illusion.

12.5 Zur Historizität des letzten Mahls Jesu

Die Feststellung, dass die Einsetzungsworte verschiedene in frühen Gemeinden verwendete Formen widerspiegeln, spricht zunächst gegen die Möglichkeit eines unmittelbaren Rückschlusses auf die konkrete Situation im Leben Jesu. Das theologische Interesse, das vom Urchristentum gefeierte Herrenmahl als von Jesus eingesetzte Ab-

---

[3] Zum religionsgeschichtlichen Hintergrund vgl. Kap. 10.

lösung der Passahfeier zu verstehen, überlagert die historische Erinnerung so stark, dass die vielen Versuche einer historischen Rekonstruktion fragwürdig bleiben (müssen).[4] So versucht STAUFFER die Diskrepanzen zwischen üblicher Passahfeier und der Überlieferung vom letzten Mahl Jesu u.a. dadurch in den Bereich der historischen Möglichkeit zu rücken, dass er das fehlende Passahlamm darin begründet sieht, dass Jesus einen Tag vor dem offiziellen Termin mit seinen Jüngern, nach der für ausgestoßene Abweichler gültigen Regel (Ex 12,43–48) ohne Passahlamm feierte.[5] Andere versuchen die unterschiedliche Chronologie bei Johannes und den Synoptikern dadurch zu erklären, dass Jesus nach dem Kalender der Essener gefeiert habe.[6]

THEIßEN/MERZ stellen die (m.E. wenig überzeugende) Hypothese auf, dass Jesus die Mahlfeier als kultstiftend Symbolhandlung eingesetzt hat, um einen Ersatz für den kritisierten Tempelkult zu schaffen. [Vgl. THEIßEN, GERD/MERZ, ANNETTE: Der historische Jesus. Ein Lehrbuch, Göttingen 2001, 382f]

Alle Versuche einer historischen Rekonstruktion bleiben problematisch, weil die urchristliche Deutung ihrer Mahlpraxis die Überlieferungen so stark überlagert, dass jede historische Hypothese spekulativ bleiben muss. Das der Überlieferung zu Grunde liegende Interesse besteht ausschließlich darin, auf die Erfahrung der Gegenwart Christi in der Mahlgemeinschaft zu verweisen.

Literatur

EKD (HG.): Das Abendmahl. Eine Orientierungshilfe zu Verständnis und Praxis des Abendmahls in der evangelischen Kirche, Gütersloh 2003 WAGNER, ANDREAS: Sühne, Opfer, Abendmahl, Neukirchen 1999 MARX, ALFRED: Art. Opfer, II. Religionsgeschichtlich, 1. Alter Orient und Altes Testament, RGG4, Bd. 6, Sp. 572–576

---

[4] Diese Feststellung gilt entsprechend auch für die Einsetzung des Passahfestes selbst. Ex 12 ist eine Festagende, kein historischer Bericht.

[5] Vgl. STAUFFER, E.: Jesus. Gestalt und Geschichte, 86ff. Zur Auseinandersetzung mit dieser These: vgl. LOHSE, a.a.O., 48ff

[6] Zur Auseinandersetzung mit dieser These: vgl. LOHSE, a.a.O.

13 Wo der Geist des Herrn ist, da ist Freiheit
Einige Grundgedanken paulinischer Theologie

(*Ulrich Becker*)

13.1 Der umstrittene Paulus

> »*Rückblickend... lässt sich sagen, dass, was immer sich in Jerusalem und Galiläa nach dem Kreuzestod des Jesus von Nazareth im Kreis der Seinen ereignet haben mag, Episode geblieben wäre...., wenn nicht die Erscheinung des Auferstandenen dem Paulus vor Damaskus zuteil geworden wäre. Wir wissen von keinem anderen Fall solcher Erscheinungen, der derartig umwälzend gewirkt hätte. Gewiss ist auch der Apostel Thomas durch die Erscheinung des Auferstandenen von einem Agnostiker zu einem Gläubigen geworden, aber nur die Bekehrung des Paulus vor Damaskus hat große weltgeschichtliche Konsequenz gehabt.*«

So urteilt SCHALOM BEN-CHORIN in seinem Paulus-Buch.[7] In dem Streit um Paulus kommt dem Urteil dieses jüdischen Außenseiters innerhalb der Paulus-Forschung insofern besondere Bedeutung zu, als er mit seinem Hinweis auf das Damaskus-Ereignis den entscheidenden Punkt markiert, an dem sich eigentlich die Geister scheiden müssten. Für Paulus ist die Berufung vor Damaskus das grundlegende Ereignis, das ihn berechtigt, sich in die Reihe der Auferstehungszeugen einzureihen. Zwar ist er der letzte in dieser Reihe – dennoch versteht er sich als einer der »tragenden« Osterzeugen.

> Gal 1,15ff: »*Als es aber dem, der mich von meiner Mutter Leib an ausgesondert hat, gefiel, seinen Sohn an mir zu offenbaren, damit ich ihn unter den Heiden verkündigen sollte, da sogleich ging ich nicht mit Fleisch und Blut zu Rate, zog auch nicht nach Jerusalem hinauf zu denen, die vor mir Apostel waren, sondern begab mich nach Arabien und kehrte wieder nach Damaskus zurück.*«

In der Fülle der Einzelheiten, die hier erzählt werden, droht die zentrale Aussage unterzugehen. Sie lautet in Form eines Hauptsatzes:

> »*Dann aber hat es Gott gefallen, mir seinen Sohn zu offenbaren, damit ich ihn unter den Heiden verkündigen sollte.*«
> 1Kor 9,1: »*Bin ich nicht Apostel? Habe ich nicht Jesus, unseren Herrn, gesehen?*«
> 1Kor 15,3–8: (3) »*Dies nämlich ist die Erstüberlieferung, die ich euch so weitergegeben habe, wie ich sie selbst empfangen habe:*
> *Christus ist für unsere Sünden gestorben, nach den Schriften*
> *(4) und ist begraben worden. Und ist auferweckt worden am dritten Tage, nach den Schriften;*
> *(5) und ist Kephas erschienen und dann den Zwölfen.*
> *(6) Danach ist er mehr als 500 Brüdern auf einmal erschienen; die Mehrzahl von ihnen ist noch am Leben, einige sind aber schon entschlafen.*
> *(7) Danach ist er Jakobus erschienen und dann den Aposteln insgesamt.*
> *(8) Zuletzt von allen ist er auch mir erschienen – mir, der 'Missgeburt'.*
> *(9) Denn ich bin der Geringste im Kreise der Apostel; ich habe auch gar nicht die Eignung, mich Apostel zu nennen; denn ich habe ja die Gemeinde Gottes verfolgt.*
> *(10) Aber durch Gottes Gnade bin ich, was ich bin.*«[8]

---

[7] BEN-CHORIN, SCHALOM: Der Völkerapostel in jüdischer Sicht, München 1980, 22f.

[8] Übersetzung nach WILCKENS, ULRICH: Das Neue Testament, übersetzt und kommentiert, Hamburg 1970.

Paulus zitiert hier (der 1Kor ist um 55 n. Chr. geschrieben) zunächst in V.3b–5 eine alte Bekenntnisformel, die er der Gemeinde vermutlich bei der Gründung (ca. 50 n. Chr.) weitergegeben hat und die er von V.6 an so ergänzt, dass er von einem eigenen Sehen des Auferstandenen spricht. Dieses Sehen des Auferstandenen bildet den Abschluss der Erscheinungen. Die Erscheinung, die ihm widerfuhr, und die übrigen Erscheinungen werden nicht unterschieden (vgl. auch Kapitel 11).

Gal 1,15ff (und 1Kor 9,1) im Lichte vom 1Kor 15,8f gelesen, macht also deutlich, dass für Paulus »Offenbarung« und »Auferstehung« zusammengehören – mit anderen Worten, dass der Erscheinung des Auferstandenen die Qualität des zentralen Offenbarungsereignisses zukommt. Natürlich kann das nicht heißen, Paulus habe aus dem einmaligen Geschehen vor Damaskus den Inhalt seiner ganzen weiteren Verkündigung bestritten.[9] Paulus selbst betont den Anfangscharakter dieses Geschehens, in das er hinein genommen ist und in dem er wachsen wird: »Nicht, dass ich es schon ergriffen hätte oder schon zur Vollendung gekommen wäre; ich jage ihm aber nach, ob ich es wohl ergreifen möge, weil ich auch von Christus Jesus ergriffen worden bin. Ihr Brüder, ich halte noch nicht dafür, dass ich es ergriffen habe; eins jedoch tue ich: ich vergesse, was hinter mir ist, strecke mich aber nach dem aus, was vor mir ist, und jage, das Ziel im Auge, nach dem Kampfpreis der Berufung nach oben durch Gott in Christus Jesus.« (Phil 3,12ff) Doch der Grund ist in der Erscheinung des Auferstandenen gelegt, und das Ziel ist jetzt abgesteckt: »Ihn will ich kennen lernen, die Kraft seiner Auferstehung und die Gemeinschaft mit seinem Leiden, indem ich seinem Tod gleich gestaltet werde, um so zur Auferstehung von den Toten zu gelangen« (Phil 3,10f). Überwältigt von der Wirklichkeit des Auferstandenen, hat er selbst zu einem Leben gefunden, das Grund, Sinn und Zukunft hat. Ihm ist erschienen, was es nun in lebenslanger Annäherung einzuholen gilt.

Dieses Selbstverständnis des Paulus und das damit unlöslich verbundene Verständnis seines Apostelamtes ist schon zu seinen Lebzeiten umstritten gewesen und ist es bis heute geblieben.

> »Während sich die übrigen Gründergestalten des Christentums einer fast gleich bleibenden Beliebtheit erfreuten, war die Wirkungsgeschichte des Apostels von Anfang an stärksten Schwankungen ausgesetzt. Fast entsteht der Eindruck, als sei der Schatten der Verkennung und Nichtbeachtung schon auf seine letzten Lebensjahre gefallen, so dass diese bereits im Zeichen einer inneren Passion standen. In der Folge verschwindet er bis auf wenige Ausnahmen fast völlig aus dem Blickfeld der altchristlichen Theologie. 'Mit dem schwärzesten Undank', so urteilt Karl Holl, habe insbesondere Kleinasien dem Apostel gedankt.[10] Auf weitere Sicht wurde er geradezu aus dem kirchlichen Bewusstsein verdrängt, nicht zuletzt wohl angesichts der Tatsache, dass sich der 'Erzketzer' Markion auf Paulus als seinen angeblichen Kronzeugen berief.[11] Doch erwuchsen Paulus nach Zeiten der Verdrängung auch immer Erneuerer seines geistigen Vermächtnisses, allen voran Augustinus, aber auch der ihm an Sprachgewalt vergleichbare Chrysostomus und an der Schwelle der Neuzeit schließlich der alle seine Mitstreiter um Haupteslänge überragende Luther... Ungeachtet des deutlichen Schwerpunkts, den Karl Barth und in seinem Gefolge

---

[9] Vgl. zu der einschlägigen Diskussion BORNKAMM, GÜNTHER: Paulus, Stuttgart [6]1987, 43ff. BORNKAMM selbst nimmt in dieser Frage eine etwas andere Position ein. Vgl. auch a.a.O., 174ff.

[10] Der Kirchenbegriff des Paulus in seinem Verhältnis zu dem der Urgemeinde, in: RENGSTORF, KARL HEINRICH (Hg.): Das Paulusbild in der neueren deutschen Forschung, Darmstadt 1964, 176ff.

[11] Der Verfasser verweist in diesem Zusammenhang auf HARNACK, ADOLF von: MARCION, Das Evangelium vom fremden Gott, und auf die Hinweise in seinem Paulus-Buch: Der Zeuge, 244ff.

die dialektische Theologie auf Paulus legten, ist heute ein neuerliches 'Tief' in der Wirkungsgeschichte des Apostels zu verzeichnen, das nicht zuletzt darin zum Vorschein kommt, dass sich Außenseiter wie Ben-Chorin veranlasst sehen, das von der zeitgenössischen Theologie vermittelte Paulusbild zurechtzurücken.«[12]

> Aufgabe:
> - Informieren Sie sich weiter über diese dramatische Wirkungsgeschichte, in der vor allem seit dem vorigen Jahrhundert die Parole »Jesus – nicht Paulus« eine gewichtige Rolle gespielt hat und spielt, und lesen Sie dazu das instruktive Schlusskapitel »Paulus und Jesus« bei BORNKAMM, Günther: Paulus, Stuttgart ²1987, 234–244.

Die Auseinandersetzung um den Auferstehungszeugen Paulus beginnt schon im Neuen Testament selbst – und zwar nicht nur dort, wo der Apostel sich in seinen Briefen (vor allem im 2Kor 10–13, aber auch Gal und 1Kor) offen mit denen auseinandersetzen muss, die die Rechtmäßigkeit seines Apostolats in Frage stellen. »Paradoxerweise in der eindrucksvollsten Information über sein Berufungserlebnis«[13], die die Apg in ihrem dreifachen Bericht wiedergibt (9,1f; 22,3f und 26,9f) und die das traditionelle Paulus-Bild (Saulus-Paulus) viel stärker geprägt hat, als die vergleichsweise kargen Hinweise der Paulus-Briefe, ist der Versuch erkennbar, ihn aus dem Kreis der Osterzeugen auszuschließen. Denn deutlich sind diese Berufungsgeschichten nach dem Modell von Dan 10,5–9 erzählt, der Epiphanie, die dem Daniel in der Gestalt des Erzengels Gabriel widerfährt. »Mit dieser Modellwahl ist der Damaskusvision der Rang einer Christophanie zwar nicht ausdrücklich abgesprochen; doch ist sie vom Modell her eher in die Reihe jener 'vermittelten', um nicht zu sagen sekundären Visionen verwiesen, denen mehr subjektiver Erlebniswert als objektive Bedeutung zukommt. So kann man mit Gerhard Lohfink folgern, dass nach der lukanischen Darstellung, die darin dem Zeugnis der Paulus-Briefe diametral entgegensteht, 'die Erscheinung vor Damaskus nicht mehr zu den Ostererscheinungen' gehört.«[14] Dem entspricht, dass der Verfasser der Apg mit der einleitenden Erzählung von der Himmelfahrt Jesu (1,4ff) einen deutlichen Schlussstrich unter die Zeit setzt, da der Auferstandene seinen Jüngern erscheint. Wer Zeuge der Auferstehung ist, ist nun an Kriterien erkennbar, die Paulus nicht erfüllt (vgl. die Erzählung von der Nachwahl des Matthias, Apg 1,15ff).

> Aufgabe:
> - Vergleichen Sie im einzelnen die Berufungsgeschichten der Apg (Apg 9,1ff; 22,3ff und 26,9ff) auf der einen Seite mit den Eigenberichten des Paulus in Gal 1,15ff, 1Kor 9,1 und 1Kor 15,8 (auch Phil 3,5ff) auf der anderen Seite und arbeiten Sie Gemeinsamkeiten und Unterschiede heraus.

---

[12] BISET, EUGEN: Paulus – Zeuge Jesu Christi. Initiator und Korrektiv des Christentums, in: BISER, EUGEN/HUNZINGER, CLAUS-HUNNO/KALLIS, ANASTASIOS/BEN-CHORIN, SCHALOM: Paulus – Wegbereiter des Christentums, München 1984, 12f.
[13] Ebd. 10.
[14] Ebd. 11. Zitiert wird hier aus LOHFINK, GERHARD: Paulus vor Damaskus, Stuttgart 1966, 23.

Was in der Apg an Auseinandersetzung mit dem Anspruch des Paulus beginnt – ohne dass dort freilich seine Bedeutung als der von Gott berufene Missionar unter den Heiden in Frage gestellt wird – das setzt sich, wie wir gesehen haben, in der dramatischen Wirkungsgeschichte mit unterschiedlicher Intensität weiter fort. Unter welcher Fragestellung oder Parole diese Auseinandersetzung im einzelnen auch geführt worden ist oder geführt wird, niemals darf sie den Anspruch des Paulus, einer der tragenden Auferstehungszeugen zu sein, einfach ausklammern.

13.2 Der Botschafter der Freiheit – die Rechtfertigungslehre im Leben des Apostels

»Bin ich nicht frei? Bin ich nicht Apostel? Habe ich nicht Jesus, unseren Herrn, gesehen?« (1Kor 9,1) In dieser Serie fast atemlos aneinander gereihter Fragen gibt Paulus seiner Auferstehungserfahrung Ausdruck: Weil er den Auferstandenen »gesehen« hat, darum ist er Apostel, darum ist er frei. Umfassende Freisetzung – darin gipfelt diese Erfahrung. Dass er nun zu den Freien gehört, das stellt er fast triumphierend fest, um dann im selben Atemzug diese Freiheit in ihrem Wesen den Korinthern gegenüber, die über Fragen des Götzenopferfleisch-Essens und der Teilnahme an heidnischen Kultmahlzeiten zerstritten sind, näher zu erläutern (vgl. 1Kor 8–10). Luther hat im Anschluss an diesen Abschnitt seine dialektischen Sätze »Von der Freiheit eines Christenmenschen« (1520) formuliert: »Ein Christenmensch ist ein freier Herr aller Dinge und niemand untertan. Ein Christenmensch ist ein dienstbarer Knecht aller Dinge und jedermann untertan.«

> Aufgabe:
> - Versuchen Sie, die Sätze Luthers in 1Kor 8–10 wieder zu entdecken. Arbeiten sie heraus, wie Paulus die Frage nach Recht und Grenze der Freiheit beantwortet, wobei Sie den Abschnitt 1Kor 9,19–23, in der Paulus die Regel seiner missionarischen Existenz beschreibt, in den Mittelpunkt rücken können.

Erfahrung umfassender Freisetzung: Paulus beschreibt diese Erfahrung (wie in 1Kor 9,1, Gal 1–2, wo auch Gegner ihn dazu nötigen) sehr ausführlich autobiographisch und doch zugleich exemplarisch und theologisch profiliert in Phil 3,4–11:

> *»(4) Wenn irgendein anderer meint, er könne auf Fleisch vertrauen, so kann ich es noch mehr; (5) beschnitten am achten Tage, aus dem Volk Israel, dem Stamm Benjamin, ein Hebräer von Hebräern, ein Pharisäer nach dem Gesetz, (6) voll Eifer die Gemeinde verfolgend, in der im Gesetz verlangten Gerechtigkeit untadelig geworden. (7) Aber was mir Gewinn war, das habe ich um Christi willen für Schaden gehalten. (8) Ja, ich halte auch in der Tat dafür, dass alles nur Schaden ist um des überragenden Wertes der Erkenntnis Christi Jesu, meines Herrn, willen. Um seinetwillen habe ich alles eingebüßt und halte es für Unrat, damit ich Christus gewinne (9) und in ihm erfunden werde – wobei ich nicht meine eigene Gerechtigkeit habe, die aus dem Gesetz, sondern die durch den Glauben an Christus, die Gerechtigkeit aus Gott auf Grund des Glaubens –, (10) um zu erkennen ihn und die Kraft seiner Auferstehung und die Gemeinschaft mit seinem Leiden, indem ich seinem Tode gleich gestaltet werde, (11) ob ich vielleicht zur Auferstehung von den Toten gelangen möge.«*

Seine Gegenspieler sind in diesem Abschnitt (ca. 54/55 geschrieben)[15] vermutlich judenchristliche Gnostiker, die sich von ihm absetzend ihrer menschlichen Qualitäten rühmen. Paulus hätte erst recht solche Vorzüge vorzuweisen, und sozusagen als Beweis dafür entwirft er in V. 5f eine Skizze seiner jüdischen Existenz. Dabei zählt er auf: »Die Zugehörigkeit zum Volk Gottes, das ernsthafte Bemühen um das alttestamentliche Gesetz, wie es in der Zugehörigkeit zur streng gesetzestreuen Bewegung der Pharisäer zum Ausdruck kommt, ja die volle und untadelige Erfüllung des Gesetzes, so da er vor dem Gesetz sich wirklich als ein Gerechter wusste, schließlich auch die Verfolgung der eben entstandenen christlichen Gemeinden offenbar im Namen eben dieses Gesetzes: eine Fülle von Ruhmestiteln, die ihn ungreifbar erscheinen ließen und ihm Grundlage seiner Zuversicht waren (V. 4).«[16]

Herausgefordert von den sich ihrer Vorzüge sichernden Gegnern nennt er seine »Vorzüge«, um sie ebenso schnell, wie er sie aufgezählt hat, wieder durchzustreichen. Das alles ist bzw. war Vertrauen auf »Fleisch«, griechisch »sarx«; wobei deutlich wird, dass »Fleisch« bei Paulus nicht menschliche Unvollkommenheit oder gar sittliche Verfehlung meint, auch nicht den »Körper« im Gegensatz zum »Geist« (ein solcher Dualismus ist dem neutestamentlichen Denken fremd). Paulus hat in seiner jüdischen Existenz höchste ethische Vollkommenheit erreicht: »untadelig in der von Gesetz verlangten Gerechtigkeit« (V.6).

»Und doch: Fleisch. Vertrauen aufs Fleisch, das heißt, ganz unabhängig von der Qualität, Vertrauen auf das Eigene des Menschen, das an ihm Vorfindliche und von ihm selbst Dargestellte. Und so nennt Paulus in V.9 die Gerechtigkeit, die sich darauf gründet, meine eigene Gerechtigkeit, eine Gerechtigkeit, die ich 'aus dem Gesetz' gewinne, aus dem Tun des Gesetzes, aus meiner Erfüllung seiner Forderungen: die Selbstbestätigung durch das Gesetz. Gerechtigkeit aber bezeichnet im biblischen Sprachgebrauch die Stellung des Menschen vor Gott, die heilvolle Gottesbeziehung – sie wird, wo ich mich am Gesetz orientiere, für Paulus letztlich gegründet auf meine eigene Qualifikation, die ich Gott als Anspruch präsentiere: das heißt 'Vertrauen auf das Fleisch', das heißt Selbstgerechtigkeit.«[17]

In der Begegnung mit dem Auferstandenen – in V.10 beschreibt Paulus diese Begegnung als Erkenntnis Jesu und der Kraft seiner Auferstehung – ist ein Lebenskonzept zerbrochen, in dem es darum ging, in der Erfüllung der Forderungen des Gesetzes eine eigene Gerechtigkeit zu gewinnen. Der Zusammenbruch ist radikal: »Was mir Gewinn war, das habe ich um Christi willen für Schaden gehalten... Um seinetwillen habe ich alles eingebüßt und halte es für Unrat (wörtlich 'Dreck', 'Hundekot'), damit ich Christus gewinne und in ihm erfunden werde« (V.7–8). An die Stelle des Vertrauens auf das Eigene (= das Fleisch), auf die eigene Gerechtigkeit (V.9), tritt in dieser

---

[15] Vgl. zu den Einleitungsfragen des Philipperbriefes BORNKAMM, a.a.O., 248f.

[16] HUNZINGER, CLAUS-HUNNO: Glaube und Handeln. Die Rechtfertigungsbotschaft des Paulus als Befreiung zum ethischen Handeln, in: BISER/HUNZINGER u.a., a.a.O., 69.

[17] Ebd., 70. BORNKAMM, a.a.O., 144, definiert das paulinische Verständnis von »Fleisch« als »den Grund, von dem her, und das Ziel, woraufhin der natürliche Mensch sich versteht und lebt (z.B. Röm 8,4; 2Kor 10,2; 11,18), wenn nicht gar die Machtsphäre, der er in seinem vitalen Drang zur Selbstbehauptung verfallen ist. Sie umgreift ebenso das grob sinnliche Begehren (Gal 5,13ff.24), wie auch die religiösen Vorzüge, auf die der Jude oder die Enthusiasten ihr Selbstvertrauen gründen (2Kor 11,18; Gal 6,12f; Phil 3,3f). Vermeintlich und scheinbar stellt der Mensch sich in solchem Verhalten auf sich selbst, in Wahrheit erliegt er jedoch den ihn versklavenden Mächten. Wie die Sünde ist auch das Fleisch eine versklavende Macht (Röm 7,14.18; 8,6f.12; Gal 5,16.24).«

radikalen Umwertung das Vertrauen auf Gott, der dem Menschen in Christus seine Gerechtigkeit zuwendet.

Was Paulus hier autobiographisch und exemplarisch entfaltet, das wird an anderen Stellen seiner Briefe formelhaft und spröde in Sätzen zusammengefasst, die wie Lehrsätze anmuten: Gerechtigkeit gibt es nicht aus den Werken des Gesetzes, sondern allein auf dem Glauben an Gott (Gal 2,16, Röm 3,28). Dass diese Gerechtigkeit in der Auferstehung Christi ans Licht gekommen ist, ist für ihn der zentrale Inhalt des Evangeliums: »... denn es (das Evangelium) ist eine Kraft Gottes zum Heil einem jeden, der daran glaubt, dem Juden zuerst und auch dem Griechen. Denn die Gerechtigkeit Gottes wird darin geoffenbart aus Glauben zum Glauben...« (Röm 1,16.17).

Aufgabe:
- LUTHERs reformatorischer Durchbruch ist nach seinem eigenen Zeugnis von 1545 in der Auslegung von Röm 1,17 geschehen: »So ist mir diese Stelle bei Paulus wahrhaftig zur Pforte des Paradieses geworden.« (WA LIV, 186) Um in sein und des Paulus Verständnis von der Gerechtigkeit Gottes tiefer einzudringen, lesen Sie die Abschnitte über »Gottes Gerechtigkeit« bei BORNKAMM, GÜNTHER: Paulus, a.a.O., 146ff und über »Rechtfertigung und Glaube« bei EICHHOLZ, GEORG: Die Theologie des Paulus im Umriss, Neukirchen 1972, 215ff.

Diese radikale Umwertung (an die Stelle des Vertrauens auf die eigene Gerechtigkeit tritt das Vertrauen auf Gottes Gerechtigkeit) wird von Paulus zugleich als ungeheure Befreiung verstanden. Die von ihm in diesem Zusammenhang gebrauchten Bilder von der neuen Schöpfung unterstreichen das: »Denn Gott, der gesagt hat: Aus der Finsternis soll Licht aufstrahlen! Er ist es, der es in unserem Herzen hat aufstrahlen lassen, so dass wir erleuchtet werden durch die Erkenntnis von der Herrlichkeit Gottes auf dem Angesichte Christi« (2Kor 4,6). Oder: »Ist sonst jemand in Christus, so ist er ein neues Geschöpf« (2Kor 5,17). Neu wird vor allem auch sein Verhältnis zur alttestamentlichen Tora, dem zwingendsten Ausdruck für die Gerechtigkeit Gottes[18], an die er sich nun nicht mehr sklavisch, sondern nur noch in der Weise freier Zustimmung gebunden weiß. »Dass Paulus in ein nahezu neurotisch gespanntes Verhältnis dazu (erg. zum Gesetz) geriet, erklärt sich wohl letztlich nur aus der Tatsache, dass ihm im Gesetz der Inbegriff der Furcht erregenden Seite des Gottesgeheimnisses entgegentrat...«[19] Von solcher Gottesfurcht sieht er nun sich und alle, die von ihm zum Christusglauben geführt werden, befreit – allerdings so, dass diese Befreiung in immer neuen Anläufen bewährt werden muss. »Für die Freiheit hat uns Christus frei gemacht; darum steht fest und lasset euch nicht wieder unter ein Joch der Knechtschaft bringen!« ruft er deshalb den Galatern zu (6,1; vgl. auch Röm 6,12ff u.a.).

Von solcher Freiheit eines Christenmenschen kann Paulus »in hohen Tönen sprechen« – »am ausladendsten vielleicht in 1Kor 3,21–23: Der Glaubende ist den Mächten dieser Welt nicht mehr ausgeliefert, selbst die Zukunft und auch der Tod können ihm nichts mehr

---

[18] BISET, a.a.O., 16.

[19] Ebd., 17 Vgl. dazu auch GERD THEIßEN: Die Rechtfertigungslehre im Leben des Paulus, in: DERS.: Die Religion der ersten Christen. Eine Theorie des Urchristentums, Gütersloh 2000, 294ff.

> *anhaben, nichts kann ihn, wie er in einer ähnlichen Aufzählung in Röm 8,38f sagt, trennen von der Liebe Gottes. Aber – das ist die entscheidende Korrektur, die Paulus gegenüber dem ausufernden Selbstbewusstsein der Korinther anbringt – : 'Alles ist euer – ihr aber seid Christi, Christus aber ist Gottes.' Ihr gehört euch nicht selbst, sondern Christus. Ihr habt eure Freiheit nicht aus euch selbst, sie gründet ja nicht in eurem Eigenen, es ist keine autonome Freiheit. Vielmehr gründet sie allein in Christus, und darum bleibt sie auch stets an ihn gebunden und empfängt von ihm her ihr Maß. Das Maß der Freiheit aber ist die Liebe; denn aus der Liebe Gottes habt ihr die Freiheit empfangen. Christus ist für den Bruder gestorben – und ihr richtet den Bruder zugrunde? Wenn ihr gegen den Bruder sündigt, sündigt ihr gegen Christus (1Kor 8,11f). Dem stellt Paulus seine Maxime entgegen: 'Als einer, der frei ist von allem, habe ich mich allen zum Sklaven gemacht' (1Kor 9,19). Die Selbsthingabe Christi, der sich zum Sklaven gemacht hat ('Knechtsgestalt angenommen hat' Phil 2,7), wird zur Richtschnur für das Verhalten dessen, der zu Christus gehört (Phil 2,5). Und das Hohelied der Liebe 1Kor 13 zeichnet in glühenden Farben diesen 'Weg im Übermaß', wie Paulus ihn in 12,31 nennt.«[20]*

Was wir hier in groben Umrissen nachgezeichnet haben, ist das paulinische Verständnis der Rechtfertigung, verstanden als die Übereignung der Gerechtigkeit Gottes an den Glaubenden und die damit verbundene Befreiung, die gleichzeitig Befreiung zu neuem Leben ist. Dieser enge Zusammenhang von Zusage der Befreiung und Befreiung zu neuem Leben, von Zusage des Heils und von Aufruf, dieses Heil nun zu leben, ist für Paulus in besonderer Weise charakteristisch. Er »wird oft umschrieben mit den gewiss nicht falschen, aber allzu abgenutzten Formeln 'Gabe und Aufgabe' oder 'Werde, was du bist' (wenn nur die Sprache nicht durch ihre geläufigen Richtigkeiten häufig einen Sachverhalt verstellte und ihn selbstverständlich macht, anstatt Frage und Verständnis zu wecken!). Dieses Mit- und Ineinander von Indikativ und Imperativ begegnet in den paulinischen Briefen in vielen Variationen...«[21]

> Aufgabe:
> - Gehen Sie die wichtigsten Paulusbriefe daraufhin durch und spüren Sie die verschiedenen Variationen dieses Mit- und Ineinanders von Indikativ und Imperativ auf.

Es ist wichtig, an dem Mit- und Ineinander von Indikativ (Heilszusage) und Imperativ (Aufruf zum entsprechenden Handeln) festzuhalten. Dann wird klar, dass das neue Leben, zu dem aufgerufen wird, nicht nur als die nachträgliche Konsequenz des Glaubens verstanden werden darf. Das neue Leben »ist selbst eine Weise des Glaubens, Aneignung des von Gott Zugeeigneten... Beides rückt so gleichgewichtig zusammen: aus der Gnade leben, aber ebenso: leben aus der Gnade.«[22]

13.3 Die Bewährung der Freiheit

1Kor 12,13: »Denn wir sind in einem Geiste alle zu einem Leib getauft worden, ob Juden, ob Griechen, ob Sklaven, ob Freie, und sind alle mit einem Geist getränkt worden.«

---

[20] HUNZINGER, a.a.O., 74.
[21] BORNKAMM, a.a.O., 208.
[22] Ebd.

Gal 3,27f: »Denn ihr alle, die ihr auf Christus getauft worden seid, habt Christus angezogen. Da ist nicht Jude noch Grieche, da ist nicht Sklave noch Freier, da ist nicht Mann und Frau; denn ihr alle seid einer in Christus Jesus.«
Dies sind immer wieder zitierte Spitzensätze des paulinischen Freiheitsverständnisses, hier von der Taufe hergeleitet, die die Getauften in das Christusgeschehen hinein nimmt und in die Gemeinschaft der Glaubenden einbindet. Wie wird solche Freiheit aber nun gelebt? Wie wird sie im Alltag der Gemeinde bewährt? Sind dort die ethnischen, religiösen, gesellschaftlichen und sozialen Unterschiede wirklich aufgehoben, wie diese Sätze vorgeben?

So viel lässt sich zumindest sagen: Solche Freiheit zu bewähren, ist von Paulus und seinen Gemeinden immer wieder neu als Aufgabe in Angriff genommen worden. Ein Beispiel dafür findet sich in 1Kor 8–10, wie wir bereits gesehen haben (vgl. S. 194). Ein anderes, bei der die »Freiheit« in besonderer Weise Thema ist, begegnet im Philemonbrief. Hier lässt sich an einem »delikaten Problemfall«[23] erkennen und nachvollziehen, wie Paulus die von ihm proklamierte Freiheit in Christus in den praktischen Lebensvollzügen einer Hausgemeinde verantwortet.

Geschrieben um 54/55 aus dem Gefängnis, wohl in Ephesus, ist dieser kleinste der uns bekannten paulinischen Briefe zugleich der persönlichste, gerichtet an Philemon und seine Hausgemeinde, die zusammen, vermutlich in Kolossae, einer Stadt im oberen Lykostal, leben und die dem Apostel persönlich bekannt sind.[24] Paulus zählt sie zu seinen Mitarbeitern.

> »Der Anlass dieses Briefes ist ein recht konkreter, die Rücksendung des Sklaven Onesimos an seinen Herrn Philemon. Onesimos, vermutlich Haussklave im Dienste seines Herrn, war, wie mancher seiner Schicksalsgenossen, geflohen und hatte damit dem damaligen Rechtsbewusstsein entsprechend Philemon schweren Schaden zugefügt. Darüber hinaus hatte er vermutlich einen Diebstahl begangen (V.18f), sei es, dass dieser zum Anlass der Flucht wurde, sei es, dass damit die Flucht ermöglicht werden konnte... Onesimos kommt auf seinem Fluchtweg nach Ephesos, wie flüchtige Sklaven gern in den Metropolen unterzutauchen suchten. Trachtete er danach, im großen Heiligtum der Göttin Artemis Asyl zu erhalten? Der ephesinische Tempel war als Sklavenasyl bekannt... Sein Auftauchen bei Paulus, der wahrscheinlich noch nicht im Gefängnis war, und seine Konversion zum Christentum geraten so zwar ins Zwielicht, Paulus jedoch hatte sich in einer angemessenen Zeit von der Aufrichtigkeit seines Schrittes überzeugen können, nicht zuletzt durch die Dienste, die er ihm und damit dem Evangelium geleistet hatte. Möglicherweise hatte Onesimos den Apostel zunächst darum gebeten, bei diesem bleiben zu dürfen, ein nach der damaligen Rechtslage auch für Paulus gefährliches Unterfangen. Jetzt lässt er ihn ziehen oder trägt ihm auf, zu Philemon zurückzukehren, auch dies ein Akt des Vertrauens in den entflohenen Sklaven. Der Begleitbrief soll ihn schützen und ihm bei Philemon verzeihende Aufnahme gewähren.«[25]

Offensichtlich hatte sich für Paulus das Problem, wie mit einem entlaufenen Sklaven konkret umzugehen sei, zum ersten Male gestellt. Noch in 1Kor 7,17–24 antwortet Paulus auf die Frage, ob die Unterschiede zwischen Freien und Sklaven demonstrativ aufgehoben werden sollen: Jeder soll in dem Stand, in dem er berufen worden ist, bleiben. Und selbst der Sklave, dem sich die Möglichkeit der Freilassung bietet, solle

---

[23] STUHLMACHER, PETER: Der Brief an Philemon, Zürich ²1981, 17.
[24] Zu den Fragen nach Anlass, Abfassung, Struktur und Gattung des Briefes im einzelnen vgl. GNILKA, JOACHIM: Der Philemonbrief, Freiburg/Basel/Wien 1982, 1ff; BORNKAMM, a.a.O., 100 und 245f WOLTER, MICHAEL: Der Brief an Philemon, ÖTBK 12, Gütersloh 1993, 227ff.
[25] GNILKA, a.a.O., 2f.

lieber in seinem Stande bleiben (1Kor 7,20f). Das ist »merkwürdig 'konservativ'«[26], auch wenn hier nicht übersehen werden darf, dass Paulus sich in 1Kor einer Front von Enthusiasten gegenüber sieht, die die bisherigen Verhältnisse und Bindungen kühn überspringen möchten. Ihnen gegenüber geht es darum, die Grenzen der Freiheit deutlich zu machen. »Ist nicht das Thema von 1Kor 8–10 die Bändigung der enthusiastischen Freiheit in der paradoxen Freiheit zum Verzicht?«[27] Darum rückt das Bleiben in dem konkreten sozialen Ort, in dem der Sklave in die Freiheit Christi berufen worden ist, so stark in den Vordergrund.

Angesichts des sich ihm nun neu stellenden Problems eines entlaufenen Sklaven geht der Apostel im Philemonbrief offensichtlich einen Schritt weiter. Natürlich kann er auch hier an der Rechtslage nicht einfach vorbeigehen: Der Sklave ist Eigentum seines Herrn – wer einen Sklaven widerrechtlich aufnimmt, muss Schadenersatz leisten und kann darüber hinaus bestraft werden – der Eigentümer darf den entlaufenen Sklaven nach seiner Einschätzung bestrafen, sogar töten.[28] Aber gleichzeitig gilt es für ihn, von der Freiheit eines jeden Christenmenschen her zu denken und zu argumentieren, zumal in diesem Falle alle Beteiligten, der Schreiber des Briefes, sein Empfänger und der entlaufene Onesimus an dieser Freiheit gemeinsamen Anteil haben.

Aufgabe:
- Arbeiten Sie den Philemonbrief durch und versuchen Sie, die Grundgedanken der paulinischen Argumentation nachzuzeichnen. Dabei kann Ihnen das nachfolgende Zitat wichtige Hinweise geben:

«Für Paulus gibt es hier nur eine Möglichkeit: von der grundsätzlichen Neuwerdung durch die Bindung an Christus aus zu denken und zu argumentieren, das heißt nicht an den bestehenden Rollen und Rechtssätzen klebend, sondern von der Erkenntnis aus, dass die Liebe, die zu Christus frei macht, ein neues, den anderen voll anerkennendes Zusammenleben ermöglicht… Indem Paulus nichts anderes unternimmt als eine Auslegung des Glaubens bei Philemon, zeigt er ihm doch eine von Grund auf neue Sicht der Dinge, von der aus er es wagen kann, in völliger Freiheit vom geltenden Recht zu operieren; der Zwang der gesellschaftlich vorgegebenen, 'inhumanen' Rollenverteilung ist damit aufgehoben (siehe das 'der mehr ist als ein Sklave' V.16 und das 'nimm ihn auf wie mich' V.17). Man wird also dem Philemonbrief nicht abstreiten können, dass in ihm auch ein Stück sozialer Veränderung impliziert ist, obwohl dieses Moment nicht thematisiert wird, da es zu allererst um das christliche Engagement für diesen einen Menschen Onesimus geht.»[29]

---

[26] BORNKAMM, a.a.O., 215f. Vgl. auch LOHSE, EDUARD: Paulus. Eine Biographie, München 1996, 135.

[27] EICHHOLZ, GEORG: Die Theologie des Paulus im Umriß, Neukirchen 1972, 282. Zur umstrittenen Interpretation von 1Kor 7,17–24 im ganzen vgl. ebd., 278ff und BORNKAMM, a.a.O., 215ff.

[28] Vgl. zu den Bestimmungen und Fragen des antiken Sklaven- und Asylrechts ausführlich GNILKA, a.a.O., 54ff; LÄHNEMANN, JOHANNES/BÖHM, GÜNTER: Der Philemonbrief (Handbücherei für den Religionsunterricht 16), Gütersloh 1983, 23ff; WOLTER, MICHAEL, a.a.O., 227ff.

[29] LÄHNEMANN/BÖHME, a.a.O., 29 So argumentiert auch WOLTER, MICHAEL, a.a.O.272ff Vgl. auch STEGEMANN, EKKEHARD W./STEGEMANN, WOLFGANG: Urchristliche Sozialgeschichte, Stuttgart 1995, 241: »Paulus erwartet offenkundig eine Veränderung des sozialen Status von Onesimus innerhalb des Philemon-Haushalts (Onesimus soll 'Bruder' bzw. 'Partner' seines Herrn werden), nicht aber eine Aufhebung seines rechtlichen Status (als Sklave).«

Die Briefe des Paulus sind Gelegenheitsbriefe. Dies gilt es auch für unsere Fragestellung immer im Auge zu behalten. Die Empfehlungen des Paulus sind deshalb nicht mehr oder weniger als erste Versuche, die christliche Botschaft von der Freiheit eines Christenmenschen in einer Gesellschaft umzusetzen und zu leben, die wie die antike in Herren und Sklaven fest gegliedert war. Damit war im Sinne des Paulus nichts Abschließendes und auf dauernden Gebrauch Zielendes gesagt. Daran haben sich die Nachfolger des Paulus allerdings oft nicht gehalten.[30]

Literatur

BISER, EUGEN/HUNZINGER, CLAUS-HUNNO/KALLIS, ANASTASIOS/BEN-CHORIN, SCHALOM: Paulus, Wegbereiter des Christentums. Zur Aktualität des Völkerapostels in ökumenischer Sicht, München 1984 BORNKAMM, GÜNTHER: Paulus, Stuttgart [6]1987 BULTMANN, RUDOLF: Theologie des Neuen Testaments, Tübingen [7]1977, 187–353 CONZELMANN, HANS/ LINDEMANN, ANDREAS: Arbeitsbuch zum Neuen Testament, 1982, 186ff und 394ff EICHHOLZ, GEORG: Die Theologie des Paulus im Umriß, Neukirchen 1972 GNILKA, JOACHIM: Der Philemonbrief, Freiburg/Basel/Wien 1982 KÄSEMANN, ERNST: An die Römer, Berlin 1978 LAPIDE, PINCHAS/STUHLMACHER, PETER: Paulus, Rabbi und Apostel. Ein jüdisch-christlicher Dialog, Stuttgart/München 1981 LOHSE, EDUARD: Grundriß der neutestamentlichen Theologie, Stuttgart 1974, 74–111 DERS.: Paulus, Eine Biographie, München 1996 MARXSEN, WILLI/WILCKENS, ULRICH/DELLING, GERHARD/GEYER, HANS-Georg: Die Bedeutung der Auferstehungsbotschaft für den Glauben an Jesus Christus, Gütersloh [7]1968 RENGSTORF, KARL HEINRICH: Das Paulusbild in der neueren deutschen Forschung, Darmstadt [2]1969

---

[30] Vgl. dazu ausführlich GNILKA, a.a.O., 54ff, Exkurs 2: Die Sklaven in der Antike und im frühen Christentum.

14 ... da ist nicht Mann und Frau
Zum Verhältnis der Geschlechter und der Rolle der Frau im Neuen Testament

(Friedrich Johannsen)

> Fragestellungen:
> - Welchen Ertrag bringt die feministisch-theologische Forschung für die Rekonstruktion der Rolle und Bedeutung der Frau im Urchristentum?

Mulier taceat in ecclesia – Das Weib schweige in der Kirche. Dieser aus 1Kor 14,33b–35 abgeleitete Satz hat bis heute eine verhängnisvolle Wirkungsgeschichte und ist u.a. Grund dafür, dass in einigen Bereichen feministischer Theologie Paulus als Sündenbock für die Frauenfeindlichkeit der Kirche angeprangert wird. Daneben fallen jedoch auch andere Stimmen auf:
»Gemessen am Selbstverständnis der Männerkirche und Männertheologie heute war Paulus ein feministischer Vorkämpfer.«[1]
Es ist das Verdienst einiger kritisch-engagierter Frauen (und Männer), durch sorgfältige historisch-kritische Arbeit die Stationen und Hintergründe für die Zuschreibung der Frauenrolle in der christlichen Tradition aufzuspüren, die der Festigung der »Männerkirche« durch theologische Vorurteile dient(e?). Die Analyse der Geschichte erschließt eine Tendenz, die Bedeutung von Frauen in der urchristlichen Tradition abzuwerten. Dennoch kann eine Annäherung an die empirische Wirklichkeit des Geschlechterverhältnisses im Urchristentum ebensowenig Kriterien für die Gegenwart bereitstellen wie ein unkritischer Umgang mit Bibelzitaten. Solche Kriterien lassen sich nur im Anschluss an die Grunderfahrungen des christlichen Glaubens – die Erfahrung der Befreiung und neuen Wirklichkeit in der Gemeinschaft mit dem Auferstandenen – aus dem Zentrum der biblischen Überlieferung heraus behaupten, gewissermaßen gegen die empirische Wirklichkeit, als Wirklichkeit und Möglichkeit des Glaubens. Ein solches Kriterium läge dann in dem von Paulus vermutlich übernommenen und zitierten urchristlichen Taufbekenntnis des Galaterbriefes vor: »Die ihr auf Christus getauft seid, habt ihr Christus angezogen. Da ist nicht mehr Jude noch Grieche, nicht mehr Sklave noch Freier, nicht mehr männlich und weiblich. Denn ihr seid alle eins in Christus Jesus.« (Gal 3,26–28)

Im Blick auf die neutestamentliche Zeit lässt sich die Situation von Frauen auf drei Ebenen kritisch rekonstruieren, die sich mehr oder weniger deutlich voneinander unterscheiden:

Die Beteiligung von Frauen an der Jesusbewegung und die besondere Zuwendung Jesu gegenüber Frauen als Teil der Benachteiligten und Leidenden.

---

[1] SCHOTTROFF, LUISE: Wie berechtigt ist die feministische Kritik an Paulus? Paulus und die Frauen in den ersten christlichen Gemeinden im Römischen Reich, in: Einwürfe 2 (1985), 94–111, 107

1. Das (gleichberechtigte) Engagement von Frauen in der urchristlichen Missionsbewegung.
2. Die Tendenz in der frühen Kirche, Frauen, den üblichen sozialen Normen entsprechend, (wieder) eine untergeordnete Stellung zuzuweisen.

14.1 Frauen um Jesus – Frauen in der Jesusbewegung

Ab etwa 1975 wird in der einschlägigen Literatur im Blick auf Jesus seine gegen die Konvention unbefangener Umgang mit Frauen hervorgehoben. Als »integrierten Mann«, der aufgrund seiner Versöhnung mit seinem weiblichen Seelenanteil das Weibliche nicht (mehr) bekämpfen muss, interpretiert ihn HANNA WOLFF und in ihren Spuren Franz Alt u.a.[2] Gegen solche Feststellungen wendet sich SUSANNE HEINE mit dem Argument, dass auf diese Weise eine aktuelle Perspektive unreflektiert auf Jesus projiziert werde.[3] In der Tat ist Vorsicht angezeigt, die von der neutestamentlichen Forschung erkannte Unmöglichkeit, aus den Evangelien umfassende biographische Rekonstruktionen für Jesus und andere Gestalten gewinnen zu können, durch interessengeleitete Phantasie zu missachten. Was über Jesus mit einiger Wahrscheinlichkeit unter historischen Gesichtspunkten aussagbar ist, sind einige Rahmendaten und Erinnerungen an die von ihm initiierte innerjüdische Aufbruchsbewegung, ihrem Glauben und ihre soziale Gestalt. Darin zeigt sich jedoch ein deutliches Profil im Blick auf die gleiche Beteiligung der Geschlechter und Überwindung von gesellschaftlichen Vorurteilen. Da die Bedingung der Möglichkeit dieser, gegenüber dem gesellschaftlichen Umfeld radikal anderen Lebensorientierung u.a. in der besonderen Sozialgestalt (Wanderbewegung, Besitzlosigkeit) gründet, lassen sich deren Normen nicht ohne weiteres auf andere Lebensformen übertragen:

Methodischer Hinweis: Die Skizze der Jesusbewegung wird dadurch rekonstruiert, dass in den Evangelien nach vermutlichen Vorstufen und den Evangelien vorausliegenden Überlieferungen gefragt wird.

Grundsätzlich ist zu beachten, dass auch diese Überlieferungen jeweils schon interpretierte Erinnerungen an Jesus sind. Die Evangelisten haben die Stoffe dann jeweils in ihre Konzeption eingearbeitet und eigene Akzente gesetzt. (s. Kap. 1)

Jesu Anhängerinnen und Anhänger ließen sich auf eine Form gemeinsamen Lebens ein, das sich den herrschenden Zwängen durch eine alternative Lebensweise entzog. Sie waren bewegt von einem Gottesverständnis, das besonders auf die Benachteiligten Israels bezogen war. In ihrer sozialen Existenz setzten sie sich von den Familienbeziehungen ab und fanden ihre »wahre Verwandtschaft« untereinander. Den ständig steigenden Zwängen der römischen Steuergesetzgebung entzogen sie sich durch Besitzlosigkeit und Wanderexistenz (Mk 10,28ff). Bevorzugte Adressaten waren die Mühseligen und Beladenen (Mt 11,28), die Kranken und Besessenen (Mk 1,32) und die Armen und Weinenden (Lk 6,20). Zwischen Mann und Frau wird bewusst nicht differenziert. So fällt auf, dass in den Gleichnisstoffen die Lebenswelt von Frauen ebenso berücksichtigt ist wie die von Männern. Die für das konservative Judentum geltende Regel: »Rechtschaffende Männer seien deine Tischgenossen...« (Jesus Sirach 9,16) wird grundlegend durchbrochen. »Die unterschiedliche Situation von Frauen

---

[2] WOLFF, HANNA: Jesus der Mann. Die Gestalt Jesu in tiefenpsychologischer Sicht, Olten 1975.
[3] Vgl. ebd., 60ff.

und Männern ist (...) kein Thema der Jesusbewegung in Palästina, weil die Gleichberechtigung des Elends und die Gleichberechtigung, die aus der Hoffnung auf das Reich Gottes kommt, die Erfahrungen bestimmen.«[4] An Beispielen von zusätzlich zur allgemeinen Benachteiligung besonders gezeichneten Frauenschicksalen wird die Reich-Gottes-Erfahrung transparent: an Prostituierten, die oft zusammen mit den als Handlanger der römischen Besatzungs- und Steuerpolitik verhaßten Zöllnern genannt werden Mt 21,31, Witwen, Sünderinnen und von Krankheit gezeichneten Frauen. Die Grabesüberlieferung, Mk 15,47–16,8, die in der Auslegungsgeschichte gern heruntergespielt wurde, hält (im Unterschied zu 1Kor 15) Erinnerungen an die Bedeutung von Frauen in der Jesusbewegung und als urchristliche Zeuginnen wach. Die patriarchalisch geprägte Auslegung hat versucht, den »Dienst« der Frauen in der Jesusbewegung vor allem im Sinne von »Versorgung« oder spezifischer Haushaltstätigkeit zu interpretieren. Möglicherweise brachten einige ihren Besitz zum Lebensunterhalt der Gruppe ein. (Lk 8,1–3). »Dienen« ist insgesamt aber nicht geschlechtsspezifisch zu verstehen, sondern als Kernbegriff für die besondere Existenzweise dieser Gruppe (vgl. Mk 10,43).[5] Nachfolge (unter Einschluss von Verkündigung) und dienen kennzeichnete die Praxis der Wanderprediger und wird ohne Differenzierung von Frauen und Männern überliefert (vgl. Lk 8,1 und Mk 15,40–41).

Beispiele: Jesus und die Frau

Aufgabe:
- Lesen Sie Mk 5,25–34; Mk 15,3–9 parr.; Lk 13,10–17. Welche Besonderheiten im Verhalten zu den Frauen lassen sich feststellen?

Die Überlieferung von der blutflüssigen Frau (Mk 5,25–34)
Dieses Textstück wird der vormarkinischen Tradition zugerechnet. Den Hintergrund für die Problematik der Frau erschließt Lev 15,19–33. Bereits die »normale« periodische Menstruation bedeutete für eine Frau eine Phase der Unreinheit, die rituelle Waschungen erforderlich machte. *Diese* Frau ist einer Aussätzigen vergleichbar, von der sich jeder fernzuhalten hatte, der nicht selbst durch die Macht ihrer Unreinheit gefährdet werden wollte. In dieser magischen Wundergeschichte fließen zwei Bedeutungslinien zusammen: 1. Die auf Jesus bezogene (Reich-Gottes-Hoffnung) gibt der Frau den Mut, das Berührungstabu zu überwinden; 2. *und* Jesus »missachtet die Tabuaskese« (Heine, 77) und bestätigt die durch Hoffnung begründete Aktivität der Frau und die bereits erfolgte Heilung. Die Erzählung illustriert, dass die Hoffnung auf Heilung in der Jesusbewegung sich absetzt von traditionellen Tabu-Vorschriften und gesetzlichen Regelungen, die das Leben nur weiter beschädigen. Die durch die traditionelle Formgeschichte geprägte Exegese sieht in dieser (u.a.) Wundererzählung die Ausschmückung des Wortes »Dein Glaube hat dich geheilt«. Eine stärkere Beachtung der Einzelzüge der Erzählung erschließt konkrete Aspekte von – auch durch Konventionen bedingten – Voraussetzungen von beschädigtem Leben und die »heilsame« Wirkung überwundener Berührungsangst.

---

[4] SCHOTTROFF, LUISE: Frauen in der neutestamentlichen Zeit. In: SCHOTTROFF, W./STEGEMANN W. (Hg.): Traditionen der Befreiung 2, München 1980, 91–133, 106.

[5] Vgl. S. HEINE, a.a.O., 68ff

Die Salbung Jesu durch eine Unbekannte (Mk 14,3–9 parr.)
Die namenlose Frau dieser Erzählung wird für E. SCHÜSSLER-FIORENZA zur Symbolfigur für das vergessene Frauenerbe im NT. Sie nimmt an, dass es sich in der ursprünglichen Überlieferung um eine Kopfsalbung in Sinne einer prophetischen Zeichenhandlung gehandelt hat.[6] Eine Frau erkannte nicht nur die Messianität Jesu, sondern, im Gegensatz zu den Jüngern auch, dass die Besonderheit seiner Sendung nicht in Herrschaft und Königsruhm bestand, sondern im Dienst (gr. diakonia, Mk 15,41), und Leiden und Sterben zur Konsequenz hat.

Die Heilung einer gekrümmten Frau (Lk 13, 10–17)
Formgeschichtlich handelt es sich bei diesem Abschnitt um eine Wundererzählung mit einem anschließenden Streitgespräch (ab V.14). Die traditionelle Überschrift »Heilung am Sabbat« (Lutherbibel) legt den Hauptakzent auf die verbotene Sabbatheilung und blendet Jesu spezifische Zuwendung zur Frau aus. Eine Besonderheit dieser Erzählung liegt darin, dass Jesus hier nicht um Heilung gebeten wird, sondern selbst auf die Leidende zugeht. Der »gekrümmte Rücken« wird in der Arbeit von Frauengruppen als eine spezifische Frauenerfahrung identifiziert. Auf dieser Grundlage lassen sich uneingelöste Herausforderungen der Jesusüberlieferung für die Situation von Frauen erarbeiten.

14.2 »Eins in Christus« – Das Kriterium von Gal 3,28

Zunächst eine Beobachtung: Die Kommentare zum Brief an die Galater bestreiten durchweg, dass Gal 3,28 eine politische Implikation hat.[7] Das heißt im Klartext: Die Gleichheit vor Gott wird betont, während gleichzeitig Schlussfolgerungen etwa im Blick auf kirchliche Ämter oder die politische Ordnung abgelehnt werden.[8] In Christus – im Glauben, im Bewusstsein – sind die genannten Unterschiede zwar aufgehoben, in der sozialen Wirklichkeit bleibt die Ungleichheit jedoch unangetastet. Dieses merkwürdige Nebeneinander von Glaube und sozialer Wirklichkeit wird gern durch die theologische Rede vom *eschatologischen Vorbehalt* gerechtfertigt. Mit diesem Begriff wird zum Ausdruck gebracht, dass der Ort des Glaubens zwischen dem bereits mit Jesus Christus angebrochenen Reich Gottes und seiner noch ausstehenden Vollendung liegt, gewissermaßen in der Spannung von »schon jetzt« und »noch nicht«. Die bereits in neutestamentlichen Zeugnissen zu findenden (und von Paulus kritisierten) Enthusiasten und Schwärmer lösen diese Spannung so auf, dass entweder der Glaube bereits in der Gegenwart ganz in den »himmlischen Zustand« versetzt oder dieser unmittelbar herbeigeführt werden muss. Auf der anderen Seite gerät die Abwehr von Enthusiasmus und Schwärmerei leicht zum Vehikel einer konservativen Ideologie, wenn mit dem Hinweis auf die nicht vorwegzunehmende, erst in der Zukunft erwartete Gottesherrschaft die soziale Ungleichheit unangetastet bleibt.

Die von Paulus im Galaterbrief übernommene – geringfügig modifizierte – urchristliche Tauformel (Gal 3,28) spricht eindeutig von einer neuen Wirklichkeit, die

---

[6] Vgl. SCHÜSSLER-FIORENZA, a.a.O., 11f
[7] E. SCHÜSSLER-FIORENZA weist auf eine Untersuchung von H.D. BETZ hin. Vgl. SCHÜSSLER-FIORENZA, a.a.O., 258
[8] Vgl. z.B. SCHLIER, HEINRICH: Der Brief an die Galater. Kritisch-exegetischer Kommentar über das Neue Testament, Göttingen [14]1971, 130 Anm. 5

sich nur mit Kunstgriffen auf die spirituelle Ebene eingrenzen lässt. Sie formuliert einen Anspruch wahrer Humanität gegen erfahrbare Ungleichheit, der darauf drängt, erfahrbar zu werden. Indem die christliche Taufe die Beschneidung als Initiationsritus ablöste, wurde eine wichtige Voraussetzung für die Gleichheit der Geschlechter geschaffen. SCHÜSSLER-FIORENZA weist darauf hin, dass der Satz »Da gibt es nicht männlich und weiblich« nicht die Aufhebung biologischer Unterschiede im Sinne gnostischer Vorstellungen meine und auf Androgynie ziele. Es gehe vielmehr um die Überwindung des patriarchalen Eheverständnisses und seiner Geschlechtsrollenzuschreibungen.[9] Außerdem arbeitet sie heraus, dass das ursprüngliche Taufbekenntnis – verbunden mit dem feierlichen Taufritus – bei den unter Unfreiheit Leidenden Erwartungen weckte, die auf Umsetzung zu neuer Freiheitserfahrung drängten.[10] Die Bewahrung der neuen geschenkten Freiheit ist das Hauptthema des Galaterbriefes.

> *»Paulus bekämpft im Galaterbrief mit äußerster Leidenschaft eine anachronistische Ideologie, die – im Widerspruch zu dem im Kreuz Christi offenbarten Willen Gottes – erneut der Beschneidung eine Art Heilsnotwendigkeit verleihen möchte und damit das der Gemeinde und der Welt geschenkte neue Leben zu verspielen droht...So ist für Paulus die christliche Gemeinde – als durchaus empirisches Sozialgebilde mit all seinen Zweideutigkeiten und darum oft gegen den Augenschein! – der Brückenkopf von Gottes neuer Schöpfung mitten in der noch andauernden Geschichte der Welt, die aber durch diesen Einbruch als die ablaufende Zeit 'dieses Äons' unübersehbar gezeichnet ist...«[11]*

Auch wenn Paulus hinter dem Anspruch der von ihm überlieferten Taufformel in anderen Briefen zurückbleibt, beschreibt er hier das Kriterium christlich-humaner Existenz, das in der Wirklichkeit unserer Gemeinden und darüber hinaus eingeholt werden will.

Als exemplarisch für Paulus Verständnis von Mann und Frau kann der auf mehreren Ebenen argumentierende Text 1Kor 11,3–16 gelten.

Aufgabe:
- Lesen Sie 1Kor 11,3–16 und versuchen Sie die Argumentation des Paulus nachzuvollziehen.

Es geht in dem ganzen Textzusammenhang um das richtige Benehmen im Gottesdienst. Zunächst fällt dabei auf, dass für Paulus hier das Beten und Prophezeien selbstverständlich von beiden Geschlechtern praktiziert wird und sich mit dem Schweigegebot in Kap. 14,33–36 nicht verträgt. Offensichtlich will Paulus in Kap. 11 mit seiner Argumentation die in Korinth und wohl auch anderswo übliche Praxis prophetischer und ekstatischer Rede nicht verhindern, sondern nur in geordnete Bahnen lenken. Dabei spielt für ihn die, der Sitte entsprechende, geschlechtsspezifische Kopfbedeckung und Haartracht eine zentrale Rolle. Wie verschiedene Interpretationen dieser Stelle zeigen, ist nicht mit Sicherheit auszumachen, welches Verhalten hier gemeint war. Gelöstes Haar galt im Judentum als Zeichen der Unreinheit, in hellenistischen Kulten als Zeichen wahrer Prophetie. Die Verpflichtung, wegen der Engel etwas auf dem Kopf zu tragen, weist möglicherweise auf den in Gen 6,1–4 anklingenden

---

[9] Vgl. SCHÜSSLER-FIORENZA, a.a.O., 262f
[10] Ebd. 259ff
[11] THYEN, H.: »...nicht mehr männlich und weiblich«. Eine Studie zu Galater 3,28, in: CRÜSEMANN,F./THYEN, H.: Als Mann und Frau geschaffen. Exegetische Studien zur Rolle der Frau, Gelnhausen u.a. 1978, 107–201

mythologischen Hintergrund, dass unverhüllte Frauen männliche himmlische Wesen verführen könnten.[12] Paulus verwendet in seiner Argumentation die in V.3 genannte hierarchische Ordnung: Gott-Christus-Mann-Frau, um den sich in der Haartracht ausdrückenden Geschlechtsunterschied als der Sitte entsprechend zu betonen. Die Schwierigkeit liegt für ihn wohl darin, die seinem jüdisch geprägten Anstandsempfinden entstammende Vorstellung der korinthischen Gemeinde verständlich zu machen, die diesen Hintergrund nicht hat. Prophetisches Reden, ja, aber bitte in einer Form, die äußerlich keinen Anstoss erregt. Zugleich aber betont Paulus, dass er mit dieser Argumentation die Gleichheit von Mann und Frau »in Christus« nicht bestreiten will. Viel spricht dafür, den V.11 nicht in der üblichen Form »Doch ist im Herrn weder die Frau ohne den Mann noch der Mann ohne die Frau« zu übersetzen, sondern: »Im Herrn ist weder die Frau vom Mann unterschieden und der Mann nicht von der Frau«, weil das entsprechende griechische Wort (choris) in der Regel nicht »ohne«, sondern »anders als«, »verschieden von« meint. »Unterschiede, die es aufgrund der Natur oder der Schöpfung geben mag, bestehen in der gottesdienstlichen Versammlung der Christinnen nicht mehr.«[13] Damit deckt sich diese Aussage in der Tendenz mit dem von Paulus übernommenen Taufbekenntnis in Gal 3,28: Es gibt nicht mehr Juden und Griechen, nicht Sklaven und Freie, nicht Mann und Frau; denn ihr seid alle eins in Christus Jesus.

Für die christliche Tradition ist nun aber weniger diese Tendenz als die dazwischenliegende, auf die Urgeschichte bezogene Argumentation bedeutsam geworden, die den (hierarchischen) Unterschied der Geschlechter mit Rückbezug auf die Ordnung der Schöpfung betont. H. SCHÜNGEL-STRAUMANN macht darauf aufmerksam, dass Paulus hier einem Trend der rabbinischen Auslegungstradition folgt, der die volle Gottebenbildlichkeit nur dem Mann zubilligt, obwohl der hebräische Urtext in Gen 1,28 dieses diskriminierende Verständnis nicht deckt. Auch in der anderen Überlieferung von der Schöpfung des Menschen in Gen 2 darf adam (Mensch) vor der Erschaffung der Frau nicht als Mann und schon gar nicht als männlicher Eigenname verstanden werden.[14]

Vermutlich wird wohl jene Betrachtung dem Paulus am ehesten gerecht, die die Widersprüche in seiner Argumentation durch Widersprüche in ihm selbst erklärt: Er berichtet von Erfahrungen, dass Frauen und Männer gleichwertig die Sache Christi vertreten, aber er ist tief geprägt von traditionellen Vorstellungen, die ihm z.B. unverschleierte Frauen ein Greuel sein lassen. »In ihm kämpfen Theorie und Praxis, das Wissen darum, dass in Christus Männer und Frauen einander nichts voraus haben, ... mit der inneren emotionalen Bindung an eine vertraute Praxis...«[15] Diesem Widerspruch im Denken und in der Argumentation des Paulus schreiben SCHÜSSLER-FIORENZA und LUISE SCHOTTROFF. Auch die Ermahnung in 1Kor 14,33–36 zu, in welcher er den Frauen das Schweigen in der Gemeindeversammlung und Unterordnung unter ihre Männer gebietet, während andere Ausleger in diesem Absatz eine nachpaulinische Ergänzung sehen.[16]

---

[12] Zu den verschiedenen Interpretationen vgl. SCHÜSSLER-FIORENZA, a.a.O., 282ff u. SCHÜNGEL-STRAUMANN, a.a.O., 45ff

[13] SCHÜSSLER-FIORENZA a.a.O., 286

[14] Vgl. SCHÜNGEL-STRAUMANN, a.a.O., 48ff

[15] S. HEINE, a.a.O., 109

[16] Vgl. SCHÜSSLER-FIORENZA, a.a.O., 287 f, und SCHOTTROFF, a.a.O., 105f

14.3 Die verdrängte Frau

Aufgabe:
- Lesen Sie Röm 16, und notieren Sie die genannten Frauen und ihre Funktionen in der Gemeinde.

> »Ich empfehle euch aber unsere Schwester Phöbe, die im Dienst der Gemeinde von Kenchreae ist. Nehmt sie im Herrn auf, wie es sich für Heilige ziemt, und steht ihr bei, worin immer sie eure Hilfe braucht. Sie selbst hat schon vielen geholfen, auch mir.
> Grüßt Prisca und Aquila, meine Mitarbeiter in Christus Jesus. Sie haben für mein Leben ihren Kopf hingehalten. Aber nicht ich allein habe ihnen zu danken, sondern ebenso alle heidenchristlichen Gemeinden. Und grüsst auch ihre Hausgemeinde. Grüßt mir einen lieben Ephainetos, den ersten Christen in Asien. Grüsst Maria, die soviel Mühe für euch aufgewandt hat. Grüsset Andronikus und Junia(s), meine Stammesgenossen und meine Mitgefangenen, sie nehmen einen hervorragenden Platz unter den Aposteln ein und sind schon vor mir Christen gewesen.« (Röm 16,1–7 Übersetzung nach U.Wilckens)

Ein Blick in die gesamte Grußliste am Ende des Römerbriefes[17] (16,3–16) lässt erkennen, dass Paulus hier insgesamt 9 Frauen namentlich nennt und ihre Arbeit würdigt. Einige davon – wie Prisca – werden auch an anderer Stelle erwähnt.

In dieser Aufzählung lässt sich zunächst ein deutlicher Hinweis auf das vielseitige Engagement von Frauen in den urchristlichen Gemeinden erkennen. Dieses Engagement – zumal dann, wenn es mit Funktionen verbunden war, die im Laufe der Kirchengeschichte Männern vorbehalten blieben – wurde im Laufe der Traditions- und Auslegungsgeschichte deutlich heruntergespielt, verfälscht oder aus der Erinnerung getilgt. Es ist vor allem das Verdienst feministischer Theologinnen, diese Tendenzen an anschaulichen Beispielen entlarvt zu haben.

So konnte BERNADETTE BROOTEN herausarbeiten, dass es sich bei dem in unseren Bibelübersetzungen als Apostel, Mitgefangenen des Paulus und Stammesgenosse (Jude) genannten Junias um eine Frau gehandelt haben muss. Die Argumente:
– Ein männlicher Name Junias ist als Eigenname weder biblisch noch außerbiblisch belegt, wohl aber die weibliche Form Junia.
– Der Papyrus Chester Beatty, die älteste erhaltene Handschrift für die neutestamentlichen Briefe, überliefert die weibliche Form.
– Die sicher nicht wegen ihrer Frauenfreundlichkeit zu rühmende patristische Bibelauslegung geht selbstverständlich davon aus, dass es sich bei Junia um eine Frau gehandelt hat. So schreibt Johannes Chrysostomos: »Wie groß muss doch die Weisheit dieser Frau gewesen sein, dass sie für den Titel Apostel würdig gefunden wurde.«[18]

---

[17] Es gilt als wahrscheinlich, dass diese Grußliste ursprünglich nicht Bestandteil eines Briefes von Paulus an die Römer war, sondern den Schluss eines nicht erhaltenen Paulusbriefes – vermutlich an die Gemeinde in Ephesus – bildete. Zum einen kannte Paulus die Gemeinde in Rom noch gar nicht, zum anderen setzt ein Vergleich mit anderen Textstellen voraus, dass sehr viele aus anderen Orten nach Rom übergesiedelt sein müssten

[18] BROOTEN, BERNADETTE: »Junia... hervorragend unter den Aposteln« (Röm 16,7) in: MOLTMANN-WENDEL, ELISABETH: Frauenbefreiung. Biblische und theologische Argumente, München und Mainz ³1982, 148–151

Erst ab dem 13. Jahrhundert erfolgte eine Geschlechtsumwandlung, bei der es trotz einiger abweichender Ausleger bis heute blieb. Die Erinnerung an eine Frau als Apostel wurde getilgt nach dem Motto: was nicht sein darf, das nicht sein kann... In der neuesten Auflage der wissenschaftlichen Standardausgabe des griechischen Neuen Testaments wurde sogar der Hinweis auf die weibliche Variante des Namens ganz gestrichen, so dass daran nicht einmal mehr das Problem entdeckt werden kann.[19]

Eine schleichende Abwertung einer im Urchristentum herausragenden Frauengestalt lässt sich anhand der frühen Textgeschichte auch im Blick auf Prisca (Röm 16,3; 1Kor 16,19; 2Tim 4,19) bzw. Priscilla (Apg 18,2 und 26) aufzeigen. Paulus berichtet über sie, dass ihr (an erster Stelle) und ihrem Mann Aquila nicht nur er, sondern alle Gemeinden der Heiden zu danken haben. (Röm 16,4). Apg 18,26 überliefert, dass der Judenchrist Apollos von dem Ehepaar genauer über den Weg Gottes belehrt worden sei. Prisca und Aquila haben nach der Vertreibung aus Rom (49 n. Chr.) zunächst in Korinth, dann in Kleinasien wie Paulus Missionsarbeit betrieben und werden beide von ihm entsprechend gewürdigt. In einigen wichtigen Textüberlieferungen lässt sich im Blick auf die entsprechenden Abschnitte der Apostelgeschichte eine deutliche Verschiebung der Textgestalt zugunsten des Aquila beobachten. Aus »Aquila und seiner Frau Priscilla« wird zunächst »A. mit seiner Frau Priscilla«. Aus »Paulus ging zu ihnen« – »er ging zu ihm«. In V.26 wird die Reihe von Priscilla und Aquila umgekehrt und der Mann zuerst genannt und schließlich mehrfach der Name Aquila allein in den Textzusammenhang eingefügt, wodurch seine Bedeutung hervorgehoben wird. Die Reihe der Detailbeobachtungen lässt sich noch fortsetzen.[20]

Ein drittes Beispiel für die Relativierung einer ursprünglich hervorragenden Frauengestalt bietet Phoebe. Sie erhält als einzige ein Empfehlungsschreiben (Röm 16,1ff) und wird mit den Titeln Schwester, diakonos und prostatis (Vorsteherin) bezeichnet. In der Auslegung zeigt sich nun ein deutlicher Trend, diese Bezeichnungen herunterzuspielen oder so zu erklären, dass sie in weiblicher Form eine andere Bedeutung haben müssten als in der männlichen. Während vieles dafür spricht, dass Paulus, indem er Phoebe so bezeichnet (wie an anderer Stelle sich selbst), ihre selbständige Funktion im Blick auf Missionsarbeit, Verkündigung und Lehre sowie in der Leitung der Gemeinde zum Ausdruck bringen will, hebt ein breiter Auslegungsstrom – wohl inspiriert vom Diakonissenbild der Neuzeit – auf die geschlechtsspezifische helfende und dienende Funktion ab.[21]

Zusammenfassend lässt sich festhalten, dass besonders aus den Paulusbriefen deutlich wird, dass Frauen der urchristlichen Gemeinden gleichrangig und selbständig in verschiedenen Funktionen wie Leitung, Missionsarbeit und Lehre wirkten und z.B. von Paulus auch als ihm gleichwertig anerkannt waren. Es lässt sich jedoch bereits von der frühen Geschichte des Christentums an bis in die Gegenwart hinein ein Trend feststellen, diese Erinnerungen zuungunsten der Frauen zu relativieren.[22]

---

[19] Vgl. HEINE, SUSANNE: Frauen der frühen Christenheit. Zur historischen Kritik einer feministischen Theologie, Göttingen 1986, 50

[20] Vgl. ebd., 51f

[21] Vgl. SCHÜSSLER FIORENZA, ELISABETH: Zu ihrem Gedächtnis. Eine feministisch-theologische Rekonstruktion der christlichen Ursprünge, München und Mainz 1988, 218ff

[22] Vgl. SCHOTTROFF, LUISE: Wie berechtigt ist die feministische Kritik an Paulus? Paulus und die Frauen in den ersten christlichen Gemeinden im Römischen Reich, in: Einwürfe 2 (1985), 94–111

14.4 Die Urschuld der Frau

Eine naive und z.T. phantasiereiche Exegese von Gen 3 (Der sog. Erzählung vom Sündenfall) hat Eva und damit »die Frau« immer wieder dafür verantwortlich gemacht, dass durch sie als erste – und oft durch sie allein – Sünde und Unheil in die Welt gekommen sind.[23]

Die Feststellung einer unsachgemäßen Auslegung ändert nichts an ihrer verhängnisvollen Wirkungsgeschichte, lässt jedoch viel über die Bedeutung von Auslegungssituation und Auslegungsinteresse erkennen.

Zunächst ist innerhalb der neutestamentlichen Literatur die Tendenz festzustellen, dass, je mehr die Naherwartung der Herrschaft Christi abnahm, die Tendenz zur Durchschnittsmoral zunahm. Dies zeigt sich besonders auffällig in den Pastoralbriefen (Timotheus und Titus), die um ca. 100 n. Chr. und ca. 30 Jahre nach dem Tod des Paulus unter seinem Namen Anleitung für die Gemeindeführung gaben. Aus diesem Zusammenhang stammen auch die für die Frauen in kirchlicher Tradition problematischen Verse:

> »So ist denn dies mein Wille: Allerorten sollen die Männer beten, und rein sollen die Hände sein, die sie zum Himmel erheben, ohne Zorn und Streit. Ebenso auch die Frauen: in anständiger Kleidung (sollen sie zum Gebet kommen); Keuschheit und Zucht soll ihr Schmuck sein, nicht kunstvoll geflochtenes Haar, Gold, Perlen und kostbare Kleider. (Sie sollen sich vielmehr so hervortun,) wie es Frauen ziemt, die sich zur Frömmigkeit bekennen: mit guten Werken. Eine Frau soll (in der Gemeindeversammlung) still schweigen und lernen, sich in allem unterzuordnen. Ich gestatte keiner Frau, öffentlich zu lehren, ebensowenig, einem Manne dreinzureden. Sie soll sich vielmehr still verhalten. Denn: Adam ist zuerst geschaffen worden, danach erst Eva. Und nicht Adam ist es, der verführt worden ist, sondern die Frau hat sich zuerst zur Übertretung verführen lassen. Doch wird sie Rettung finden, indem sie Kinder zur Welt bringt. Sie müssen nur im Glauben, in der Liebe und in der Heiligkeit zuchtvollen Lebens bleiben.« (1 Tim 2,8–15)

Drei Aspekte »erklären« diese patriarchal geprägte Weisung:

1. Der Druck der Konvention:
Mit den Vorstellungsmustern unserer Zeit formuliert, unterliegt die Aufbruchsbewegung des frühen Christentums mehr und mehr den gesellschaftlichen Normen ihrer Zeit und verliert ihre kritischen Impulse gegen lebensschädigende bürgerliche Zwänge.

2. Kollektive Diskreditierung:
Im Kontext der vielfältigen Auseinandersetzungen mit Irrlehren wird auf diese Weise eine vielleicht besonders redegewandte Frauengruppe wirkungsvoll neutralisiert, indem Frauen grundsätzlich das Recht zur Lehre abgestritten wird.

3. Der Rückgriff auf die Schöpfungsordnung und eine besondere Schuld der Frau:
Im Einklang mit einem breiten Strom der jüdischen Auslegungsgeschichte werden Gen 2–3 so interpretiert, dass aus der Abfolge der Erschaffung von Mann und Frau eine Wertung wird und der Sündenfall wesentlich auf das Konto der Frau geht: »Von einem Weibe nahm die Sünde ihren Anfang und um seinetwegen müssen wir alle sterben.« (Jesus Sirach 25,24)

---

[23] Daneben darf aber nicht übersehen werden, dass es in der dogmatischen Tradition eine ebenso problematische Linie gibt, die »Adams Fall« ins Zentrum rückt. (vgl. Heine, a.a.O., 24ff) und JOHANNSEN/REENTS: Alttestamentliches Arbeitsbuch für Religionspädagogen, Stuttgart u.a. 1987, 52ff

Es vollzieht sich eine aus der Vorurteilsforschung bekannte Bewegung: Zuschreibungen von Eigenschaften und Defiziten stützen eine Einstellung und die damit verbundene diskriminierende Haltung.

Nun wird in den neueren Kommentaren zur o.g. Stelle die »Zeitgebundenheit« dieser Vorstellung durchaus gesehen. Kritische Bibelauslegung darf sich jedoch nicht auf diese Feststellung beschränken, sondern muss im Sinne einer ideologiekritischen Betrachtung diese Argumentation zugleich in ihrer Funktion zur Stabilisierung einer Ungleichheit offenlegen, die dem Geist des Evangeliums entgegensteht. Denn:

> *Die unheilvolle Fremdbestimmung der Kirche durch bürgerlich-patriarchalische Modelle und familienideologische Autoritätsstrukturen, die jahrhundertelang Leben, Gottesdienst und Praxis der Kirche beherrscht haben, hat hier ihren Siegeszug angetreten.*[24]

Die Arbeiten von E. SCHÜSSLER-FIORENZA, S. HEINE u.a. machen im Widerspruch zu einem in der feministischen Theologie vorhandenen Trend in diesem Zusammenhang den Wert und die Chancen kritischer Methoden[25] deutlich, wenn es darum geht, Ursprünge und Geschichte der frauenfeindlichen Tendenzen aufzudecken und aus den Überlieferungen die befreienden Tendenzen neu zu erschließen.

1Tim 2,8ff ist Teil einer naiven Exegese der biblischen Urgeschichte, deren Spuren von der spätjüdischen über die frühchristliche Zeit bis in die Gegenwart reichen. Dabei wird die Erzählung als reales Geschehen gelesen und ihr ätiologischer Charakter verkannt. Ätiologien (Ursprungserklärungen) spielen in religiösen Überlieferungen eine große Rolle. Es sind gewissermaßen vorwissenschaftliche Erklärungsversuche für bekannte Phänomene der Lebenswelt. Sie erklären eine in der Gegenwart des Erzählers vorfindliche Wirklichkeit durch ein Geschehen der Vergangenheit, dessen Auswirkung anhält. Zugleich werden dadurch die Verhältnisse der vorfindlichen Lebenswelt – gegen andere Sichweisen – gedeutet. Im Gesamtzusammenhang der Urgeschichte gelesen ist die Herrschaft des Mannes über die Frau Folge einer durch menschliches Fehlverhalten bewirkten Störung, die dem guten Schöpfungswillen Gottes widerspricht.[26] Es sollte zu denken geben, was es bedeutet, wenn diese Folgen einer Störung als gottgewollte Ordnungen interpretiert werden. 1Tim 2,8ff folgt zudem offensichtlich einer Traditionslinie, die die Ursünde mit geschlechtlichen Verfehlungen in Zusammenhang bringt. So versteht sich dann der Gedanke, dass im Sinne des Vergeltungsgesetzes die Schuld Evas durch Gebären gesühnt wird.[27]

Auch aus der Spätzeit des NT stammt der Text 1Petr 3,1–3, in dem die Unterordnung als der wahre Schmuck der Frau bezeichnet wird. Hier allerdings nicht mit Bezug auf die Urgeschichte, sondern mit Hinweis auf das Beispiel Saras (Gen 18,12), die Abraham ihren Herrn nannte. E. SCHÜSSLER-FIORENZA, die sich in besonderer Weise um die Rekonstruktion der frühchristlichen Geschichte unter dem Aspekt der Wiederentdeckung des christlichen Frauenerbes verdient gemacht hat, sieht den Umschwung zuungunsten der Frau innerhalb des NT in Kol 3,18ff. Der von einem Paulusschüler an die Gemeinde in Kolossä geschriebene Brief übernimmt zuerst – wie andere spätere Schriften des NT – die Ethik der patriarchalen griechisch-römischen

---

[24] GERSTENBERGER, ERHARD S./SCHRAGE, WOLFGANG: Frau und Mann. Stuttgart u.a. 1980, 137
[25] Von Teilen der feministischen Theologie werden 'kritische Methoden' als Element patriarchalischer Wissenschaft abgelehnt.
[26] Vgl. S. HEINE, a.a.O., 28
[27] Vgl. SCHÜNGEL-STRAUMANN, HELEN: Die Frau am Anfang. Eva und die Folgen, Freiburg i. Brsg. 1989, 38

Haustafeln als Leitlinien für die christliche Gemeinde. Frauen werden zur Unterordnung unter ihre Männer, Kinder zum Gehorsam gegen ihre Eltern und Sklaven zum Gehorsam gegen ihre Herrn aufgefordert und die jeweils Oberen zu anständigem Verhalten ermahnt. Das genuine Interesse des Verfassers liegt allerdings nicht in der Unterordnung der Frau, sondern darin, dass christliche Sklaven ihren Status akzeptieren.[28]

Aufgabe:
- Fassen Sie zusammen, worin nach Ihrer Meinung die wichtigsten Konsequenzen femininistischer Forschung für die Aufgaben des Religionsunterrichts liegen.

Literatur

AHL, RUTH: Eure Töchter werden Prophetinnen sein... Kleine Einführung in die Feministische Theologie, Freiburg i.Brsg. 1990 BROOTEN, BERNADETTE J.: Frühchristliche Frauen und ihr kultureller Kontext. Überlegungen zur Methode historischer Rekonstruktion, in: Einwürfe 2 (1985), 62–93 CRÜSEMANN, F./THYEN, H.: Als Mann und Frau geschaffen. Exegetische Studien zur Rolle der Frau, Gelnhausen u.a. 1978 DAUTZENBERG, GERHARD/MERKLEIN, HELMUT/MÜLLER, KARLHEINZ: Die Frau im Urchristentum, Freiburg 1983 DIETRICH, WOLFGANG: Fernstudium für evangelische Religionslehrer an berufsbildenden Schulen. Studieneinheit 11: Frau und Mann – Mann und Frau, Weinheim u. Basel 1980 GERSTENBERGER, ERHARD S./SCHRAGE, WOLFGANG: Frau und Mann, Stuttgart u.a. 1980 HEINE, SUSANNE: Frauen der frühen Christenheit. Zur historischen Kritik einer feministischen Theologie, Göttingen 1986 HOLLENWEGER, WALTER J.: Konflikt in Korinth. Memoiren eines alten Mannes. Zwei narrative Exegesen zu 1Kor 12–14 und Ez 37, München ³1981 LEIPOLDT, JOHANNES: Die Frau in der antiken Welt und im Urchristentum, Leipzig 1954 MOLTMANN-WENDEL, ELISABETH: Frauenbefreiung. Biblische und theologische Argumente, München und Mainz ³1982 SCHOTTROFF, LUISE: Wie berechtigt ist die feministische Kritik an Paulus? Paulus und die Frauen in den ersten christlichen Gemeinden im Römischen Reich, in: Einwürfe 2 (1985), 94–111 SCHOTTROFF, LUISE: Frauen in der Nachfolge Jesu in neutestamentlicher Zeit, in: SCHOTTROFF, W./STEGEMANN, W. (Hg.): Traditionen der Befreiung 2, München 1980, 91–133 SCHOTTROFF, LUISE und MARIE-THERES WACKER unter Mitarbeit von CLAUDIA JANSSEN und BEATE WEHN: Kompendium Feministischer Bibelauslegung, Gütersloh 1998 (mit vielen Einzelbeiträgen) SCHÜNGEL-STRAUMANN, HELEN: Die Frau am Anfang. Eva und die Folgen, Freiburg i. Brsg. 1989 SCHÜSSLER-FIORENZA, ELISABETH: Zu ihrem Gedächtnis. Eine feministisch-theologische Rekonstruktion der christlichen Ursprünge, München und Mainz 1988 SCHÜSSLER-FIORENZA, ELISABETH: Der Beitrag der Frau zur urchristlichen Bewegung. Kritische Überlegungen zur Rekonstruktion urchristlicher Geschichte, in: SCHOTTROFF, W./STEGEMANN, W. (Hg.): Traditionen der Befreiung 2, München 1980, 60–90 THEIßEN, GERD: Der Schatten des Galiläers. Historische Jesusforschung in erzählender Form, München 1986

---

[28] Vgl. SCHÜSSLER FIORENZA, ELISABETH: Zu ihrem Gedächtnis. Eine feministisch-theologische Rekonstruktion der der christlichen Ursprünge, München und Mainz 1988, 305ff

15 »So gebt dem Kaiser, was dem Kaiser zusteht, und Gott, was Gott zusteht!«
Ethische Maßstäbe im Neuen Testament

(Harry Noormann)

Vorbemerkungen

Das folgende Kapitel weist so enge Querbezüge zu anderen Abschnitten auf, dass sich Überschneidungen nicht immer vermeiden lassen: Das »Ethos« Jesu und seiner Anhänger/innen (im Sinne einer sittlichen Gesamthaltung) wurzelt in ihrer Zugehörigkeit zur jüdischen Toragemeinde (vgl. Kap. 2 – Jesus, die Tora und das zeitgenössische Judentum, S. 23ff) und gewinnt sein eigentümliches Profil in einer prinzipiell toratreuen »Revitalisierung« (G. THEIßEN) ethischer Grundsätze (vgl. Kap 3 – Der Streit um die Bergpredigt, S. 37ff). Die Frage nach einer gerechteren, dem göttlichen Willen entsprechenden Verteilung der materiellen Güter und einer auf Frieden und Versöhnung ausgerichteten Ordnung bildet einen seinerzeit explosiven ethischen Konfliktstoff («Ethik« als Reflexion für Normen und Maximen verantwortlichen Handelns in kontingenten Entscheidungssituationen), der am Beispiel von »Arm« und »Reich« eigens erörtert wird (vgl. Kap. 8 – Armut und Reichtum im Neuen Testament, S. 109ff).

Mit anderen Worten: Glauben und Handeln bilden in der jüdischen Lebenspraxis Jesu eine unauflösliche Einheit, die nur um der Analyse willen unterschieden werden. Von der »jüdischen Lebenspraxis Jesu« ist bewusst die Rede, da Jesu (Liebes-)Ethik in der christlichen Tradition einen vielstimmigen Resonanzraum geboten hat, um sie von der vermeintlichen jüdischen (Vergeltungs-)Ethik positiv abzugrenzen. Die traditionell verbreiteten Zerrbilder und Vorurteile sind keineswegs überwunden: 1. Die Weisungen der Tora wurden im Judentum als »Gesetz« verstanden und gehandhabt. Die jüdischen Religion ist eine »*Gesetzesreligion*«. 2. Die Deutung des Gesetzes erfolgt »kasuistisch« auf zahllose Einzelfälle hin («wenn... dann...«). 3. Hinter dem Gesetzesgehorsam verbirgt sich eine *Lohnmoral*, Gutes tun folgt dem Kalkül, Gutes zu erlangen. 4. Nicht Einsicht, sondern *formaler Gehorsam* genügt dem Gesetz. 5. Das Leben »unter dem Gesetz« wird von den Juden selbst als Last erlebt.[1]

Die Forschung hat sich in den vergangenen drei Jahrzehnten von diesen Sichtweisen gelöst. Jesus provozierte nicht Konflikte mit dem damaligen Judentum, sondern war Konfliktpartei im damaligen Judentum und seinen Auseinandersetzungen um den Geist der Tora. An die Stelle des lange geltenden *Differenzkriteriums* (Jesu Ethik ist »im Entscheidenden antijüdisch« heißt es in der angesehenen RGG, 3. Aufl. 1957, Sp. 1687) ist das *Plausibilitätskriterium* getreten («echt« ist, was in den jüdischen Kontext eingeordnet und seine Wirkungen im frühen Christentum plausibel machen kann). Vor diesem Hintergrund sind das Ethos der Jesusbewegung und ihre Haltung in den zentralen ethischen Konflikten zu betrachten.

---

[1] THEIßEN, GERD/MERZ, ANNETTE: Der historische Jesus. Ein Lehrbuch, Göttingen 1996, S. 312, 321.

15.1 Die Frage von Fallenstellern nach der Kaisersteuer als ethisches Paradigma für die Jesusbewegung

Mk 12,13–17 parr.: Pharisäer und Herodianer, erzählt Mk, werden zu Jesus geschickt, um ihn mit einer Frage in die Falle zu locken. Erst nach einer ehrerbietenden, wortreichen Verbeugung vor dem »Rabbi« rücken sie damit heraus: Ist es erlaubt, dem Kaiser Steuern zu zahlen oder nicht? Ein »Ja« würde Jesus der Kollaboration mit den Römern überführen und – schlimmer noch – des Verrats an der erhofften Befreiung von Fremdherrschaft, wie sie jeder Jude täglich im Achtzehn-Gebet erflehte: »Bringe wieder unsere Richter wie vordem und unsere Ratsherren wie zu Anfang und sei König über uns, du allein« (vgl. zu diesem Gebet das Kapitel zum Vaterunser S. 97ff).

Ein »Nein« müsste unweigerlich die Anklage auf Anstiftung zu zelotischer Rebellion nach sich ziehen. Jesus lässt sich einen Denar zeigen und fragt nach dem eingeprägten Bildnis und der Inschrift (das Brustbild des Kaisers mit der Umschrift: Tiberius Cäsar, göttliche Majestät, Sohn des Augustus; auf der Rückseite die Umschrift »Hoherpriester« mit dem Bildnis der Göttin Pax auf dem Götterthron, in der Rechten das Langszepter, in der Linken der Ölzweig). Jesus nötigt seine Gegenüber, es selber auszusprechen: Es sind das Bild und die Embleme des Kaisers. Darauf die berühmte Antwort: »So gebt dem Kaiser, was dem Kaiser gehört, und Gott, was Gott gehört.«

Römische Münze, aus: Luise Schottroff: Die Jesusbewegung, in D. Schirmer (Hg.) Kirchenkritische Bewegungen, Bd. 1, Stuttgart 1985, S. 15.

Schon LUTHER benutzte die Perikope, um den aufständischen Bauern einzuschärfen, dass der Meister Christus »uns mit Leib und Gut unter den Kaiser« wirft.[2]

Neben Röm 13,1–7 galt über Jahrhunderte hinweg die Antwort Jesu als Bezugstext par excellence, um mit der Autorität eines »Herrenwortes« eine Grundeinstellung zu erzeugen, nach der das »äußere Leben« der Christen sich gehorsam in den vorgegebenen Bahnen der durch staatliche Gewalt sanktionierten Gegebenheiten zu bewegen habe. »Das Imperium Caesaris ist der Weg, das Imperium Dei das Ziel der Geschichte«, heißt es bei E. STAUFFER noch 1948.[3] Die Gesellschaft und der Staat, so die herrschende Auffassung in der Linie einer Zwei-Reiche-Lehre aus dem 19. Jahrhundert, folgen eigenen Gesetzen. Jesus habe den Bereich des Politischen gegenüber

---

[2] Wider die räuberischen und mörderischen Rotten der Bauern, WA 18, 358, 34–37, zit. nach BÜNKER, MICHAEL: »Gebt dem Kaiser, was des Kaisers ist!« – aber: was ist des Kaisers? In: SCHOTTROFF, LUISE UND WILLY (Hg.): Wer ist unser Gott? Beiträge zur einer Befreiungstheologie im Kontext der ersten Welt, München 1986, S. 153.

[3] STAUFFER, EBERHARD: Christus und die Caesaren, 1948, S. 146.

dem Religiösen abgegrenzt und die Christen angehalten, in geflissentlichem Gehorsam gegenüber der staatlichen Ordnung um ihr Seelenheil bekümmert zu sein.

Nach dem Fiasko des christlich überhöhten Untertanengeistes während der Naziherrschaft verlagerte sich der Auslegungsakzent auf die zweite Aufforderung: Gebt Gott, was Gott zusteht. Der Satz gilt »wie alle Verkündigung im Angesicht der anbrechenden Königsherrschaft Gottes, die in Jesu Wort und Tat schon Gegenwart ist und sich zu verwirklichen anhebt. Von diesem so verstandenen 'Gott geben, was Gottes ist' bekommt das andere den Sinn einer vorläufigen, interimistischen, bald endenden Verpflichtung (…) Damit stellt sich Jesu Wort gegen alle Versuche, sei es jüdisch, sei es christlich, revolutionär oder konservativ-loyal, der Welt mit Ideologien aufhelfen zu wollen.«[4]

Die zweite Hälfte des Spruches relativiert nach dieser Deutung die Ansprüche staatlicher Macht dergestalt, dass der Christ »in eschatologischer Distanz« zur Welt seinen Pflichten nachkommt, ohne sie zu vergötzen (wie Juden und Römern unterstellt wird). »Die Freiheit zur Kaisersteuer« lautet ein vielsagender Aufsatztitel von LEONHARD GOPPELT.[5]

»Diese Auslegungsrichtung«, urteilt MICHAEL BÜNKER wohl zu Recht, »versucht, (…) eine scheinbar unpolitische Kirche auf einen vermeintlich ebenso unpolitischen Jesus zurückzuführen.« Jesus wird zum »Mann der Mitte«, mit WOLFGANG SCHRAGE: »Das Wort Jesu (…) hält die Mitte zwischen den extremen Positionen der Rebellion und Revolution auf der einen Seite, der Mystifizierung, Apotheose und Glorifizierung von Kaiser und Reich auf der anderen Seite«.[6]

Im Blick auf die ntl.-ethische Zuspitzung sind in dieser Auslegungstradition zwei unausgesprochene Prämissen urteilsprägend; erstens die Tendenz, aus dem ntl. Text die Kristalle zeitlos gültiger ethischer Maximen herauszudestillieren, zweitens die Tendenz, »Kaiser und Reich« und im weiteren Sinne dem gesellschaftlichen Status quo den Bonus einer »guten Ordnung« zuzuerkennen.

LEONHARD RAGAZ hatte es als Schweizer Theologe leichter als seine deutschen Kollegen, beim Wort »Kaiser« nicht sogleich innerlich Haltung anzunehmen und im Geiste mit der Hand an der Hosennaht wehmütigen Erinnerungen an Trommelwirbel und Preußens Gloria nachzuhängen. RAGAZ beklagt die irreführende und verharmlosende Übersetzung des Wortes Cäsar mit »Kaiser«.

> *»Denn was war Cäsar? Ein durch Krieg, Blut und Gewalt obenauf gekommener Diktator. Das ist der Sachverhalt (…) 'Diktator' wäre die sachlich beste Übersetzung und zwar Diktator im späteren Sinne, also 'Tyrann'. So hat ohne Zweifel Jesus den 'Cäsar' gesehen, ohne Zweifel nicht im Glanze der Kaiserdevotion des Mittelalters und noch späterer Zeiten: im Lichte der Offenbarung Johannis, nicht im Licht des Thomas von Aquino, Dantes oder gar Treitschkes.«* Zum Beweis führt RAGAZ das Wort Mt 20,20ff. in eigener Übersetzung an: *»Ihr wisst, dass die Machthaber der Völker sie tyrannisieren und ihre Großen sie vergewaltigen. So soll es bei euch nicht sein, sondern wer unter euch groß werden will, der wird euer Diener sein und wer unter euch der Erste sein will, der wird euer Knecht sein (…)«*[7]

---

[4] BORNKAMM, G.: Jesus von Nazareth, Stuttgart [7]1965, S. 113f.
[5] GOPPELT, LEONHART: Christologie und Ethik, Göttingen 1968, S. 208ff.
[6] SCHRAGE, WOLFGANG: Die Christen und der Staat nach dem Neuen Testament, Gütersloh 1971, zit. nach BÜNKER, a.a.O., S. 155.
[7] RAGAZ, LEONHARD.: Falsche Übersetzungen der Bibel von welt- und reichsgeschichtlicher Bedeutung; Anhang in: DERS.: Sollen und können wir die Bibel lesen? Hg. von der Religiös-sozialen Vereinigung der Schweiz, Zürich [2]1948, S. 38f.

RAGAZ setzt beide der o.g. Prämissen außer Kraft und begibt sich ansatzweise in eine exegetische Spur, die zunächst abhebt auf eine möglichst prägnante sozialgeschichtliche Erfassung der im Text vorkommenden Begriffe, Personen und Symbole. Michael Bünker (1986) hat diesen Ansatz in einer lehrreichen Studie zum Text entfaltet. Nachfolgend eine kurze Zusammenfassung seines historischen Befundes:

Zu den materiellen Säulen des römischen Weltreiches zählten der Sklavennachschub aus den unterworfenen Völkern und der Tribut – der Preis für die »Pax romana« war die Steuerpflicht («census« gab es im Aramäischen als Lehnwort für (Geld-)Strafe). Den »Zusammenhang zwischen Geld und Gewalt« durchschauten nicht nur die »befriedeten« Völker. Tacitus lässt einen britannischen Anführer die Worte sprechen: »Rauben, Niedermetzeln, Plündern nennen sie mit falschem Namen Imperium, und was sie zur öden Wüste gemacht haben, nennen sie Frieden.«[8]

Die »Kopfsteuer« (census, gr.: känsos) zählte zu den meist gehassten Zwangsmitteln, weil alle sie zu entrichten hatten, die nicht die landwirtschaftliche Ertragssteuer bezahlt hatten – d.h. die Masse der Landlosen und Besitzlosen.

Ein »Census« im engeren Sinne ging der eigentlichen Steuereintreibung voraus – zuvor mussten durch eine Volkszählung die Steuerlisten erstellt bzw. überprüft werden. Wo die Steuerbeamten auftauchten, um Vieh zu registrieren, Parzellen zu vermessen und »Köpfe« zu zählen (vielfach durch Einschüchterung bis hin zur Folter, um selbst nicht vorhandenen Besitz zu erfassen), gab es regelmäßig in allen Reichsteilen Unruhen. Auch in Judäa und Samaria, wo der »Census« 6 n. Chr. durchgeführt wurde, hatte dieser sofort einen Aufstand zur Folge. Zum ersten Mal bekannten Widerstandsgruppen sich zum offenen Steuerboykott, weil die Volkszählung Versklavung des Volkes bedeute und die Steuer unvereinbar sei mit dem Gotteswillen nach der Tora. So lautete im Kern die Steuerverweigerungsbotschaft des radikaltheokratischen Judas Galilaios 6 n. Chr.

Die erdrückende Steuerlast auf den Schultern der kleinen Leute war äußerst effizient bzw. skrupellos organisiert. Die Provinzen erhielten feste Vorgaben für die einzutreibende Steuersumme: 600 Talente für Judäa (das herodianische Großreich hatte ein Steueraufkommen von 1000 Talenten). Der Prokurator ernannte aus den Angehörigen des Synhedriums eine Art Steuerausschuss, dessen Mitglieder mit ihrem Vermögen dafür hafteten, dass die enormen Summen zur rechten Zeit von Steuerpächtern und -beamten eingetrieben waren. So wurde die sadduzäische Elite zum Hauptkollaborateur und Vollstrecker der fremden Unterdrückungsmacht, um ihre eigenen Privilegien und ihren Reichtum nicht zu gefährden. Aus diesen Kreisen, so darf man vermuten, kamen die Anstifter, welche die Leute schickten, um Jesus hereinzulegen: Ist es richtig, wie die Zeloten, konsequent die Kopfsteuer zu verweigern oder müssen wir sie zahlen?

Wer den römischen Silberdenar betrachtete, sah darin nicht ein bloßes (Steuer-) Zahlungsmittel, sondern das Symbol der unumschränkten Herrschaft Roms über Land und Volk; der Denar und das Verbrecherkreuz waren der Inbegriff der Gewalt von Geld und Militär. Viel Blut klebte an dieser Münze, erlittene Brutalität und ersehnte Befreiung.

»Wer diese Münze besitzt, gebraucht, damit handelt, anerkennt durch sein Tun die Herrschaft Roms. Wer mit dieser Münze Steuern zahlt, bekennt sich zur Ideologie der Pax

---

[8] Zit. nach Bünker, a.a.O., S. 156; vgl. zur Steuerpraxis auch Theißen, Gerd: Soziologie der Jesusbewegung (ThEh 194), München ²1978, S. 43ff; vgl. die völlige Neubearbeitung der Schrift: Theißen, Gerd: Die Jesusbewegung. Sozialgeschichte einer Revolution der Werte, Gütersloh 2004, S. 55–79.

> *Romana. Es waren also nicht erst die Zeloten, die aus der Steuerfrage eine Bekenntnisfrage gemacht haben, sondern bereits die, die diese Münze akzeptierten und den Umgang mit ihr als Mittel der Machterhaltung praktizierten: In unserem Fall also in erster Linie das Jerusalemer Synhedrium (...)«[9]*

In dieser Lesart tritt die ganze Schärfe der Reaktion Jesu zutage, in der er den Angriff pariert. Er zwingt seine Gesprächspartner, in die eigene Tasche zu greifen und sich als Besitzer dieser Münze zu offenbaren (und das geschieht im Tempel!).

Sie, die sie mit dieser Münze »munter Handel treiben« (Bornkamm), das fremde Götterbild gar im Tempel herumtragen, haben die von ihnen gestellte Frage längst durch ihr Verhalten beantwortet. In Jesu Antwort steckt wohl dieselbe exklusive Unvereinbarkeit, die aus anderen Sprüchen bekannt ist: Gott oder das Geld. Sonst hätte ja der Vers 17a als Antwort genügt: »So gebt dem Kaiser, was dem Kaiser gehört.«

Der zweite Halbsatz macht gerade die Relation deutlich, in dem die Steuerfrage ihr Recht hat. BÜNKER hat vorgeschlagen, das »was zusteht/gehört« nicht dinghaft-objektiv engzuführen. Er spricht von Beziehungsverhältnissen, die durch die Praxis definiert sind. Die Gegner Jesu stehen gleichsam im magnetischen Kraftfeld der kaiserlichen Gewalt und wissen selbst im Tempel nicht, was »Gottes ist«.

> *Jesu Ausspruch »ist also für seine Gegner ein Aufruf zur Umkehr. Umkehr – darin sind sich die Evangelisten einig – bedeutet für die Reichen immer auch Besitzverzicht. In der Steuerfrage steckt also die Frage nach der Stellung zu Systemen von Geld und Gewalt. Jesus ruft seine Gegner auf, ihre Kollaboration mit den Römern aufzugeben, dem Kaiser mit der Münze sein ganzes Steuersystem und seinen Unterdrückungsapparat zurückzugeben und sich damit vom Geld-Gewalt-System befreien zu lassen. Er selbst und seine Jünger haben ihre Antwort auf die Frage nach Geld und Gewalt bereits gegeben: Sie tragen nicht mehr des Kaisers Münze bei sich, sondern bereits das Angeld der Königsherrschaft Gottes, die Praxis des Friedens und der Gerechtigkeit (...)«[10]*

Die wenigen Andeutungen zum historischen Kontext der »Steuerfrage« mahnen zur Zurückhaltung gegenüber vorschnell abgeleiteten ethischen Rezepturen, die – wie oben gezeigt – dem jeweiligen Zeitgeist häufig näher stehen als dem Geist Jesu:

a) Die Jesusbewegung nahm teil an der politisch hochbrisanten Kontroverse, was »dem Cäsar« zustand und was ihm vom jüdischen Selbstverständnis her zu verweigern war (gegen apolitische Deutungen).
b) Die Antwort Jesu zielt nicht ab auf ein salomonisches »sowohl als auch«, auf ein friedlich-schiedliches Nebeneinander (Bornkamm) von Politik und Religion (gegen eine vermeintliche Eigengesetzlichkeit des gesunden Menschenverstandes in Gesellschaft und Politik).
c) Die Antwort kann schwerlich in Anspruch genommen werden für eine Haltung, das Gott Zustehende auf eine individuelle Seelenhygiene zu beschränken, demgegenüber das Steuerzahlen beiläufig mit der linken Hand erledigt wird (gegen individualistische Deutungen).

BÜNKER hat es den Lesern überlassen, die Metapher vom »Angeld« für das, »was Gott gehört«, zu konkretisieren. Welche Überzeugung und welches Verhalten setzten denn die Jesusleute dem kaiserlich-saddzuäischen Geld-Gewalt-System entgegen? THEIßEN u.a. ordnen die Jesusbewegung vergleichbaren »radikaltheokratischen« Erneuerungsbewegungen zu, von denen sich diese zugleich signifikant unterscheidet. Während sie mit Essenern und Zeloten die glühende Erwartung teilen, Gott werde in Kürze die Mächtigen in Gestalt fremder und eigener »Cäsaren« von den Thronen

---

[9] BÜNKER, a.a.O., S. 163.
[10] Ebd.

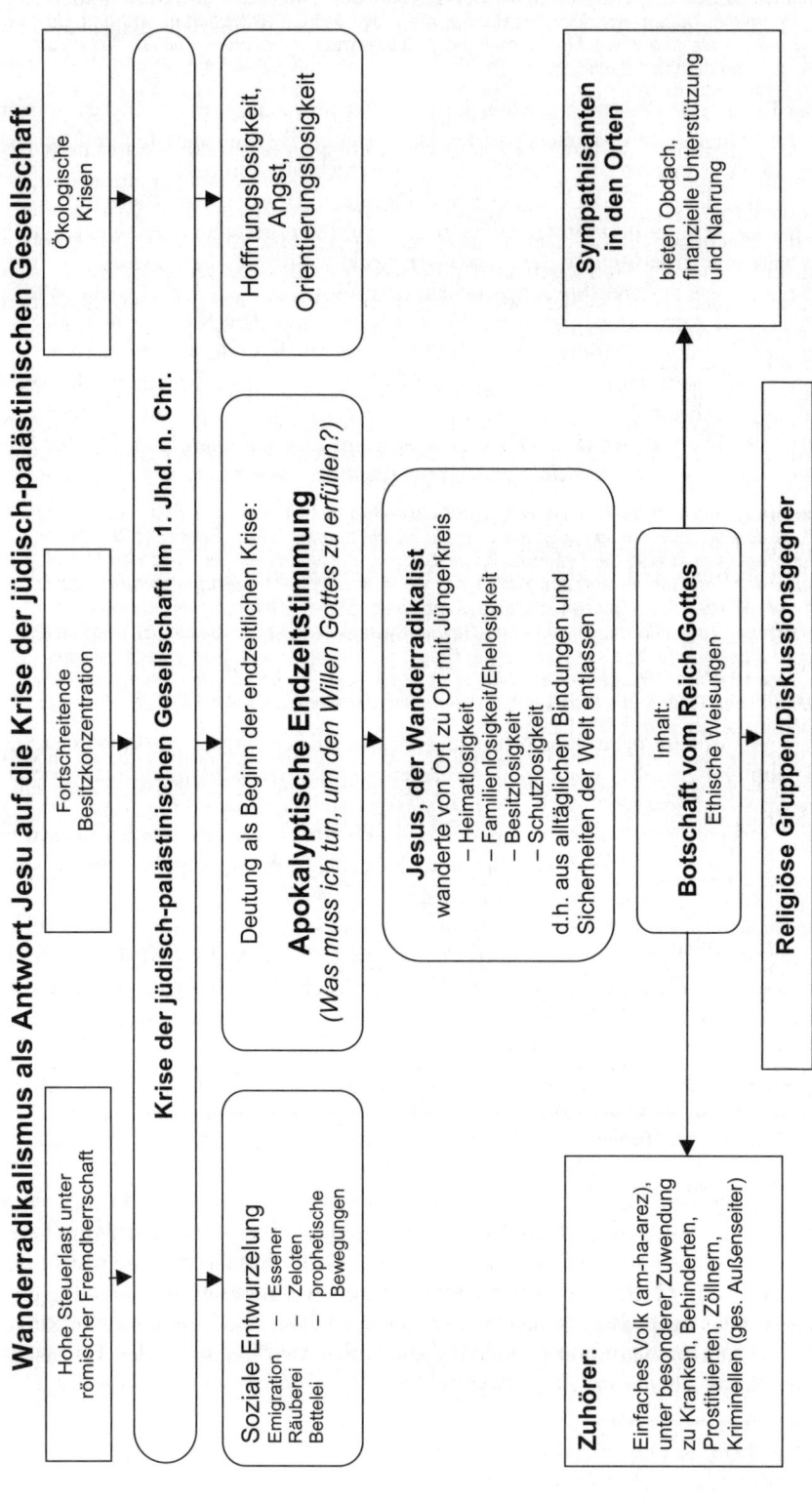

Quelle: Breit, Edith: Jesus, der Nazarener (=Band 2 des Schulbuches »Im Dialog. Kurs Religion für die Sekundarstufe II«), München 1995, S. 60

stürzen und selber die Herrschaft in der Person des »Messias« antreten, graben sich die Jesusleute nicht ein (Essener) oder tauchen ab (Zeloten), um den »makkabäischen Traum« weiterzuträumen: Gottesherrschaft = Unabhängigkeit nach außen und Toragerechtigkeit nach innen

THEIßEN u.a. ordnen die Jesusbewegung vergleichbaren »radikaltheokratischen« Erneuerungsbewegungen zu, von denen sich diese zugleich signifikant unterscheidet. Während sie mit Essenern und Zeloten die glühende Erwartung teilen, Gott werde in Kürze die Mächtigen in Gestalt fremder und eigener »Cäsaren« von den Thronen stürzen und selber die Herrschaft in der Person des »Messias« antreten, graben sich die Jesusleute nicht ein (Essener) oder tauchen ab (Zeloten), um den »makkabäischen Traum« weiterzuträumen: Gottesherrschaft = Unabhängigkeit nach außen und Toragerechtigkeit nach innen.
Ihre Vision ist radikaler, eine Welt »totaliter aliter«, »jetzt und hier«:
– »totaliter aliter«: »Die Ersten werden als Letzte dastehen«, die Zurückgesetzten werden die Ersten sein – die Armen, die Hungrigen, die nichts zu lachen haben, die Ausgegrenzten (Lk 6,20f., Mt 19,30; 20,16).
– »Jetzt und hier«: Die Zeit ist reif, die Gottesherrschaft beginnt (Mk 1,15) im Zeichen des Erlassjahres: den Armen die gute Nachricht auf »vollen Ausgleich«, den Gefangenen Entlassung, den Blinden das Augenlicht, den Zerschlagenen die Freiheit (Lk 4, 18f.).

THEIßEN[11] erkennt vier Merkmale, die konstitutiv zum Ethos der »vagabundierenden Wanderpropheten« um Jesus und der Bewegung nach dessen Hinrichtung hinzugehören:
– Sie haben ihren festen »Wohnsitz« (Mk 1,16f.; 10,28; Mt 8,20) aufgegeben;
– sie leben familienlos (Mk 1,20; 10,29);
– sie leben in demonstrativer Besitzlosigkeit, d.h., die Not der Armut, die sie möglicherweise vorher gekannt haben, wird zu einer Quelle ihres Selbstbewusstseins und Programms: Eher kommt ein Kamel durchs Nadelöhr als ein Reicher ins Gottesreich (Mk 10,25);
– sie verzichten bewusst auf Mittel der Selbstverteidigung.

Zusammenfassend:

> *»Der ethische Radikalismus der synoptischen Tradition war Wanderradikalismus, der sich nur unter extremen und marginalen Lebensbedingungen praktizieren ließ. Nur wer aus den alltäglichen Bindungen der Welt entlassen war, wer Haus und Hof, Frauen und Kinder verlassen hatte, wer die Toten die Toten begraben ließ (...), konnte dieses Ethos glaubwürdig praktizieren und tradieren (...) Nur in einer Bewegung von Außenseitern hatte es eine Chance. Kein Wunder, dass uns immer wieder Außenseiter in der Tradition begegnen: Kranke und Behinderte, Prostituierte und Taugenichtse, Steuereintreiber und verlorene Söhne. Zu dieser Außenseiterrolle urchristlicher Wandercharismatiker passt ihre eschatologische Naherwartung: Enderwartung und Lebenspraxis stimmen hier überein (...)«*[12]

Im Zentrum der befreienden Botschaft der hier und heute beginnenden Gottesherrschaft und der fälligen »Metanoia« vom cäsarischen Geld- und Gewaltsystem steht die Gleichsetzung von Gottes- und Nächstenliebe (Mk 12, 28f.). Die Vergegenwärtigung der Liebe Gottes und seines Willens, die »Feier des Lebens« (F. Steffensky) in Ritual und Kult beglaubigt sich im ethischen Verhalten, das Maß nimmt an den Lebensbedürfnissen des Nächsten.

---

[11] THEIßEN, 1978, a.a.O. S. 172; ders.: 2004, 64–76.
[12] THEIßEN 1978, a.a.O., S. 16ff; THEIßEN 2004, a.a.O., S. 79.

Das Doppelgebot der Liebe ist – entgegen der verbreiteten Auffassung von der Nächstenliebe als dem »proprium christianum« – vorgeprägt in der rabbinischen Tradition (als Einzelgebot Lev 19,18; Dtn 6,5)[13], gewinnt jedoch in der Jesusbewegung eine eigentümliche, charakteristische Färbung. Nach THEIßEN wird der Begriff des Nächsten in dreifacher Weise ausgeweitet:

- auf den *Fremden*: Der fremde Samaritaner erweist sich durch sein barmherziges Handeln als Nächster des Raubopfers (Lk 10, 25–28,29–32)
- auf den *Feind*: Vergeltungsverzicht und Feindesliebe zählen zum Kernbestand jesuanischer Überlieferung (in Gestalt der 5. und 6. Antithese der Bergpredigt, Mt 5, 38–48)
- auf die *Deklassierten* und Ausgeschlossenen: Die Zuwendung zu den paradoxerweise Privilegierten der Gottesherrschaft durchzieht die gesamte synoptische Überlieferung.[14]

Diese *dreifache Entgrenzung der Nächstenliebe* erhält eine paradigmatischen Bedeutung für die ethische Bewertung einzelner Toraweisungen, die teils entschärft, teils verschärft werden. »*Jesus verschärfte ethische Normen* (allen voran das Liebesgebot), in denen eine Tendenz zu einem universalen Ethos deutlich ist. Er *relativierte rituelle Normen* (allen voran das Reinheitsgebot), durch die das Judentum vom Heidentum getrennt wird – ohne diese Normen allerdings grundsätzlich aufzuheben.«[15] Die Radikalisierung bezieht ethisch tendenziell alle Menschen in die Sorge um Gerechtigkeit und Versöhnung ein, während Relativierungen dort greifen, wo es um rituelle und kultische Vollzüge geht, durch welche die jüdische Gemeinschaft sich von ihrer Umwelt abgrenzte.

In den drei Richtungen der entgrenzten Nächstenliebe (Fremder, Feind, Armer) geht es in jedem Fall um die entschiedene Bereitschaft, Menschen anzunehmen, wie sie sind, vergebende und versöhnende Zuwendung anderen Werten voranzustellen. Liebe verbindet sich mit einem zweiten zentralen Grundwert im Ethos der Jesusbewegung: Demut und Statusverzicht: »Wer groß sein will unter euch, der soll euer Diener sein, und wer der Erste sein will, der soll euer aller Sklave sein« (Mk 10,43f.).

THEIßEN hat in anderem Zusammenhang darauf hingewiesen, dass die Nächstenliebe soziologisch einen Unterschichtswert darstellt, der seinen »Sitz im Leben« in der (gentilen) Ethik der jüdischen Sippe hatte. Statusverzicht dagegen ist ursprünglich eine Tugend derer, die sich aus einer gehobenen Position heraus Untergebenen großherzig zuwenden – ein Herrscherideal. Das charakteristische Ethos der Jesusbewegung und des Urchristentums verdankt sich einem Transfer bzw. einer Synthese von Unterschichtswerten und aristokratischen Werten: Das solidarische Ethos der Jesusleute verdankt sich »einem messianischen Bewusstsein« (Identifikation mit den

---

[13] Vgl. THEIßEN, GERD/MERZ, ANNETTE 1996, a.a.O., S. 340–345.

[14] Ebd., S. 345–349. THEIßEN gibt den interessanten Hinweis, den meisten sei nicht bewusst, »dass die Jesusbewegung nie von der Liebe Gottes zum Menschen spricht, sondern immer nur von der *Liebe* des Menschen zu Gott. Erst Paulus spricht von der Liebe Gottes zum Menschen im Christusgeschehen (Röm 5,5; 8,31–39), aber auch er verbindet diese Liebe nicht direkt mit der Liebe unter den Christen (Röm 12,9ff.). Erst im JohEv finden wir eine enge Verbindung: ‚Wie mich mein Vater liebt, so liebe ich euch auch. Bleibt in meiner Liebe! Wenn ihr meine Gebote haltet, so bleibt ihr in meiner Liebe (…) Das ist mein Gebot, dass ihr euch untereinander liebt, wie ich euch liebe' (Joh 15,9f. 12)« (THEIßEN 2004, a.a.O., S. 302).

[15] Ebd., S. 321–332, Hervorh. HN.

Das urchristliche Ethos – Grundstrukturen in der »Doppelbewegung« von Unterschicht- und Oberschichtwerten

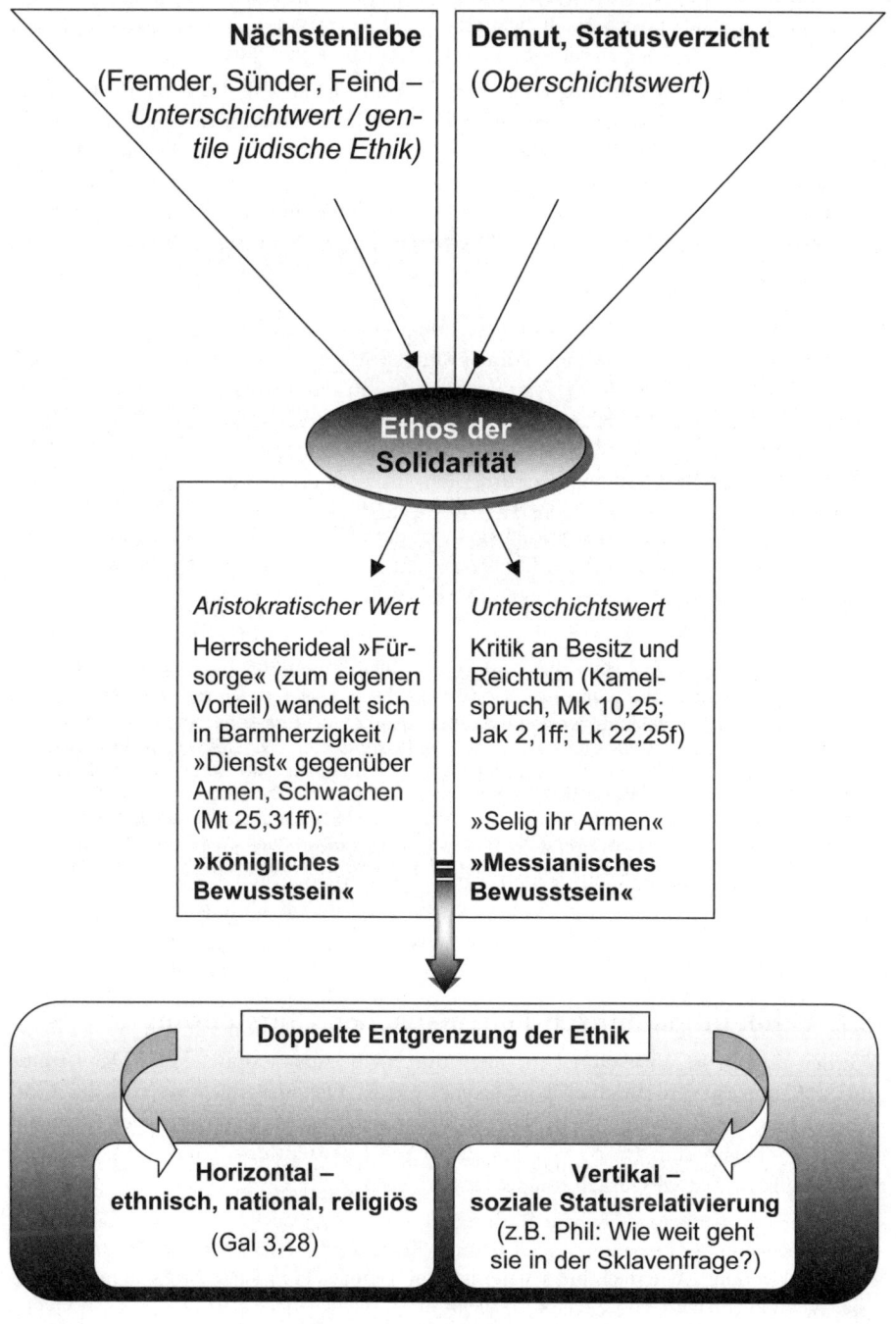

Nach: Gerd Theißen: Die Religion der ersten Christen, Gütersloh 2000.

Kleinen und Schwachen) in Verbindung mit einem »königlichen Bewusstsein« (Barmherzigkeit und Vergebung). Diese Verknüpfung von Nächstenliebe und Statusverzicht /Demut erfasst »das Neue« im christlichen Ethos – seine »doppelte Entgrenzung in der horizontalen Dimension (Relativierung ethischer, nationaler, kultureller und religiöser Grenzen) und in der vertikalen Dimension (Relativierung sozioökonomischer Grenzen).

Das Ethos findet seine Entsprechungen im christlichen »Mythos« vom »Statusverzicht« und der Liebe Gottes in Person und Werk Jesu Christi. »Gott selbst verwirklicht die Liebe (ohne Zutun des Menschen), indem er seine Feinde, die Sünder, liebt. Gott selbst verwirklicht die Demut, indem er den Menschen durch Statusverzicht in ihrer Endlichkeit nahe kommt (…) Zwischen der Deszendenz Gottes im urchristlichen Mythos und der Akzeptanz des Menschen im urchristlichen Ethos besteht eine Analogie (…)«[16]

> Aufgabe:
> - Betrachten Sie die Übersicht über jüdische Parteien und Gruppierungen zur Zeit Jesu (vgl. S. 258f): Welche neigten dazu, die Kaisersteuer abzulehnen und welche, sie für rechtmäßig zu halten?
> - Ist die folgende Passage zur Auslegung des siebten Gebotes lesbar als eine gegenwärtige Konkretion des Spruchs: »Gebt dem Cäsar, was dem Cäsar zusteht, und Gott, was Gott zusteht«? Was entspricht Ihrer Meinung nach dem »Geist der Jesusbewegung«, welche Aussagen stehen in Spannung zu ihr?

»Gott hat den Reichtum des Lebens für alle geschaffen. Die Erde kennt mein und dein nicht. Sie gibt allen. Wir in der reichen Welt stehlen, was die armen Länder erarbeiten. Wir knebeln sie, so dass sie für den Export Luxusgüter wie Erdbeeren anbauen und auf ihrem Land nichts mehr für sich selber wachsen lassen dürfen. Wir stehlen ihre Produkte, ihr Land, sofern es Bodenschätze enthält, und ihre Kultur, die wir durch unsere Coca-Cola-Kultur, unsere Werbung für Katzenfutter und Weltraumaufrüstung ersetzen. Wir teilen uns die Rollen und spielen Ausbeuter, Antreiber, Hehler und Stehler an den Armen. Während bei uns die Unternehmensprofite wachsen, wächst auch das Elend der neuen Armut. In diesem Sinn ist Eigentum Diebstahl, insofern es erlaubt, die Armen zu vergewaltigen. Gott sagt heute: Du sollst nicht stehlen.«[17]

15.2 Ethik im paulinisch-hellenistischen Christentum

»Werdet, was ihr in Wirklichkeit (nämlich durch Christus) schon seid!«[18] Das ist eine griffige Kurzformel urchristlich-paulinischer Ethik. Das »Euangelion« von der Gottesherrschaft erhält einen neuen Namen: das Kreuz Christi. Von ihm her führt der direkteste Zugang zum Ethos des hellenistischen Christentums, anders gesagt: Paulinische Ethik ist fest verwurzelt mit seiner Christologie.

---

[16] GERD THEISSEN: Die Religion der ersten Christen. Eine Theorie des Urchristentums, Gütersloh 2000, S. 101–122, hier: 122.
[17] SÖLLE, DOROTHEE/SCHOTTROFF, LUISE: Die Erde gehört Gott. Texte zur Bibelarbeit von Frauen, Reinbek bei Hamburg 1985, S. 89.
[18] WENDLAND, HEINZ-DIETRICH: Ethik des Neuen Testaments, Göttingen 1978, S. 51

Letztlich gründet darin die Beobachtung, dass in den hellenistischen Gemeinden kaum mehr von der Gottesherrschaft gesprochen wird und Paulus den Begriff »nur am Rande« (z.B. Röm 14,17; 1Kor 4,20) benutzt.[19] »Crux sola est nostra theologiae« – allein das Kreuz ist unsere Theologie (LUTHER). Welche ethische Bedeutung hat dieses »Stenogramm« der (protestantischen) Theologie?

> *»Die Zumutung für damalige Ohren und Geister ist heute kaum noch nachzuempfinden«, meint der Publizist D. Hildebrandt. »Einen gekreuzigten Christus verkünden heißt, die Menschen gleich mit zwei Ärgernissen zu schockieren: Einen Gekreuzigten als Messias auszugeben und einen Messias auszurufen, der gekreuzigt worden ist. Das Wort vom Kreuz ist die Quadratur der Absurdität (…)*

Doch außer Ärgernis und Torheit ist das Wort vom Kreuz politische Provokation. Denn mit dem Kreuz, von dem die Predigt handelt, ist sehr konkret das Hinrichtungsgerüst gemeint, das Liquidationsgerät niedrigster Art, der römische Galgen (noch im Gotischen heißt das Kreuz 'Galga'). Indem das Wort vom Kreuz den Messias verkündet, schreit es auch einen Justizmord aus, proklamiert es die Blindheit der Behörden, den Übermut der Ämter, die Ahnungslosigkeit des Imperiums. Wie hätte dem Mittelalter ein Wort vom Galgen geklungen, wie erschiene unserer Gegenwart eine frohe Botschaft vom elektrischen Stuhl?«[20]

Diese Botschaft setzte Menschen in Bewegung, die in diesem Jesus einen der ihren erkennen konnten, der für seine Verheißung eines Lebens in Fülle für die Zurückgesetzten mit seinem Leben eingestanden war – für »ihr« gutes Leben gestorben. Und von dem sie sagten: Dieser lebt – Jesus, Zimmermann, Messias, zur Rechten Gottes. Seine Hinrichtung und seine Auferstehung waren für sie identisch mit ihrer Aufrichtung.

Der »Aufruhr der gottesfürchtigen Gefühle«, diese »Tempelzerstörung in der innersten Glaubenswelt«[21] ließ die Welt mit den Augen eines Gottes sehen, dessen »Kraft und Weisheit« offenbar geworden war, indem er das Schwache, das Niedrige und Verachtete auswählte, um seine Herrschaft zu errichten (1Kor 1,18–31).

Die veränderte Blickrichtung gab zuvörderst bei Menschen aus niederen Schichten die Sicht frei auf ein Leben, von dem Paulus sagt: »Ist einer in Christus, so ist er eine neue Schöpfung; das Alte ist vergangen, siehe, Neues ist geworden« (2Kor 5,17). Das neue Dasein trifft die Übersetzung des Begriffes »Existenz« (existere) im strengen Bedeutungssinn: heraustreten, auftauchen, sich erheben, zum Vorschein kommen, ausbrechen!

Paulus kommt auf die Taufe als der sakramentalen Ausdrucksform der neuen Existenz zu sprechen (Röm 6,3f.,11ff.). Christen werden befreit von der Zwangsherrschaft des alten »Aion« (Zeitalters) und können sich als »Menschen begreifen, die für die Sünde tot sind, aber für Gott leben in Christus« (Röm 6,11). Hier ist es zu erkennen – das Scharnier zwischen Christologie und Ethik: Die im Geschick Jesu Christi erfahrene Gewissheit, sich als menschliche Person wertvoll und gebraucht zu wissen («Indikativ«), nimmt diese ganze Person in die Kraft und Anforderung hinein, für andere da und wertvoll zu sein (1. Kor 5,7f.). »Christus anziehen« (Röm 13,14; Gal 3,27) ist ein Ausdruck für den unlösbaren Zusammenhang von Glaube und Handeln, von »Leben aus dem messianischen Geist« und einer »Lebensführung im messianischen

---

[19] THEIßEN 1978, a.a.O., S. 62.
[20] HILDEBRANDT, DIETER.: Saulus – Paulus. Ein Doppelleben, München/Wien 1989, S. 279–281.
[21] Ebd., S. 283.

Geist« (Gal 5,25). Dass beides zusammengehört, ist für Paulus ebenso selbstverständlich wie in der Jesusbewegung.

»Wir müssen nicht so weiterleben wie bisher. Wir können die Abhängigkeit der Sünde eintauschen gegen eine neue, andere Art des Lebens«, so umschreibt DOROTHEE SÖLLE den paulinischen Begriff der Gnade.[22] Die Freiheit zur Möglichkeit neuen Lebens ist die Kehrseite der durch das Kreuz Christi geschenkten Erlösung aus der Gewalt der menschlichen Triebnatur, sich selbst zum »Heil« aufzuschwingen auf Kosten des Unheils anderer. Freiheit ist der ethische Komplementärbegriff zur kostenlos gewährten Befreiung:

> »Meine Geschwister, frei zu sein seid ihr berufen. Doch darf die Freiheit nicht dazu führen, dass ihr von neuem unter die Gewalt der bestehenden Verhältnisse geratet. Lasst euch vielmehr so aufeinander ein, dass ihr einer für den anderen da seid.« (Gal 5,13; Übers.: Basisbibel 1982, S. 15)[23]

Für Paulus konkretisiert sich innergemeindliche Nachfolge («Mit-Gekreuzigt-Werden«) in der Liebe, die danach fragt, was anderen nottut (Phil 2,1ff.; vgl. das Hohelied der Liebe 1 Kor 13, 1–13!): »Die Liebe ist das Grundgesetz der Gemeinde und des Apostolats.«)[24] Diese äußert sich

a) in der Achtung vor moralischen und kulturellen Standards und Überzeugungen anderer («Übertrefft euch in gegenseitiger Achtung«, Röm 12,10);
b) im dienenden Einsatz und gegenseitiger Anerkennung unterschiedlicher Fähigkeiten und Gaben (Röm 12,3–8);
c) in der Aufhebung sozialer, ethnischer, kultureller und sexistischer Abgrenzung und Egozentrik (Gal 3,28).

Die Freiheit, verantwortliches Handeln an der identifizierenden Solidarität mit den Schwachen, Verachteten und Niedrigen auszurichten, beglaubigt die neue Existenz »in Christus« nach innen und realisiert sich im tätigen Dienst an der »neuen Gerechtigkeit« (Röm 3–5) nach außen. Der Imperativ »Gleicht euch nicht dieser Welt an, sondern wandelt euch und erneuert euer Denken« (Röm 12,2), strahlt aus auf den »Gottesdienst im Alltag der Welt« (E. KÄSEMANN). Paulus übernimmt den »harten Kern« der Bergpredigt in seine Paränese (Ermahnung) – das Gebot der Feindesliebe und das Gebot, Unrecht nicht mit Unrecht zu vergelten (Röm 12 u. 1Kor 6).

Unablässig schärft Paulus sein christliche Freiheitsverständnis in einem »Zweifrontenkampf«:[25]

Da sind die einen, welche die Freiheit von den Bindungen des alten »Aion« verstehen im Sinne einer generellen Außerkraftsetzung »bürgerlicher« Normen. »Enthusiasten« und »Libertinisten« in kleinasiatischen Gemeinden blicken mit gnostisch-wegwerfender Geste auf die dämonische, materielle Welt, wähnen sich im elitären Vollbesitz der »Sophia« schon in göttlicher Sphäre, wo die Maxime gilt: »Mir ist alles erlaubt« (1Kor 6,12).

---

[22] SÖLLE, DOROTHEE: Gott denken. Einführung in die Theologie, Stuttgart 1990, S. 126.

[23] Wenn entsprechend vermerkt, wird die Übersetzung der Basisbibel gewählt, da sie den Versuch macht, die individualistische Engführung der paulinischen Sprache und die durch (protestantische) Übervertrautheit floskelhaft verflachte Begrifflichkeit aufzubrechen. Es wird empfohlen, Übersetzungsunschärfen und streitbare Formulierungen durch eine vergleichende Lektüre mit einer Standardübersetzung zu überprüfen.

[24] WENDLAND, a.a.O., S. 59.

[25] Ebd., S. 50f.

Die Wiedergeburt liegt hinter ihnen, sie haben die exklusive Erkenntnis über Welt und Geschichte und wissen sich bereits als Bürger »des neuen Himmels und der neuen Erde«. Das macht sie frei von sexuellen und sozialen Normen (Unzucht, Ehe, Behandlung der Frauen), frei zur Teilnahme am heidnischen Kult und zur Ausrichtung des gemeinsamen Mahles am Lustprinzip: Jede(r) schlemmt in dem Maße, wie es die Brieftasche erlaubt und scheut sich nicht, sein Recht gegen die »Brüder« in Gerichtsprozessen einzuklagen (1 Kor 6,1–11).

Kurz: Sie vertreten eine »theologia gloriae«, die Paulus im 1Kor ins Visier nimmt, indem er ihr unversöhnlich seine »theologia crucis« entgegensetzt.[26] Noch leben wir nicht im Reich der Freiheit (1Kor 4,8ff. sondern auf dieses Reich zu. Die Teilhabe daran realisiert sich in christusförmiger Identifikation mit dem anderen.

Und dort gibt es die anderen, die den Geltungsanspruch der mosaischen Tora gegen den paulinischen Grundsatz festhalten, durch den sämtliche Satzungen aufgehoben seien in dem Gebot, für den Mitmenschen da zu sein wie für sich selbst (Röm 13,8–10). Die Gemeinden in Galatien (im Gebiet des heutigen Ankara) sind dem Einfluss einer solchen »judaistischen Gegenmission« ausgesetzt gewesen.

Der Galaterbrief wirbt um die Sympatisanten der »Nomisten« (Gesetztreuen) mit polemischer Schärfe. Weder heidnische Götter noch die Tora können Autorität gegenüber einem dem messianischen Geist verpflichteten Handeln beanspruchen (Die Liebe rangiert vor Glaube und Hoffnung – 1Kor 13,13!).

»Jetzt, wo die Freiheitsbotschaft da ist, stehen wir unter keinem Aufpasser mehr. Nun seid ihr alle Töchter und Söhne von Gott durch den Mut, den euch der Messias gibt. Denn ihr seid zur Taufe auf den Messias untergetaucht und seid damit sozusagen in seine Haut geschlüpft. Da hat es nichts mehr zu sagen, ob einer Jude ist oder Nichtjude, Sklave oder frei, Mann oder Frau: In der messianischen Gemeinschaft von Jesus seid ihr alle gleich und eins« (Gal 3,25–28).
»Denn durch den Geist wächst euch eine Fülle von Gutem zu: Füreinander da sein, Freude teilen, friedensfähig sein, einen langen Atem miteinander haben, sich einfühlen können, einander gut tun, zusammenhalten, ohne Gewalt handeln, zur Selbstkontrolle fähig sein, das alles bewirkt messianischer Geist. Versteht ihr? Wo der Geist wirkt, haben die Gesetze ihren Anspruch auf euch verloren« (Gal 5,18 u. 22f.; Übers.: Basisbibel, S. 72 u. 75).[27]

---

[26] Die Zahl der »Parteien« (Schismata) in Korinth und ihre Lehrauffassungen sind nicht hinreichend deutlich auszumachen, wohl dagegen die skizzierte Grundposition. Umstritten ist, ob ein gnostisches Lehrsystem in Korinth ausgeprägt war (dagegen könnte die von allen anerkannte Bekenntnisformel 1Kor 15,1–3 sprechen, die keinen Doketismus erlaubt). Wahrscheinlich sind Elemente verschiedener Kulte und Mysterien zusammengeschmolzen (vgl. SCHMITHALS, WALTER: Die Gnosis in Korinth, FRLANT 66, ³1969).

[27] Protestantische Augen lesen solche paulinischen Passagen fast unvermeidlich im Licht der scharfen reformatorischen Antithese von (paulinischem) »Evangelium« und (jüdischem) »Gesetz«. Sie ist der Nährboden (gewesen?) für antijudaistische Einstellungen, die das christliche Verhältnis zur Tora im Sinne einer »Überholung«, »Ablösung« und »Überbietung« verstehen. Abgesehen davon, dass Paulus nicht vergisst, wessen »Wurzel« die christliche Botschaft trägt (Röm 9–11), bilden die sittlichen Gebote des Judentums gleichsam das stützende Geländer einer radikalisierten Ethik, die im Liebesgebot alle Forderungen des »Gesetzes« »erfüllt« (Röm 13,8–10; Gal 5,14). Zudem ist eine vorschnelle Identifizierung von »Gesetz« und »Tora« im Blick auf das paulinische Schrifttum durchaus fragwürdig (vgl. MOLTMANN, JÜRGEN: Der Weg Jesu Christi. Christologie in messianischen Dimensionen, München 1989, S. 143).

Ethische Reflexion im paulinischen Christentum steht somit in einer doppelten Klammer. Sie bewegt sich
a) zwischen »Libertinismus« und »Nomismus« und
b) zwischen der in der Zukunft liegenden, vollkommenen Befreiung und der durch Christus schon jetzt ermöglichten Freiheit von den Zwängen des alten »Aion« (Zeitalters).

Der letztgenannte Punkt lässt sich auch anders fassen: Der Geltungsanspruch bestehender Normen und Regeln kann im Horizont der Gottesherrschaft nur ein vorläufiger und provisorischer sein. Die Weisungen und Mahnungen für den Aufbau der Gemeinde und das Verhalten der Christen »in der Welt«, von denen die Paulusbriefe nachgerade »wimmeln« (Wendland), reagieren daher fast durchweg auf konkrete und aktuelle Konfliktsituationen, die im paulinischen Sinne gerade nicht als zeitlose »Gesetze« und Weisungen missinterpretiert werden dürfen.

Paulus stellt das Handeln der Christen unter ein »als ob« («hoos mä«), um beides auszudrücken – sie handeln unter dem Signum bestehender gewalttätiger Zwänge und in Distanz zu den herrschenden Verhältnissen. Sie haben Frauen (so Paulus), als hätten sie keine, sie weinen, als weinten sie nicht, sie freuen sich, als freuten sie sich nicht, sie kaufen, als wären sie nicht Eigentümer, machen sich die Welt zunutze, als nutzten sie sie nicht (1Kor 7,29–31).

Die postulierte innere Unabhängigkeit gegenüber »der Welt« löst allerdings Widerspruch und kritische Fragen aus, wenn bei Paulus augenscheinlich hausbackene bürgerliche Moralvorstellungen Platz greifen, deren relativer und provisorischer Charakter allenthalben unkenntlich bleibt. Der Mann sei Abbild und Abglanz Gottes, die Frau aber Abglanz des Mannes, heißt es in 1Kor 11 in dem Abschnitt, der über 16 Verse nach jüdischem Brauch die Schicklichkeit einer langen Haartracht für Frauen und das Tragen einer Kopfbedeckung im Gottesdienst begründet. Rigider noch erscheint das Schweigegebot für Frauen in Gemeindeversammlungen. (1Kor 14,34. Die Mehrheit der Ausleger hält freilich die »mulier-taceat«-Verse 34–36 für eine spätere Einfügung.[28])

Da dieser besonderen Problematik ein eigenes Kapitel vorbehalten ist (vgl. Kapitel: Frauen, S. 201ff.), sei ein Beispiel aus der »politischen Ethik« herausgegriffen, das sich mit der erörterten »Steuerfrage« auseinandersetzt – Röm 13,1–7:

> »Jeder leiste den Trägern staatlicher Gewalt den schuldigen Gehorsam. Denn es gibt keine staatliche Gewalt, die nicht von Gott stammt (...)« (V. 1).

Theologie und Kirche tragen nach wie vor an der Hypothek, die eine leidvolle Wirkungsgeschichte mit diesem Text verbindet. Er hat ein staatsdevotes Christentum inspiriert, das dem protestantischen Untertanen deutscher Provenienz nicht erst am Ende des 19. Jahrhunderts theologische Weihen hat zuteil werden lassen. Dass zu Röm 13 das tierische Ungeheuer aus Off 13 hinzuzunehmen ist, um die Spanne neutestamentlicher Wahrnehmungen des Staates zu erfassen, ist eine Frucht der bittern Lehren aus der jüngeren deutschen Geschichte.[29]

---

[28] Vgl. z.B. SCHRAGE, WOLFGANG: Ethik, Neues Testament, in: Theologische Realenzyklopädie, Bd.10, Berlin/New York 1982, S. 452.
[29] Vgl. WENDLAND, a.a.O., S. 75.

Die exegetischen Deutungsspielräume sind immer wieder ausgelotet worden und bedürfen an dieser Stelle keiner Wiederholung.[30] Lutherische Exegesen haben traditionell die angeblich (statisch) »ordnungstheologische« Seite herausgestellt, während reformierte Ansätze auf den (kritisch-dynamischen) »funktionellen« Aspekt abgehoben haben (die Guten lohnen, die Bösen strafen). Beide Deutungstypen können nicht befriedigen; denn hier wie dort wird unterstellt, es handele sich um eine grundsätzliche Erörterung über den Charakter der Staatsmacht und um eine prinzipielle Klärung der Haltung von Christen gegenüber der staatlichen Autorität.

Die Exegeten aber sind sich einig, dass Paulus keine wie auch immer interpretierte »christliche Staatslehre« vorträgt. Der Text entbehrt jedweder originär christlichen Argumentation. Er steht in synagogaler Tradition.[31]

Zudem ist zu bedenken, dass Paulus nicht als Repräsentant einer auf staatserhaltende Ausgewogenheit bedachten Kircheninstitution argumentiert, sondern als Ratgeber einer verschwindenden, aber wegen ihrer Nähe zur Synagoge doch gefährdeten Minderheit unter dem Cäsar Nero. Auch exegetische Filigranarbeit kommt immer wieder zu dem Ergebnis, dass Paulus einen situativen Rat erteilt, der darauf abzielt, dass sich Christen im Jahr 56/58 auf eine verhängnisvolle Kraftprobe mit der römischen Staatsmacht in Fragen bürgerlicher Loyalität (Steuerfrage) nicht einlassen dürfen.

Angemessener ließe sich dieser Rat im Zusammenhang paulinischer Ethik würdigen, wenn wir Näheres über seinen Anlass wüssten. Offenbar ergeht ja die Mahnung zum Gehorsam und zur Steuerpflicht, weil die Auffassungen – und vielleicht das konkrete Verhalten – darüber auseinander gingen. Doch ausgerechnet in dieser Frage lassen uns die historischen Quellen im Stich.

Der Hinweis auf die jüdische Herkunft der Loyalitätsforderung oder genauer, wie LUISE SCHOTTROFF gezeigt hat[32], auf die jüdische Apokalyptik als ihrem »Sitz im Leben«, erlaubt zumindest eine Präzisierung.

Hinter ihr steht die Erfahrung fremden Machtmissbrauchs und die Gewissheit, dass Gott, der auch Gewaltherrschaft zeitweilig gewähren lässt, die Gewaltigen vom Throne stürzen und seine Macht sich als größer erweisen wird. Röm 13,1–7 spricht eine beschränkte Loyalitätsbekundung aus, die sich aber der vom römischen Staat eingeforderten totalen Unterwerfung (Kaiseropfer) durch ein alternatives Leben widersetzt.

Wie Jesus diese beschränkte Loyalität nicht davor schützte, als Rebell hingerichtet zu werden, drohte den Christen trotz der Ermahnung zum bürgerlichen Gehorsam in Röm 13,1–7 das Martyrium wegen der verweigerten totalen Anerkennung der pax romana:

»Die Grenze dessen, was der Kaiser fordern kann, ist durch Gott gesetzt. Er kann weder das Essen von Götzenopferfleisch fordern, noch den Besuch der Amphitheater, in denen Menschen getötet werden. Die Grenze der Loyalität war religiös definiert und traf damit

---

[30] Vgl. KÄSEMANN, ERNST: Grundsätzliches zur Interpretation von Römer 13 (1961), in: Ders: Exegetische Versuche und Besinnungen. 1. und 2. Band, Göttingen 1967, S. 204–222; SCHRAGE 1971, a.a.O.

[31] Vgl. LOHSE, EDUARD: Theologische Ethik des Neuen Testaments (Theologische Wissenschaft 5.2), Stuttgart 1988, S. 84ff.

[32] SCHOTTROFF, LUISE: »Gebt dem Kaiser, was dem Kaiser gehört, und Gott, was Gott gehört«. Die theologische Antwort der urchristlichen Gemeinden auf ihre gesellschaftliche und politische Situation, in: MOLTMANN, J. (Hg.): Annahme und Widerstand, München 1984, S. 15–58.

den kritischen Punkt, wo der römischen Staat seine Macht (...) zum Bekenntnis der Bevölkerung zu machen versuchte.«[33]

> Aufgabe:
> - Nehmen Sie im Blick auf das paulinische Verständnis von Glauben und Handeln Stellung zur folgenden These von ULRICH DUCHROW:

«Gerade darum ist die Botschaft des Paulus für uns Menschen in der 'Ersten Welt' von unschätzbarer Bedeutung, weil er wie kein anderer die Befreiung aus der totalen Gefangenschaft unter die Macht der Sünde (im totalen Römerreich) ebenso betont wie die reale Veränderung der Befreiten durch Gottes Geist (...) Niemand hat so klar wie Paulus im Namen des erbarmenden und darin gerechten Gottes die Freiheit vom Gesetz proklamiert und damit im Namen Christi für alle Zeiten eine Absage an alle Gesetze erteilt, die mit noch so frommen Begründungen Menschen töten und versklaven und Gottes Schöpfung zerstören (...)«[34]

15.3 Ethische Orientierungen im nachpaulinischen und nicht paulinischen Christentum

Wie immer man die situationsbedingten Mahnungen zu einem bürgerlich untadeligen Lebenswandel in den paulinischen Briefen erklären mag, deuten sie auf ein Phänomen, das THEIßEN »*das Nebeneinander eines radikalen und eines moderaten Ethos*«[35] im Urchristentum gedeutet hat – »ersteres oft in der synoptischen Tradition, letzteres oft in der Briefliteratur.« Das »moderate Ethos« nimmt handfeste Formen in den so genannten Pastoralbriefen[36] und den sog. katholischen Briefen[37] an, deren Verfasser fast ein halbes Jahrhundert vom paulinischen Schrifttum trennen. Die nachpaulinische Literatur scheint ängstlich darauf bedacht, das ethische Verhalten der Gemeindemitglieder auf die moralischen Muster des griechisch-römischen Patriarchats festzulegen und konventionelle moralische Standards über die Ehe, den Haushalt und den Staat in eine christusgemäße Ethik zu integrieren.

»Ich habe nur einen Wunsch«, heißt es in 1Tim 2,1–2: »Bitten und Gebete, Fürbitte und Dank sollt ihr Gott für alle Menschen vorbringen, für die Könige und alle, die Gewalt haben. Wir sollen ein ruhiges und friedliches Leben führen, voller Ehrfurcht und Anständigkeit« (Übers.: Die gute Nachricht). Offenbar hat die Sorge um eine gesittet-wohlanständige Lebensführung dem paulinisch »anarchischen« Prinzip der Solidarität mit den Schwachen den Rang abgelaufen – auch wenn die Pastoralbriefe die Autorität des Paulus in Anspruch nehmen:

– Christliches Verhalten und bürgerliche Tugenden werden zu Synonymen;
– die Betonung liegt auf natürlichen, hierarchischen Lebensordnungen;

---

[33] SCHOTTROFF, LUISE und WILLY: Die Macht der Auferstehung. Sozialgeschichtliche Bibelauslegungen, München 1988, 65, Hervorh. HN.

[34] DUCHROW, ULRICH: Laß uns auch den Westen demokratisieren. Handlungsmöglichkeiten für Christen und andere im real existierenden Kapitalismus, Sonderdruck der Jungen Kirche, Beilage zu H. 2/Febr. 1990, S. 10f.

[35] Vgl. THEIßEN 2000, a.a.O., S. 143–146.

[36] 1 und 2Tim und Tit vermutlich nicht vor 100 n. Chr. geschrieben.

[37] Besonders 1Petr, entstanden am Ende des 1. Jahrhunderts und Jak, verfasst um 100 n. Chr.

- für Frauen gehört es sich, sich »anständig, bescheiden und zurückhaltend zu kleiden« und sich »still und in aller Unterordnung belehren« zu lassen (1Tim 2,8–15);
- die Aufnahme in die Witwenliste wird davon abhängig gemacht, dass die Frau nur einmal verheiratet war, Gutes getan, Kinder aufgezogen und Gastfreundschaft bewiesen hat. Sie soll mindestens 60 Jahre alt sein, da jüngere Witwen durch die Aufnahme in die Versorgungsliste »faul« und »geschwätzig« würden – sie mischten sich in Dinge ein, »die sie nichts angehen«. Diese sollen lieber heiraten und Kinder zur Welt bringen (1Tim 5,9–16).
- Bürgerliche Tugend- und Lasterkataloge setzen inzwischen die Maßstäbe selbst für die kirchliche Ordnung. Der Bischof etwa soll einen guten Ruf haben, ein guter Familienvater sein, der seine Kinder »in Anstand« erzieht, rücksichtsvoll, nur einmal verheiratet, kein Trinker und gewalttätiger Mensch (1Tim 3,1–7).[38]

Es kann nicht überraschen, dass Darstellungen neutestamentlicher Ethik unwillentlich in den Duktus einer »Abfallgeschichte« geraten – von den Höhen paulinischer Dialektik von geschenkter »Entschuldung« in Christus und versöhnendem Handeln über erste Ansätze einer ethischen »Verbürgerlichung« bei den Paulusschülern (Eph und Kol), über das Einfallstor einer hellenistischen Tugend- und Lastermoral in den kath. Briefen bis zur »rejudaisierenden Werkgerechtigkeit« im Jakobusbrief.[39]

Die eschatologische Dimension ethischer Existenz geht verloren, »man sieht es als nötig an, sich mit dieser Welt abzufinden, um sich in ihr zu etablieren.«[40]

Die ersten deutlichen Abdrücke dieser schon bei Pls keimhaft erkennbaren Anpassung an die Vorfindlichkeiten von Sitte und Moral hinterlassen die »deuteropaulinischen Briefe« Kol (ca. 60–70) und Eph (ca. 80–100).[41] Die dort überlieferten
- »Tugend- und Lasterkataloge« (z.B. Eph 5,8–21; Eph 5,3–7) sowie die
- »Haustafeln« (die Bezeichnung stammt wahrscheinlich von Luther)

werden zum Katechismus beim Taufunterricht gehört haben, um den angehenden Gemeindegliedern einen sittlich untadeligen Lebenswandel einzuschärfen.[42] Das prägnanteste Beispiel einer »Haustafel« überliefert Kol 3,18–4,1 (vgl. Eph 5,21–6,9; vgl. auch 1Petr 2,18–3,7, wo statt der Eltern und Kinder die Regierung genannt wird):

> *»Frauen! Ihr sollt euren Männern gehorchen. Das ist eure Pflicht als Christen. Männer! Ihr sollt eure Frauen lieben und nicht grob zu ihnen sein. Kinder! Es ist eure Pflicht als Christen, immer euren Eltern zu gehorchen. Das gefällt Gott.*
> *Eltern! Reizt eure Kinder nicht. Sonst verlieren sie den Mut.*

---

[38] Vgl. SCHRAGE 1982, a.a.O., S. 452.

[39] Dieser Versteinerungsprozess findet spiegelbildlich Ausdruck in der Symbolik christlicher Bewährung in den Konflikten der jeweiligen Zeit: Die Metapher des »Weges«, des »Unterwegsseins« charakterisiert das Ethos der Jesusbewegung in der synoptischen Tradition; das dynamische Bild des »Körpers« mit vielen Gliedern (Röm 12,14f.; 1Kor 12,12–30) herrscht in der pln. Gemeindeethik vor, während in den Pastoralbriefen das statische Symbol des »Hauses« an dessen Stelle tritt (1Tim 3,15). Vgl. REBELL, WALTER: Zum neuen Leben berufen. Kommunikative Gemeindepraxis im frühen Christentum, München 1990, S. 168.

[40] REBELL, a.a.O., S. 169; vgl auch YODER, JOHN HOWARD: Die Politik Jesu – Der Weg des Kreuzes, Maxdorf 1981, S. 150.

[41] Zur Auseinandersetzung um die Frage, ob Paulus als Verfasser anzunehmen ist oder nicht, siehe KÜMMEL, WERNER GEORG: Einleitung in das Neue Testament, Heidelberg ^{21}1983, S. 294–341. Zum Vergleich von pln. Theologie mit der Theologie in Kol vgl. LÄHNEMANN, JOHANNES: Der Kolosserbrief, Gütersloh 1971, S. 11–28,153–182.

[42] WENDLAND, a.a.O., S. 92.

> *Sklaven! Gehorcht euren menschlichen Herrn in allen Dingen. Tut es nicht nur, wenn sie euch beobachten und damit ihr gut bei ihnen angeschrieben seid. Tut es mit ehrlichem Herzen, weil ihr Gott achtet. Tut alles mit ganzem Herzen, als ob ihr für den Herrn und nicht für Menschen arbeitet. (...)*
> *Vorgesetzte! Behandelt eure Sklaven anständig und gerecht. Denkt daran, dass auch ihr einen Herrn im Himmel habt«* (Die gute Nachricht).

Allein der Hinweis auf den Herrn/Gott weist diese Mahnungen als christlichen Text aus. Es ist nicht restlos geklärt, ob dieses Schema sittlicher Unterweisung orientalisch-jüdischen oder popularphilosophisch-stoischen Quellen entstammt – die meisten Forscher neigen zur zweiten Annahme.[43]

Die Eph-Fassung betont mit einer »kraftvollen christologischen Begründung« (Wendland) die Einheit von Christusglauben und ethischem Verhalten. Güte, Gerechtigkeit und Wahrheit sind die Waffen der Gemeinde (Eph 5,9), die mit dem gewalttätigen und raffgierigen Gesetz des Handelns »nichts gemein haben soll«: »Steh auf von den Toten, und Christus wird dein Licht sein!« zitiert Eph 5,14 ein altes Tauflied.

Indes wird die Spannung zwischen der christlichen Freiheit zur unbedingten Solidarität mit den Schwachen und der Bindung an die Strukturen der gewaltförmigen Zustände vollends zugunsten eines Konformismus aufgelöst, der die sozial Untergeordneten dazu anhält, ihren Status »im Herrn« zu akzeptieren.

Andererseits ist zu sehen, dass der Befehl zur Unterordnung in der Praxis zwar wenig am Verhalten z.B. der Frauen änderte,

> »für den Mann des ersten Jahrhunderts bedeutete es jedoch einen sehr viel konkreteren und radikaleren Wandel in seinem Verhalten als Ehemann, wenn er seine Frau liebte (agapan). Dasselbe gilt für den Vater, der sein Kind nicht ärgern, oder für den Herrn, der seinen Sklaven im Wissen um ihrer beider Dienerschaft gegenüber einem größeren Herrn behandeln soll.«[44]

Die jeweilige Konfliktsituation der adressierten Gemeinden erschließt ein differenzierteres Verständnis der »Haustafelethik«. Für Kol und Eph wird eine ähnliche Lage vorauszusetzen sein, wie Elisabeth Schüssler-Fiorenza sie im Blick auf den 1Petr (ca. 90–95) skizziert: Diese Christ/innen in Kleinasien haben ihre überkommenen Bräuche und Riten hinter sich gelassen, sie praktizieren eine illegale Religion und leben als eine kleine und entfremdete Minderheit in einer Umwelt, die ihnen mit Argwohn, Schmähungen und Verleumdungen begegnet.[45]

Die Gemeinden suchen ihren Weg »als Fremde« in Babylon (1Petr 5,13; Deckname für Rom). Der »Paroikos« (Fremdling ohne Bürgerrechte) im 1Petr verweist vermutlich auf die große Zahl von landlosen Menschen im Römischen Reich, die vagabundierend zu einer rechtlosen Existenz am Rande verurteilt waren. Diesen Menschen in sozial und geistig marginalisierten Verhältnissen bieten die christlichen

---

[43] Den stoischen Ursprung nimmt u.a. LOHSE (a.a.O., S. 88–92) an (dagegen z.B. YODER, a.a.O., S. 152ff.); zur Diskussion vgl. SCHWEIZER, EDUARD: Die Weltlichkeit des Neuen Testaments. Die Haustafeln, in: DONNER, H./HANHARDT, R./SMEND, R. (Hg.): Beiträge zur Alttestamentlichen Theologie. Festschrift für WALTER ZIMMERLI, Göttingen 1977, S. 397–413.

[44] YODER, a.a.O., S. 161.

[45] SCHÜSSLER-FIORENZA, ELISABETH: Zu ihrem Gedächtnis... Eine feministisch-theologische Rekonstruktion der christlichen Ursprünge, München/Mainz 1988, S. 316ff. Die Autorin bietet aus feministischem Blickwinkel eine überaus lesenswerte Analyse der Haustafeln und referiert den Forschungsstand (S. 297ff).

Gemeinden ein »schützendes Haus« (2,11; 2,18)⁴⁶, ein Bollwerk gegen den sozialen Tod. Die Selbstbezeichnung der Christen als »Paröken« war im ersten Jahrhundert gang und gäbe (v. HARNACK).

> *»Das Mittel, dieses demütigende Leben auszuhalten, besteht zum einen in Demut, Geduld, Gehorsam – denn anders geht es nicht – , zum anderen aber in der Pflege der Tugenden, die allmählich das Haus Gottes erbauen sollen, das aus brüderlichem Dienst, aus dem 'charisma' (4,10), den anderen zu dienen, gemacht ist.«*⁴⁷

Die Mahnungen der Haustafeln sind daher unter dem Vorzeichen von 1Petr 2,12 zu lesen:

> *»Als Fremde und Pilger/innen (…) führt einen guten Lebenswandel unter den Heid/innen, damit sie, während sie euch als Übeltäter/innen verleumden (besser: Gesetzesbrecher/innen), eure guten Werke sehen und am Tag der Heimsuchung Gott preisen« (nach Schüssler-Fiorenza).*

In dieser Lesart sind die Haustafeln Ausdruck einer Strategie der Christen, in der Situation der Schutz- und Rechtlosigkeit eine Überlebensnische mit impliziten Formen des sozialen Protestes zu behaupten (ganz im Gegensatz etwa zur Apk des Johannes).

In der protestantischen Ethik ist der Jakobusbrief stets mit spitzen Fingern behandelt worden. LUTHER hat die »strohene Epistel« (entstanden um 100 und kein Brief im eigentlichen Sinne) ans Ende des ntl. Kanons gerückt, weil sie seiner Auffassung nach den Sündenfall neuer Werkgerechtigkeit darstellt.⁴⁸ LOHSE bescheinigt Jak eine »naive Ansicht«, Glaube und Werke sollten im Verein miteinander die Gerechtigkeit schaffen.⁴⁹ Dieses »Handbüchlein christlicher Ethik« (LOHSE), dessen 108 Verse nicht weniger als 54 Imperative enthalten, lässt sich indes auch als ein Traktat gegen die »billige Gnade« (BONHOEFFER) lesen. Seinen Verfasser bewegt die Sorge um eine verzerrte und missverstandene pln. Ethik:

> *»Meine Brüder, was nützt es, wenn einer sagt, er habe den Glauben, aber es fehlen die Werke? Kann etwa der Glaube ihn retten? Wenn ein Bruder oder eine Schwester ohne Kleidung ist und ohne das tägliche Brot und einer von euch zu ihnen sagt: Geht in Frieden, wärmt und sättigt euch!, ihr gebt ihnen aber nicht, was sie zum Leben brauchen – was nützt das? So ist auch der Glaube für sich allein tot, wenn er nicht Werke vorzuweisen hat (…)« (Jak 2,14–17)*

Jak fasst seine Mahnungen für ein Christentum der Tat (unter Aufnahme einer Vielzahl von Jesuslogien, insbesondere der Vorliebe für Arme und der Kritik an den Reichen – 2,5) unter den Leitbegriff vom »Gesetz der Freiheit« (2,8). Es erinnert an das mt Motiv der »besseren Gerechtigkeit« im Sinne des Liebesgebotes Mt 5,20. WENDLAND geht wohl zu Recht davon aus, Jak nicht mit der Elle pln. Theologie messen zu dürfen, sondern seine Botschaft vor dem Hintergrund eines ethisch selbstgenügsamen Glaubens wahrzunehmen, der sich nicht mehr in der Bewährung des mt. Weltgerichtes wähnt: »Was ihr für einen meiner geringsten Geschwister getan habt, das habt ihr mir getan« (Mt 25,40).

---

⁴⁶ Vor diesem Hintergrund ist Anm. 39 kritisch zu lesen!

⁴⁷ HOORNAERT, EDUARD: Die Anfänge der Kirche in der Erinnerung des christlichen Volkes (Bibliothek Theologie der Befreiung), Düsseldorf 1987, S. 34; dort weitere Informationen zum sozialgeschichtlichen Hintergrund.

⁴⁸ LOHSE, a.a.O., S. 111.

⁴⁹ Unabhängig von der Frage nach der Verfasserschaft dieser Schriften lassen sich Evangelium und Briefe wegen ihrer sprachlichen und gedanklichen Verwandtschaft gemeinsam betrachten.

> Aufgabe:
> - Vergleichen Sie die folgenden Textstellen und ermitteln Sie für eine Interpretation soweit wie möglich die jeweilige historische Situation:
>   Mk 12,13–17 parr.; Apg 5,17–33; Röm 13,1–7; 1Petr 2,13–17; Apk 13,1–10.

15.4 Ausblick auf das johanneische Schrifttum

Das Fremdheitsgefühl gegenüber der »Welt«, wie es uns im 1Petr begegnet, ist ein die johanneischen Schriften schlechthin prägendes Signum. (Joh-Ev., 1.-3. Joh-Brief, entstanden um 100). Die joh. Gemeinden haben sich vollständig vom Judentum gelöst (Joh 9,22; 16,2f.), auch sie müssen sich als Minderheit in einer feindseligen Umgebung behaupten (Joh 15,18f.; 16,32). Sie sind in ihrer Einheit gefährdet durch gnostische Einflüsse, die das Menschsein Jesu und die Bedeutung seines Kreuzestodes verleugnen. Diese Christen verstehen sich als schon sündlose Licht- und Gotteskinder, die den Imperativ zu einem christuskonformen Lebenswandel in Liebe zum Nächsten für sich nicht gelten lassen (z.B. 1Joh 2,4ff.; 4,1ff.; 4,20).

Dagegen durchzieht die joh. Schriften ein einziger ethischer Grundtenor: Die neue Existenz in Christus äußert sich in Liebe. Das »Dasein für andere« (1Joh 3,17) wird zum alleinigen Prüfstein wahrer Nachfolge, in dem der Glaube an Christi Tod und Auferstehung konkrete Gestalt annimmt (1Joh 3,14). Nirgendwo im NT ist so häufig von der Liebe zu den »Brüdern«/Geschwistern die Rede und nirgendwo wird diese Liebe geradezu identifiziert mit der Erkenntnis Gottes:

> *»Wenn jemand sagt: Ich liebe Gott!, aber seinen Bruder hasst, der ist ein Lügner« (1Joh 4,20). »Jeder, der die Gerechtigkeit nicht tut und seinen Bruder nicht liebt, ist nicht aus Gott« (1Joh 3,10).*

Im Gegensatz jedoch zu den Jesusbot/innen sowie zu Paulus und seinen Nachfolger/innen, für die das Verhalten der Christusanhänger/innen in und gegenüber den »Gesetzen« und »Strukturen« der »alten« Welt den ethischen Grundkonflikt bildet, scheinen die Menschen »draußen« vor den »Augen des Joh gleichsam versunken zu sein.«[50] Die Gemeinde bildet »eine verschworene Gemeinschaft, in der sich jeder auf den anderen verlassen konnte«[51], wie sie im NT nur hier anzutreffen ist.

Die Außenwelt wird wahrgenommen in einer dualistischen Sichtweise von Finsternis und Licht, von »draußen« und »drinnen«. Gnostische Begriffsanleihen aufnehmend, gilt die Welt als der Ort des Todes, der Lüge und des Bösen – Christen partizipieren nicht an ihrem Handel und Wandel. Abgeschottet vom bösen, alten Äon richtet sich ihr Ethos auf die Gemeinde als einer Art »Gegenwelt« (REBELL), in der das Nachdenken über ihr Verhältnis zu Gesellschaft und Staat eine eher randständige Rolle spielt (indirekt Joh 18,28ff.; 19,11).

So trägt die joh. Bruder-/Geschwisterliebe stark exklusive, ja elitäre Züge. Im Mittelpunkt steht das Gebot zur Liebe innerhalb der Gemeinschaft – nicht die Feindesliebe (Joh 13,34f.; 15,12f.). Die Trennung von der Gemeinde gilt als »Sünde zum Tode« (1Joh 5,16), die den Ausschluss aus der gemeindlichen Fürsorge und Fürbitte nach sich zieht.

---

[50] WENDLAND, a.a.O., S. 112.
[51] REBELL, a.a.O., S. 183.

Die Notsituation der Gemeinden macht aus dem Dasein für andere (Mitchristen) eine »harte Binnenwährung«, wie sie im Verlauf der Kirchengeschichte in Nebenströmungen des Christentums und in Verfolgungssituationen immer wieder zur »eisernen Ration« christlicher Existenz geworden ist, um »nicht in der Welt aufzugehen, sondern in einer indifferent und feindlich eingestellten Umwelt anders und damit stigmatisiert zu leben (…) Das Nicht-Aufgehen in der Außenwelt ist ein konstitutives Merkmal der christlichen Gemeinde, und immer dann, wenn dieses Merkmal zu verschwinden droht, sollte Maß genommen werden am johanneischen Christentum.«[52]

Aufgabe:
- Was spricht Ihrer Meinung nach dafür und was dagegen, das folgende Zitat von D. BONHOEFFER als Quintessenz neutestamentlicher Ethik gelten zu lassen?

»Wenn man völlig darauf verzichtet hat, aus sich selbst etwas zu machen – sei es einen Heiligen oder einen bekehrten Sünder oder einen Kirchenmann (…), einen Gerechten oder einen Ungerechten, einen Kranken oder einen Gesunden – und dies nenne ich Diesseitigkeit, nämlich in der Fülle der Aufgaben, Fragen, Erfolge und Misserfolge, Erfahrungen und Ratlosigkeiten leben – dann wirft man sich Gott ganz in die Arme, dann nimmt man nicht mehr die eigenen Leiden, sondern Gottes Leiden in der Welt ernst (…), und ich denke, das ist Glaube, das ist »metanoia«; und so wird man ein Mensch, ein Christ (vergl. Jer 45).«[53]

Literatur:

GOPPELT, LEONHART: Christologie und Ethik, Göttingen 1968; LOHSE, EDUARD: Theologische Ethik des Neuen Testaments (Theol. Wissenschaft 5.2), Stuttgart 1988; REBELL, WALTER: Zum neuen Leben berufen. Kommunikative Gemeindepraxis im frühen Christentum, München 1990; THEIßEN, GERD/MERZ, ANNETTE: Der historische Jesus. Ein Lehrbuch, Göttingen 1996; THEIßEN, GERD: Die Religion der ersten Christen. Eine Theorie des Urchristentums, Gütersloh 2000; DERS: Die Jesusbewegung. Sozialgeschichte einer Revolution der Werte, Gütersloh 2004; SCHRAGE, WOLFGANG: Ethik, Neues Testament, in: Theologische Realenzyklopädie, Bd. 10, Berlin/New York 1982, Sp. 436–443; SCHRAGE, WOLFGANG: Ethik des Neuen Testaments (NTD Erg. Bd. 4), Göttingen [5]1989; SCHRÖER, HENNING: Nachfolge, Praxis, Ethik, in: GERBER, U. u.a.: Grundlinien Religion. Ein Begleitbuch für den Religionsunterricht in der Sekundarstufe II, Bd. 1, Frankfurt/M. 1990, S. 32–58; SCHULZ, SIEGFRIED: Neutestamentliche Ethik (Zürcher Grundrisse zur Bibel), Zürich 1987; WENDLAND, HEINZ-DIETRICH: Ethik des Neuen Testaments (NTD-Ergänzungsreihe 4), Göttingen 1978; YODER, JOHN HOWARD: Die Politik Jesu – der Weg des Kreuzes. Mit einem Vorwort von J. MOLTMANN. Aus dem Amerik. übers. von W. KRAUSS, Maxdorf 1981.

---

[52] Ebd., S. 189.
[53] Bonhoeffer, Dietrich: Widerstand und Ergebung. Briefe und Aufzeichnungen aus der Haft, hg. von Eberhard Bethge, München 1970, S. 401f.

16 Von Jesus zur Kirche
Zur Geschichte des Urchristentums

(Harry Noormann)

16.1 Wann eigentlich beginnt die Geschichte des Christentums?

Es gibt kaum wissenschaftliche Meinungsverschiedenheiten darüber, das öffentliche Auftreten Jesu um das Jahr 28/29 anzusetzen. Eine Möglichkeit der Datenrekonstruktion ergibt sich unter Rückgriff auf Angaben im Lk-Evangelium: Nach Lk 3,23 war Jesus am Anfang seines öffentlichen Auftretens ungefähr 30 Jahre alt. Wenn, wie Lk 3,1 angibt, Johannes der Täufer im 15. Regierungsjahr des Tiberius in Erscheinung getreten ist, wäre dies um das Jahr 28 herum. Das Geburtsjahr Jesu wäre danach in den Jahren kurz vor Beginn unserer Zeitrechnung anzusetzen.

Wohl ist dagegen strittig, welches Datum unter historischem Blickwinkel den Beginn der christlichen »Kirchen«-geschichte markiert.

Wann hat sich die (jüdische) Jesusbewegung in eine (christliche) Kirche verwandelt? Mit der Petrusvision und der nachfolgenden Gemeindegründung, die nicht wenige Forscher für historisch halten? Oder mit dem Pfingstgeschehen, vom Evangelisten Lk in Apg 2 eingeführt? Pfingsten symbolisiert theologisch, was historisch schwer zu fassen ist, auch wenn K. D. SCHMIDT lapidar feststellt: »30 – Gründungsjahr der christlichen Kirche.«[1]

Oder beginnt die Geschichte der neuen christlichen Religion erst mit dem sog. Apostelkonzil des Jahres 48/49, wie E. HOORNAERT vorschlägt[2] oder mit den Konturen eines »Frühkatholizismus« von der ersten Jahrhundertwende bis zum 1. Drittel des 2. Jahrhunderts?

Natürlich spielt dabei die Begriffsverwendung eine gewisse Rolle: Das griechische Wort »Ekklesia« kann die einzelne Gemeinde (Apg 5,11), die Hausgemeinde (Apg 16,5) wie auch die Gesamtkirche (Gal 1,13) bezeichnen. Das Wort steht in der damaligen griechischen Alltagssprache für die »Bürgerversammlung«, wie die ersten Christengenerationen sie aus jeder größeren hellenistischen Stadt kannten. »Ekklesia« erfasst dann in der christlichen Literatur die an Christus Glaubenden (lat. communio fidelium). Die Septuaginta, die griechische Übersetzung der hebräischen Bibel, übersetzte das hebräische »Kahal«, die »Versammlung des Volkes Jahwes«, mit »ekklesia« (ob die Ethymologie – »Herausgerufene« – bewusst war, ist fraglich).

Das Wort »Kirche« ist etymologisch vom griechischen »kyriakós« (dem Herrn zugehörig [-e Versammlung]) abgeleitet.

Dabei ist es angebracht, den Begriff »Kirche« («ekklesia«) nicht vorschnell mit unseren heutigen Vorstellungen zu verbinden. Die frühen Christen hatten weder imposante Kathedralen noch eine »Institution« vor Augen, wenn sie von »ekklesia« sprachen. In guter lutherischer Tradition hat der religiöse Sozialist LEONHARD RAGAZ den Vorschlag erneuert, die Übersetzung »Gemeinde« dem Wort »Kirche« vorzuziehen. Als einen »weltgeschichtlich gewaltigen symbolhaften Ausdruck« für die Differenz zwischen beiden Begriffen führte RAGAZ an: »In der Riesenkuppel der Peterskirche in Rom (...) steht die Kolossalinschrift (auf lateinisch, HN): 'Du bist Petrus, und auf diesen Felsen werde ich meine Kirche bauen, und die Mächtigen der Unterwelt werden sie nicht überwinden' (Mt 16,18). Anderswo aber, in Rom selbst, vor allem draußen, an der Appischen Straße, sind

---

[1] SCHMIDT, K. D.: Tabellen zur Kirchengeschichte, Göttingen ³1967, S. 13.
[2] Ebd., S. 49.

> *die Katakomben mit den Gräbern der Märtyrer. Dort ist die Kirche, hier ist die Gemeinde (...)«*[3]

»Jesus und die Kirche« – dieses Thema berührt die feinnervigen Zonen des christlichen Selbstverständnisses, denn »Kirche« beansprucht, in der Nachfolge des Jesu von Nazareth zu stehen. Dabei beruft sie sich darauf, dass der in Jesus Christus Mensch gewordene Gott in ihr lebendig sei.

So haben Jesus Christus und das Urchristentum für die nachfolgenden Generationen unvermeidlich eine normative Bedeutung erlangt. Und die Erinnerung an den Ursprung hat durch die Kirchengeschichte hindurch ihre maßgebende Autorität nicht eingebüßt. Was bedeutet Nachfolge heute? Beruft sich die Kirche zu Recht auf den Namen Jesu? Kann jener diese Kirche gewollt haben?

> *»Ad fontes!« Denn »die meisten Quellen sind mit dem Flusslauf nicht einverstanden« (Jean Cocteau). Daher, so hat Helmut GOLLWITZER die Geschichte der Kirche einmal charakterisiert, wird »in immer neuen Aufbrüchen von einzelnen und Gruppen (...) der Ursprung virulent, sprengt die vorhandenen häretischen Begrenzungen und schafft das Ereignis neuen Lebens, und wenn auch dies immer wieder Begrenzungen aufweist durch die individuellen und gesellschaftlichen Rahmenbedingungen des alten Äons, so ist das doch jedes Mal ein Zeichen, das das Zutrauen zum Ursprung bestätigt (...)«*[4]

Umso leidenschaftlicher wird um die verfügbaren Quellen, um die Methoden ihrer Erschließung und um die Maßstäbe ihrer Bewertung gerungen. Ein Beispiel kann dies verdeutlichen:

Nach verbreiteter Auffassung gilt das urchristliche Bekenntnis in der 1Kor 15,3ff. überlieferten Fassung als wertvollste Primärquelle über die Entstehung der Kirche. Dem Petrus ist der tot geglaubte Jesus als erstem erschienen (so auch Lk 24,34), danach den Zwölfen.

Nicht allein Conzelmann/Lindemann leiten daraus und aus der zurückhaltend herangezogenen Überlieferung der Apg das historische Urteil ab, Petrus als den Stifter der Kirche anzusehen. »Wahrscheinlich muss man sich die Entstehung der Kirche also damit erklären, dass am Anfang die Vision des Petrus steht, der aus 'seiner' Erscheinung die Konsequenz zog, das Gottesvolk der Endzeit, also die Zwölf, als Repräsentanten der Kirche zu konstituieren« und vom symbolträchtigen Hauptsitz Jerusalem aus »sofort« mit der Mission zu beginnen.[5]

Die Quellenlage zwingt zur Balance auf dünnem Eis. Sie erlaubt auch die Hypothese, es seien nach Mk 16,1–8 drei namentlich bekannte Frauen gewesen, die den Glauben an die fortwirkende Gegenwart des Gekreuzigten zuerst verbreitet und die Initiative zur Gemeindegründung im Landstrich Galiläa ergriffen hätten. Jedenfalls liegen die immensen Konsequenzen der jeweiligen Problemsicht für das kirchlich-christliche Selbstbild auf der Hand: Hier der Mann, der »Fels« Petrus, umgeben von den elf apostolischen Patriarchen der christlichen Kirche im kultischen und religiösen Zentrum der feindseligen Juden; dort einige vom Entsetzen gepackte, fliehende Frauen auf dem Weg nach Galiläa, der Wiege von Ideen und Bewegungen, die gleichermaßen die Römer und die Notablen der jüdischen Kultgemeinde das Fürchten lehrten...

---

[3] RAGAZ, L.: Sollen und können wir die Bibel lesen und wie? Anhang: Falsche Übersetzungen der Bibel von welt- und reichsgeschichtlicher Bedeutung, hg. von der religiös-sozialen Vereinigung der Schweiz, Zürich ²1948, S. 51.

[4] GOLLWITZER, H.: Befreiung zur Solidarität. Einführung in die Evangelische Theologie, München 1978, S. 119.

[5] CONZELMANN, H./LINDEMANN, A.: Arbeitsbuch zum Neuen Testament (UTB 52), Tübingen ⁸1988, S. 419f., künftig: Arbeitsbuch.

16.2 Forschungsgeschichtlicher Exkurs: Die Spannung zwischen der Mehrdeutigkeit historischer Quellen und dem dogmatischen Blickwinkel

Die historische Frage nach der Entstehung des Christentums ist ein treffendes Beispiel dafür, dass die Auswahl und Gewichtung der verfügbaren Quellen (Perspektivität) sowie ihre Zuordnung zu einem stimmigen Sinnzusammenhang (Konstruktivität) unvermeidlich von weltanschaulichen und konfessionell-theologischen Sichtweisen geprägt ist. Drei gebräuchliche methodische Ansätze über die Anfänge der christlichen Kirche können dies veranschaulichen. In Anlehnung an DOROTHEE SÖLLE[6] sprechen wir von einem orthodoxen (bekenntnisgemäßen), einem liberalen und einem befreiungstheologischen Argumentationsmodell, um die geschichtlichen Linien von der Jesusbewegung zur urchristlichen Kirche zu rekonstruieren.

a) Das bekenntnisgemäße Paradigma: Von Christus zur Kirche!
Die päpstliche »Kongregation für die Glaubenslehre« hat im Jahr 2000 in ihrer Aufsehen erregenden Erklärung »Dominus Jesus« über die »Einzigkeit und die Heilsuniversalität Jesu Christi und der Kirche« den Gläubigen eingeschärft zu bekennen, »dass es eine geschichtliche, in der apostolischen Sukzession verwurzelte Kontinuität zwischen der von Christus gestifteten und der katholischen Kirche gibt: ‚Dies ist die einzige Kirche Christi (…) Sie zu weiden, hat unser Erlöser nach seiner Auferstehung dem Petrus übertragen (vgl. Joh 21,17), ihm und den übrigen Aposteln hat er die Ausbreitung und Leitung anvertraut (vgl. Mt 28,18,11ff.), für immer hat er sie als ‚die Säule und das Fundament der Wahrheit" (1 Tim 3,15) errichtet. Diese Kirche, in dieser Welt als Gesellschaft verfasst und geordnet, ist verwirklicht [subsistit in] in der katholischen Kirche, die vom Nachfolger Petri und den Bischöfen in Gemeinschaft mit ihm geleitet wird.«[7]

»Rechtgläubig« (orthodox) kann diese Gedankenführung genannt werden, insofern sie (tendenziell wortwörtlich) »für wahr hält«, was sie aus den beigezogenen Bibelstellen interpretiert oder auch deutend in sie hineinlegt. Ob diese Deutungen einer kritischen historischen Prüfung standhalten, wird nicht in einer Weise diskutiert, welche die Gültigkeit der theologischen Urteile anfechten könnte. Es erübrigt sich nahezu der Hinweis, dass der biblische Befund über die Entstehung der Kirche sich in harmonischer Übereinstimmung mit den Konstruktionsplänen der – in diesem Fall – römisch-katholischen Kirche befindet. Diese – auch »dogmatisch« zu nennende – Aneignung geschichtlicher Auskünfte der biblischen Tradition nimmt augenscheinlich die Funktion wahr, die Grundfesten der empirischen Kirche in ihrem Bestand zu rechtfertigen. Das orthodoxe Erklärungsmodell erscheint institutionsorientiert, sein Erkenntnisinteresse ist geleitet von der Figur rechtlich-hierarchischer Beziehungen unter den Christen (Schafe und Hirten, Amtsautorität und Laien).

Der entscheidende Bezugspunkt für die Frage nach der Entstehung von Kirche ist die heilsgeschichtliche Deutung von Kreuz und Auferstehung Jesu. Demgegenüber bleibt die Bedeutung von Lehre und Leben des historischen Jesus zunächst offen. Wie

---

[6] SÖLLE, D.: Gott denken. Einführung in die Theologie, Stuttgart 1990.
[7] SEKRETARIAT DER DEUTSCHEN BISCHOFSKONFERENZ (Hg.): Kongregation für die Glaubenslehre. Erklärung Dominus Jesus. Über die Einzigkeit und Heilsuniversalität Jesu Christi und der Kirche vom 6. August 2000 (Verlautbarungen des Apostolischen Stuhls 148), Bonn 2000, 22. Das Zitat nimmt Formulierungen der Dogmatischen Konstitution Lumen gentium des II. Vatikanischen Konzils auf.

bei Paulus bildet das Fundament von Kirche nicht zuerst, was Jesus gesagt und getan hat, sondern was Gott mit ihm getan hat (G. THEIßEN). Von Jesus zur Kirche? »Von Christus zur Kirche!« wäre vom rechtgläubigen Standort aus zu korrigieren.

Das ist auch die evangelische Sichtweise, in der jedoch nicht die Gestalt des Petrus, sondern das Pfingstereignis (Apg 2) für den Anfang der Kirche die zentrale Rolle spielt: »Am Pfingstfest, fünfzig Tage nach Ostern, geschah nach dem Zeugnis der Apostelgeschichte etwas, was die Anhängerinnen und Anhänger Jesu zur Kirche machte.« Der Geist Gottes »sammelt die Menschen in ihrer Verschiedenheit, bringt sie zusammen und hebt damit die Zerrissenheit zwischen den Menschen auf. Diese neue Gemeinschaft ist die Kirche.«[8]

Theologisch bleibt auch hier die Auffassung maßgeblich, dass von Kreuz und Auferstehung die Heil bringende Botschaft ausgeht – von »Christus« zur Kirche. Auch die Evangelisten – voran Lukas, der als Einziger zwischen Osterereignis und Pfingstgeschehen unterscheidet – kennen eine »Zeit Jesu« und die »Zeit der Kirche«, die erst nach Ostern Gestalt annimmt, wie allein die Wortstatistik belegt: Kommt der Begriff »Ekklesia« in den Evangelien nur in Mt 16,18 (und 18,17) vor, ist von ihr in der Apg gleich zwei Dutzend Mal die Rede. Die »jesuanische Vorgeschichte« der Kirche erschließt sich aus diesem Blickwinkel durch die »christologische Brille« der einmaligen und uneinholbaren, universalen Heilsbedeutung von Kreuz und Auferstehung.

Die neue Ausgabe des Erwachsenenkatechismus nimmt allerdings gegenüber früheren Auflagen eine deutliche Akzentverschiebung vor. Über eine »pneumatologische« Argumentation zieht sie eine Verbindungslinie vom historischen Jesus, auf dem der Geist Gottes in einzigartiger Weise ruht (Lk 4, 14 –21), über Kreuz und Ostern zum Empfang dieses Geistes durch seine Anhänger/innen.

b) Das liberale Paradigma – Jesus versus Kirche!
Mit ihm verbindet sich eine über 200–jährige Geschichte der vom Anspruch her dogmenfreien und in seiner klassischen Form werturteilslosen wissenschaftlichen Erforschung der biblischen und profanen Quellen. Ihr Erkenntnisprinzip: »Die Theologie kann unmöglich daran interessiert sein, ihre Glaubensurteile auf eine Geschichtsbasis zu gründen, die einwandfrei von geschichtlicher Forschung als unrichtig, d.h. als unhistorisch erkannt worden ist.«[9] Die liberale Forschung erkannte beispielsweise, dass »die Ostererzählungen der Evangelien sowie die Himmelfahrts- und Pfingstgeschichte der Apg«, in orthodoxer Perspektive die Gründungsurkunden der Kirche, »sekundäre Quellen (sind), erzählende Darstellungen des Glaubens, dass Jesus lebt, dass der Auferstandene seine Kirche stiftete«.[10]

Die Quintessenz rationaler Analyse der historischen Dokumente lief zu auf eine Bestreitung der geschichtlichen Kontinuität zwischen der Gestalt Jesu und der kirchlichen Institution. Wohl niemand hat diesen vermeintlichen Tatbestand scharfsichtiger auf den Punkt gebracht als der französische Neutestamentler ALFRED LOISY: »Jesus hat das Reich Gottes verkündet, und was kam, war die Kirche.«[11]

---

[8] Evangelischer Erwachsenenkatechismus, 6., völlig neu bearbeitete Auflage, im Auftrag der VELKD hg. von den Geschäftsführern der Katechismuskommission, Gütersloh 2000, S. 500.

[9] MENSCHING, G.: Leben und Legende der Religionsstifter, Darmstadt/Baden-Baden/Genf o.J., S. 76.

[10] Arbeitsbuch, a.a.O., S. 420.

[11] LOISY, A.: Evangelium und Kirche, 1904, S. 112.

Im Geist der liberalen Tradition argumentiert K. HAENDLER im »Taschenlexikon Religion und Theologie«, wenn er konstatiert, die Frage, »ob Jesus selbst eine Kirche 'gewollt' oder gar 'gegründet'« habe, müsse unbeantwortet bleiben.

> »Die zentrale 'ekklesiologische' Aussage Mt 16,18f ('Du bist Petrus, und auf diesen Felsen will ich meine Gemeinde [ekklesia] bauen, und die Pforten der Hölle sollen sie nicht überwältigen. Ich will dir des Himmelreiches Schlüssel geben (...)') lässt sich nicht mit ausreichender Sicherheit auf den historischen Jesus zurückführen, da der Begriff 'ekklesia' bei den Synoptikern außer in der Dublette Mt 18,17 nur hier erscheint. Zudem – und diese Überlegung wiegt schwerer – schließt die Verkündigung wie das Selbstbewusstsein Jesu die Vorstellung einer sich zu seinen Lebzeiten zusammenschließenden und organisierenden religiösen Gemeinschaft aus: Seine Ankündigung des nahen Reiches Gottes und sein eschatologisches Selbstbewusstsein vertragen sich nicht mit einem wie auch immer gefüllten 'Kirchen'-Gedanken (...)Alles im allem ist es also nicht möglich, die urchristlich-neutestamentliche 'ekklesia' auf den irdischen, historischen Jesus als ihren Gründer zurückzuführen.«[12]

Die klassisch liberale Problemsicht neigt daher dazu, die Wendung »Von Jesus zur Kirche« in die These »Jesus versus Kirche« umzumünzen.

In der Konsequenz dieser Überlegungen lag die Auffassung RUDOLF BULTMANNS, die Gestalt Jesu innerhalb des Kontextes jüdischer Tradition zu interpretieren und ihn als *Voraussetzung* christlicher Theologie und Kirche zu betrachten.[13] Allerdings ist diese Position einer schroffen Zäsur in der Bultmann-Schule Anfang der 1950er Jahre alsbald revidiert worden: Seitdem wird argumentiert, dass die urchristliche ekklesia »sachlich von Jesus herkommt bzw. auf ihn bezogen ist, dass sie sich als die versteht, die seine Sache (...) in Aufnahme und Fortsetzung seiner Verkündigung zu der ihren macht, d.h. Gottes durch Jesus zugesagtes Heil als gegenwärtiges verkündigt und damit verwirklicht«.[14]

Deutlicher noch hat seinerzeit JOACHIM JEREMIAS diese Einsicht zum Ausdruck gebracht:

> »Ohne Jesus und sein Evangelium verkündigt der christliche Glaube eine Idee, ein Theorem. Alles das, was uns das Neue Testament bezeugt, ist eigentlich nur Antwort auf Jesus selbst. Paulus, Johannes, Markus, Lukas: Sie alle sind Menschen, die den einen Jesus bezeugen und versuchen, in ihrer Interpretation und in ihrer Sprache eine Antwort auf ihn zu finden.«[15]

c) Das befreiungstheologische Paradigma: Von Jesus zur Kirche
Es ist nicht übertrieben zu behaupten, dass im Grunde erst die lateinamerikanische Befreiungstheologie radikal ernst gemacht hat mit der Einsicht der Bultmannschüler[16], die seinerzeit WILLY MARXSEN auf die Formel gebracht hat: »Die Sache Jesu geht weiter«. Genauso lautet der Ausgangspunkt des befreiungstheologischen Kirchenbegriffs, und zwar im aktuell hermeneutischen wie im historischen Sinn. Wie damals

---

[12] HAENDLER, K: »Kirche«, in: Taschenlexikon Religion und Theologie, Göttingen ²1974, 174f; zu den Gründen gegen die Annahme einer »Kirchenstiftung« durch Jesus vgl. auch GOPPELT, L.: Theologie des Neuen Testaments, Göttingen ³1981, S. 260.

[13] BULTMANN, R: Theologie des Neuen Testaments, Tübingen ⁵1965, S. 35ff.

[14] HAENDLER, K.:a.a.O., S. 174f.

[15] JEREMIAS, J.: Der gegenwärtige Stand der Debatte um das Problem des historischen Jesus, in: Ristow, H./MATTIAE, K (Hg.): Der historische Jesus und der kerygmatische Christus, Berlin 1961, S. 24f.

[16] Zu ihnen gehörten ERNST KÄSEMANN, GÜNTHER BORNKAMM, GERHARD EBELING, ERNST FUCHS, HERBERT BRAUN oder HANS CONZELMANN, um nur einige Namen zu nennen.

weist auch heute »die Nachfolge Jesu den Weg, um zum Verständnis Jesu als des Christus zu gelangen«.[17]

> »Jesus war arm, die Apostel waren arm – viele von ihnen waren Fischer – und auch die Kirche sollte arm sein. Bescheidene, einfache Leute sollten darin den ersten Platz haben. So wie Jesus die Armen vorgezogen hat, sollte auch die Kirche den einfachen Leuten, den Fabrikarbeitern und Landarbeitern, den Vorzug geben. In der Welt um uns herum dienen die Armen den Reichen: In der Kirche sollten die Reichen den Armen dienen.«[18]

Es bedurfte offenbar der Stimmen verarmter Mitchristen wie dieser aus der Erzdiözese Vitoria in Brasilien, um auf der Hinterseite monumentaler wissenschaftlicher Werke über Grund, Wesen und Auftrag der Kirche ihren fundamentalen Existenzgrund in einer einfachen, weisen Sprache wieder sichtbar zu machen: Wie Jesus, wie die Apostel, so soll die Kirche reden und handeln. Sie soll weitersagen und weitertragen, was die Jesusleute ansagten und vorlebten. Ihre Gemeinschaft ist Urform und Urbild von Kirche zugleich und diese wiederum Keimform und Abbild der verheißenen geschwisterlichen Welt. Leiden, Tod und Auferstehung sind Schlüsselstationen dieser vorher begonnenen Geschichte, nicht der Anfang einer neuen Geschichte. Kirche ist nur Kirche, solange sie verstrickt bleibt in diese Geschichte. Die gute Nachricht trifft das konkrete schlechte Leben..

Ekklesiologische Aspekte	I. Traditionell (feudalistische Kirche)	II. Modernistisch (bürgerliche Kirche)	III. Populargemeinschaftlich (Kirche der Armen)
Macht	Pyramidisch-autoritativ	Paternalistisch, gesteuerte »Demokratie«	Partizipatorische Christokratie
Organisation	Hierarchisch-bürokratisch	Paternalistisch-bürokratisch/synodal	Kollegial
«Hauptamtliche« Mitarbeiter	Vom Volk getrennt	Angepasst/besondere Stellung	Identifizieren sich mit den Armen, gelebte Nachfolge
Pastoraler Ansatz	Sakramentalistisch	Spiritualistisch	Befreiend missionarisch
Politische Position	Konservativ	Reformistisch	Transformatorisch
Methodologie	Fürsorge	Entwicklung	Gemeinsam kämpfen und leiden
Sozialbasis	Herrschende Schichten	Mittelklasse	Unterschichten

---

[17] SOBRINO, JON: Die Bedeutung des geschichtlichen Jesus in der lateinamerikanischen Befreiungstheologie, in: COLLET, C. (Hg.): Der Christus der Armen, Freiburg i. Brsg. 1988, S. 83f.

[18] REISER, A./SCHOENBORN, P. G. (Hg.): Basisgemeinden und Befreiung, Wuppertal 1981, S. 87f.

> Aufgabe:
> - Betrachten Sie das vorstehende, vereinfachte und leicht veränderte Schema, in dem der Befreiungstheologe CLODOVIS BOFF idealtypisch drei »Modelle« von Kirche dargestellt hat.[19]
> - Diskutieren Sie:
> Welches Modell entspricht annäherungsweise welcher vorfindlichen Gestalt von Kirche?
> Auf welche neutestamentlichen Überlieferungen oder Texte können sich diese Modelle stützen?

16.3 Die Anfänge der Kirche im Licht historisch-kritischer Forschung

Der Enthusiasmus, in dem die Jesusleute übers Land gezogen waren, um allen voran den Armen und Ausgeschlossenen die Wiederherstellung göttlicher Gerechtigkeit (Basileia tou theou) anzukündigen, endete in einer jähen Katastrophe. Die Hinrichtung Jesu von Nazareth verbreitete unter seinen Weggefährt/innen Entsetzen und ein Gefühl der Ausweglosigkeit.

Übereinstimmend kommen Neutestamentler zu der Überzeugung, dass alsbald nach dem Tode Jesu die ungestüme Hoffnung auf ein Ende und die Umkehrung der Zustände neu erwachte – der engere Kreis seiner Anhänger/innen erfuhr die Präsenz des tot Geglaubten in visionären Erscheinungen (1Kor 15,3–5). Seine Jünger/innen begannen »an seiner Sache« weiterzuarbeiten, indem sie seine Person und sein Schicksal in das Zentrum der Basileiabotschaft hineinstellten: Dieser unter ihnen gegenwärtige Jeshua ist in Wahrheit der die Gerechtigkeit Jahwes verkörpernde Messias.

Die historischen Vorgänge, die zu einer »Re-Formierung« der Gefährt/innen Jesu und seiner Botschaft führten, liegen im Dunkeln. Alleinige Quelle ist die Apg, deren Angaben durch einige verstreute Notizen in den Paulusbriefen korrigiert bzw. ergänzt werden. So ist für die urchristliche Geschichtsschreibung die Auskunft von Gewicht, dass es zu einem frühen Zeitpunkt christliche Gemeinden auch außerhalb Jerusalems in Juda (Gal 1,22; 1Thess 2,14) und in Syrien gegeben hat (Gal 1,17; 2Kor 11,32).

Nach einem historisch-kritischen Befund ist das folgende Szenario anzunehmen:

Die auf Initiative von Petrus gebildete »Kerngruppe« konstituiert nach der Rückkehr aus Galiläa in Jerusalem die erste (ortsfeste) Gemeinde. Dabei bleibt offen, ob die Kunde vom hingerichteten und auferstandenen Messias bereits vorher in Galiläa und Judäa Verbreitung erfahren hat.[20] Die Jerusalemer Gemeinde erlebt einen überraschenden Zulauf in Jerusalem (Apg 2,41; 5,14; 6,7) und der näheren Umgebung (5,16). Es kommt zu Spannungen zwischen hebräisch sprechenden und griechisch sprechenden, tempelkritischen Diasporajuden (vgl. Apg 6,1–10). Einer der hellenistischen Wortführer, Stephanus, erleidet schon in den ersten Jahren (33?) den Märtyrertod (Apg 7,54–60). Die Tempelaristokratie entfacht gegen die »Nazarener« eine pogromartige Hetze mit der Folge, dass einige Exilierte die Basileiabotschaft bis nach Samaria (Apg 8,5) und in der phönizischen Küstenregion verbreiten (Apg

---

[19] In: BOFF, LEONARDO u.a.: Werkbuch Theologie der Befreiung. Anliegen. Streitpunkte. Personen, Düsseldorf 1988, S. 42.

[20] Vgl. SCHENKE, L.: Die Urgemeinde, Göttingen 1990, S. 14, 22f.; Arbeitsbuch, 420f.

11,19f.). Einen gewissen Höhepunkt der ersten Missionsphase bilden die Taufen eines äthiopischen Hofbeamten (Apg 8,26–40) und des Hauptmanns der italischen Kohorte (Apg 10).

In der Lk-Darstellung erhalten die »zwölf Apostel« mit Petrus als ihrem Anführer von vornherein einen herausgehobenen, autoritativen Status. Die Namen »der Zwölf« sind in vier auffällig voneinander abweichenden Listen überliefert: Mk 3,16–19; Lk 6,14ff.; Mt 10,2ff.; Apg 1,13f. Da zudem die Zwölfergruppe in der Apg hinsichtlich ihrer Funktion und Tätigkeit nur vage umrissen ist, vermuten nicht wenige in der Zwölfergruppe eine theologische Figur, die den erneuerten Bund des israelitischen Stammesverbandes repräsentieren soll.[21] Gegen ein Führungsgremium der 12 (oder für eine nur sehr kurze »Amtszeit«) spricht auch, dass Pls in Gal 1,18 nur Petrus und den Jesusbruder Jakobus erwähnt (bezogen auf das Jahr 35), während Pls im Blick auf den Apostelkonvent (48/49) die »drei Säulen« der Jerusalemer Gemeinde namentlich aufführt – Petrus, Johannes und Jakobus (Gal 2,9).

16.3.1 Was glaubten die ersten Christen?

Dass die Angehörigen der Jerusalemer Gemeinde die Selbst- oder Fremdbezeichnung »Christen« noch nicht kannten, wie Lk überliefert, ist historisch wohl verlässlich – am Anfang dominierte, physisch und theologisch, das »hebräische Element«. Frauen und Männer, die sich Jesus schon zu seinen Lebzeiten angeschlossen hatten, wussten sich nun autorisiert, die vorösterliche Basileiabotschaft in der unerhörten Verschärfung des gekreuzigten Messias unter die Leute zu bringen. Verbreiteten sie Jesu Botschaft oder den gekreuzigten und erschienenen Jesus als Botschaft? Schenke ist bemüht, das Verhältnis von alt und neu, Kontinuität und Bruch in einem dialektischen Schwebezustand zu belassen:

> »Die Inhalte der ersten nachösterlichen Verkündigung der Jünger waren die Inhalte der Botschaft Jesu selbst (...) Die Ostererfahrung hat nicht einfachhin die gesamte vorösterliche Verkündigung umgepolt und neu geschrieben (...) Vielmehr dürfen wir die nachösterliche Jüngerpredigt als authentische Interpretation der vorösterlichen Predigt Jesu ansehen (...)«[22]

Sehr rasch aber setzte ein (in der NT-Überlieferung durchaus erkennbarer) theologischer Reflexionsprozess ein, in dem die Person Jesu, sein Tod und seine Auferstehung in das Zentrum der Verstehensbemühungen rücken.[23] Die Deutung der Person Jesu und seines Schicksals ersetzte nicht die Basileiabotschaft, sondern verlieh ihr eine beispiellose Selbstvergewisserung – nicht die härteste Gewalt der Todesmächte würde nunmehr den schließlichen Triumph des Lebens in versöhnter Geschwisterschaft aufhalten können. In diesem Prozess wird die Rolle der »Hellenisten«, denen der aufgeklärte Geist griechischer Städte aus der jüdischen Diaspora nicht fremd war und die eine vergleichsweise liberale Haltung zum Tempelkult und zur Auslegung des Gesetzes einnahmen, kaum überschätzt werden können.

Religionssoziologisch handelte es sich bei den ersten Christen um eine apokalyptisch ausgerichtete, messianische Sekte im buntscheckigen Bild des zeitgenössischen Judentums. Die insgesamt idealisierenden Summarien der Apg[24] lassen neben »typisch

---

[21] So Arbeitsbuch, S. 425, kritisch dazu SCHENKE, a.a.O., S. 75ff.
[22] SCHENKE, L.: a.a.O., S. 26, 28.
[23] Ebd., 81f.
[24] Vgl. dazu Arbeitsbuch, S. 423.

jüdischen« Lebensgewohnheiten auch die Triebe eines neuen Selbstbewusstseins und Lebensstils erkennen. Die christlichen Hausversammlungen folgen dem Schema des synagogalen Wortgottesdienstes, die Tora gilt als unumstößliche Offenbarung in den Heiligen Schriften der jüdischen Tradition, die Taufe der »Nazarener« folgt dem Vorbild des Asketen und Bußpredigers Johannes. Jüdischer Ritus und jüdisches Gesetz stehen in Geltung, die Männer sind selbstredend »Beschnittene«. Auch zahlen sie, wie Mt 17,24–27 vermuten lässt, die obligatorische Tempelsteuer.

Andererseits erregen »Wunder und Zeichen« öffentliches Ärgernis. Und lautstark werben die Wortführer der neuen Gemeinschaft um Anhänger des Messias Jesus, indem sie dreist davon sprechen, sich retten zu lassen von »dieser verdorbenen Generation« (Apg 2,40).

Keine priesterliche Hierarchie herrscht in ihren Reihen, sondern die Autorität des messianischen Charismas. Ein feierlich zelebriertes Gemeinschaftsmahl, zu dem jeder nach eigenem Vermögen beiträgt, steht in hohem Ansehen. Nachfolge im Anbruch der Gottesherrschaft scheint zu bedeuten, von materiellen Sicherheiten Abschied zu nehmen und ganz pragmatisch untereinander aufzuteilen »so viel, wie jeder nötig hatte«, so dass niemand »Not litt« (Apg 4,34). Frauen und Männer gehörten wohl gleichberechtigt der neuen Gemeinschaft an (Apg 1,14; 5,1–11; 8,3), dem Angehörigen einer fremden Kultur (Apg 8,26ff.) öffnete sie sich ebenso wie dem Hauptmann der Besatzungsmacht (Apg 10), dessen Schwelle ein rechtgläubiger Jude zu übertreten keinesfalls gewagt hätte.

16.3.2 Sozialgeschichtliche Rückfragen und Zwischenrufe

Die einschlägige Fachliteratur tut sich gelegentlich schwer, den Eindruck zu vermeiden, das Leben der ersten Christen habe sich in einer exklusiv-religiösen Sphäre abgespielt.

Die Liste von neuartigen Elementen unterstreicht dagegen einmal mehr, dass der Inhalt des urchristlichen Glaubens sich nicht in einer Litanei des Credos vom auferstandenen Herrn erschöpfte.[25] DOROTHEE SÖLLEs Bemerkung, nach der die Überzeugungskraft der Christen weniger von ihren Worten ausging als davon, dass sie lebten, was sie zu glauben bekannten, hat eine durchaus sachliche Berechtigung.

Ein gutes Beispiel ist das unerschöpfliche Thema des »urchristlichen Liebeskommunismus« (Ernst Troeltsch, vgl. Apg 4,32–37). Nach lkn Darstellung gaben die Gemeindemitglieder (anders als beim Essenerorden) nicht grundsätzlich ihr »bürgerliches«, berufliches Leben auf. Jede(r) trug nach eigenem Ermessen und in eigener Freiheit zu einem gemeinschaftlichen »Konsumstandard« bei, der nicht nur eine bescheidene materielle Versorgung gestattete, sondern einer Spiritualität entsprang, in der niemand mehr sagte, »dass seine Güter noch sein Eigentum seien« (Apg 4,32).

Lk erzählt hier rückblickend ein Stück urchristlicher Geschichte, die er seinen Adressaten durchaus nicht als Maßstab christlicher Lebensführung aufdrängt. Denn er hat es am Ende des 1. Jahrhunderts mit einer Kirche zu tun, in der Nachfolge im Regelfall nicht mehr mit der Selbstverpflichtung zur Besitzaufgabe verbunden ist. Doch ist Lk ebenso weit entfernt von einer nostalgisch-wehmütigen Rückschau. Er schildert in historisierender Weise das Beispiel der Urgemeinde, weil in seinem Verständnis dieser bleibende Stachel im Fleisch der Christusnachfolger fortwirken muss – in der Perspektive der verheißenen Gottesherrschaft.

---

[25] Vgl. SCHENKE, L.: a.a.O., S. 26.

So besehen bleibt den Lesern viel beachteter Werke zur frühen Christentumsgeschichte eine gewisse Verwunderung nicht erspart. Von R. BULTMANN[26] über H. CONZELMANN[27] und E. LOHSE[28] bis zum Arbeitsbuch von CONZELMANN/ LINDEMANN[29] und dem Werk von L. SCHENKE[30] vermögen die Autoren der urgemeindlichen Lebenspraxis eine erkennbare theologische Relevanz nicht abzugewinnen. Mit den unstrittigen Hinweisen auf den »literarischen Charakter« der lukanischen Darstellung und auf den eschatologischen Enthusiasmus der ersten Christen schrumpft deren Solidargemeinschaft zu einem Anhängsel des »Eigentlichen«: Die »urchristliche Verkündigung bezeugt einhellig, dass Gott den gekreuzigten Christus aus dem Tod erweckt und zur Herrlichkeit erhöht hat (…)«[31]

Zudem muss nachdenklich stimmen, dass das überlieferte, liberale Bild des Urchristentums von dick aufgetragenen Farben einer männlich-exklusiven Geschichtsbetrachtung bestimmt ist. Das erste Jahrhundert erweist sich immer klarer als ein Lehrstück des Vergessens und Verdrängens von Frauen, welche die frühe Geschichte des Christentum aktiv mitgestaltet haben (vgl. S. 201 ff).

Und schließlich: Die Unterscheidung von »palästinischem« und »hellenistischem« Judentum und Christentum hat sich in der Vergangenheit als ungemein produktives Forschungsprinzip erwiesen.[32] Dieses Paradigma aber erweist sich als zu eng, um ein differenzierteres Bild von der möglicherweise weitaus bunteren Vielgestaltigkeit des frühen Christentums zu gewinnen. Wenn Galiläer aus dem Bauern- und Tagelöhnermilieu, hellenistisch-urbane Handwerker, »gescheiterte« und absolut marginalisierte Existenzen, ehemalige zelotische Freiheitskämpfer (Lk 6,15f.), phärisäisch-torabeflissene Chassidim und rabbinisch Gebildete[33] die Versammlungen bevölkerten, entstehen blasse Ahnungen von einer multikulturell durchmischten und hinsichtlich ihrer religiösen Vorprägung ökumenischen Gemeinde. Anhaltspunkte für die frühe Existenz messianischer Keimzellen in Galiläa (geographisch-theologischer Aufriss des Mkevangeliums), in Judäa, Samaria und entlang der Küste lassen es sinnvoll erscheinen, das Urchristentum nicht vorschnell mit der Jerusalemer Gemeinde zu identifizieren. Auch die These von der anhaltenden Aktivität »vagabundierender Wandercharismatiker«, die über das Jahr 30 hinaus die Lebenspraxis Jesu fortsetzten und die Armentheologie der Jesusbewegung wach gehalten haben, wie sie uns in der sog. Logienquelle bei Mt und Lk überliefert ist[34], sollten zur Vorsicht gegen homogenisierende Bilder von »dem« Urchristentum anhalten.[35]

---

[26] BULTMANN, R.: a.a.O., S. 65 f.
[27] CONZELMANN, H.: Grundriß der Theologie des Neuen Testaments, München ²1968.
[28] LOHSE, E.: Grundriß der neutestamentlichen Theologie, Stuttgart 1974, S. 51,64.
[29] Vgl. Arbeitsbuch, S. 423.
[30] SCHENKE, L.: a.a.O., S. 90–94.
[31] LOHSE, E.: a.a.O., S. 51.
[32] Vgl. SCHENKE, L.: a.a.O., S. 56, Anm. 1.
[33] Vgl. ebd., S. 34–65.
[34] THEIßEN, G.: Soziologie der Jesusbewegung (TEh 194), München 1977; kritisch dazu Schenke, L.: a.a.O., S. 217–238.
[35] Die vielfältigen Varianten des Wandercharismatikertums und seine Bedeutung für die Verbreitung des Christentums hat GERD THEIßEN erneut herausgearbeitet in seiner Neuauflage von: Die Jesusbewegung. Sozialgeschichte einer Revolution der Werte, Gütersloh 2004, S. 55 ff.

16.4 Die »Christianoi« von Antiochia und der Apostelkonvent in Jerusalem

Die historisch leidlich gesicherten Daten zur äußeren Weiterentwicklung der christlichen Gemeinden und Gruppen sind rasch aufgezählt. An *absoluten* Fixpunkten ist nur einer zu nennen, von dem her eine Chronologie entworfen werden kann: die »Gallio-Inschrift« aus Delphi (erstmals veröffentlicht 1904).

Aus ihr lässt sich rückschließen, dass der römische Prokonsul Gallio sein Amt in Korinth im Jahr 50/51 ausgeübt hat (spätestens 51/52, Amtszeit: ein Jahr). Nach Apg 18,12 haben jüdische Kreise in Korinth den Apostel Paulus beim Statthalter angeklagt, als Gallio dieses Amt innehatte. Er musste die Stadt verlassen. Die Annahme, dass Paulus sich um das Jahr 50 in Korinth aufgehalten hat (vgl. Apg 18,1.11), wird von zusätzlichen Hilfsdaten gestützt.

Von dem »*absoluten*« Fixpunkt »50« aus lassen sich »*relative*« Zeitangaben in den Paulusbriefen zuordnen. So kam Paulus nach Gal 1,18 drei Jahre nach seiner Konversion mit der Jerusalemer Gemeinde in Kontakt und reiste laut Gal 2,1 nach weiteren 14 Jahren zum Apostelkonzil in Jerusalem. Ohne die Rechenoperationen im einzelnen zu verfolgen, ergibt sich das grobe Datengerüst einer wahrhaft »explosionsartigen Entwicklung« (M. HENGEL) – sowohl hinsichtlich der missionarischen Expansion wie auch der theologischen Reflexion:

~ 28 – 30	Jesusbewegung, Zentrum galiläisches Land
~ 30	Hinrichtung Jesu; umherziehende Wandercharismatiker setzen Jesu Botschaft und Praxis fort; zeitparallel Bildung von Messias-Gemeinden in Jerusalem, Galiläa u.a.
33 (?)	Märtyrertod des Hellenisten Stephanus; erste Gemeindebildung außerhalb Palästinas: Antiochia (vorpaulinisch-hellenistisches Christentum)
	Paulus wird Christ
33/35	Missionsarbeit des Paulus in Syrien
37–48	Apostelkonvent in Jerusalem (Frühjahr); »Antiochenischer Zwischenfall (Sommer); zweite Missionsreise: Kleinasien/Macedonien 48/49;
49–51	Paulus in Korinth (18 Monate); danach Rückkehr nach Jerusalem/Antiochien, von dort nach Kleinasien
52–60	Nach Aufenthalt in Ephesus Kollektenreise des Paulus durch Macedonien und Griechenland, Korinth, Jerusalem, 56–58; Gefangennahme des Paulus, Arrest in Caesarea; Überführung nach Rom (60);
64	Lokal begrenzte Christenverfolgung in Rom unter Nero; Hinrichtung des Paulus in Rom;
66–70	Jüdischer Aufstand gegen Rom und die eigene Aristokratie; Niederschlagung und Zerstörung Jerusalems und des Tempels durch Titus; Ende der nationalen jüdischen Identität sowie der Elitefunktion der Priesteraristokratie und der Sadduzäer; die palästinischen Christen sollen einer umstrittenen Angabe des Eusebius zufolge nach Pella ins Ostjordanland geflohen sein. Das Datum ist in der »westlichen« Geschichtsschreibung fälschlicherweise gleichgesetzt worden mit dem Ende des palästinisch-jüdischen Christentums. Es überdauert, wie apokryphe Schriften des 2. Jahrhunderts belegen.

Über die folgenden Jahrzehnte (bis zum Plinius-Reskript um das Jahr 110) sind direkte historische Daten über die Geschichte des frühen Christentums praktisch nicht bekannt.

Beredeter zeigen sich die Quellen, wenn sie zum inneren Wandlungsprozess der jungen Kirche befragt werden. E. HOORNAERT hat eine Periodisierung vorgeschlagen, in der er vier Missionszyklen im ersten Jahrhundert unterscheidet, die jeweils qualitative Entwicklungssprünge markieren:

1. den **Palästinischen Missionszyklus**: die »neue jüdische Bruderschaft in Jerusalem« (M. Clévenot) und anderswo in den Jahren ab 30;
2. den **Antiochenischen Missionszyklus**: Missionstätigkeit der »Hellenisten« unter Nicht-Juden und den »Gottesfürchtigen« (Sympathisanten der Synagoge); Verzicht auf Beschneidung; Zentrum: die Großstadt Antiochia in Nordsyrien. Einleitung der Emanzipation der christlichen Gemeinden von Judentum; frühestens ab 33;
3. den **(Klein-)Asiatischen Missionszyklus**: Nach der Zerstörung Jerusalems und dem Scheitern des jüdischen Aufstandes (70) verlagert sich das Missionszentrum nach Kleinasien mit Ephesus als Hauptstützpunkt. »Hier treffen sich die paulinische und die johanneische Richtung und bilden ein Christentum mit enger Verbindung zur hellenisierten und orientalisierten Volksreligion, im Gegensatz zum Glauben der 'Säulen' in Palästina (Jakobus, Petrus), der kühler und weniger mit religiöser Erfahrung aufgeladen ist (...) Typische Beispiele dieser asiatischen Mission sind die Briefe an die Epheser und Kolosser«[36];
4. den **Ostsyrischen Missionszyklus**: Dieser ist beim Studium der Kirchengeschichte wenig beachtet worden. Syrien zerfiel damals in einen hellenisierten Westen (Antiochia!) und einen syrischen Osten semitischer Prägung mit Aramäern, Hebräern, Phöniziern, Philistern und Arabern. HOORNAERT nennt das ostsyrische Christentum das »stärkste Bollwerk« gegen die totale Hellenisierung des Christentums. Das aus Palästina kommende Christentum Ostsyriens ist literarisch mit dem »Thomaszyklus« (Thomasevangelium, Thomasakten, Thomaspsalmen) verbunden. In Syrien entstand um 100–130 n.Chr. die älteste bekannte Kirchenordnung, die »Zwölfapostellehre« (Didache vgl. hier S. 299). Vielleicht verdanken wir die wertvollsten Überlieferungen über die Jesusbewegung (Syrien – Mk/Mt!) dem ostsyrischen Christentum. Im Gegensatz zur späteren byzantinischen Kirche, die auf Bildern einen elitären, majestätischen Christus festhielt, bewahrte die ostsyrische Ikonographie einen leidenden, erniedrigten und gequälten Jesus – mit Bart und langen Haaren, dem »Zeichen des 'Barbaren' und unzivilisierten Menschen«.[37]

Nach der Steinigung des hellenistischen Wortführers Stephanus und der ersten heftigen Verfolgung der christlichen Gemeinde in Jerusalem (Apg 8, 1–3) entfalteten christliche Wandercharismatiker in der nordsyrischen Großstadt Antiochia eine erfolgreiche Missionsarbeit unter der griechischen Bevölkerung. Hier, so heißt es in der Apg 11,26, »nannte man die Jünger zum ersten Mal Christen« – »Christianoi«. Ob dieser »römische Parteiname« von Seiten der römischen Behörden schon hier gebräuchlich wurde, ist aber eher unwahrscheinlich.[38] Die Vertreibung der Hellenisten hat den

---

[36] HOORNAERT, E.: Die Anfänge der Kirche in der Erinnerung des christlichen Volkes (BthB), Düsseldorf 1987, S. 81.
[37] Ebd., S. 97f.
[38] KRAFT, H.: Die Entstehung des Christentums, Darmstadt 1981, S. 267.

wohl folgenreichsten Prozess zur Gestaltwerdung einer neuen Religion eingeleitet und jenen »Prozess beschleunigt, dass das Christentum zu einer zentrifugalen, die ganze Ökumene erfassenden Missionsbewegung wurde«.[39] In Antiochia wurde Barnabas – selbst griechischer Judenchrist aus Cypern – einer der führenden Köpfe der Gemeinde. Und noch einer betrat hier die geschichtliche Bühne des jungen Christentums: Paulus aus Tarsus.

Antiochia, mit einer geschätzten halben Million Einwohnern nach Rom und Alexandrien die drittgrößte Metropole des römischen Weltreiches, Verwaltungszentrum und Garnisonsstützpunkt, war auch ein ethnischer und kulturell-religiöser Schmelztiegel. Die militärische und strategische Bedeutung tauchte diese Stadt, auf deren Hauptstraße die mondäne Elite unter den Säulenhallen regen- und sonnengeschützt flanieren konnte, in einen »volksabgehobenen, wurzellosen, prahlerischen Luxus«.[40] In der durchmischten Atmosphäre aber konnten die exilierten Hellenisten »auf Anhieb freier atmen als in der verbrauchten Luft Jerusalems«.[41]

Wie überall im Reich suchten Söldner, Sklaven, Deklassierte und Deprimierte ihr Heil in geheimnisvollen Kultgemeinschaften, die eine Befreiung der Seele aus dem Gefängnis des Leibes und aus einem sinnlos erfahrenden Erdendasein versprachen.

Wie ein trockener Schwamm saugten die Menschen Mythen und Riten sehr verschiedener Herkunft in sich auf, welche Soldaten, Sklavenzüge und Kaufleute vom Osten her einschleppten. Die iranischen Mithra-Mysterien, der ägyptische Isis-Kult und die babylonisch-assyrische Astrologie waren mit großem Erfolg in Konkurrenz zur griechisch-römischen Götterwelt getreten und schufen ein eigenartiges Gemisch von Heilslehren über Wiedergeburt, kosmische Wiedervereinigung und ewige Glückseligkeit.

Es war das Geheimnis der Mysterien, die »Wiedergeburt« des Menschen und seine Befreiung von den Mächten des Todes zu bewerkstelligen. Sakramentale Rituale sollten den »Mysten« mithilfe eines himmlischen Mittlers Zugang zur göttlichen Erkenntnis und Lichterwelt verschaffen. Der göttliche Vermittler spielte eine Schlüsselrolle bei diesen »Erlösungsschauspielen«. An göttlichen Heilsbringern litt die hellenistisch-orientalische Welt nicht: Attis, Adonis, Mithra, Isis und Osiris verschafften den Kultgenossen Einlass ins Reich der Erleuchtung und erleichterten die Last irdischer Mühsal in der verbleibenden Frist, die die Seele im Gefängnis des Leibes ausharren musste.

So etwa ließe sich die Welt bebildern, in die hinein mit den vertriebenen »Hellenisten« die Botschaft vom nahen Gottesreich und dem Messias Jesus vorstieß («Christos« übersetzten die Griechen). Das hebräische Wurzelwerk einer Geschichtstheologie, in der zielgerichtet auf das Ende hin der Messiaskönig die Zeit vollendeter göttlicher Gerechtigkeit heraufführen würde, kollidierte mit hellenistischer Logos-Philosophie und orientalischen Mysterien, die um den Grund und Sinn des Daseins und des Kosmos' kreisten.

Der gefeierten Kultgottheit und dem im Mysterium erfahrenen Heilsmittler stellten die Christen von Antiochia »Jesus Christus« entgegen, den ans Kreuz genagelten »Gottessohn«, »Kyrios«(Herr), »Soter« (Retter)– die denkbar schrillste Antipode zur griechischen Ästhetik und Philosophie göttlicher Erhabenheit.

---

[39] SCHENKE, L.: a.a.O., S. 241.
[40] HOORNAERT, E.: a.a.O., S. 96f.
[41] CLEVENOT, M.: Von Jerusalem nach Rom, Freiburg/Schweiz 1987, S. 89.

Für den bei Paulus vollendet ausgearbeiteten »Christusmythos«, wie er in der religionsgeschichtlichen Schule am Ende des letzten Jahrhunderts hieß, wurde hier der Grund gelegt. Paulus hat ihn von hier vorgebildet übernommen.

Die Gestalt Jesu Christi wurde mit Titulaturen, Prädikaten und Metaphern ausgestattet, die dem griechisch denkenden und fühlenden Herzen und Verstand für die Heilsbedeutung jenes Geschehens in der gälliläisch-judäischen Provinz eine Sprache verleihen sollten. So reiften in Antiochia die Früchte der Gedankenwelt, in welcher die Hellenisten in Jerusalem und andernorts die theologische Reflexion über Person und Werk Jesu Christi vorangetrieben hatten – eine »Christo-logie«, in der – und nicht erst bei Paulus! – die Worte und Taten des Galiläers Jesus eine eher randständige Rolle spielten.[42]

Nach der »großartigen Premiere« (CLÉVENOT) unter der weltläufigen Bevölkerung Antiochiens bestätigte die insgesamt erfolgreiche Missionsreise des Paulus und des Barnabas im Jahr 48 über Cypern nach Kleinasien und Mazedonien (Apg 13), dass Gott den Griechen »die Tür des Glaubens geöffnet« habe (Apg 14,27), während gerade die Juden sich mit Argwohn und Ablehnung gegenüber der neuen Lehre nicht zurückhielten.

Sollten, *mussten* die Neulinge zunächst Juden werden und von der Beschneidung bis zu den Speisevorschriften das mosaische Gesetze befolgen, bevor sie zur Taufe zugelassen werden sollten? Und durfte ein gläubiger Judenchrist sich mit einem »unreinen«, konvertierten »Nicht-Juden« an einen Tisch setzen?

Das waren Kardinalfragen, nachdem die Antiochener demonstrativ auf den Beschneidungsritus verzichteten. Denn die Hellenisten vertraten mit Paulus die Auffassung: Der sühnende Opfertod Christi gilt allen, die in den Augen der Welt nichts gelten, ohne Vor- und Gegenleistung.

Der dumpfe Konflikt zwischen Hebräern und Hellenisten schwelte seit den Jerusalemer Tagen (vgl. Apg 6,1–7). Nun wuchs er sich zur Krise aus und zog die junge Christenbewegung in eine Zerreißprobe. Der »Antiochenische Zwischenfall«, über den Paulus ohne Beschönigung berichtet (Gal 2,11–14), zeigt, wie nah man einer Spaltung gekommen war.

Wie meistens barg auch diese theologische Streitsache einen kulturell-politischen Konflikt. Kaum ein Jahr verging, ohne dass die Römer in den jüdischen Gebieten den brodelnden zelotischen Nationalismus mit militärischer Gewalt unter Kontrolle bringen mussten. Verzicht auf Beschneidung konnte nur als Verrat an der jüdischen Sache gedeutet werden. Konnten die Hellenisten in dieser explosiven Lage den Hebräern zumuten, auf das religiös-ethnische Statussymbol der Beschneidung zu verzichten?[43]

Dies war der Hintergrund für den Apostelkonvent im Jahr 48/49 in Jerusalem. Der übliche Ausdruck »Konzil« ist eine Überzeichnung, denn es waren durchaus nicht alle

---

[42] Von der religionsgeschichtlichen Schule bis zu Autoren wie K.-H. Deschner ist die These vom Christentum als einer »synkretistischen Religion«, die eine höchst mangelhafte Originalität aufweise, immer wieder variiert worden. Dagegen wird argumentiert, die Vorstellung eines »reinen«, »unverfälschten« Urzustandes sei eine prinzipiell fiktive Annahme. Aus der Religionswissenschaft ist zudem bekannt, dass die Verschmelzung einer Idee oder Lehre mit einer kulturell fremden Umgebung notwendig mit einer symbolischen Umprägung einhergeht, vorausgesetzt, diese »Enkulturisierung« geht erfolgreich vonstatten und gebärdet sich nicht kulturimperialistisch. Der Begriff »Kontextuelle Theologie« erhebt diese Einsicht zur programmatischen Forderung.

[43] Zur politischen Situation vgl. SCHENKE, L.: a.a.O., S. 248ff.

Teile der Kirche mit Sitz und Stimme vertreten.[44] Das Ergebnis kam einer Durchsetzung der paulinischen Position gleich:
- Der »Heiden«-Mission wurde ein gleichberechtigter Status zuerkannt.
- Beide Seiten anerkannten ihre jeweilige religiös-kulturelle Identität – für die Judenchristen blieb das mosaische Gesetz gültig, Griechen wurde die Beschneidung nicht zur Auflage gemacht.
- Paulus und Barnabas verpflichteten sich zu einem ökumenischen Lastenausgleich für »die Armen«, wie die Jerusalemer bald stereotyp genannt wurden.[45]

Die Tragweite dieser Vereinbarung ist für die Entstehung und Verbreitung der neuen, christlichen Religion gar nicht hoch genug zu veranschlagen – CLÉVENOT bezeichnet sie als »die offizielle Geburtsurkunde« des Christentums. HOORNAERT vertritt die These, dass der damals zur Debatte stehende jüdische Beschneidungsritus eben keine »pittoreske Episode« der frühen Kirchengeschichte war. Der Beschneidungsritus barg gleichsam die Gretchenfrage des Urchristentums als einer wahrhaft neuen Religion. An der Haltung gegenüber dem jüdischen Zeremonialgesetz wurde die Frage entschieden, ob jenen, die materiell, kulturell, geistig und geistlich nichts vorzuweisen hatten, »ohne wenn und aber« die besondere Vorliebe Gottes in Christus zugesagt war oder ob ihnen Einlassbedingung zur »familia dei« in Form einer Anerkenntnis des jüdischen Gesetzes auferlegt werden sollte.

Am Ende des ersten Jahrhunderts ist das Christentum in ein Stadium eingetreten, das der neuen Religion Kontinuität und Stabilität verheißen sollte:
1. Um das Jahr 100 ist die Auseinandersetzung zwischen den christlichen Gemeinden und dem Judentum im Prinzip durchgestanden – es gibt zwei verwandte und doch unterschiedene Religionen. Die wechselseitigen Verurteilungen und Feindbildprojektionen dauern indes an. Um 100 herum steht etwa die Judenpolemik des Johannesevangeliums der Abgrenzung von den Judenchristen im jüdischen Achtzehngebet und ihrem Ausschluss gegenüber. Christliches Selbstbewusstsein stärkt sich am Antijudaismus – bis hinein in das 20. Jahrhundert.

2. Die Verbreitung der neuen Religion hat beachtliche Fortschritte gemacht. Von Syrien und Transjordanien, über Griechenland und Italien bis Nordafrika hat sie organisierte Anhänger gefunden, wichtige Zentren bilden die Städte Antiochia (mit dem bedeutenden Bischof Ignatius um ca. 115) und Ephesus. Dort, in Kleinasien, besitzt sie die größte Ausstrahlungskraft. Während die christliche »Bevölkerungsquote« im Römischen Reich noch einen verschwindenden Prozentbruchteil ausmacht, entfaltet die junge Religion ihre stärksten missionarischen Energien und gewinnt theologisches Profil.

3. Um das Jahr 110 schreibt der römische Statthalter von Bithynien in Kleinasien, Plinius der Jüngere an Kaiser Trajan, um sich eine Richtlinie für den behördlichen Umgang mit so genannten Christen einzuholen. Es wird das Ausgangsdatum für eine weltgeschichtliche Auseinandersetzung zwischen Kirche und Staat, die 380 mit dem Staatsreligionsedikt für das Christentum vorläufig endet. Im »Reskript« des Kaisers an Plinius wird den Behörden nach dem Opportunitätsprinzip die systematische Verfol-

---

[44] Zum Verlauf und zu den offenen Forschungsproblemen vgl. Arbeitsbuch, S. 440ff.

[45] Gal 2,1–10; Apg 15,1–35; zu den Widersprüchen in den Darstellungen vgl. Arbeitsbuch, S. 442.

gung von Christen untersagt, vor Denunziation gewarnt und eine Einzelfallprüfung angeordnet: *Der römische Staatsapparat hat die junge Religion als eigenständigen Faktor registriert. Zwar ist die Rechtslage noch ungeklärt: Ist Christsein per se strafbar?* Die Pliniusprozesse haben diese Frage jedoch offenbar schon bejaht und das Christsein selbst als ein todeswürdiges Verbrechen eingestuft (nach dreimaligem Bekenntnis).

4. *Die wichtigsten, später in den christlichen Kanon aufgenommenen christlichen Schriften sind verfasst.* Obwohl das Christentum noch als ein »brodelndes Chaos vieler Gruppen, als eine *Pluralität* von Strömungen«[46] erscheint, haben sich »vier Grundströmungen« (G. THEIßEN) mit markanter theologischer Ausprägung ausgebildet – eine judenchristliche, eine paulinische und eine johanneische »Schule« sowie eine in sich differenzierte synoptische Evangelientradition (Mk, Mt, Lk).

5. Eine bunte »Regellosigkeit« (Heussi) herrscht noch im Gemeindeleben vor. Aber *die Säulen, auf denen die christliche Traditionsbildung ruhen wird, ragen erkennbar empor.* Innergemeindlich ist die Schriftlesung mit Auslegung zu nennen (das AT, möglicherweise auch Lesung von Herrenworten, Paulusbriefen, Evangelienperikopen), das Taufsymbol, das Vaterunser und die Feier eines sakramentalen Mahles sowie des 1. Wochentages (Herrentag). Und last but not least: Feste Gemeindekassen sichern auf Dauer die Fürsorge für Gefangene, Alte, Arme und Verwitwete.

6. Gegenüber den je nach Charisma wahrgenommenen Funktionen in den frühen Gemeinden steigt die Bedeutung fester Ämter. Insbesondere bekunden die Pastoralbriefe (1. und 2. Tim, Tit) das Interesse an klar geregelten Aufgaben und Befugnissen von Vorstehern (Bischöfen), Ältesten (Presbytern) und Diakonen. Im 1. Clemensbrief (aus Rom 95/96) steht die Leitung der Eucharistie nach göttlichem Recht dem »episcopus« zu, verknüpft mit dem Gedanken einer geregelten Amtssukzession. Um 115 erklärt Ignatius von Antiochien das Bischofsamt für eine göttliche Anweisung. *Der Bischof wird Garant der Legitimität kirchlicher Handlungen. Damit ist die Richtung erkennbar für hierarchisch verfestigte Kirchenstrukturen* mit der strukturellen Tendenz einer Trennung von »Klerus« und »Laien«.

7. *Der Einfluss von Frauen ist auf dem Rückzug.* Es gibt in den nachpaulinischen Gemeinden zwar nach wie vor mehr Frauen als Männer.[47] Ihre sich abschwächende Stellung ist gewiss auch den angestrengten Bekundungen bürgerlicher Wohlanständigkeit gegen Anfeindungen der Umwelt geschuldet (Kol 3, 18–4,1; Eph 5,21–6,9). Doch macht es Sinn, die Entwicklung auch in Verbindung mit den »amtskirchlichen« Tendenzen zu sehen: Frauen hatten dort das Nachsehen, wo an die Stelle von Charismen (Prophetie!) Rechtsstrukturen traten, in denen genderspezifische Ungleichheiten (wieder) zum Tragen kamen.

---

[46] GERD THEIßEN: Die Religion der ersten Christen. Eine Theorie des Urchristentums, Gütersloh 2000, S. 389.

[47] PETER LAMPE/ULRICH LUZ: Nachpaulinisches Christentum und pagane Gesellschaft. In: JÜRGEN BECKER u.a.: Die Anfänge des Christentums, Stuttgart 1987, S. 185–216, hier: 188.

Stichworte zur neutestamentlichen Zeitgeschichte (1):
Palästinisch-jüdisches Christentum ca. 30–40 (nach Clevenot)

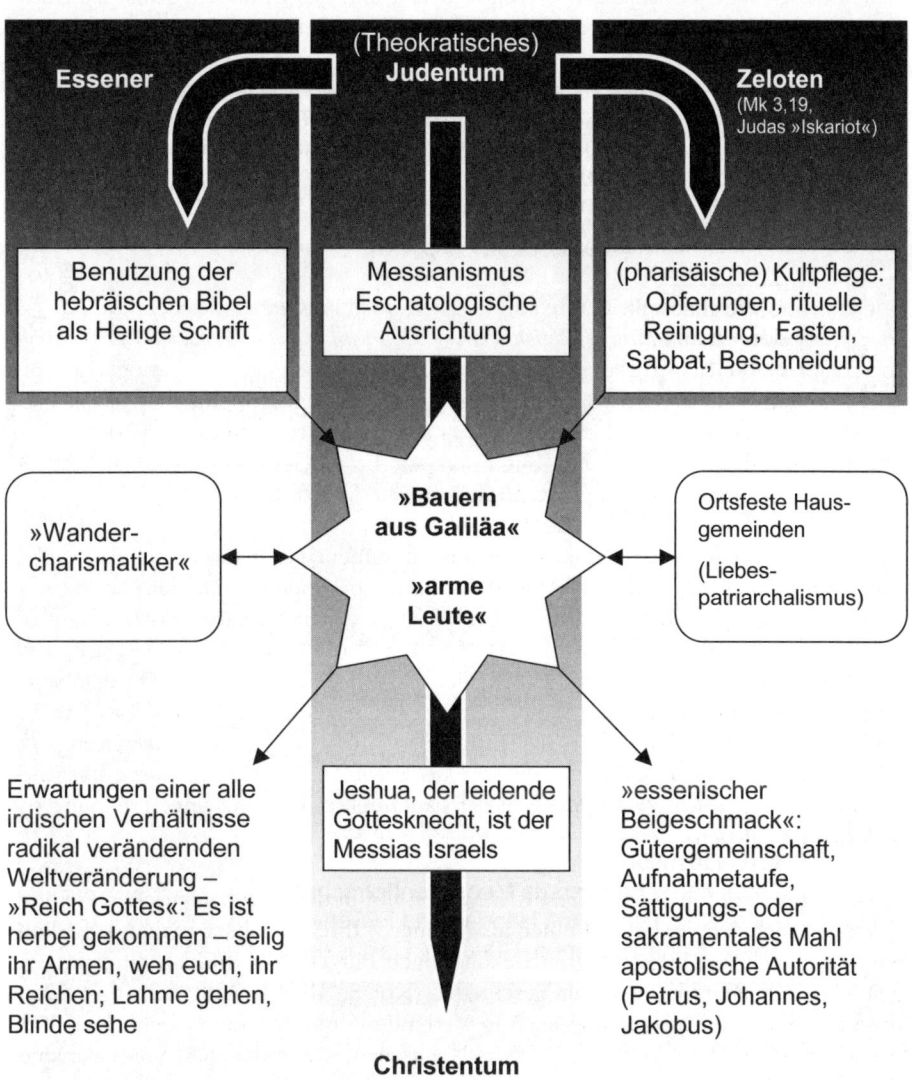

Stichworte zur neutestamentlichen Zeitgeschichte (2):
Das Urchristentum

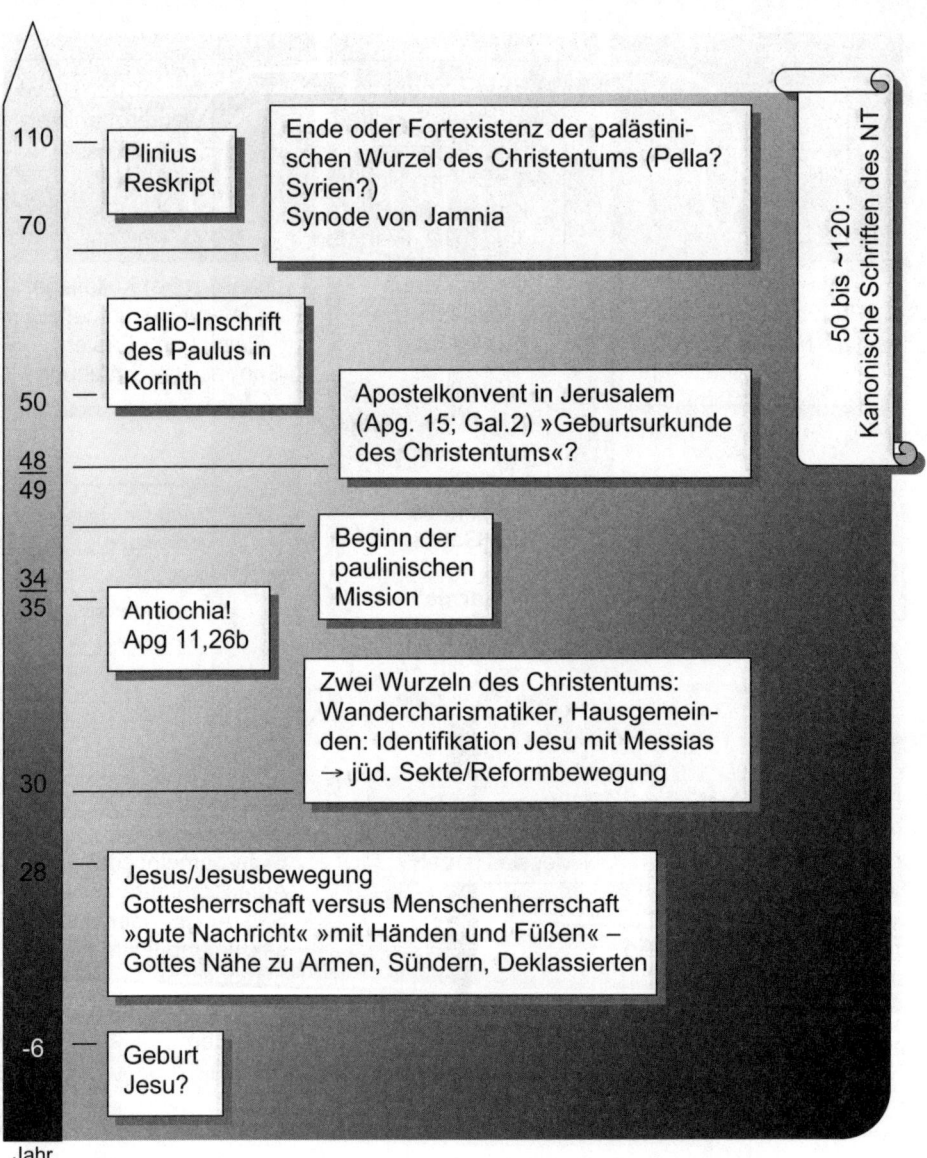

Stichworte zur neutestamentlichen Zeitgeschichte (3): Quellenentstehung

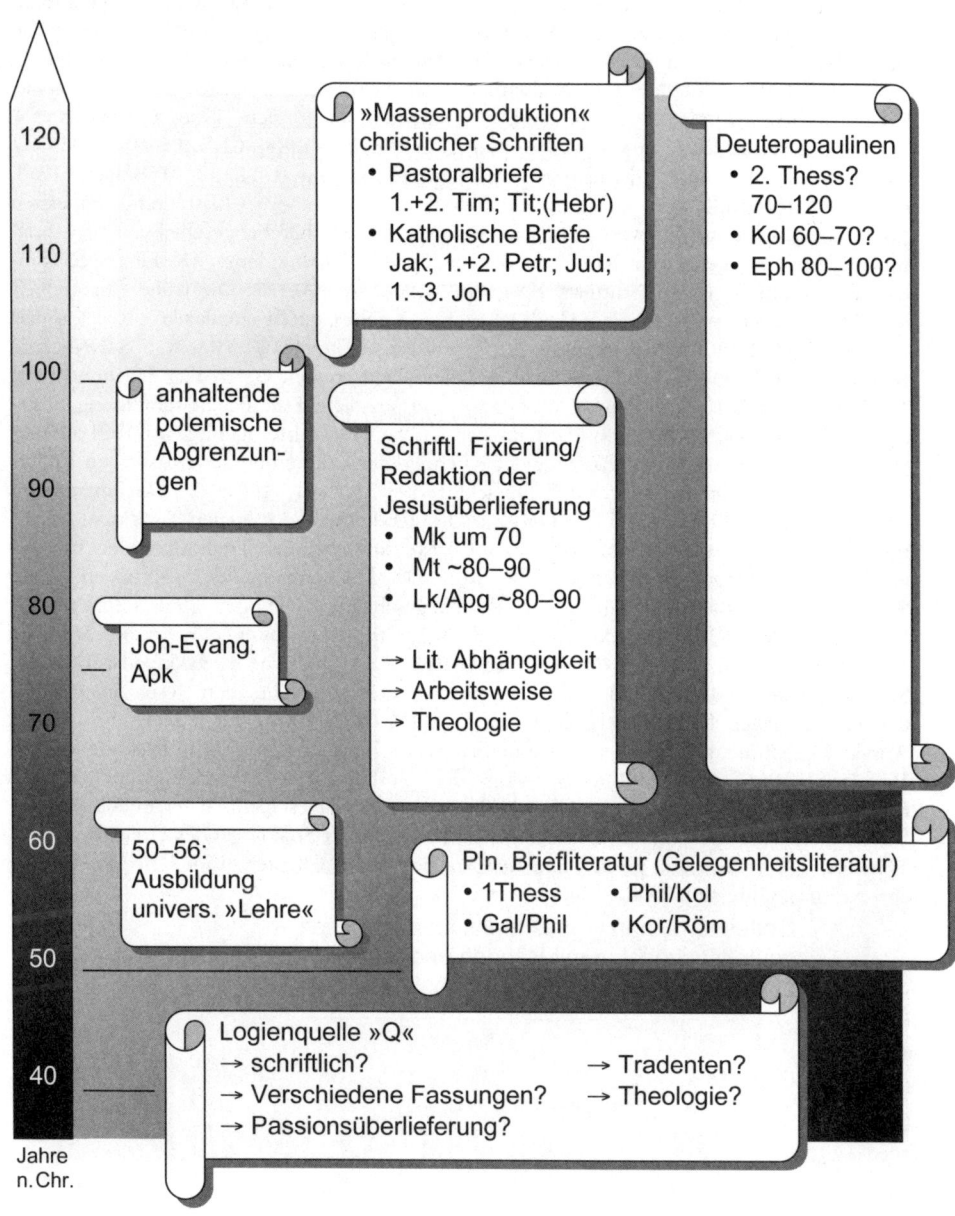

Literatur

BECKER, JÜRGEN u.a.: Die Anfänge des Christentums, Stuttgart 1987; BERGER, KLAUS: Theologiegeschichte des Urchristentums (UTB 8082) ²1995; BOFF, LEONARDO: Die kirchlichen Basisgemeinden und die Neuentdeckung der Kirche (Auszug), in: GREINACHER, NORBERT (Hg.): Leidenschaft für die Armen. Die Theologie der Befreiung, München 1990, S. 111–121: BROX, NORBERT: Das Frühchristentum. Schriften zur Historischen Theologie, Freiburg 2000; BULTMANN, RUDOLF: Das Urchristentum, Zürich ⁵1986; CONZELMANN, HANS: Die Geschichte des Urchristentums, Göttingen ³1983; CONZELMANN, HANS/ LINDEMANN, ANDREAS: Arbeitsbuch zum Neuen Testament (UTB 52), Tübingen ⁹1988; CLÉVENOT, MICHEL: Von Jerusalem nach Rom. Geschichte des Christentums im ersten Jahrhundert, Freiburg (Schweiz) 1987; DASSMANN, ERNST: Kirchengeschichte I., Ausbreitung, Leben und Lehre der Kirche in den ersten drei Jahrhunderten (Kohlhammer Studienbücher Theologie 10), Stuttgart 1991; GRUNDMANN, WALTER: Die frühe Christenheit und ihre Schriften, Stuttgart 1983; HAENDLER, K.: »Kirche«, in: Taschenlexikon Religion und Theologie, Bd. 2, hg. von Erwin Fahlbusch, Göttingen ²1974; HAUSAMMANN, SUSANNE: Alte Kirche, Bd. 1(2 Teilb): Zur Geschichte und Theologie in den ersten vier Jahrhunderten, Neukirchen-Vluyn 2000; HENGEL, MARTIN: Zur urchristlichen Geschichtsschreibung, Stuttgart ²1984; HEUSSI, KARL: Kompendium der Kirchengeschichte, Tübingen ¹⁸1991 (1909); HOORNAERT, EDUARDO: Die Anfänge der Kirche in der Erinnerung des christlichen Volkes (Bibliothek Theologie der Befreiung), Düsseldorf 1987; KRAFT, HEINRICH: Die Entstehung des Christentums, Darmstadt 1981; LOHSE, EDUARD: Umwelt des Neuen Testaments, Göttingen ⁶1983; LÜDEMANN, GERD: Das frühe Christentum nach den Traditionen der Apostelgeschichte, Göttingen 1987; SCHENKE, LUDGER: Die Urgemeinde, Göttingen 1990; SCHMIDT, KURT-DIETRICH: Tabellen zur Kirchengeschichte, Göttingen ³1976 SCHOTTROFF, LUISE/STEGEMANN, WOLFGANG: Jesus von Nazareth – Hoffnung der Armen, Stuttgart 1978; STEGEMANN, WOLFGANG: Jesus und seine Zeit (Biblische Enzyklopädie Bd. 10), Stuttgart 2004; SOBRINO, JON: Die Bedeutung des geschichtlichen Jesus in der lateinamerikanischen Befreiungstheologie, in: COLLET, GIANCARLO (Hg.): Der Christus der Armen. Das Christuszeugnis der lateinamerikanischen Befreiungstheologen, Freiburg i. Brsg. 1988, S. 81–106; THEIßEN, GERD: Soziologie der Jesusbewegung (TEh 194), München 1977 in völlig neu bearbeiteter Auflage: Die Jesusbewegung. Sozialgeschichte einer Revolution der Werte, Gütersloh 2004; ²1978; THEIßEN, GERD: Studien zur Soziologie des Urchristentums, Tübingen 1979; THEIßEN, GERD: Die Religion der ersten Christen. Eine Theorie des Urchristentums, Gütersloh 2000.

Ab hier: Anhang:
politisch-religiöse Strömungen…
Verfahrensvorschlag zur Auslegung neutestamentl Texte
Wiss. Annäherung was besagtree der Text in seinem hist. Zusammenhang
Hermeneut. Verstehen: was sagt der Text…
Zeittafel zum NT
Abkürzungsverzeichnis
Register

Politisch-religiöse Strömungen und Parteien im Judentum

Literatur: DOMMERSHAUSEN, WERNER: Die Umwelt Jesu: Politik und Kultur in neutestamentlicher Zeit, Freiburg ⁴1987 (Sonderausgabe). HALBFAS, HUBERTUS: Religionsunterricht in der Grundschule. Lehrerhandbuch 4, Düsseldorf ³1991, 579–606. TILLY, MICHAEL: So lebten Jesu Zeitgenossen. Alltag und Frömmigkeit im Antiken Judentum, Mainz 1997.

	Herkunft/Basis	Theologisches Profil	Politische Haltung
Sadduzäer	– Name abgeleitet von »zadik« (gerecht), wahrscheinlicher von »Zadok« (Oberpriester unter Salomo); stellen die dünne Oberschicht der Großgrundbesitzer und Priesteraristokratie – wenig Sympathie im Volk; ihnen steht das Recht zu, hohe Ämter zu besetzen (Hohepriester, Oberpriester), sie verwalten die »Nationalbank« (Tempelschatz, Einnahmen aus Tempelsteuer und dem Zehnten); – Untergang mit der Niederschlagung des jüdischen Aufstands durch Rom 70 n. Chr.	Religiös orthodox gemäß ihrem sozialen und gesellschaftlich-politischen Status; für strenge Rechtsprechung nach dem Buchstaben der Tora (z.B. strikte Einhaltung der Sabbatvorschriften); keine Anerkennung der mündlichen Torainterpretation bzw. kasuistischer Rechtsanpassung (Halacha); Ablehnung »modernerer« Vorstellungen (Glaube an Auferstehung der Toten); Ablehnung der Messiaserwartung und apokalyptischen Gedankengutes.	Pragmatische Anpassung an die jeweilige Fremdherrschaft, empfehlen sich als Hüter der öffentlichen Ordnung; kollaborieren mit den Römern um a) eine gewisse religiöse Autonomie zu behaupten, b) wirtschaftliche Macht und gesellschaftlichen Einfluss zu sichern
Pharisäer	– Vielleicht von »Peruschim« (die Abgesonderten). Entstanden in der Makkabäerzeit aus Protest gegen die hellenistische Überfremdung unter der syrisch-seleukidischen Herrschaft; – reformerische Laienbewegung der »bürgerlichen Mittelschichten« (Grundbesitzer, freie Bauern, Handwerker, Händler); – setzen den traditionellen Rechten der aristokratischen Sadduzäer die Ernsthaftigkeit gelebten Glaubens in Übereinstimmung mit der Tora entgegen; gewinnen Einfluss in höchstem jüdischen Gremium, dem Synhedrium; – genießen großen Respekt im Volk, stellen die lebendigste Kraft im Judentum des 1. Jh. dar und tragen vermutlich entscheidend zur Konsolidierung und Erneuerung der jüdischen Gemeinschaft nach 70 n. Chr. bei (Jabne). Die Kontinuität zwischen dem Pharisäertum und dem rabbinischen Judentum nach 70 ist in der Forschung umstritten).	Die mündliche Toradeutung hat gleichwertigen Rang wie die Tora selbst; lebhafte Kontroversen um aktuelle Deutung von Toravorschriften (Ehe- und Scheidungsrecht, Sabbat); offen für neues Gedankengut (Auferstehung); bewusste Abgrenzung vom kultisch unreinen Volk; bilden z.T. feste Zirkel, um durch strikte Einhaltung der religiösen Gebote die Wiedererrichtung wahrer Theokratie zu beschleunigen (Reinheitsgebote, Gebetsriten, Abgabe des Zehnten, freiwillige religiöse und materielle Selbstverpflichtungen.	Lehnen Fremdherrschaft ab (gewisse Sympathie für die Zeloten), nehmen aber praktisch eine gemäßigte Haltung ein, da sie die zelotische Auffassung bestreiten, das Instrument politisch-militärischen Kampfes einsetzen zu sollen, um Jahwes alleinige Herrschaft aufzurichten.

Schriftgelehrte	Bilden keine Partei oder Strömung im eigentlichen Sinne. Entstanden um 400 v. Chr. (Esra!) in der nachexilischen Periode (Mischehenproblem) gewinnen die Gesetzeslehrer große Bedeutung im religionspolitischen Kampf gegen die Seleukidenherrschaft (2. Jh. v. Chr.), welche die jüdische Religion und Kultur massiv unterdrückt. Die Schriftgelehrten des 1. Jh. stehen »ideologisch« der pharisäischen Bewegung nahe. Theoretisch konnte jeder Schriftgelehrter werden, der bei einem anerkannten »Rabba« ein langes Studium der Tora und der Auslegungskunst absolviert hatte. Schriftgelehrte aktualisierten die heiligen Schriften durch kasuistische Deutung, um die Autorität der Gesetze neuen Gegebenheiten anzupassen. Zwei Schriftgelehrtenschulen z.Zt. Jesu sind klar unterscheidbar, die »humanistisch-liberale« Schule des Hillel und die »rigoristische« Schule des Schammai.	Hinweis: In den Evangelien tauchen die »Schriftgelehrten und Pharisäer« häufig klischeehaft als Hauptgegner Jesu auf (sie sind als Repräsentanten des Judentums z.Zt. der Abfassung der Evangelien die theologischen Gegner des jungen Christentums). Viel spricht dafür, dass Jesus seine theologische Bildung der pharisäischen Bewegung verdankt, und seine Auffassungen dem Flügel des Hillel sehr nahe standen *»Wie Hillel predigte er die Goldene Regel als Kern der Tora und der Propheten (Mt 7,12; Lk 6,31...). Er glaubte wie die Pharisäer um ihn herum, er beachtete wie sie die Gesetze und gebotenen Regeln, er lebte wie ein tora-treuer Pharisäer lebte. Sie sahen in ihm einen ›Kollegen‹ und nannten ihn auch so (Lk 12,13 ...). Weder das Liebesgebot noch die Umkehrpredigt, auch nichts sein Engagement für die Armen oder sein Einsatz für Feindesliebe und Gewaltlosigkeit sind in der pharisäischen Lehre ohne Parallelen. Dennoch bebt er sich von ihnen allen ab durch die Ganzheit, in der er dieses Ethos gelebt und durch seinen Tod beglaubigt hat.«* (Halbfas, Hubertus: Religionsunterricht in der Grundschule. Lehrerhandbuch 4, Düsseldorf ³1991, 605).
Essener	Von »Chassidim« (die Frommen); wie die Pharisäer aus der Rebellion der Makkabäer hervorgegangen. Der »Lehrer der Gerechtigkeit«, ihr Begründer, bildet um 150 v. Chr. eine Ordensgemeinschaft in der Wüste nahe dem Toten Meer in Opposition zum korrupten und verweltlichten Priestertum am Tempel; neben der Klostergemeinschaft leben Essener auch (verheiratet) in »bürgerlichen Verhältnissen« verstreut im Lande, nach aktiver Beteiligung am Aufstand gegen die Römer vernichtet.	Pflegen in Qumran (1948 entdeckte Schriftrollen) eine ordensartige Lebensgemeinschaft (Gütergemeinschaft, Noviziat, Zölibat, strenge Gehorsams- und Gemeinschaftsethik mit Geheimregeln); peinlich genaue Toraobservanz und rigorose Einhaltung kultischer Vorschriften (rituelle Bäder und Waschungen); glühende apokalyptische Erwartung und exklusives Erwählungsbewusstsein. Radikale Theokraten (Ablehnung jeglicher fremder Herrschaft (auch der eigenen Priesterkaste), halten sich jedoch gleichwohl politisch zurück, da sie mit der unmittelbar bevorstehenden Entscheidungskampf zur Errichtung der Theokratie durch göttlichen Eingriff rechnen.
Zeloten	Von »Zaelos« (Eifer), ebenfalls entstanden in der Makkabäerzeit oder erst beim Aufstand aus Anlass des Census unter Quirinius 6 n. Chr. (Judas Galiläos); bedeutsamste Guerillavereinigung (mit »Sikariern«; Dolchträgern für Terrorüberfälle) gegen die römische Besatzung; von zelotischen Widerstandsgruppen initiieren 66 n. Chr. mit der Verbrennung von Schuldscheinen den Aufstand gegen die eigene Aristokratie und die Römer. Der vierjährige Kampf deutet auf beachtlichen Rückhalt in der Bevölkerung; rekrutieren sich hauptsächlich aus verarmten Bevölkerungsschichten.	Vertreten ein sozialrevolutionäres Konzept, antirömisch und ultranationalistisch; es berechtigt und verpflichtet sie zur militärischen Aktion; theologisch teilen sie pharisäische Grundpositionen, verfechten aber einen kompromisslosen politischen Messianismus; Wiedererrichtung einer reinen Theokratie durch den endzeitlichen Befreier (insoweit »reaktionär«); die »Geburtswehen« der bevorstehenden apokalyptischen Erschütterung sollen durch militantes aktives Engagement beschleunigt werden; ehemalige Zeloten zählen wahrscheinlich zum engeren Kreis der Jesusanhänger/innen: Simon der Zelot (Mk 3,19; Lk 6,15; Apg 1,13), vielleicht bedeutet »Judas Iskariot« Judas der Sikarier und »Simon Barjonas« (Joh 1,42) Simon der Rebell.

Zeittafel zum Neuen Testament

Jahr	Rom	Syrien-Palästina	Geschichte des Urchristentums	Entstehung des NT
1	Oktavian Augustus 31/29 v.–14 n. Chr., »Friedenskönig«, »Heiland«	Herodes der Große (von Rom eingesetzter König) 40 (37) –4 v. Chr.; nach seinem Tod teilt Rom sein Reich unter seinen Söhnen Archelaos, Herodes Antipas und Philippus auf.	7/6 v. Chr. (?) Geburt Jesu	
10		Philippus (Tetrarch) Nordosten 4 v.–34 n. Chr. / Herodes Antipas (Tetrarch) Galiläa/Peräa 4 v.–39 n. Chr. / Archelaus (Etnarch) Samaria/Judäa/Idumäa 4 v.–6 n. Chr.		
20	Tiberius 14–37 n. Chr.	Judäa unter Verwaltung römischer Statthalter (daneben: Hohepriester/jüd. Selbstverwaltung): Quirinius 6/7 n. Chr. [»Zensus«, Volkszählung und Aufstand unter Judas Galilaios in Galiläa] (Hannas I 6–15 n. Chr.) Valerius Gratus 15–26 n. Chr. Pontius Pilatus 26–36 n. Chr. (Kaiphas 18–36 n. Chr.)	28/29 Johannes der Täufer	
30			28–30 Jesusbewegung 30 Kreuzigung Jesu (Urgemeinde/Wanderradikale) ca. 33 (35?) Paulus wird Christ / Antiochia erstes Missionszentrum der Christen außerhalb Palästinas	Mündliche Überlieferung (Spruchgut/Gleichnisse)
40	Caligula 37–41 n. Chr. Claudius 41–54 n. Chr.	39/40 »Caligula-Krise«: Kaiser Caligula lässt den Jerusalemer Tempel in einen Ort des Kaiserkults umwandeln 41–44 Herodes Agrippa (König) über Gesamtsyrien/Palästina ab 44 Verwaltung ganz Palästinas durch römische Prokuratoren	43–44 Christenverfolgung in Jerusalem 44–49 1. Missionsreise des Paulus	40–60 Logienquelle (»Q«)

50	49 Judenedikt		48/49	Apostelkonvent; 2. Missionsreise des Paulus (Kleinasien und Mazedonien)	
			49–51	Paulus 18 Monate in Korinth, danach 3. Missionsreise	
			51–52	Kleinasien/Griechenland	
	Vertreibung der Juden aus Rom		53–55	Paulus in Ephesus/Cäserea/Antiochia	50/51 1Thess 52/54 Gal 54/56 1/2 Kor Phil Philemon
			58–60	Gefangenschaft des Paulus in Jerusalem und Cäserea	56/59 Röm
60	54–68 Nero 64 Christenverfolgung nach Brand in Rom		Ca. 60–63	Gefangenschaft des Paulus in Rom	
70	69–79 Vespasian	66–70 Jüdischer Aufstand gegen Rom und die eigene Aristokratie 70 Zerstörung des Tempels und der Stadt Jerusalem (Titus) 73 Fall der Festung Massada			Ca. 70 Mk
80	79–81 Titus				Ca. 80 Mt (Syrien?) Ca. 80 Lk/Apg
90	81–96 Domitian 96–98 Nerva			Verfolgungen in Kleinasien (Apk des Joh); ca. 90 Jüdische Synode in Jabne	93 Apk des Joh
100	98–117 Trajan				Ca. 100 Joh (Ev und Joh-Briefe)

Leitfaden zur Auslegung neutestamentlicher Texte
(Harry Noormann)

Vorbemerkung: Der folgende exegetische Verfahrensvorschlag benennt die klassischen historisch-kritischen Werkzeuge, die bei aller berechtigten Kritik an der historisch-kritischen Methode auch beachtenswert bleiben, wenn neue methodisch Zugänge zur Texterschließung gewählt werden.[1] Die Wortwahl bei den Methodenbezeichnungen kann in der Fachliteratur unterschiedlich sein. Die Abfolge der einzelnen Schritte ist nicht schematisch zu handhaben. Sehr häufig übernimmt eine bestimmte methodische Betrachtungsweise eine Schlüsselfunktion für die Auslegung.

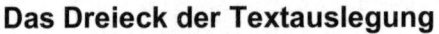

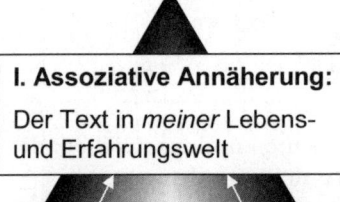

I. Assoziative Annäherung: Was sagt mir der Text?

1. Den Text eigenen Erinnerungen, Erlebnissen, Erfahrungen, Einsichten und Auffassungen »aussetzen« (»mit dem Bauch« lesen).
2. Gefühle von Nähe und Distanz in Worte fassen.
3. Auffälliges, Unverständliches, Unstimmiges, Ärgerliches, Faszinierendes notieren.

---

[0] Einen überaus hilfreichen und nach wie vor aktuellen Überblick über methodische Zugänge, die in den vergangenen Jahrzehnten entwickelt worden sind, gibt Horst Klaus Berg: Ein Wort wie Feuer. Wege lebendiger Bibelauslegung, München / Stuttgart 1991. Ferner: Christoph Dohmen: Die Bibel und ihre Auslegung, München ²2003.

Hilfen:
- Text mehrfach lesen;
- Text in einem anderen Schriftbild, in anderer Übersetzung lesen;
- Verfremden: Welche Wirkung könnte der Text auf andere haben /gehabt haben (Großeltern, Arbeitsloser, Jugendlicher, Jude, Muslim)?

II. Wissenschaftliche Annäherung (Exegese): Was besagte der Text in seinem historischen Lebenszusammenhang?

1. Stolpersteine (beachten und) beseitigen

Was war ein Zöllner wirklich? Welchen Wert hatte der Denar? Waren Samaritaner Fremde, gar Feinde für jüdische Zeitgenossen? Welches Leben führte ein Aussätziger? War Dämonenglaube ein Aberglaube?

⓿ Begriffe, Phänomene und Handlungsweisen, die uns fremd geworden sind, versperren den Zugang zum Text.

| Methode: Sach- und Begriffsklärung; sozial- und zeitgeschichtliche Analyse |

2. Genau hinsehen, beobachten und vergleichen: der Text in seiner uns überlieferten Gestalt (synchronisch)

2.1 Welche Lesart ist die richtige?

Versuche, aus dem Vergleich von Textzeugen die ursprüngliche Textfassung zu ermitteln. Die Mühe haben sich Experten stellvertretend für uns gemacht (Kommentare!); ihre Ergebnisse sind häufig sehr lesenswert.

| Methode: Textkritische Betrachtung |

2.2 Lässt sich das Textgewebe erkennen und sichtbar machen?
- Anfang und Ende (Abgrenzung)?
- Aufbau und Gliederung, Hauptakteure, Spannungsbogen, Höhepunkt(e)?
- Sprachliche, stilistische, inhaltliche Brüche oder Unstimmigkeiten?
- Was ergibt ein Blick auf den Kontext des Abschnittes?

Diese Fragen sind besonders aufschlussreich bei parallel überlieferten Texten, wie wir sie sehr häufig in den Evangelien vorfinden (»synoptischer Vergleich«)!

| Methode: Literarkritische Betrachtung |

2.3 Welcher literarischen Form / Gattung ist der Text zuzuordnen? Erlaubt die Formbestimmung (Streitgespräch, Wunder, Spruch, Gebet, Bericht) Rückschlüsse auf den »Sitz im Leben« (historisch und soziokulturell: liturgischer Text der Gemeinde, Gleichnis Jesu, Streitgespräch)?

| Methode: Form- und gattungsgeschichtliche Betrachtung |

2.4 Von wem ist der Text in der vorliegenden Fassung für wen in welcher (Konflikt-) Situation verfasst worden?
- Verfasser? Zeit? Welche Probleme / Konflikte waren aktuell?
- Spiegeln sich religiöse, soziale, politische, wirtschaftliche Gegebenheiten in dem Text wider?
- Welche Kontroversen in den Gemeinden hat der Verfasser möglicherweise im Blick?
- Will der Text Gesinnungsfreunde trösten, ermutigen, mahnen, Gegner entlarven, um Verständnis werben?
- In welchen »argumentativen« und »symbolischen« Kontext ist der Abschnitt eingearbeitet?

Methode: Einleitungsfragen; Theologie einer Schrift/eines Redaktors

2.5 Geben möglicherweise Parallelüberlieferungen aus der religiös-kulturellen und sozialen Umwelt Aufschluss über die Besonderheiten dieses Textes?

Methode: Religionsgeschichtliche Fragestellung

2.6 Welche Themen, Motive, Bilder, Schlüsselbegriffe, Symbole »tragen« den Text? Welche Bedeutung ist ihnen für seine Aussageabsicht beizumessen?

Methode: Traditionsgeschichtliche Betrachtung

3. Blicke hinter die Kulisse: Vom vorliegenden Text zurück zu seinem Ursprung (diachronisch)

(Viele Texte sind gewachsen, nicht wie Kirschen mit Fruchtfleisch und Kern und nicht wie Nüsse mit harter Schale und schmackhaftem Kern, eher wie Zwiebeln – jeder Ring »erzählt« eine eigene Geschichte).

3.1 Wo wird die Handschrift eines Evangelisten oder Briefeschreibers sichtbar? (Noch einmal zurück zu 2.2. und 2.4.!) Lassen sich Stufen der Überlieferung unterscheiden?

Methode: Quellen- und redaktionsgeschichtliche Betrachtung

3.2 Gelegentlich lassen sich Phasen und Schichten der Überlieferung bis in die mündliche Tradition zurückverfolgen:
- »Handschrift« und theologische Absichten des Redaktors
- vorredaktionelle Textgestalten (z.B. »Q«, vormarkinisch)
- relativ ältestes Überlieferungsgut (z.B. aus der Jesusbewegung).

Methode: Überlieferungsgeschichtliche Betrachtung

4. Zusammenfassung:
Was ergibt der Befund über den oder die historischen Sinnzusammenhänge des Textes (je nach Überlieferungsschicht)?

III. Hermeneutisches Verstehen: Was sagt der Text in unserem heutigen Lebenszusammenhang im Spiegel seiner geschichtlichen Bedeutsamkeit?

1. Blicke über den Tellerrand: Eine jüdische Deutung, eine Interpretation von Christen aus Ländern des Südens eröffnen häufig ganz neue Problemsichten!

2. Hilfen, um mit dem Text zu »sprechen« und »umzugehen«, bieten die vielfältigen neuen methodischen Zugänge, die bei diesem Schritt des Auslegungsverfahrens ihre eigentliche Stärke beweisen (gestalterische, spielerische, dramaturgische Formen).

3. Wo ist der Text in heutigen Problemzusammenhängen zu verorten?
   - eher auf der Ebene von Grunderfahrungen (Freude und Trauer, Gesundheit, Krankheit, Liebe und Hass, Glück und Leid)?
   - eher auf der Ebene persönlicher Nachfolge (Lebensstil, Fragen christlicher Existenz?)
   - eher auf der Ebene von Kirche – Gesellschaft – Politik?

4. Wir suchen nach gegenwärtigen
   - Geschichten und Ereignissen,
   - Vorfällen und Begebenheiten,
   - Schlüsselerlebnissen,
   - Symbolen,
   - geschichtlichen Entwicklungen,

   in denen unser Text als »gute« oder »schlechte« Nachricht vernehmbar ist.

Der hermeneutische Zirkel

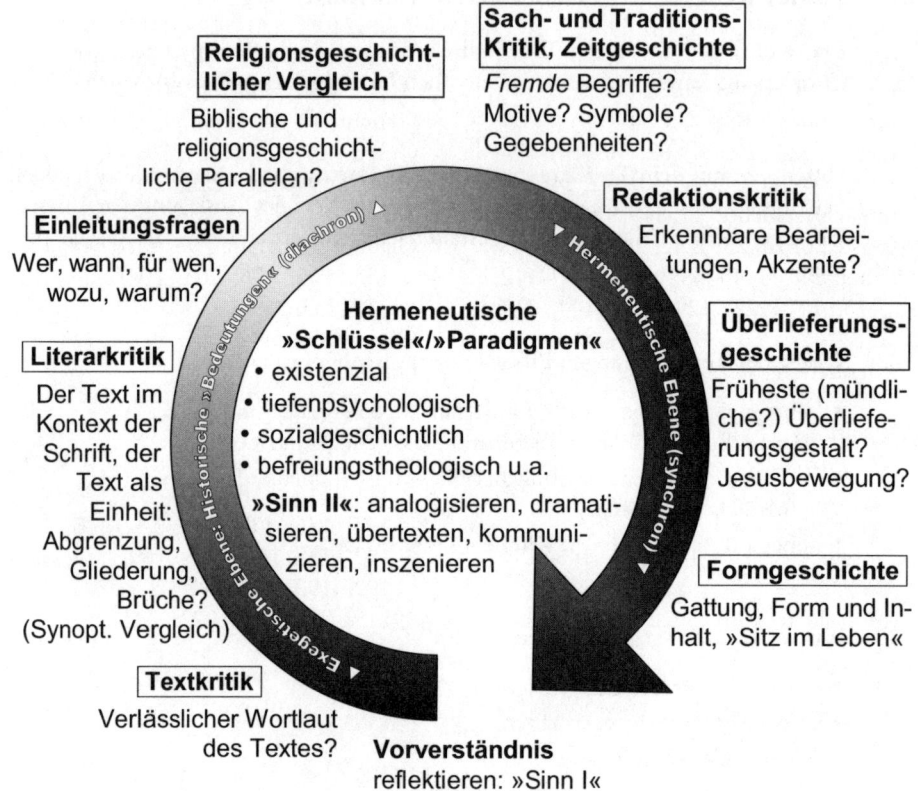

Merke:
- Keine schematische Abfolge – häufig methodischer Schlüsseleffekt
- Hermeneutische Frage »läuft mit«
- »Kein Netz fängt alle Fische!«

Register

Abendmahl 15, 79, 81, 100, 141, 158, 165, 166, 185, 186, 187
Amt 245
Antithesen 41, 48, 50, 51
Apokryphen 18, 20
Apostel 20, 21, 81, 82, 99, 191-194, 198, 199, 207, 208, 240, 242, 245
Apostelgeschichte 17, 119, 185, 208
Apostelkonzil 235, 242, 245, 248
Armut 31, 44, 45, 88, 91, 92, 109–112, 115, 117–122, 124, 125, 144, 219, 222
Auferstehung 149, 167, 192–196, 223, 232, 238, 240
Bekenntnis 73, 131, 132, 137, 139, 159, 161, 167, 228, 236
Bergpredigt 37–43, 50–52, 97, 105, 224
Christologie 133, 141–143, 148, 149, 222, 223
Chronologie 186, 189, 245
Ehe 77, 93, 225, 228
Enthusiasmus 204, 241, 244
Erlösung 19, 81, 101, 102, 137, 142, 152, 224
Eschatologie 51
Ethik 51, 210, 222, 223, 226–229, 231, 233
Evangelium 16–18, 21, 28, 34, 38, 46, 61, 64, 73, 85, 86, 93, 95, 99, 116, 121, 124, 129, 134, 140, 148, 168, 196, 198, 235, 239
Exorzismus 72
Feldrede 41, 42
Formgeschichte 87, 203
Frau 44, 49, 90, 91, 112, 117, 166, 169, 198, 202–211, 225, 226, 229, 230
Freiheit 17, 29, 38, 116, 194, 196–200, 205, 215, 219, 224–226, 228, 230, 231, 243
Galiläa 42, 72, 76, 114, 115, 134, 144, 148, 149, 165, 168, 191, 236, 241, 244
Gattung 136
Gebet 97, 99, 100, 102–107, 209, 214
Geist 13, 40–42, 44, 46, 94, 110, 116, 124, 133, 137, 167, 195, 197, 210, 217, 223–225, 228, 239, 242

Gerechtigkeit 13, 32, 37, 39, 40, 42–48, 109, 111, 122–124, 136, 137, 142, 151, 161, 162, 169, 194–197, 217, 224, 230–232, 241, 247
Gericht 49, 64, 117, 139, 170
Gesetz 29, 32, 33, 34, 39, 41, 51, 101, 151, 194–196, 228, 230, 231, 243, 249
Glaube 15, 81, 85, 96, 116, 118, 144, 152, 165, 196, 203, 204, 223, 225, 231–233, 239
Gleichnisse 55–64, 67, 68, 72, 125
Gnosis 148
Gott 13, 18–20, 24, 32–34, 39, 41, 42, 44–46, 50, 52, 60, 63, 66, 71, 74, 81, 88, 90, 92, 95, 101, 103–107, 110, 111, 116, 118, 120–124, 126, 132, 133, 136, 137, 140, 142–145, 151, 152, 158–165, 167, 169, 170, 188, 191, 192, 194–197, 204, 206, 214, 215, 217, 219, 222, 223, 225–233, 236, 244, 248
Gottesdienst 99, 205, 210, 224, 226
Gottesherrschaft 31, 51, 55, 60, 61, 63, 65, 73, 74, 77, 80, 87, 91–96, 106, 115, 116, 125, 131, 143, 152, 204, 219, 222, 223, 226, 243, 249
Gottesknecht 135–137, 140, 142, 160
Gottessohn 104, 121, 122, 132, 143, 148, 152, 169, 247
Gütergemeinschaft 119
Haustafeln 39, 211, 229, 231
Heidenchristen 29, 99, 167
Heilsgeschichte 56, 151
Hellenismus 143
Hoffnung 24, 35, 65–67, 71, 82, 88, 117, 118, 137, 141, 148, 152, 164, 203, 225, 241
Hoheitstitel 27, 31, 130, 131, 133
Hohepriester 142, 167, 170
Johannes der Täufer 235
Johannesevangelium 17, 21, 32, 33, 110, 144
Judenchristen 99, 119, 246, 249
Judentum 13, 23, 25, 28–30, 32–35, 37, 49, 71, 85, 90, 104, 106, 107, 109, 129, 130, 132, 140, 157, 173, 185,

265

191, 201, 202, 205, 213, 232, 235, 244, 246, 249
Kanon 13, 18–21, 250
Kirche 14, 19, 20, 38, 39, 56, 81, 82, 85, 86, 94, 98, 99, 106, 111, 119, 125, 151, 170, 201, 202, 210, 215, 226, 235–237, 238–241, 243, 246, 249
Kreuz 24, 56, 144, 149, 157, 158, 159, 164, 165, 167, 168, 188, 205, 222, 223, 224, 238, 247
Liebesgebot 29, 30, 33, 48
Literarkritik 27
Logienquelle 15, 40, 41, 47, 49, 98, 118, 119, 122, 124, 130, 134, 244
Makarismus 88
Menschensohn 23, 27, 30–32, 129–134, 136, 137, 139, 141, 142
Messias 13, 122, 129–131, 133, 134, 136, 137, 139–141, 149, 151, 166, 169, 170, 219, 223, 225, 241, 242, 243, 247
Mission 81, 111, 120, 131, 136, 140, 149, 236, 246, 249
Mysterienreligionen 141
Mythologie 161
Nachfolge 39, 51, 122, 133, 136, 144, 152, 165, 203, 224, 232, 236, 240, 243
Ostergeschichten 132
Parabel 57, 63, 123, 124, 151
Parusie 132, 143
Passionsgeschichte 13, 135, 139, 169
Pharisäer 23, 30, 33, 57, 76, 93, 122, 125, 129, 141, 168, 194, 195, 214
Qumran 21
Rechtfertigung 58, 77, 86, 196, 197
Reden 13, 42, 48, 65, 131, 139, 158, 206, 240

Reich Gottes 37, 42, 44, 51, 57, 61, 63–66, 71, 76, 86–88, 95, 116, 133, 164, 186, 187, 203, 204, 238
Religion 25, 35, 217, 230, 239, 247, 249, 250
Sabbat 13, 23, 26, 28–33, 37, 71, 73, 85, 97, 129, 157, 173, 191, 201, 204
Sadduzäer 129, 245
Schöpfung 19, 50, 51, 109, 137, 143, 162–165, 196, 205, 206, 223, 228
Seligpreisung 43–47, 88, 116, 122, 125, 134
Sklaven 118, 142, 185, 197, 198, 199, 200, 206, 211, 230, 247
Sondergut 16, 41, 45, 49, 73, 123, 166
Steuern 115, 133, 214, 216
Sünde 33, 56, 91, 106, 107, 133, 161, 209, 223, 224, 228, 232
Synagoge 33, 34, 44, 47, 97, 100, 108, 168, 169, 187, 227, 246
Synoptiker 16, 17, 74, 131, 186
Taufe 72, 91, 94, 100, 131, 132, 141, 149, 165, 198, 205, 223, 225, 243, 248
Tempel 72, 162, 198, 217
Textkritik 21, 26
Überlieferungsgeschichte 27, 41
Urgemeinde 17, 28, 29, 32, 51, 56, 57, 59, 62, 63, 65, 80, 119, 139, 142, 143, 145, 185, 186, 243
Vaterunser 42, 97–100, 103, 105, 107, 108, 214, 250
Verheißung 33, 34, 56, 88, 95, 134, 136, 137, 187
Wundergeschichten 71, 73–76, 78, 82
Zeloten 45, 117, 216, 217, 219
Zwei-Quellen-Theorie 16

Palästina zur Zeit Jesu

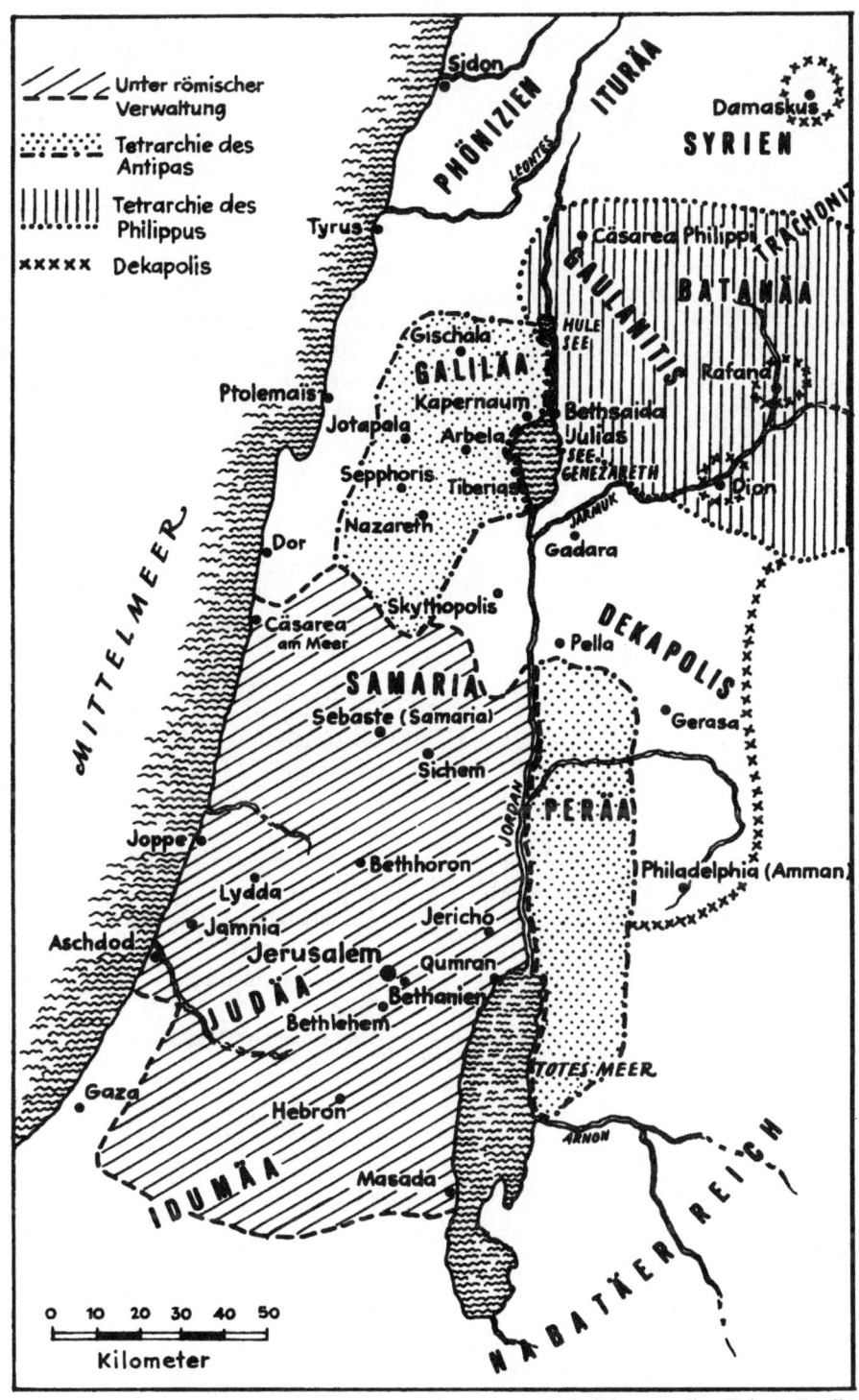

Zeichnung: Ilse Eckart, Berlin

Harry Noormann/Ulrich Becker
Bernd Trocholepczy (Hrsg.)
**Ökumenisches
Arbeitsbuch
Religionspädagogik**
2., aktualisierte Auflage 2004
324 Seiten. 30 Abb., 14 Tab.
Kart./Fadenheftung
€ 22,-
ISBN 3-17-018326-5

Das Ökumenische Arbeitsbuch Religionspädagogik vermittelt Lehramtsstudierenden in Aus- und Weiterbildung schulform- und schulstufenübergreifend elementares fachliches Grundwissen. In eigenständig lesbaren Kapiteln entfalten evangelische und katholische AutorInnen Grundfragen der aktuellen religionspädagogischen und fachdidaktischen Diskussion mit Empfehlungen zum vertiefenden Studium.

Folgende Themen bilden Schwerpunkte der Darstellung: Berufliche Selbst- und Leitbilder von ReligionslehrerInnen; Religionsdidaktische Grundkonzeptionen und aktuelle didaktische Theorieansätze; Interkonfessionelle Zusammenarbeit und Kooperationsformen der „Wertefächer" Ethik, Werte und Normen, Philosophie, Religion; fächerübergreifender Unterricht; ökumenisches und interreligiöses Lernen.

DIE HERAUSGEBER:

Professor em. Dr. **Ulrich Becker** und Professor Dr. **Harry Noormann** lehren Evangelische Theologie/Religionspädagogik an der Universität Hannover, Professor Dr. **Bernd Trocholepczy** lehrt Religionspädagogik und Mediendidaktik an der Johann Wolfgang Goethe-Universität Frankfurt am Main.

W. Kohlhammer GmbH
70549 Stuttgart · Tel. 0711/7863 - 7280 · Fax 0711/7863 - 8430

Friedrich Johannsen

Alttestamentliches Arbeitsbuch für Religionspädagogen

3., überarbeitete und erweiterte Auflage. 296 Seiten. Kart.
€ 22,–
ISBN 3-17-018781-3

Die Arbeit an der hebräischen Bibel zählt zu den zentralen Aufgabenfeldern evangelischer Religionspädagogik: Die christliche Erziehung tut gut daran, sich ihrer alttestamentlichen Wurzeln bewusst zu sein, und die diesseitige Frömmigkeit der hebräischen Bibel kann uns unsere Gegenwart in einem neuen Licht sehen lehren. Dieses Arbeitsbuch eröffnet thematische Wege zu einem gegenwartsbezogenen Verständnis des Alten Testaments. Im Spannungsfeld alttestamentlicher Forschungsergebnisse und populärtheologischen Vorwissens werden sowohl historische wie religionsgeschichtliche, literarische und theologische Zugänge aufgezeigt.

DER AUTOR:

Professor Dr. **Friedrich Johannsen** lehrt Evangelische Theologie und Religionspädagogik an der Universität Hannover.

Bestellen Sie unsere aktuellen Prospekte:

- **Neuerscheinungen** Theologie, Religionswissenschaft, Philosophie II/2004 (Art.-Nr. 90735)
- **Fachverzeichnis** Theologie, Religionswissenschaft, Kulturwissenschaft (Art.-Nr. 90703)

W. Kohlhammer GmbH
70549 Stuttgart · Tel. 0711/7863 - 7280 · Fax 0711/7863 - 8430

Roman Heiligenthal
Thomas Martin Schneider (Hrsg.)
**Einführung in
das Studium der
Evangelischen Theologie**
Überarbeitete Neuausgabe
2004. 376 Seiten. Kart.
€ 19,80
ISBN 3-17-018045-2

Diese Einführung in das Studium der Evangelischen Theologie möchte den Prozess der theologischen Identitätsbildung befördern, indem sie einerseits theologisches Grundwissen vermittelt, andererseits aber die Pluralität protestantischer Theologie angemessen zur Geltung bringt.

Der Band führt ein in die zentralen Problemstellungen des Fachs Evangelische Theologie, gibt einen Überblick über die einzelnen Teilgebiete (Altes Testament, Judentum, Neues Testament, Kirchengeschichte, Systematische Theologie und Religionspädagogik/Fachdidaktik) und bietet beispielhafte Interpretationen ausgewählter Texte der theologischen Teildisziplinen.

DIE HERAUSGEBER:

Professor Dr. **Roman Heiligenthal** und Akademischer Direktor Dr. **Thomas Martin Schneider** lehren an der Universität Koblenz-Landau.

W. Kohlhammer GmbH
70549 Stuttgart · Tel. 0711/7863 - 7280 · Fax 0711/7863 - 8430